浄土文類聚鈔講義

幡谷明

講話集1

法藏館

巻頭言

山口県周南市の篤信者、故山本秀晃さんのご自宅で、幡谷明師を講師として四十年余にわたって毎月聞法会が開かれていた。その聞法会は、その場限りの感動的な法話を聴聞し、終わって楽しく飲食を共にし、あるいは活発にイベントを催し、絆を広げ信仰共同体を形成していく、といった類のものではなかった。「幡谷法座」とも称されたそれは、大学院生のゼミの教室の様相を呈していたようである。生涯、幡谷師の学問と人間性に心酔し善知識と仰がれた山本秀晃さんを始め、師への尊敬と感謝の念に満ちた方々の集まりであった。それは一つのお聖教を時間をかけて丁寧に読んでいく会であった。

師は先行研究に留意され、かならず、レジュメ、資料を用意されたうえで講話をなさった。それを山本さんが一字一句漏らさず記録され文章化して蓄えてこられた。「自分が聞き続けてきた幡谷先生の講話を何とか形あるものにしたい」という山本さんの至純な願いが、この度、幡谷ゼミの俊秀な門下生たちの献身的な編集作業によって『幡谷明講話集』として、「宗祖親鸞聖人御誕生八五〇年・立教開宗八〇〇年」という勝縁に合わせるかのように公刊されることは欣快の至りである。

全七巻の内容を管見するに、『教行信証』理解に必須の、また真宗教義の基本ともいうべき往生の問題を語るお聖教に関する講話が収録されている。さらに、『論註』研究の中で最高の成果と評され、また親鸞研究としても白眉の名著とされる『曇鸞教学の研究』に基づく「浄土論註講義」が収められているのは有難い。山本さんご自身が師の講義をまとめ「浄土論註」八冊を編纂され諸氏に配布されたことでもあり、山本さんの強い願いに応えることにもなっている。

幡谷師のご研究は、厳密な文献研究を前提にし、親鸞聖人の教えを仏教全体の流れの中で理解しようと努められ、真宗学者であり仏教学者でもあられた。終生にわたって特に還相回向を課題にされたことにもそれを見る事が出来よう。親鸞聖人の教えを学ぶ後進のわれわれは、その方法論を始め教学理解の深さを嚙み締めたいものである。

曽我量深、金子大榮、正親含英、鈴木大拙、山口益といった碩学との邂逅を「大悲の妙用」と受け止め、ご令嬢、奥様に先立たれる不運にもめげず、真摯なご門徒に恵まれ、若い学生の育成に心をくばり、学問の道に精進されたご一生は充実したものであったと愚考する。

老いても知的好奇心は衰えず、他者の意見に素直に耳を傾けた先生の謙虚さ、おどろくべき記憶力には感服するばかりである。晩年、自然と口を吐いて発せられた先生のお念仏の声が脳裏にひびきます。そんな先生を皆様と共に善知識と仰げることを有難く感謝する次第です。

二〇二三年二月二三日

京都光華女子大学元学長　一郷正道

浄土文類聚鈔講義＊目次

第十章　浄土真宗のすべてをおさめられた略本の結び……533

凡例

一、本書の編纂にあたっては、できるだけ読みやすいものにすることを第一の方針とした。

一、読みやすさの観点から、引用においては可能な限り、歴史的仮名遣いをさけ、片仮名書きを平仮名にし、原漢文は書き下し文にあらためた。

一、文中の漢字は、一部の人名等の固有名詞をのぞき、原則として旧字は新字にあらためた。

一、人権の視点から配慮すべき表現は、原意を損なわない限りあらためた。

一、本文中の丸括弧（　）は、編者の補いや註記を示す。

一、本文中に引用される文献で、『真宗聖典』（東本願寺出版）にあるものは、これによった。

一、本文中に引用される文献で、『真宗聖教全書』（大八木興文堂）にあるものは、これによった。

一、引用文献は以下のように略記した。

『真宗聖典』（東本願寺出版）……………『聖典』
『真宗聖教全書』（大八木興文堂）…………『真聖全』
『浄土真宗聖典全書』（本願寺出版社）……『聖典全書』
『定本親鸞聖人全集』（法藏館）……………『定親全』
『大正新脩大蔵経』…………………………『大正蔵』

浄土文類聚鈔講義

第一章　『浄土文類聚鈔』を読む前に

第一節　『浄土文類聚鈔』の位置づけ

『浄土文類聚鈔』（以下『文類聚鈔』と略称）の講録は沢山あります。大学時代の指導教授であった稲葉秀賢先生（一九〇一～一九八五）は、伝統的な真宗学をいただきながら、近代の真宗学に立って教学を明らかにされた碩学です。先生が東本願寺の安居で二回ほど『文類聚鈔』のご講義をなさいました。ひとつは「念仏正信偈」（以下「文類偈」と略称）という偈文について昭和五十四年（一九七九）に『念仏正信偈講草』と題し、安居の本講を務められました。その後、ふたたび安居で「念仏正信偈」を省いた『文類聚鈔』の全体についてご講義くださり、のちに『浄土文類聚鈔の研究』（文栄堂、一九八一年）として一冊の本にまとめられています。

私たちが毎日お勤めしていますのは、『顕浄土真実教行証文類』（以下『教行信証』と略称）「行巻」の最後にある「正信念仏偈」です。親鸞聖人（一一七三～一二六二）は、『尊号真像銘文』で「和朝愚禿釈の親鸞が『正信偈』の文」（『聖典』五三〇頁）と、「正信念仏偈」を「正信偈」と略称していますが、『文類聚鈔』の偈文は「『念仏正信偈』を作りて曰わく」（『聖典』四一〇頁）と「念仏正信偈」で、「正信念仏偈」とは「念仏」と「正信」が逆になっています。稲葉先生は「念仏正信偈」を、「正信偈」に対して「念仏偈」と言っていいのでないかとおっしゃいました。

細川巌先生（一九一九〜一九九六）は、江戸期の講録を大事にして、曽我量深（一八七五〜一九七一）、金子大榮（一八八一〜一九七六）、そして安田理深（一九〇〇〜一九八二）という近代教学の先生を通して伝道教化に生涯を捧げられましたが、『文類聚鈔』については稲葉先生の『浄土文類聚鈔の研究』によって考えていきたい、とおっしゃっています。

細川先生は、『晩年の親鸞』（法藏館、一九九四年）のなかで、宗祖の八十歳を越えられてからの著述には、それまでに著されたもの、浄土真宗の根本聖典である『教行信証』に代表されます八十歳以前に著された書物と、異なる展開が見られることを注意し、三つの書物を上げています。

ひとつは『文類聚鈔』、ふたつ目は『正像末和讃』です。後者は『三帖和讃』にあって、最後の御和讃で八十五歳から八十六歳のときの和讃です。最後は、宗祖のものではないけれども、宗祖の滅後にお弟子の唯円（一二二二〜一二八九）が著された『歎異抄』で、八十歳を越えられた宗祖に出遇って、その教えをいただかれた唯円が耳の底に留まった真実の言葉を書き残してくださったものです。

この三つはすべて、八十歳を越えられた宗祖の信仰、思想教学を伝えるもので、それ以前の著述とは違ったものです。たとえば『文類聚鈔』と『教行信証』、または『正像末和讃』と『浄土和讃』『高僧和讃』とを対比してみると、大きな展開があります。それは何かというと、晩年はいよいよ念仏を強調していかれた。念仏こそが私の信心であることが晩年において明確にされていく、と細川先生は指摘しています。

ひとつ気になるのは、聖人の『教行信証』について、お弟子たちは『教行信証』と言わずに『教行証文類』という呼び方をしていることです。親鸞ご自身がお書きになりました書物の題名は『顕浄土真実教行証文類』、「浄土を顕す真実の教行証の文類」という意味ですが、お弟子たちはそれをいただくのに、『教行証文類』と簡略化された名前で呼んでいます。

『教行信証』をお書きになったのは、元仁元年（一二二四）、聖人が関東、常陸国の稲田におられた、五十二歳ごろとなります。そして、七十五歳ごろ、お弟子の尊蓮が書写していますので、四半世紀ほどかかって著されたものですが、それ以降も、最晩年、亡くなるまで筆を加えていかれたであろうというのが定説です。

それに対して、『文類聚鈔』は、文類として『教行証文類』と共通する名前で、そして、「鈔」ですから、エッセンス、そのなかの要の部分を取り出してまとめる意味を持つといわれます。

『教行信証』を「広文類」あるいは「広本」と略称しますが、その要の部分を簡略にまとめられたことから「略文類」「略本」という呼び方がなされます。ただし、『教行信証』を簡略化したという意味が一面においてはありますが、「正信念仏偈」が「念仏正信偈」と変えられてあり、念仏が強調されていることから単に簡略化されたということではなくて、『文類聚鈔』それ自体における独自性が考えられなくてはなりません。

第二節　『教行信証大意』のこと

『文類聚鈔』を読むには、まず最初に『教行信証大意』に目を通しておくことが伝統としてあります。

『教行信証大意』は、親鸞聖人の曾孫にあたる覚如上人(一二七〇~一三五一)、あるいは、玄孫の存覚上人(一二九〇~一三七三)が書かれたものと言われます。あるいは、蓮如上人(一四一五~一四九九)が書かれたものとも言われ、誰が書かれたものかはっきりしないのです。

蓮如上人は、この『教行信証大意』を三回にわたって書写しておられ、そのうち、七十五歳のときに写されたものが大阪のお寺に残っています。そこには、先師存覚上人は、『教行信証』六巻の最初の註釈書――その六巻の要を表すことで『六要鈔』という書物――を書かれた学者ですが、蓮如上人は「右斯書者、先師存覚所集給を、或略或加詞者也。顕露不可披露之、一身之上為覚悟計者也」(『聖典全書』四、三六四~三六五頁)と、この『教行信証大意』は存覚上人が集められたものであり、それをあるいは略し、あるいは言葉を加えられたものであり、これを広く公開してはならない。私自身の覚悟のためにこれを写したものであると終わりの言葉、識語に書かれています。蓮如上人が『教行信証』を読むうえでひとつの要としていた本です。

浄土真宗の教学の伝統では、『教行信証』を学ぶうえでは存覚上人の『六要鈔』に拠る、ということがありました。ところが、蓮如上人は『六要鈔』をそのまま受け入れることには批判的であったと言われています。それは「相伝」というかたちで、蓮如上人と深い縁のあるお寺においてのみ、蓮如上人の教学が公にされないままで伝えられてきたということがあります。『真宗相伝義書』という名称で東本願寺から一九七八~一九九六年にかけて出版されましたが、それによると、蓮如上人は、略本の『文類聚鈔』をもって『教行信証』を見るべきであるとおっしゃっています。蓮如上人の教学のひとつのすわりですが、上人は、『教行信証大意』を三回写し、元の本にないところに筆を加えて御自身の領解を初めの部分で述べておられます。

抑高祖聖人の真実相承の勧化をきき、そのながれをくまんとおもわんともがらは、あいかまえてこの一流の正義を心肝にいれて、これをうかがうべし。しかるに近代はもってのほか法義にも沙汰せざるところのおかしき名言をつかい、あまさえ法流の実語と号して一流をけがすあいだ、言語道断の次第にあらずや。よくよくこれをつつしむべし。（『真聖全』三、五八頁）

聖人の明らかにされたみ教えをいただかんとする者は、その教えの真理を肝に銘じていただいていかなくてはなりません。ところが、近代の人びとは得手勝手な領解を差しはさんで、さまざまな言葉を使って解釈して信心を得たと自己主張していくことが多くなったといいます。

この文を読んで思い出されるのは、『歎異抄』の「竊かに愚案を回らして、ほぼ古今を勘うるに、先師の口伝の真信に異なることを歎き」（『聖典』六二六頁）の文です。「先師の口伝」とは直接的には親鸞聖人ですが、増谷文雄先生（一九〇二～一九八七）は、親鸞聖人とその師である法然上人（一一三三～一二一二）のことであり、法然上人から親鸞聖人へと伝統されてきた、その真実のお言葉だと『筑摩叢書　歎異抄』（筑摩書房、一九八五年）で言っておられました。つまり、直接言葉をもってお説きくださった、真宗における正しい信心を「先師の口伝」ということです。そのあとに、

後学相続の疑惑あることを思うに、幸いに有縁の知識に依らずは、いかでか易行の一門に入ることを得んや。まったく自見の覚悟をもって、他力の宗旨を乱ることなかれ。（『聖典』六二六頁）

とありますが、『教行信証大意』のはじめの部分と同じです。おそらく、蓮如上人の念頭には、そのことを踏まえていらっしゃったことと思います。さらに、

よって、故親鸞聖人御物語の趣、耳の底に留まるところ、いささかこれを注す。偏に同心行者の不審を散ぜんがためなりと云々。

（『聖典』六二六頁）

この文も『教行信証大意』の文に対応しますが、それを受けまして、

しかれば当流聖人の一義には、教行信証といえる一段の名目をたてて一宗の規模として、この宗をばひらかれたるところなり。このゆえに親鸞聖人、一部六巻の書をつくりて『教行信証文類』と号して、くわしくこの一流の教相をあらわしたまえり。

（『真聖全』三、五八頁）

とあります。

ここで大事な意味を持つのが、「教・行・信・証」という四つの法について明らかにしていることです。教えを信じ修行してさとりを開くのではなくて、教えによって、そのはたらきである念仏をこの身にいただいていく。つまり「教・信・行・証」ではなく、「教・行・信・証」とされた親鸞聖人の深い独自な領解があります。存覚上人の『六要鈔』の言葉で「教理行果」ということで表される教えがあります。教えに表された真理を領解して、それによって修行し仏果を得る。これが自力聖道の道であります。ところが、如来の本願のはたらきに生かされていく他力真宗の教えは、南無阿弥陀仏の名号、その如来の大行のはたらきによって我われの信心が開け、たまわりたる他力回向の信心において、我われが浄土に生まれ、直ちに仏となるというさとりが決定していく教えなのです。

そのうえで、

しかれども、この書あまりに広博なるあいだ、末代愚鈍の下機においてその義趣をわきまえがたきによりて、一部六巻の書をつづめ肝要をぬきいでて一巻にこれをつくりて、すなわち『浄土文類聚鈔』

となづけられたり。この書をつねにまなこにさえて一流の大綱を分別せしむべきものなり。

（『真聖全』三、五八頁）

と言われています。『教行信証』はあまりにも広博で容易に領解しがたいので、その要を抜き出して、一巻の書物十七紙にまとめられたことをしっかり目にすえて『教行信証』をいただくべきであると蓮如上人の基本的立場をあきらかにしたうえで、『教行信証』とはどういう内容であるのか概略を説明します。

その教行信証真仏土化身土というは、第一巻には真実の教をあらわし、第二巻には真実の行をあらわし、第三巻には真実の信をあらわし、第四巻には真実の証をあかし、第五巻には真仏土をあかし、第六巻には化身土をあかされたり。

第一に真実の教というは、弥陀如来の因位果位の功徳をとき、安養浄土依報正報の荘厳をおしえたる教なり。すなわち『大無量寿経』これなり。総じては三経にわたるべしといえども、別しては『大経』をもって本とす。これすなわち弥陀の四十八願をときて、そのなかに第十八の願をもって衆生生因の願とし、如来甚深の智慧海をあかして唯仏独明了の仏智をときのべたまえるがゆえなり。

（『真聖全』三、五八～五九頁）

これは『教行信証』「教巻」に対応する総論というべきものです。

第二に真実の行というは、さきの教にあかすところの浄土の行なり。これすなわち南無阿弥陀仏なり。第十七の諸仏咨嗟の願にあらわれたり。名号はもろもろの善法を摂し、もろもろの徳本を具せり。衆行の根本、万善の総体なり。これを行ずれば西方の往生をえ、これを信ずれば無上の極証をうるものなり。

（『真聖全』三、五九頁）

如来の善本徳本、如来の願行における因果の徳のすべてが込められ、すべての徳が現行してくるはたらきをもつのが南無阿弥陀仏という六字の名号です。如来の真実功徳が南無阿弥陀仏という名号のはたらきによって、我われのうえに回向され、名号を念じ名号を称えるならば、かつ西方浄土の往生の本願の約束を信ずるものは、無上の極証である涅槃のさとりを得るものであるというのです。そして、

第三に真実の信というは、かみにあぐるところの南無阿弥陀仏の妙行を真実報土の真因なりと信ずる真実の心なり、第十八の至心信楽の願のこころなり。これを選択回向の直心ともいい、利他深広の信楽ともなづけ、光明摂護の一心とも釈し、証大涅槃の真因とも判ぜられたり。これすなわち、まめやかに真実の報土にいたることはこの一心によるとしるべし。

（『真聖全』三、五九～六〇頁）

この第十八願、至心信楽の願は、ただ如来の救いを信ずることにおいてのみ救いとる、無条件の救いを表されたものです。如来によってすべての者を選びなく一人残らず摂取するために選びぬかれた真実の心であり、苦悩する衆生を救いとらなければおかない深くして広いおこころであり、光明をもってすべての者を内に深く包みとる「光明摂護」のはたらきを表すものです。それがこのうえなき涅槃のさとりを開く因となるものであります。我われが浄土に往生を遂げて、生死を超えて彼岸のさとりの世界、不生不滅の世界に生まれ往き、そこで仏となるのは一心によるのであると示されてあります。

第四に真実の証というは、さきの行信によりてうるところの果、ひらくところのさとりなり。これすなわち第十一の必至滅度の願にこたえてうるところの妙悟なり。これを常楽ともいい、涅槃ともいい、法身ともいい、実相ともいい、法性ともいい、真如ともいい、一如ともいえる、みなこのさとりをうる名なり。もろもろの聖道門の諸教のこころは、この父母所生の身をもって、かのふかきさとりをこ

こにてひらかんとねがうなり。
（『真聖全』三、六〇頁）

聖道門の立場は、この身においてさとりを開く「此土入証」で、「即身成仏」とも言われます。その心境は「娑婆即寂光土」と表されます。娑婆がそのまま浄土である。これが聖道門仏教の目指すさとりであります。

いま浄土門のこころは、弥陀の仏智に乗じて法性の土にいたりぬれば、自然にこのさとりにかなうというなり。此土の得道と他土の得生とことなりといえども、うるところのさとりはただひとつなりとしるべし。されば往生といえるも実には無生なり。この無生のことわりをば安養にいたりてさとるべし、そのくらいをさして真実の証というなり。
（『真聖全』三、六〇頁）

これはよく注意しなくてはいけないのではないかと思います。「此土入証」という聖道の目指すさとり、それを我われ凡夫は浄土に往生し仏の世界に生まれることにおいてさとりを開くのでありまして、この世において得るさとりも、浄土において得るさとりも別なことではないといわれるわけです。

戦時中、昭和二十年ころ、大谷大学も学生が動員で駆り出されて、大学には先生も学生もいなくなるという状況のとき、教学研究所が大谷大学に設けられまして、曽我量深先生、金子大榮先生、鈴木大拙先生（一八七〇～一九六六）方が中心になって教学を守っていかれました。そのとき学生でありました私は、曽我先生と鈴木先生の間に激しい論争が行われたことを聞きました。鈴木先生は、一休禅師の作と伝えられる道歌、「わけ登る麓の道は異なれど、同じ高嶺の月を見るかな」を引いて、この世においてさとりを開くというのも、浄土においてさとりを開くというのもさとることは同じだ。一如とか真如とかいわれる究極のさとりは平等であるとおっしゃった。ところが、曽我先生は、「それはどこまでも理であって、登るとすれば一人ひとりです。だから、身体が弱き者は弱き者の道を選ばなくてはならない。丈夫なものは丈夫なものに相応した道を選ぶ。結果でなくて、登っていく道が大事なのだ」ということを強調されました。『教行信証大意』の此土における聖道のさとりと浄土におけるさとりも、ともに一如・真如をさとるというのは、理としてはそうであるかもしれないけれども、現実になりますと、「此土入証」は釈尊を理想の聖者、教主と仰いで、釈尊にならって、釈尊のごとく修行して、さとりを開く釈尊を絶対視する立場です。

それに対して、末法五濁という時代に生きる底下の凡愚にとっては、菩提心を発すということがまったく不可能であり、たとえ発したとしても、その菩提心に破れていく、また初めから菩提心を発しえない、ただ現実にどう生きるかがすべてであるような凡夫にとって、聖道の道は理想の道であって実現不可能なのです。そういう時代に生きる人間、その時機についての深い内省を通して、その時機の苦悩と宗教的欲求に応えてくださる教え、時機相応の法として浄土の教えが開けてきました。

時機相応の法はすでに龍樹（一五〇～二五〇頃）において問われ、七高僧のすべてにおいて、時代が下がるにつれて深く厳しく問われてきたところです。

七祖のなかにあってことに大事なのが道綽（五六二～六四五）です。高田派の学者川瀬和敬先生（一九一一～二〇〇六）は『浄土和讃講話』（法藏館、一九八五年）で親鸞聖人の三帖和讃は道綽禅師に依っていらっしゃるところがずいぶん多いとおっしゃっていました。

第三節　法然上人の教えを聞いて

『愚禿鈔』は極めて図式的な書物です。親鸞聖人が二十九歳のとき吉水に法然上人を尋ねて念仏者になられ、三十五歳で流罪にあわれるまで上人のお膝元にあって浄土の教えを学ばれたときの学習ノートを、晩年さらにまとめられたものと言われています。「愚禿」という御自身の名告りを書物の題にされたもので、上巻と下巻があり、『二巻鈔』とも呼ばれます。上巻は浄土真宗の教え、構造、特質について、下巻は、浄土真宗における信心について、善導（六一三～六八一）の散善義の三心釈によって表されたものです。上下両巻の冒頭に、「愚禿」ということの意味を同じ言葉で明確におさえられています。

賢者の信を聞きて、愚禿が心を顕す。（『聖典』四二三頁）

親鸞聖人の言葉遣いは厳密で、「賢者」とは、よき人、法然上人ですが、賢い人の場合は「賢者の信心」の「信」は「まこと」で「愚禿」は弟子の親鸞ですが、その場合は「信」ではなく愚なる「心」で我が身の心を顕します。

賢者の信は、内は賢にして外は愚なり。
愚禿が心は、内は愚にして外は賢なり。（『聖典』四二三頁）

法然上人のお姿を通してこの身に知らされるものが、内は愚であって外は賢である偽善の姿です。賢者と愚者はまったく逆で、よき人は内は賢でありながら真に賢き人であるがゆえに、外に賢善精進の相を現ずることなく、「十悪愚痴の法然房」と、どこまでも愚の大地に念仏して生きていかれる。そのお姿、教えに出遇えば、内に見えてくるものは、愚であるというほかはない我が身であります。しかも、愚であればこそいよいよ賢善精進の相をひけらかし、名利の大山に迷惑しつつ生きていく自己欺瞞の身であります。自己を欺瞞し他を欺瞞して生きる「愚禿」が明らかになることによって、愚禿なる我が身の救われていく道が表されていることを上巻と下巻のはじめに同じ言葉でおっしゃっています。

そこに、

真実浄信心は、内因なり。摂取不捨は、外縁なり。

（『聖典』四三〇頁）

とあります。これは、宗祖にとっての根本命題のひとつです。『教行信証』「行巻」に、光号因縁釈というのがありますが、我われの信心はどのようにして起こるのか、どういうはたらきを通して我われの目覚めは起こってくるのかという救済の道理、内実が示されてあります。「行巻」は、「諸仏称揚の願」、「諸仏称名の願」そして「諸仏咨嗟の願」といわれる第十七願の意を明らかにしたものです。諸仏称名あるいは諸仏による称揚、咨嗟。無数の諸仏が阿弥陀のはたらきの真実であることの証人となってくださってあることを明らかにするのです。諸仏とは、釈迦諸仏と表されます。釈尊も諸仏の一人であり、親鸞聖人はその諸仏のなかに真実信心の人もまた諸仏であると言っていかれます。具体的に言えば、釈尊の教えによって南無阿弥陀仏という名号を畢竟依として生きられ、名号の意義をその証人として称揚し称名念仏して生きられた七高僧、そして、そのほか三世十方にわたる有名、無名の無数の諸仏の伝承、本願念仏の歴史ということです。本願念仏の歴史がかぎりない無数の諸仏を生み出し、歴史を創造し荘厳してきた歩みです。選択本願の念仏が諸仏を生み出すことによって、それ自身の真実であることを証明し、無限に終わることなき歴史を形成してきた事実にいま遇いえたという宗祖の深い感動があります。

諸仏の歴史の最先端にあるのが法然上人で、その上人と出遇いえたという決定的なできごとは、まさに遇わなければならない方に出遇いえたことに留まらず、諸仏に出遇い、釈尊に出遇い、そして、釈尊のいのちである阿弥陀に出遇うという、時間的にも空間的にも無限の背景、広さと深さをもった教えとの出遇いです。しかも、教えとの値遇とは、己自身との出遇いを開いてくださるものです。己の機との出遇いを親鸞聖人はいただかれたのです。

「行巻」には、本願念仏の歴史に対して深い讃嘆の言葉を表されています。「行巻」に限って、七高僧の文が龍樹から始まって天親（四〇〇～四八〇頃、世親ともいう）、曇鸞（四七六～五四二）、道綽、善導、源信（九四二～一〇一七）、そして法然上人と順序正しく引かれています。まさに念仏が歩んできた歴史、念仏が人びとを呼び覚まして来た歴史で、人間が自力により悪戦苦闘しその苦闘に破れた歴史であり、本願念仏の勝利の歴史であります。その最後が法然上人で、そこに、

『選択本願念仏集』源空集に云わく、南無阿弥陀仏　往生の業は念仏を本とす、と。

（『聖典』一八九頁）

とあります。法然上人の『選択本願念仏集』（以下『選択集』と略称）という題号と標挙の文です。題号の「選択」は、法然上人のいのちを表す言葉ですが、その主語は法蔵菩薩の「選択」です。すべての者を摂取するために、如来が自力の雑行を選び捨て、唯一なる念仏の行を選び取られた。選び捨て選び取られた本願念仏が題号、標挙として掲げられています。その書物の要、いのちを表す言葉が「南無阿弥陀仏、往生之業念仏為本」です。「念仏為本」は、別本（京都廬山寺蔵草本等）では「念仏為先」とあります。念仏を先とし念仏を根本とすると標示して、その総結、選択ということが三つの選びとして表されていきます。

また云わく、それ速やかに生死を離れんと欲わば、二種の勝法の中に、しばらく聖道門を閣きて、選びて浄土門に入れ。浄土門に入らんと欲わば、正雑二行の中に、しばらくもろもろの雑行を抛ちて、選びて正行に帰すべし。正行を修せんと欲わば、正助二業の中に、なお助業を傍にして、選びて正定を専らすべし。正定の業とは、すなわちこれ仏の名を称するなり。称名は必ず生まるることを得、仏の本願に依るがゆえに、と。已上

（『聖典』一八九頁）

聖道門から浄土門を選び、浄土の教えのなかから、雑行を捨てて正行に帰し、さらに五つの正行のなかから読誦、観察、礼拝という前三行と、あとの讃嘆供養の一行を助業として、第四の称名を正定業と決定された。正定業とは、仏の御名を称する称名念仏です。

では、なぜ念仏が「称名は必ず生まるることを得」と説かれるのか。念仏のみが間違いなく生死を超えて仏の世界に生まれる唯一の行でありうるのかとは、我われが決めたのでなく、如来によってすでに往生の行として決定されたものであるからです。正定ということのなかには、如来によって正しく間違いなく浄土に往生すると決定された業という意味が込められています。

『選択集』第一章の教相章あるいは聖道門に対して浄土門を独立して明らかにされたものですから、西本願寺の方では二門章と言います。

聖浄二門については、道綽によって問題にされました。しかも、第一章の最初の聖道と浄土についての書き出しは、

『安楽集』の上に云く、「問うて曰く、一切衆生は皆仏性あり。遠劫より以来、応に多仏に値うべし。何に因りてか、今に至るまで仍自ら生死に輪廻して火宅を出でざるや」。

（『真聖全』一、九二九頁）

と、「大乗の仏教においては、すべての衆生に仏性あり、悉有仏性といわれる。それが大乗仏教であると教えられる。仏の心、仏となる種である仏性ありと言われる。けれども、今に流転を重ねているのはなぜか。仏性ありと教えられても、身の事実においては仏性なしと言わなくてはならない。どうしてか」という問題から『選択集』が開かれていきます。そして、「教えの選び」を明らかにした教相章に続く二行章では、「行の選び」というかたちで称名正定業の意義が明らかにされ、その拠りどころとなる善導の教学が明らかにされていくのです。

法然の教学は「行の選び」にそのすべてをかけられたというべきですが、何が私の、そして末法のときを生きる凡夫の救いの行となりうるのか、凡夫がこの時代を何によって生きていけばいいのかをいのちをかけて明らかにしてくださった方が善導であり、その善導に偏《ひとえ》に依ると、はっきりと「念仏を本として生きよ」と言いきっていかれたのが法然上人です。

さらに、「総結三選の文」について、法然上人が、『選択集』の結びに総結というかたちで、浄土門における称名正定業の選びによる浄土宗独立の意義を明らかにされましたが、親鸞聖人になると、さらに三願転入ということで表されていきます。

機の三願「第十九願、第二十願、第十八願」の問題として、親鸞聖人は自力の立場から他力の本願海に転入していく、信の徹底の軌跡、道程を明らかにされました。第十八願に示された、一切の人びとの選びなき平等の救いを約束された大悲の本願海に帰入していく道として、自力を尽くして自力の無効を知り、それによって他力の真実に出遇いながら、なお自力の心の離れ難い我が身を知る。そこに不断の懺悔があり、その懺悔をくぐってのみ、願海に帰入せしめられていく歓びを与えられるのです。そこに「悲喜交流」ということがあります。深い悲しみと深い喜びがひとつになって、日常の暮しのなかに生きている、信心のダイナミズム、かぎりなく確かな深さを求めてやまない信心が、懺悔と歓喜を内に含みながら展開していくのです。それが往生ということです。

法然上人はそのことを、念仏は正定業、不回向の行であると言い切っていかれます。我われの自力による回向をまったく必要としない。だから、念仏は我われが回向を用いることを必要としない、不要回向の行なのです。「回向」とはふりむけることです。たとえば「私は聞法し精進しています」ということを自分の権利として主張することを許しません。曽我量深先生は、私はこれだけ法を求め、努力し、念仏していきます、ということを権利として仏に救いの義務を要求する人間の邪見憍慢と指摘しました。そのことを法然上人は『選択集』のなかで述べていかれます。

第四節　如来の本願に応えて生きる

法然上人が「不回向」とおっしゃった根拠はどこにあるかといえば、如来の他力回向にあります。我われが回向するのでなく、他力が回向してくださる。それが正定業としての念仏で、我われが仏に差し向けてということが一切間に合わない。むしろ、そういうことこそ人間の我が身知らずの思い上がりでしかないことを、徹底して批判し否定するかたちで仏が我われにはたらいてくださる相が、称名念仏であると言ってこられます。宗祖は次のようにいただかれました。

明らかに知りぬ、これ凡聖自力の行にあらず。かるがゆえに不回向の行と名づくるなり。大小の聖人・重軽の悪人、みな同じく斉しく選択の大宝海に帰して、念仏成仏すべし。
（『聖典』一八九頁）

「大小の聖人・重軽の悪人、みな同じく斉しく」本願の世界に救いとられていく。そして、すべての者が念仏して仏となる。それが浄土真宗であると教えられています。

それを受けまして、

しかれば、「南無」の言は帰命なり。「帰」の言は、至なり。また帰説〔よりたのむなり〕なり、説の字、悦の音、また帰説〔よりかかるなり〕なり、説の字は、税の音、悦税二つの音は告ぐるなり、述なり、人の意を宣述るなり。「命」の言は、業なり、招引なり、使なり、教なり、道なり、信なり、計なり、召なり。ここをもって、「帰命」は本願招喚の勅命なり。
（『聖典』一七七頁）

と、「南無阿弥陀仏」の名義釈の結びが出てくるのです。「南無阿弥陀仏」という六字の意味について、南無は帰命であり、本願招喚の勅命であると確かめられていますが、それは親鸞の聞きとられた如来の呼びかけに対する深い宗教的体験にもとづく領解であったというべきです。阿弥陀に南無する帰命とは、本願招喚の勅命に帰することであるといわれ、そこに善導の二河譬が示されてあります。白道を歩む行人として、親鸞が聞きえた発遣と招喚の声――背後からの釈尊の教え、諸仏・善知識の発遣の教え、そして彼岸からの招喚の呼びかけ――を聞き、その声に生かされるところに立って、念仏の白道をいのち尽きるまで歩む。消えることのない水火二河のなかを歩み切らせていただく者のうえにのみ聞こえてくる本願招喚の勅命について明らかにされていましたが、七祖の解釈の引文が終わった今、それに対して阿弥陀に帰命せよと言われる。その「阿弥陀」とは如何なる方であるか、それが他力の釈明として説かれています。

しかれば真実の行信を獲れば、心に歓喜多きがゆえに、これを「歓喜地」と名づく。これを初果に喩うることは、初果の聖者、なお睡眠し懶堕なれども、二十九有に至らず。いかにいわんや、十方群生海、この行信に帰命すれば摂取して捨てたまわず。かるがゆえに阿弥陀仏と名づけたてまつると。これを他力と曰う。（『聖典』一九〇頁）

阿弥陀とは摂取不捨のはたらきであり、それが他力であると言われます。「摂取不捨」とは、『観経』の第九真身観に「仏心というは大慈悲これなり。無縁の慈をもってもろもろの衆生を摂す」（『聖典』一〇六頁）と、無縁の大悲のはたらきとして説かれたものであり、「他力」というのは曇鸞の『論註』の語で、「劣夫の、驢に跨りて上らざれども、転輪王の行くに従えば、すなわち虚空に乗じて四天下に遊ぶに障碍するところなきがごとし。かくのごとき等を名づけて他力とす」（『聖典』一九六頁）と、凡愚の救いの増上縁となる本願住持力を意味します。我われを根源から支え、我われを生死海に空過することなく、勝過三界道の仏道を歩ませてくださるはたらきです。そのはたらきによって、我われのうえに開かれる信心の境地が龍樹と曇鸞によって説かれた「入必定」です。間違いなく浄土に生まれ、仏となるべき身と決定される信心の自覚を私どもに賦与してくださるのが、阿弥陀の摂取不捨というはたらきである、と説かれたあと、それを受けて次のように表されています。

良に知りぬ。徳号の慈父ましまさずは能生の因闕けなん。光明の悲母ましまさずは所生の縁乖きなん。能所の因縁、和合すべしといえども、信心の業識にあらずは光明土に到ることなし。真実信の業識、これすなわち内因とす。光明名の父母、これすなわち外縁とす。内外の因縁和合して、報土の真身を得証す。かるがゆえに宗師は、「光明名号をもって十方を摂化したまう。ただ信心をして求念せしむ」（礼讃）と言えり。また「念仏成仏これ真宗」（五会法事讃）と云えり。また「真宗遇いがたし」

（散善義）と云えるをや、知るべし、と。（『聖典』一九〇〜一九一頁）

その結びに、

おおよそ往相回向の行信について、行にすなわち一念あり、また信に一念あり。行の一念と言うは、いわく称名の遍数について、選択易行の至極を顕開す。（『聖典』一九一頁）

と言って、『仏説無量寿経』（以下『無量寿経』あるいは『大経』と略称）流通分の冒頭の文を引き、一声の称名念仏に仏の本願のはたらきの結晶があると言っておられます。そこのところが、「行巻」において、諸仏による念仏の伝統を受けて明らかにされた、光明と名号の因縁によって信心の業識を得るという独自な表現でもって明らかにされたところです。

「業識」とは『大乗起信論』（『大正蔵』三二、五七七頁等）の所々に出てくる言葉で、そこでは真理が「ありのまま」であることを知らないために生ずる迷いの心のはたらきを表しますが、今の「信心の業識」という語は、曽我先生の言葉で言えば、そこに宿業の自覚という意味が込められていると言われるように思います。そして、それは呼び覚まされた心の目覚め、はたらきといったらいいのではないかと思います。

さて、『愚禿鈔』では、

真実浄信心は、内因なり。摂取不捨は、外縁なり。（『聖典』四三〇頁）

これは、「行巻」の阿弥陀の名義釈・光号因縁釈を受けて信心の業識、いかにして信心の目覚めが発起するのか、いかにして信心が獲得されていくのか、その信心こそは報土に生まれる因であることを弁証していくことを受けていきます。

本願を信受するは、前念命終なり。「すなわち正定聚の数に入る」（論註）文「即の時必定に入る」（十

文「また必定の菩薩と名づくるなり」（十住論意）文（十住論）

即得往生は、後念即生なり。

他力金剛心なり、知るべし。

（『聖典』四三〇頁）

これは、宗祖の深いご自証、宗祖における主体的領解を表されたものです。「信受本願」、本願がこの身一人がためといただかれ、そこに一切の迷いが閉じるということでしょう。そして、「後念即生」を「即得往生」と表されました。

「前念命終後念即生」は善導の『往生礼讃』の言葉ですが、善導の場合で言えば、「前念に命終して、後念に即ち彼の国に生ず」（『真聖全』一、六五二頁）と、臨終の一念のところで語られた言葉です。ところが、宗祖にあっては、現在における信心の獲得のところに、迷いの生からさとりの生への生まれ変わりがあることを明らかにするものとしていただかれた。そして、曽我先生は、その宗祖の教えをいただいて、親鸞聖人の七百回御遠忌の記念講演会（一九六一年）のときに、「信に死し、願に生きん」と表されました。また、「信に死し、願に生きよ」とも言われました（『曽我量深選集』第一二巻、弥生書房、一九七二年）。

我われの信心は、「欲生我国」と我われを根源の世界に喚びかえしてくださる大悲の本願から生まれてきたものです。御和讃に「信は願より生ずれば」（『聖典』四九六頁）と言っていますが、本願のまことが名号のはたらきを通してこの身に至り届けられ、そこに我が身に呼びさまされ、呼び戻された深いうなずき、目覚めが信心です。そして、本願によって生じた信は、獲信で終わることなく、本願に乗托して願生浄土の信に生きる者となる。願に生きるとは、本願の根源「欲生我国」「我が国に生まれんと欲え」をいただき、その如来の本願に応えて生きる者となることが言われています。

信に死し願に生きる、その往生ということを、曇鸞を受けて道綽は、「彼の浄土は乃ち是れ阿弥陀如来の清浄本願無生の生なり」（『真聖全』一、四〇三頁）と、「無生の生」によって明らかにされました。

曽我先生の最晩年の四年間の旅の記録と御法話を、お弟子の津曲淳三さん（一九一八〜一九八二）が『親鸞の大地――曽我量深随聞日録――』（弥生書房、一九八二年）という本にまとめてくださってありますが、曽我先生の九十二歳ごろから九十五歳ごろまでに至る最晩年の記録で、曽我先生は大事な言葉を繰り返しお話しになっていますが、そのひとつが「無生の生」です。

「無」とは、我われの一切の思いを超えていることで、「無生」とは、人間の相対有限な一切の分別が否定され、分別を加える必要のまったくないところです。我われの思いを超えて仏の浄土に生まれさせていただくことであります。曇鸞の説明によれば、往生が「無生の生」であるだけでなく、浄土もまた「無生の生」であると言われています。浄土は我われの生滅を超えた世界ではあるけれども、その世界が本願によって成就された報土として浄土荘厳というかたちをとって表現されます。その世界に我われが生まれていくのは、我われの思いを超えているけれども、帰るべきところに帰る、そういう願生心として往生は遂げられていく、しかし、その往生は「無生」という意味をもつものであると論じてあります。

宗祖の言葉で言えば、往生とは如来にはからわれていくことで凡夫の計らいではないとおっしゃっています。如来にはからわれて我われは往生を遂げさせていただく。しかし、無生の道理は、この世においてはうなずけたようであっても真にうなずいたことにならない。私どもがあまりにも分別が強くて、それは浄土に至ってさとることであるとおっしゃっている。安養浄土に生まれて無生の真理をさとることです。

第五節　真仏土・化身土の教相

『教行信証』六巻のうちの四巻「真実の証」まで『教行信証大意』を読みましたので、「真仏土巻」「化身土巻」のところを読んでおきたいと思います。

第五に真仏土というは、まことの身土なり。すなわち報仏報土なり。仏というは不可思議光如来、土というは無量光明土なりといえり。これすなわち第十二・第十三の光明・寿命の願にこたえてうるところの身土なり。諸仏の本師はこれこの仏なり、真実の報身はすなわちこの体なり。

（『真聖全』三、六〇頁）

これは、『教行信証』「真仏土巻」の冒頭の文とまったく同じですけれども、そこに阿弥陀、不可思議光如来は諸仏の本地で、諸仏と別に阿弥陀仏がましますと、阿弥陀が実体的に捉えられるのではなくて、諸仏のさとり、諸仏の本地が阿弥陀仏であると言っています。

真実の報土は真実のさとりから開かれたもので、真実のさとりは、第十一願に「必至滅度」とあります。「滅度」とは、迷いの因である煩悩を滅し、煩悩を因として起こる生死の果を超えていくことです。滅度の同義異語としていろいろな言葉による転釈がありますが、滅度それ自体は言葉を超えた世界で「無量」の名をもって表されます。さとりには無量の義がありますから、一如、真如など無量の名をもって表されるわけです。その滅度、さとりの世界は、まさに無生の世界で、一切の生滅という相対の世界を超えた世界であって、あるいは相、かたちを超えた世界として無相の世界でもあります。その世界から、「無生の生」あるいは「無相の相」というかたち、はたらきをもって現れてくる。そこに真実による方便ということがあります。方便として向こう側から開示されてくる世界として浄土があることを、明らかにされたのが『浄土論註』でした。

『浄土論註』浄入願心章において、真俗二諦の論理によって明らかにされ、絶対的なるものと相対的なるものとの密接な関連性が説かれていました。国土十七種、仏八種、菩薩四種という三厳二十九種の荘厳をもって如来の不可思議なるはたらきが象徴的に表されますが、それらはすべて根源なる如来の大悲の願心におさまるのであり、願心は浄土のはたらきとして、それ自身を開示し、我われのところに来てくださることです。

そこに、「広略相入」ということがありまして、願心と荘厳の関係を「相即相入」で表されています。「浄土」とは、その真実のさとりから開けてくる「無生の生」「無相の相」であり、大悲の願の展開としての行に酬報して成就した仏であり、酬報して建立された報土である。阿弥陀のはたらきたもう世界が浄土ですから、それは大悲の本願の行によって完成されていく世界、無限に完成され展開していく世界、と領解されると思います。それについては、つぎに方便ということがあり、浄土が方便化身という我われの認識の対象となる世界として説かれます。

第六に化身土というは、化身・化土なり。仏というは『観経』の真身観にとくところの身なり。土というは『菩薩処胎経』にとくところの懈慢界、また『大経』にとける疑城胎宮なりとみえたり。これすなわち第十九の修諸功徳の願よりいでたり。

(『真聖全』三、六一頁)

これも『教行信証』「化身土巻」の標挙の文とまったくひとつです。

ただしうちまかせたる教義には『観経』の真身観の仏をもて真実の報身とす。和尚の釈すなわちこのこころをあかせり。真身観といえる名あきらかなり。（『真聖全』三、六一頁）

「うちまかせたる教義」とあるのは、奥深い、深い意味ということであろうと思います。それを深く推求していくならば『仏説観無量寿経』（以下『観経』と略称）の真身観がそれである、と言われますが、宗祖はなぜそれを方便化身土と言われたのでしょうか。定善十三観の一番中心です。そこには、

一一の光明遍く十方世界を照らす。念仏の衆生を摂取して捨てたまわず。（『聖典』一〇五頁）

とおっしゃってあり、『観経』の正しく要です。ところが、親鸞聖人はそれを「方便化身土」と言われた。それこそ真実の世界というべきものをなぜ化身土といわれたのかということがあります。

真実の仏を観ずること、あるいは、仏と出遇うこと、もうひとつ言えば、仏身を観ずるものは仏を拝見し、仏の心を見ると言われた。観の成就としての見ということで、念仏者のうえに仏の心が現れる、現前することです。念仏している現在のこの身の前に仏が現れたまうこの「見仏三昧」とは、空ということと繋がるものです。人間の一切の計らい、思いが空ぜられ、あるいは無念となる。そこに見仏が開かれる。

上田義文先生（一九〇四～一九九三）の『梵文唯識三十頌の解明』（第三文明社、一九八七年）の中で、「仏教学の研究方法についての反省」という論文を書いておられます。東大の指導教授であった宇井伯寿先生（一八八二～一九六三）は学問と信仰は違うと、文献研究だけが仏教学だと説かれたけれども、それでは、仏教の真底に逼っていくことができない。だから先生の般若波羅蜜についての説明を聞いても分からない。それを明らかにしてくださったのは鈴木大拙先生であるということで、文献研究も重要であるけれども、限界があり、仏教の究極の真理は自らが見性し、自らがさとる、言葉の絶したところに出遇って、自己そ

れ自身が生まれかわるという体験を通さなくては般若波羅蜜はつかみえない、ということを書かれていました。鈴木先生の全集第二巻『禅思想史研究第二』（岩波書店、一九六八年）に「無心」といい「無念」というのが禅のさとりであるが、それだけでなく、「無心の心、無念の念」ということがなくてはならない。無心・無念は無分別ということ、一切の分別が滅することであるが、分別の滅したところから分別が起こる、分別の滅したところから分別が出てくる。それが大事なのだとおっしゃっています。

見仏とは、仏が現れ、仏の身を憶うことを通して仏の心が現れることです。そのとき、人間の一切の思いが空ぜられ、そこに仏心が現れてくださる。現在前してくださるのです。その仏心とは何かというと、それは無縁の大悲であるとおさえられます。一切の計らい、分別を超え平等の見地に立ちながら、差別に即して衆生に対応される如来の大悲のはたらきです。曽我量深先生の主体的なご領解で言えば、「無有出離之縁」の大悲です。助かる手掛かりがどこにも見出せない、我われにかけられた仏の大悲こそが「無縁の大悲」と表される仏心で、そのことを明らかにされたのが『観経』の「真身観」です。

そのことを注意しながら、『教行信証大意』ではこう言ってあります。

しかるにこれをもて化身と判ぜられたる、常途の教相にあらず。（『真聖全』三、六一頁）

宗祖は『教行信証』の第六巻「化身土巻」において、なぜ「化身」と言われたのか。それは「常途の教相」ではない、通常一般の教学とは違う、と言われます。

これをこころうるに、『観経』の十三観は定散二善のなかの定善なり。（『真聖全』三、六一頁）

定善というのは「息慮凝心」、妄念妄想、一切の雑念を払いのけて、心を仏の境界に置き心を静めることです。その定善について次のように解説してあります。

かの定善のなかにとくところの真身観なるがゆえに、かれは観門の所見につきてあかすところの身なるがゆえに、弘願に乗じ仏智を信ずる機の感見すべき身に対するとき、かの身はなお方便の身なるべし。すなわち六十万億の身量をさして分限をあかせる真実の身にあらざる義をあらわせり。これによりて聖人この身をもて化身と判じたまえるなり　（『真聖全』三、六一頁）

『観経』に説かれる定善は、人間の思慮分別を一切止めて、心を仏および浄土に集中することにおいて見えてくるもので、それが今の真身観です。しかし、それは定善において求められる仏ということで、人間の側から求められた仏として限量ある方便の法身であると言われたのであると解説してあります。

土は懈慢界といい、また疑城胎宮といえる　（『真聖全』三、六一頁）

懈慢というのは、憍慢にして懈怠なるものといわれる世界です。また、疑城胎宮は、私は道を求めていると自己の求道心に執われ、自分の得手勝手な自見の覚悟に自閉的にとどまる状況です。それらの世界は、

ふかく罪福を信じ善本を修習して不思議の仏智を決了せず、うたがいをいだける行者のうまるるところなるがゆえに真実の報土にはあらず。　（『真聖全』三、六一頁）

善因楽果、悪因苦果という因果の理に執われて、その因果を超える道が分からない。それは「罪福信」と言われますように、罪をおそれ幸せを求めるということです。そういう功利主義的なことから一歩も抜け出られない、あるいは、倫理という立場において宗教が求められていくことです。これは、たとえいかに信仰の形態をとっていようとも、それ自身は疑いの心以外のなにものでもない。そのような人間における深い迷妄性を徹底していかれたのが「化身土巻」であり、第二十願の問題の解明です。

それについて注意されるのは、『浄土三経往生文類』で、『大経』に罪福信について説かれたところを

「願成就の文、『経』に言わく」（『聖典』四七四頁）と二十願成就文としています。『教行信証』においては、明確な指摘はなかったことです。仏智疑惑による罪福信によって、因果の道理に執われ、縛られて、因果の道理を超えることができないところで、人間の側から仏の救いを要求し浄土を求める。それはすべて方便化土でしかない。しかし、その方便化土を通さなければ真実報土に至る道がないところに、凡夫の迷いの深さがある。ストレートに真実報土に至りえない。真実に出遇うことができない。ですから第二十願とは、超えたということで決着がつくようなことではない。常にそれは自己の内面に深く、離れ難い執着として、いつも内に見えてくる問題なのです。

これをもて化土となづけたるなり。これがわが聖人のひとりあかしたまえる教相なり。たやすく口外にいだすべからず、くわしくかの一部の文相にむかいて一流の深義をうべきなり。

さればこの教行信証真仏土化身土の教相は聖人の己証当流の肝要なり。他人に対してたやすくこれを談ずべからざるものなり。あなかしこ、あなかしこ。（『真聖全』三、六一～六二頁）

最後の一文は、おそらく蓮如上人が加筆されたものでしょう。『歎異抄』の奥書がそうです。しかし、親鸞聖人の『教行信証』はそうではないのです。『選択集』は、その内容と当時の状況からまだ公開がはばかられる、非公開の書でしたから、見ることのできた方はわずか五、六人に限られ、これを見たうえは壁にうずめて公開してはならないとまで言って封印されました。

しかし、『教行信証』は、法然上人の滅後の翌年に『選択集』が出版されると同時に、明恵（一一七三～一二三二）により『於一向専修宗選択集中摧邪輪』（略称は『摧邪輪』）、『摧邪輪荘厳記』が著され、法然の菩提心無用論に対し批判が加えられましたが、すでに法然上人はこの世になく、それに応えることができず、親鸞聖人が応えていかれたものです。そこに、相対教判、真仮批判ということが徹底的に行われて、『教行信証』は師の『選択集』とは違って、仏教界に堂々と公開された書で「人倫の哢言を恥じず」（『聖典』二一〇頁）と、人倫の嘲を恥じないとまで言い切っておられます。

ところが、蓮如上人になりますと、『教行信証大意』の末尾に『歎異抄』と同じく封印をしていかれます。『歎異抄』の奥書には、

於無宿善機、無左右不可許之者也。（『聖典』六四二頁）

とあります。当流大事の聖教であるけれども、左右なく無宿善の機に見せてはいけないとまで言われていますが、それと同じものを見出します。そのあとのところに、

みなひとのまことののりをしらぬゆえ、ふでとところをつくしこそすれ。（『真聖全』三、六二二頁）

と言っています。だから加筆されたわけでしょう。

謹んで教行証文類の意によりてこれを記す。蓋し願主の所望に依るなり。時に嘉暦三歳戊辰十一月廿八日、今日は高祖聖人御遷化の忌辰なり。短慮これをもって報恩之勤めに擬せしめんとす。賢才これを抜きて誹謗の詞を加うることなかれ、あなかしこ、あなかしこ。外見者およぶべからざるものなり。かつは稟教の趣、わが流において秘せんがため、かつは破法の罪、他人において恐れんがためなり。（『真聖全』三、六二頁）

蓮如上人は、この書は私自身において教えの深い意味を明らかにしていきたいためのものであり、それによって間違った浅はかな領解をして、誹謗することが起こらないよう公開しないで欲しいと記して、『教行信証大意』を結ばれています。

第六節　『文類聚鈔』が著された由縁

『教行信証』六巻が真仮偽批判を通して、浄土真宗を公開されたものであるのに対して、略本と呼ばれる『文類聚鈔』は、広くして深い『教行信証』の教えの要を末代に生きる下根の機のすべてに対していただかれるように、取り出して一巻の書物にまとめられたものです。ですから、広本に対して略本と呼ばれます。広本は真宗の教えを広く深く解き明かされたものでありますが、略本はそれをただ簡略にしたのではなくて、真宗の、浄土の教えを、簡潔にその要をとって明らかにしたものです。

しかし、なぜ略本を書かなくてはならなかったのでしょうか。広本が末法五濁の世を生きる我われ凡夫にとって、正しく深く領解することが容易でないだけなのでしょうか。

広本は真蹟本がありますが、略本は直筆本がありません。現在残っているのは写本だけで初稿本、最初に書かれたものは、「建長四年三月四日　八十歳」とあり、それに手を加えられて清書したものは、「建長七年七月十四日　八十三歳」とあります。これは、親鸞聖人にとって大変な事件となった善鸞（生没年不明）義絶の時分に略本の初稿本が修正されています。そのように略本は、「広前略後」が言われ、伝統的な説となったのです。

ところが、近年では略本の方が『教行信証』の構想の段階で書かれたもので、あとに完成されたものが広本の『教行信証』である、と言われるようになり、今日この二つの説が言われています。

稲葉秀賢先生は諸説を検討され、写本の奥書ですから絶対的とは言えませんが、一応古写本に依るとして、略本があとに書かれたのはなぜなのか。そこには内容の問題だけではなくて、略本を書かなくてはならない縁がそこにはたらいていたと考えられると指摘されています。

その縁は何かと言えば、親鸞聖人が四十二、三歳ごろから六十二、三歳ごろまで、二十年間にわたって『往生礼讃』にいう「自信教人信　難中転更難　大悲伝普化　真成報仏恩（自ら信じ人を教えて信ぜしめること、難の中に転《うた》た また難し。大悲、弘く普く化する、真に仏恩を報ずるに成る）」（『聖典』二四七頁）という念仏弘通に努められましたが、そこに、横曽根門徒・高田門徒といった多くのグループが誕生しました。笠原一男（一九一六〜二〇〇六）の『親鸞研究ノート』（図書新聞社、一九六五年）では、親鸞聖人の布教活動によって「少なくとも十万の人々が念仏の信者となって組織された」と言われていますが、二、三千人という念仏者たちがそこに生まれたであろうと考えられます。しかし、親鸞聖人は、六十二、三歳ごろ、関東をたって京都に帰洛されました。そして、七十歳を越えられたころ（学者によっては八十歳ごろ）、善鸞を自分の名代として関東につかわされた。しかし、関東の同朋たちと善鸞の間にいろいろな問題が出てきた。それが、善鸞義絶になっていきます。

稲葉先生は、略本を書かなければならなかった縁となったのは、関東の同朋の間における問題が促しになったのではないか、とおっしゃっています。

親鸞聖人は法然上人の教えを受けられた。法然上人の教えは『選択集』の冒頭にありましたように「往生之業念仏為本」とあり、念仏往生の道は善導によって明らかにされてきた浄土の教えです。それを法然上人から親鸞聖人が受けられた。そして、その念仏を通して我われのうえに開けてくる信心、仏のまことごころが正因となって、浄土往生を遂げていくのであって、我われの救いはまったく私の力でなくて絶対的な如来の他力に依るのだ、ということを明らかにしていかれました。

そのことは、自力の行によってさとりを開くことを理想とした聖道門仏教とまったく違った、完全に独立した教えが開かれたことでした。時機を知らない、時代と己の分を知らないかぎりにおいては、たとえそれが真理の道を説くものであっても、むしろ幻想と言わざるをえない。そのような立場にとどまっている聖道門仏教を厳しく批判し浄土の真実を開顕していかれたのです。そして、真の仏弟子とは一体なになのかを『教行信証』において明らかにしていかれます。

廣瀬杲先生（一九二四～二〇一一）によれば、それまでの仏教を百八十度転回するような変革をなし遂げていかれた、そこにいろいろな問題が出てくる。教えを自見の覚悟をもって受け取るという問題が一番大きな問題です。自分勝手な能力、分別のなかで教えを自分流にすりかえていく過ちをおかしていく。関東教団の同朋のなかにも起こってくる。

稲葉先生の指摘ですと、「信心正因」ということを宗祖が説かれた。そして、すべての人びとが選びなく平等に救いとられていく、そういう一乗究竟の法が明らかにされた。それは、インド以来、仏教において課題にされてきたことを、宗祖が具体的に、田舎の文字も知らない人びとと生活をともにしていくなかで、具体的に明らかにされたものであります。ところが、同朋のなかには、ただ観念的に捉えて、どんな者も救われるのならば、悪いことをした者がよけい救われるのではないかという造悪無碍を主張する人びとが出てきました。自見の覚悟そのものです。そのなかで、念仏が軽視されてくる状況が起こってきたのでしょう。

それは、『末燈鈔』など、親鸞聖人のお手紙を門徒のグループごとに、自分の立場を正当化する目的をもって編纂されていくことにもなってきました。『末燈鈔』の第九通、第十二通あたりに門弟における念仏の軽視が出てくるのですが、そのことに対して、真宗の信心とは念仏のほかにはない、念仏こそは「正信」、正しい信心であることを明らかにしなくてはならない。それが、法然上人の教えを受け継ぎ、上人の教えを明らかにする道である。このことが縁となって、『文類聚鈔』が著されなくてはならなかったのだと、稲葉先生は言われています。

伝統的には、『文類聚鈔』の古い写本はみな八十歳となっていますので、『教行信証』よりもあとに著されたものである、と領解されてきましたが、稲葉先生は安居で『浄土文類聚鈔』をご講義なさりましたときに、六巻の『教行信証』を略抄されたという言葉に批判的な見解を示されました。略抄というのは簡略に縮めるということですから、そのように領解するのであれば、宗祖が八十歳になられて『文類聚鈔』をお書きにならなければならなかった独自性が明確にならないということで、先生は、『教行信証大意』の説に対して批判的でありました。

では、独自性をどこに求めるかということで、先生は、ひとつには関東の同朋教団の間にみられる信心の動揺を注意されました。親鸞聖人の徹底した教えのひとつである悪人正機について、自分の都合のよいように受け止め解釈していく自見の覚悟が生まれ、その中から造悪無碍という、浄土真宗の教えに背く思想が起こってきたことがあります。それに対して、幕府からの念仏弾圧が行われました。宗祖八十歳ごろ、そういう思想の混乱が関東の御同朋たちの間に起こってきた。そのことの誤りを正すということ、しかも、それには自分の息子である善鸞が大きく絡んでいるということがあり、それを正さなくてはならないという問題が出てきました。そういうなかで、本願を信ずればどんな悪人であろうとも救われるということを強調していくことがありました。

それに対して、元祖法然上人が浄土宗を独立するにあたってお勧めくださった念仏往生の教えに立ちかえるということを、宗祖は御同朋に求められました。そして、それを書物に著していかれたわけです。そのことは、細川巖先生も『晩年の親鸞』（法藏館、一九九四年）で強調されましたように、宗祖の生涯における思想展開は、年齢とともに「ただ念仏」に帰していかれた。その根底には、「愚者にかえる」という、法然上人から直接お聞きになった、そして、五十年間も耳の底に留まってきた言葉が、いよいよ歳とともに忘れることなく、深くうなずかれてきたということでしょう。愚者にかえりて念仏往生を遂げるということが、宗祖の晩年の著述に顕著に見られる。そのひとつが『文類聚鈔』であり、あるいは、『三帖和讃』で言えば『正像末和讃』であると、細川先生はおっしゃった。稲葉先生は、『文類聚鈔』を著さなくてはならなかった独自な必然的理由を、当時の歴史的な背景を通して、そこに元祖法然上人の教えにかえるということが大事な由縁であるということを、強調していかれたことです。

第二章　『文類聚鈔』総論

第一節　『文類聚鈔』の構成

『文類聚鈔』は、大きく三つに分けられます。はじめの言葉、序文です。それから、正説、本論となり、それがさらに三つに分けられます。

- 一　序文
- 二　正説
  - Ⅰ　散説
    - ①真宗の大綱
      - 教
      - 行…本願力回向
        - 往相回向
          - 因
            - 大行
            - 浄信
          - 果
            - 証
        - 還相回向
    - ②濁世の機・勧信
  - Ⅱ　偈頌（「念仏正信偈」）
  - Ⅲ　問答要義（信心について）
    - ①『大経』の三信と『浄土論』の一心
    - ②『大経』の三信と『観経』の三心
    - ③『大経』『観経』二経と『小経』の一心
- 三　総結

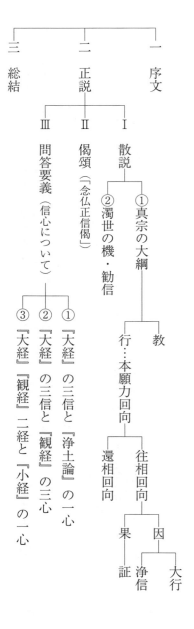

稲葉秀賢先生は、住田智見先生（一八六八〜一九三八）の『浄土文類聚鈔聞記』（法藏館、一九八七年）の説に随って「散説」という呼び方を採用していますが、もうひとつしっくりしません。「正説」が本論ですから「各論」の方がまだいいでしょう。「散説」は二つに分けられ、第一番目が「真宗の大綱」を明らかにすることで、さらに「教」と「行」とに分けられ、真実教である『大経』のうえに表された真実行ということで、「行」について、称名念仏の行は本願力回向の行であり、その回向に往相と還相の二種の相があると示されます。

我われが娑婆世界における生死の苦悩を超えて彼岸の浄土に生まれていく道、その往相回向について、さらに因果にわたって明らかにします。次には、往相にとどまることなく、さらに生死の世界に還り来たって衆生を済度する還相のはたらきを開くものです。因のところをさらに往相という道を我われのうえに開いてくださる如来のはたらきとしての念仏と、その大行によって我われのうえに開かれる浄信、真実の信心として明らかにされています。

「散説」の二番目に、「濁世の機」とあります。五濁悪世の機、末法の世を生きる凡夫であることを示し、念仏を修行すべきことを勧められます。

「正説」の第二番目が偈頌「念仏正信偈」です。

「正説」の第三番目が問答要義となります。問答要義とは、本願の三信、信心についての問答要義で三つあります。一番目が『大経』の三信と『浄土論』の一心の関係、二番目に『大経』の三信と『観経』の三心の関係、三番目に『大経』『観経』二経と『小経』の「一心不乱執持名号」の関係について、問答しながら「一心」の意味を明らかにしていきます。本願成就の信はいかなるものかを明らかにしていかれるのです。

最後に全体の結び、総結の文を置かれています。『文類聚鈔』の構成にはいろいろな説がありますが、稲葉先生は『文類聚鈔』は法然上人の教えを継続されるものであり、『選択集』の第一章に説かれた「教相章」と第二章の「二行章」の意義を継承するのが『文類聚鈔』であることから、住田先生の分け方を採用しています。

『文類聚鈔』の構成の中心になるのは「教」「行」というよりも、むしろ、「因」「大行」「浄信」というところにあると思います。

第二節　『教行信証』総序との対応

それ、無碍難思の光耀は苦を滅し楽を証す。万行円備の嘉号は障を消し疑いを除く。末代の教行、専らこれを修すべし。濁世の目足、必ずこれを勤むべし。しかれば最勝の弘誓を受行して、穢を捨て浄を欣え。如来の教勅を奉持して、恩を報じ徳を謝せよ。ここに片州の愚禿、印度西蕃の論説に帰し、華漢・日域の師釈を仰いで、真宗の教行証を敬信す。特に知りぬ、仏恩窮尽し叵ければ、明らかに浄土の文類聚を用いるなり。（『聖典』四〇二頁）

これまでが序文で、当然考えられますのは、広本の『教行信証』の総序です。広本の場合には、総序、別序、後序の三序とありますが、その総序と今の『略文類』（広文類に対する略文類の意）の序文とは深く対応しています。『略文類』の序文に入るに先立って広本の総序の文についてごく簡単に申しあげておきたいと思います。

竊かに以みれば、難思の弘誓は難度海を度する大船、無碍の光明は無明の闇を破する恵日なり。しかればすなわち、浄邦縁熟して、調達、闍世をして逆害を興ぜしむ。浄業機彰れて、釈迦、韋提をして安養を選ばしめたまえり。これすなわち権化の仁、斉しく苦悩の群萠を救済し、世雄の悲、正しく逆謗闡提を恵まんと欲す。かるがゆえに知りぬ。円融至徳の嘉号は、悪を転じて徳を成す正智、難信金剛の信楽は、疑いを除き証を獲しむる真理なりと。しかれば、凡小修し易き真教、愚鈍往き易き捷径なり。大聖一代の教、この徳海にしくなし。穢を捨て浄を欣い、行に迷い信に惑い、心昏く識寡なく、悪重く障多きもの、特に如来の発遣を仰ぎ、必ず最勝の直道に帰して、専らこの行に奉え、ただこの信を崇めよ。ああ、弘誓の強縁、多生にも値いがたく、真実の浄信、億劫にも獲がたし。たまたま行信を獲ば、遠く宿縁を慶べ。もしまたこのたび疑網に覆蔽せられれば、かえってまた曠劫を径歴せん。誠なるかなや、摂取不捨の真言、超世希有の正法、聞思して遅慮することなかれ。ここに愚禿釈の親鸞、慶ばしいかな、西蕃・月支の聖典、東夏・日域の師釈、遇いがたくして今遇うことを得たり。聞きがたくしてすでに聞くことを得たり。真宗の教行証を敬信して、特に如来の恩徳の深きことを知りぬ。ここをもって、聞くところを慶び、獲るところを嘆ずるなりと。（『聖典』一四九～一五〇頁）

総序の文は名文で、親鸞聖人の時代である宋代の修辞学、文章表現を完全に自家薬籠中のものとして、的確に表された文章で、一言一句まったく無駄がなく、内容面からも表現面からも、極めて優れた文章です。

さて、『教行信証』の総序と後序は、ともに「竊以」「竊かに以みれば」という言葉で始まっています。

これは、善導の『観経疏』の玄義分の冒頭と、散善義の結び、それぞれの冒頭の言葉、発端の辞です。その言葉の意味は、我われの思い量ることのできない仏の真実、我われを超えた真実を深く尋ね推求していくことで、法然上人の『選択集』第一章・教相章の私釈冒頭の「竊に計みれば」と総結の「静かに以みれば」という発端の辞として継承され、さらに宗祖に伝承されたことです。

ただ、『教行信証』の場合は、「信巻」別序に限っては、「それ以みれば（夫以）」とあって、「竊かに以みれば」と違うことがあります。「信巻」は、結城令聞氏（一九〇二～一九九二）が「教行信証の信巻別撰についての私見」（『宗教研究』一二二、一九四九年）で「信巻別撰説」を出されましたように、別序において教行二巻に示された本願念仏の教えに出遇うことによって、我われのうえに開かれ成就する本願の真実信心について、あらためて主題的に明らかにされたもので、そこに「それ以みれば」という言葉を置かれたのであろうと思われます。

「竊かに以みれば」という言葉で始まります総序の文ですが、宗学における伝統的な理解を申しますと、広本は「教・行・信・証」という四法――教えとその教えに説かれた行、そして、その行を信ずることによって証りを開く――、を明らかにするものです。それは、そのまま我われが生死を超えて浄土に至る往相回向の道を明らかにされたものですが、その証からさらに還相回向を開いてきます。「教・行・信・証」の四法を伝統的な言葉で言えば、行信の因によってさとりを開くということで、「衆生往生の因果」を明らかにするものとして、「因果門」という呼び方をします。その道は如来の願力によって回向されたものであり、その回向の内容が往相・還相の二回向で、これを中心にして如来の回向門を明らかにするのが広本である、と見るのが伝統的な宗学の領解です。

それに対して、略本は回向門を中心にして、その内容として四法を明らかにするもので四法のうち教・行の二行を明らかにすることから、教えに表された行、そして、行の中に信を摂める「行中摂信」というところに略本の特質があると言われます。

宗学の解釈は非常に綿密で特殊な専門用語はいたって便利でありますが、宗教的、現代的意味をそこから読み解いていくことは容易でないことがあります。

いま申した広本と略本の違いについて、総序と序文のうえにも具体的に見ることができます。まず、総序の文を見ますと、

難思弘誓　度難度海大船
無碍光明　破無明闇恵日
（『聖典』一四九頁）

とあります。ここでは、対句法として字数がきちっと計算されていて、一字一句無駄なく、四字と六字、対応させて説かれていることがよくお分かりなると思います。

総序の冒頭に挙げられましたのは、宗祖によって真実教として決定された『大経』の教えの要を表されたものと領解されます。

「難思の弘誓」とは、私どもの一切の思議を超えた如来の本願で、十方の衆生を選びなく救いとらなければならないと、一方的に約束された阿弥陀の願いです。その本願が成就した光が十二光をもって表され、無量寿・無量光の阿弥陀仏となられた。「無碍の光明」と示されていますが、それは「如来浄土の因果」を表すことです。阿弥陀仏の浄土がいかにして建立されたのか、阿弥陀仏とはいかなる仏であるのか、そして、阿弥陀仏の在します、はたらきたまう浄土はいかなる世界であるのかを因果の道理によって表され

た『大経』上巻の内容が要約されています。つまり、「如来浄土の因果」は、「難思の弘誓」→「無碍の光明」で表されました。

それに対して、衆生における往生浄土の因果は、「破無明闇恵日」→「度難度海大船」と表されます。光明は生死の迷いの根元である無明の闇を照らします。「無明の闇」とは普通は「痴無明」と言われ、愚かさということですが、別しては「疑無明」、大悲の本願を疑うこころです。それは、自分を絶対化するこころでもありますが、その内容は仏智、仏の智慧を明らかに知らないで、罪をおそれ幸せを求めるという、自力の心に執われ自力のこころから離れることができない、「不了仏智」と教えられています。無明が一切の迷いのもとで無明の闇から度り難い生死海が生まれてくるわけですから、まさしく迷いの因です。如来の大悲の本願が成就したその阿弥陀の光は、その人間の無明なる闇を破りたまう。それによって、難度海であるこの生死海を越えしめられる。ここに『大経』の教えがある。

「無碍光明」は『大経』の上巻、「破無明闇恵日」は『大経』の下巻を表しますが、「無明の闇を破する恵日」とは、『論註』の五念門の讃嘆門釈の言葉に拠られています。そして、「難度海を度する大船」は、龍樹の『十住毘婆沙論』に拠られています。つまり、『大無量寿経』を明らかにするのに、龍樹の『十住毘婆沙論』と世親、曇鸞の『論』『論註』に拠るということです。真実の教えとその伝統という意義を、これだけの言葉のなかに込めて表されており、浄土真宗の要があますところなく説かれていると領解することができます。

真実教の徳用を明らかにされたことを受けて、「しかればすなわち」という接続詞を置いて、次の内容が表されますが、この接続詞は非常に大事だと思います。『大経』に説かれた真実は、それ自体に内含される必然性をもって、具体的真実としてはたらきたもうということです。

しかればすなわち、浄邦縁熟して、調達、闍世をして逆害を興ぜしむ。浄業機彰れて、釈迦、韋提をして安養を選ばしめたまえり。これすなわち権化の仁、斉しく苦悩の群萠を救済し、世雄の悲、正しく逆謗闡提を恵まんと欲す。

（『聖典』一四九頁）

これは、先の『大経』に対して『観経』の教えを表されたもので、金子大榮先生は、「浄土教縁起」と言われ、浄土の教えが歴史のうえに正しく宗教として明らかにされた浄土教興起の意味を表すもので、先の「難思の弘誓」と「無碍の光明」ということと対応しまして、ここでも「浄邦縁熟」と「浄業機彰」が対応して示されています。

具体的な事実としては、浄土の教えが開かれる縁として悲劇がおこりました。調達（提婆達多）や阿闍世という仏法に背き五逆をおこす者によって逆害が行われた。いわゆる「王舎城の悲劇」と言われる痛ましい人生のできごと、父を牢屋に閉じこめ、さらに母をも牢屋に閉じ込めるという逆縁がおこりました。それに対して、浄業の機、「浄業」とは、如来によって衆生の罪業が浄化される行です。我われの重く深い罪を浄め滅する如来の清浄なる行業としての念仏によってのみ救われねばならない機が、王舎城の悲劇を縁として現れてきました。その内容は、「釈迦、韋提をして安養を選ばしめたまえり」、逆害によって地獄の苦しみの渦中に投げ出された者が、釈迦の大悲による善巧方便によって、安養の浄土を選ばしめられたということです。

『観経』の教えは、善導が明らかにしたように「王舎城の悲劇」を説かれた序分をいかに読み、いただくか、にあります。単なる物語として取り上げるのか、我われの置かれている状況そのものを明らかにされたものとしていただいていくのか、ということです。そこに、善導の「古今楷定」の問題があり、善導は逆悪の凡夫こそが阿弥陀の本願によって完成された真実の報土に往生を遂げていく「凡夫入報」を明らかにされました。

宗祖は、この総序の文において、『観経』の教えを「調達、闍世をして逆害を興ぜしむ。浄業機彰れて、釈迦、韋提をして安養を選ばしめたまえり」という言葉で、阿弥陀の浄土がこの世に開かれなければならない縁が熟したこと、そこに、如来の清浄なる大行によって救われていく機が明らかにされたことを表されました。韋提という女人によって代表される一切の凡夫が平等に救われていく道、さらには、その凡夫こそが真実なる阿弥陀の浄土に生まれていく本願の正機であることが、釈尊の出世の本懐として開顕されました。その真実の機が救われることにおいて、『大経』に説かれた真実の法が具体的に証明されたということです。

さらにそれを受けて、

これすなわち権化の仁、斉しく苦悩の群萠を救済し、世雄の悲、正しく逆謗闡提を恵まんと欲す。

（『聖典』一四九頁）

と表されました。ここに、「権化の仁」といわれている者は、提婆達多と阿闍世、そして、韋提希、あるいは、それに関わるすべての人がみな「権化の仁」であるとされます。「権化の仁」とは、仮に姿を現され、我われを救いたもうお方ということです。

曽我量深先生は、静的に言えば第十七願・諸仏称名の願に応えて現れ、動的に言えば第二十二願によって、娑婆にあって普賢の行を行うべく出現された方ということといわれます。ですから、その内容は特定の人でなく、無限に拡大されるものと言えます。ただ特定のすぐれた先生と仰がれるようなお方に限定されるべきではないと思います。

曽我先生は、親鸞聖人にとって還相とは法然上人であり、法然上人のうえに還相を拝まれた親鸞聖人は往相の人である。そこに、往相と還相の対面交通があるということを生涯かけておっしゃいました。そこには、清沢満之先生（一八六三～一九〇三）と曽我先生ご自身のことが重ねられていたといただきます。法然と親鸞との決定的な値遇において、本願が成就し、そこに浄土真宗が歴史的事件として興隆したことです。しかし、それは、必ずしも特定の人に限定されるものではありません。釈尊との値遇という決定的なできごとにおいて、調達、闍世、韋提もすべて「権化の仁」である、ということがうなずかれてきます。『大乗荘厳経論』『大乗起信論』などの大乗の唯識の論書によりますと、仏・菩薩は、仏・菩薩のかたちをとって現れない、それは凡夫として現れる、チャンダーラや犬を救うためにはチャンダーラや犬のかたちをとるという説き方がされています。ですから、救いを求め、道を求める人にとっては、「権化の仁」であるということでしょう。

鈴木大拙先生が加藤辨三郎（一八九九～一九八三）という念仏者との対談で、「ここに集まっていらっしゃる方はみんなお浄土から来られた方です。仏や菩薩は、仏・菩薩のかたちをとらないで、凡夫のかたちをとって現れる。みんな、お浄土から来られた方がたである。だから、私もここに加わることができました」とおっしゃっている。そういう世界があるのです。

そのことは、『浄土和讃』ですが、「讃阿弥陀仏偈和讃」が終わりましたあとに、

阿弥陀如来　　観世音菩薩

釈迦牟尼如来　大勢至菩薩
富楼那尊者
大目犍連
阿難尊者
頻婆娑羅王　韋提夫人
耆婆大臣
月光大臣
阿闍世王
提婆尊者　雨行大臣
守門者

（『聖典』四八三頁）

とあります。ここに、王舎城の悲劇に関わった全部の人のお名前が挙げられています。そして、そのあと「浄土和讃」として、『大経』『観経』『小経』の三経和讃が表されています。『真宗聖典』では、同じ高さに並べられていますが、真蹟本では「頻婆沙羅王」（『増補　親鸞聖人真蹟集成』第三巻、法藏館、二〇〇七年、六九頁）のところは下げてあります。そういう区別はなさっていますが、それらの人びとすべてが「権化の仁」であると、宗祖は見られていました。多くの方がたの還相のはたらきのなかに私があるというご領解です。

第三節　浄土三部経の要義を明らかにする

さきほど、総序の文では接続詞を注意すべきだと言いました。何故かというと、『大経』の教えを受けて『観経』の教えを説くときに、「しかればすなわち」という言葉で接続されました。「しかれば」とは、『大経』に説かれた阿弥陀の真実が歴史のうえに興起する、真実そのものが具有する内的必然性、自然法爾のはたらきを表す言葉で歴史を超越したものが歴史のうえに具現する、真実そのものが本来的、本質的にもっている、それ自体の内なるはたらきに依るものなのです。それを、宗祖は「しかればすなわち」という語で表されたのです。『大経』に説かれた真実の必然的な動向として、『観経』のお教えが説かれました。

それを受ける次の「かるがゆえに知りぬ」という接続詞は、深いうなずきです。教えに対して主体的な領解を表す言葉が、「かるがゆえに知りぬ」という言葉で象徴的に表されています。その内容は、『大経』と『観経』があって、そして『阿弥陀経』（『小経』）の順によって表されるものと一応は領解されます。

円融至徳嘉号　→　転悪成徳正智

難信金剛信楽　→　除疑獲証真理

『阿弥陀経』は、『観経』の流通分に示されました、廃立の釈を受けて説かれた経典であります。『観経』の流通分では、正宗分に説かれた定善散善の行は、すべて自力の雑心による雑行雑修であって、捨てられるべきもの、不用のものであり、ただ如来によって選択摂取された念仏の行にのみ依るべきである、という廃立の密意が顕されていました。その「汝好くこの語を持て。この語を持てというは、すなわちこれ無量寿仏の名を持てとなり」(『聖典』一二二頁)という念仏一行の付属を受けて、易行難信の法を説かれたのが、『阿弥陀経』です。易行難信を深く掘り下げていかれたところに、『阿弥陀経』の教えがあります。行としては易行易往の道のほかにはなく、易行としての念仏のほかに浄土の真実の行はありません。だから諸仏が証誠護念されるのである、ということです。

ただし、諸仏が証誠護念される行が私にとっての唯一の行であると決択すること、つまり、如来による選びが私における選びとして成就するということは、容易ならないことで易行難信であります。ただ念仏に救われるという難信の法は、三世十方の諸仏が証人となって証明してくださることに依らなければ、自力の疑心の深き者にとってはとても信じ難い教えである、と説かれているのが『阿弥陀経』です。

易行の法である念仏について、ここでは「円融至徳の嘉号は悪を転じて徳を成す正智」と表されています。「円融至徳の嘉号」とは、如来の徳のすべてであり、「行巻」のはじめに、

この行は、すなわちこれもろもろの善法を摂し、もろもろの徳本を具せり。極速円満す、真如一実の功徳宝海なり。(『聖典』一五七頁)

と表されています。如来の因果の徳用のすべてが込められてあるもの、善本徳本といわれる如来のすべてのはたらきがそこに集約され、摂取され包み込まれてあります。「嘉号」とは、本願成就の御名ですが、ただ名ということではなくて本願成就の御名、十方諸仏によって称讃されるべき徳をそなえた本願成就の御名で、それが「転悪成徳」、悪を転じて徳となす正智として与えられます。「転悪成徳」とは、「煩悩の

氷解けて功徳の水と成る」（『聖典』一九八頁）ことです。念仏のみが、二乗、三乗を選ばず、凡聖逆謗を分かつことのない弘願の一乗の法である、ということで、その名号によって我われに回向されるのが、如来の真実としての信心です。我われの浅はかな分別でもっておしはかることのできない難信金剛の信楽は、「疑いを除き証りを獲しむる真理」（『聖典』一四九頁）であると表されます。

「正智」について、『正像末和讃』では、「智慧の念仏」「信心の智慧」（『聖典』五〇三頁）という表現がなされ、「智慧」の大切さが示されています。総序では、『小経』に説かれた教え、念仏の信心によって、仏智の不思議を疑う自力疑心による迷いを転じ、真実報土に往生し無上涅槃という真の法身のさとりを開くことが誓われていると領解されます。これは、『大経』『観経』の教えに対して、『小経』の教えを表されたものと領解される伝統的な解釈で、浄土の三部経の要義、真実義を明らかにされたものです。

ただ、曽我先生は『行信の道』（丁子屋書店、一九四〇年）という総序の講義におきまして、これは『小経』でなくして『大経』下巻の教えを言われるのだと独自なご指摘をされました。『大経』下巻では、本願成就、本願が衆生のうえに成就した真実の行信によって正定聚不退転の身となり、報土に往生して仏のさとりを開くに至る本願成就のことを表します。第十七願に誓われた諸仏称名の御名を聞くことにおいて、我われのうえに一心の信心が開かれ、そのたまわった信心が如来の招喚に応答して、浄土に願生していくことを表されたものであるとのご指摘です。

『教行信証』の総序の文は、はじめの句において、三部経のそれぞれの特質を短い言葉に煎じつめて、対句というかたちをとって表されたもので、後半は次のように説かれています。

しかれば、凡小修し易き真教、愚鈍往き易き捷径なり。大聖一代の教、この徳海にしくなし。穢を捨て浄を欣い、行に迷い信に惑い、心昏く識寡なく、悪重く障多きもの、特に如来の発遣を仰ぎ、必ず最勝の直道に帰して、専らこの行に奉え、ただこの信を崇めよ。ああ、弘誓の強縁、多生にも値いがたく、真実の浄信、億劫にも獲がたし。たまたま行信を獲ば、遠く宿縁を慶べ。もしまたこのたび疑網に覆蔽せられれば、かえってまた曠劫を径歴せん。誠なるかなや、摂取不捨の真言、超世希有の正法、聞思して遅慮することなかれ。ここに愚禿釈の親鸞、慶ばしいかな、西蕃・月支の聖典、東夏・日域の師釈、遇いがたくして今遇うことを得たり。聞きがたくしてすでに聞くことを得たり。真宗の教行証を敬信して、特に如来の恩徳の深きことを知りぬ。ここをもって、聞くところを慶び、獲るところを嘆ずるなりと。（『聖典』一四九～一五〇頁）

今まで示された浄土の三部経における真実教の意義を受けられて、正しく易行の教えであることを表されます。念仏の法は、逆謗の徒といわれる我われ凡夫のために開かれた易行の法であるけれども、我われにとっては、自力の心の捨て難いことにおいて難信の法であることを挙げられています。凡夫の修し易き法であり、凡夫の歩み易き念仏の道である。大聖釈尊が生涯にわたって説法された八万四千の法門はすべて、この法に収まるものであり、念仏の教えこそは釈尊の出世本懐の教法であり、また、その教えを聞くことにおいて、我われの出世本懐が満たされていくのです。その易行の法によって、我われは捨て去り難いこの穢土を捨て、浄土を欣うものとなり、もはや定散二善に迷い、自力の心に惑うこともなく、無明の闇を離れ、煩悩の心を離れていくことであります。

「特に如来の発遣を仰ぎ、必ず最勝の直道に帰して」と難信の法だからこそ、如来の発遣に随っていきます。「如来」とは、釈迦、諸仏、善知識で、そのなかには七祖も含まれます。その発遣によって、招喚のいのちに帰する。「帰する」とは、本願に帰命し、願海に帰入することで最勝の直道に帰することによって、もっともすぐれた浄土に直線的に繫がる。その念仏の道に帰することです。そして、「専らこの行に奉え、ただこの信を崇めよ」とは、どこまでも如来回向の行信であって、私の力によるものではない。「信を崇めよ」と私のうえに起こった目覚めであるけれども、起こさしめたものは如来であり、私のうえに起こった、ただ念仏して助けられると信ずる行信そのものが如来のはたらき、回向成就の行信であることを明らかにしていかれます。

易行の法、すべての人が平等に摂取され、平等にさとりを開く道として、念仏の道に出遇いえた深い宿縁感における喜びが、「ああ、弘誓の強縁、多生にも値いがたく、真実の浄信、億劫にも獲がたし。たまたま行信を獲ば、遠く宿縁を慶べ。もしまたこのたび疑網に覆蔽せられれば、かえってまた曠劫を径歴せん」と、感動に満ちた言葉で表白され、勧励されています。宿善開発による獲信、無始時来なる流転をくぐって法蔵菩薩が永劫の修行を重ねてくださったご苦労によって、今ようやく真実の信心の目覚めを獲得することができたという信心の歓びです。この感動は、『教行信証』の流通分の、

慶ばしいかな、心を弘誓の仏地に樹て、念を難思の法海に流す。深く如来の矜哀を知りて、良に師教の恩厚を仰ぐ。慶喜いよいよ至り、至孝いよいよ重し。

（『聖典』四〇〇頁）

と対応します。そして、この総序の後半の部分が、いまの略本の序文の部分に対応することです。

第三章　序文について

第一節　『浄土文類聚鈔』の序文を読む

『教行信証』の総序の文に対して、『文類聚鈔』の序文はどういう内容になっているのでしょうか。

それ、無碍難思の光耀は苦を滅し楽を証す。万行円備の嘉号は障を消し疑いを除く。末代の教行、専らこれを修すべし。濁世の目足、必ずこれを勤むべし。しかれば最勝の弘誓を受行して、穢を捨て浄を欣え。如来の教勅を奉持して、恩を報じ徳を謝せよ。ここに片州の愚禿、印度西蕃の論説に帰し、華漢・日域の師釈を仰いで、真宗の教行証を敬信す。特に知りぬ、仏恩窮尽し叵ければ、明らかに浄土の文類聚を用いるなり。

（『聖典』四〇二頁）

伝統的な解釈によりますと、序文は二つに分けられます。初めは「大綱序」で『文類聚鈔』に表される浄土真宗の大要、かなめをまとめて表されたものを言います。それに対して、宗祖はなぜどのような意図のもとに『文類聚鈔』を著されたのか、『文類聚鈔』が著されなくてはならなかった意趣、を述べられる部分を「発起序」と言います。

大綱序では、浄土真宗の要が光明と名号によって集約的に表されています。

それ、無碍難思の光耀は苦を滅し楽を証す。（『聖典』四〇一頁）

「光耀」とは、無碍なる光如来、難思無称の光如来の光明が輝くことで、総序の文では「無碍の光明」と表現されていました。次に、それに対応して名号の徳が讃仰されます。

万行円備の嘉号は障を消し疑いを除く。（『聖典』四〇一頁）

総序の文では「円融至徳の嘉号」とありましたように、光明と名号によって真宗の大綱の要をおさえられています。それを受けまして、末法五濁の世ということを示して、専ら念仏することを勧められています。

末代の教行、専らこれを修すべし。濁世の目足、必ずこれを勤むべし。（『聖典』四〇一頁）

と、念仏の教行のみが時機相応の教えであることを教えて、末法五濁の世を生きる凡夫のために選びぬかれた智行目足の法、これは天台大師智顗（五三八～五九七）『法華玄義』の「智の目と行の足とをもって清涼の池に到る」（『大正蔵』三三、七一五頁）という目足の法であることを示して、それを勤め励めと言われています。

講録を見ますと、無碍なる光如来の「無碍」というのは天親菩薩の『浄土論』の帰敬序に、「世尊我一心　帰命尽十方　無碍光如来」と挙げられていることによります。『大経』には無量寿仏の無量光と説かれ、光明の無量なることを正依の『大経』では十二光をもって表され、『教行信証』「真仏土巻」では、曇鸞の『讃阿弥陀仏偈』と新羅の憬興（生没年不明）の『述文賛』により讃仰されていますが、難思無称の光如来の「難思」とは、『讃阿弥陀仏偈』で「南無不可思議光」と仰がれたことによります。

「無碍光如来」とは、彼岸の世界から我われのところに現行したまえる如来を表し、「不可思議光如来」

とは、それによって生死の彼岸に仰がれる一切の分別を離れしむる如来を讃仰するものと領解してよいでしょう。そこに、天親・曇鸞の教えによって阿弥陀の光の徳を「無碍難思の光耀」と示され、衆生一切の四苦八苦を滅し、無上涅槃の大楽を得しめるものであると言われます。その光の徳は、仏の御名として我われのうえに具体的にはたらき、すべてを包む光は、我われ一人ひとりのうえには名を通してはたらきたまうのです。その名は、我われの一切の悪業煩悩を消して、特に不了仏智、疑心自力の心を破したまうと表されています。

この二つによって如来の徳を表されたことについて、先哲の講録では、『教行信証』の方では、本願と名号という因果の道理によって、迷いの因果を超えることで表されていましたが、『文類聚鈔』では本願をはずして、仏の果徳を顕す光明と名号について示されています。つまり、本願成就の仏の光、本願成就の御名によって他力回向を明らかにする、と言っています。

光明と名号でもって阿弥陀の徳を表す直接的な拠りどころは、善導の『往生礼讃』です。それは「行巻」に引用されており、それにもとづく宗祖の光明名号因縁釈が示されていますが、そこに引かれている文で注意されるのは次の言葉です。

問うて曰わく、一切諸仏、三身同じく証し、悲智果円にして、また無二なるべし。方に随いて一仏を礼念し課称せんに、また生まるることを得べし。何がゆえぞ、ひとえに西方を嘆じて専ら礼念等を勧むる、何の義かあるや。答えて曰わく、諸仏の所証は平等にしてこれ一なれども、もし願行をもって来し取るに、因縁なきにあらず。しかるに弥陀世尊、もと深重の誓願を発して、光明名号をもって十方を摂化したまう。ただ信心をして求念せしむれば、上一形を尽くし、下十声・一声等に至るまで、仏願力をもって往生を得易し。このゆえに釈迦および諸仏、勧めて西方に向かうるを別異と為ならくのみと。またこれ余仏を称念して、障を除き罪を滅することあたわざるにはあらざるなりと、知るべし。もしよく上のごとく念念相続して、畢命を期とする者は、十即十生、百即百生なり。何をもってのゆえに。外の雑縁なし、正念を得たるがゆえに、仏の本願と相応を得るがゆえに、教に違せざるがゆえに、仏語に随順するがゆえなり、と。

（『聖典』一七四頁）

諸仏のさとりは皆平等であるけれども、衆生を救うという仏の本願の行、はたらきにおいて論ずるならば、それは異なります。阿弥陀の世界からこの五濁悪世を選んで出現して、阿弥陀の本願を説かれた釈尊は、光明名号をもって十方を摂化されるのが阿弥陀であることを明らかにすることにある、と説かれます。『往生礼讃』が『文類聚鈔』の拠りどころになっているのですが、もうひとつ遡るなら、そのもとは、曇鸞の『論註』の讃嘆門釈に「かの如来の名を称し、かの如来の光明智相のごとく、かの名義のごとく、実のごとく修行し相応せんと欲うがゆえに」（『聖典』二一三頁）とあり、彼の名義と相応すると説かれ、「光明智相の如く」と言っています。名の義、いわれで、義とは光明智相ですけれども、そこでは、「実相身・為物身」という仏身が示され、実相の智慧が衆生のために、大悲の如来、方便法身として顕現することが表されました。その光明のはたらきによって、無始のときから起こった我われの無明の根本である疑無明、不了仏智が破られます。千歳の暗室にもたとえられる無明の闇が破られて、浄土往生という志願が念仏のはたらきとして我われのうえに開かれ、果遂され満足されていくことで宗祖は注意されました。

光明名号の因縁によって、我われのうえに破闇満願ということが起きる、その因縁と信心の関わりについて、「行巻」では「信心の業識」と表されました。

良に知りぬ。徳号の慈父ましまさずは能生の因闕けなん。光明の悲母ましまさずは所生の縁乖きなん。能所の因縁、和合すべしといえども、信心の業識にあらずは光明土に到ることなし。真実信の業識、これすなわち内因とす。光明名の父母、これすなわち外縁とす。内外の因縁和合して、報土の真身を得証す。かるがゆえに宗師は、「光明名号をもって十方を摂化したまう。ただ信心をして求念せしむ」（礼讃）と云えり。また「念仏成仏これ真宗」（五会法事讃）と云えり。また「真宗遇いがたし」（散善義）と云えるをや、知るべし、と。

（『聖典』一九〇～一九一頁）

『観経疏』序分義において、善導は三福の因縁について示されています。もっとも基本的な世間倫理として、『観経』では「かの国に生まれんと欲わん者は、当に三福を修すべし。一つには父母に孝養し、師長に奉事し、慈心ありて殺せず、十善業を修す」（『聖典』九四頁）と、孝養父母、人間の道として親孝行が説かれています。善導は、その解釈において、「自の業識を以て内因と為し、父母の精血を以て外縁と為す。因縁和合するが故に此の身あり」（『真聖全』一、四九〇頁）と、我われは「自らの業識」によって父母を縁としてこの世に受生したのであると述べていきます。それを踏まえ、「自らの業識」という語を転用して、

良に知りぬ。徳号の慈父ましまさずは能生の因闕けなん。光明の悲母ましまさずは所生の縁乖きなん。能所の因縁、和合すべしといえども、信心の業識にあらずは光明土に到ることなし。

（『聖典』一九〇頁）

と、宗祖は「信心の業識」と表されました。「自らの業識」とは、この身における本能的欲求です。人間は生まれるべくして生まれた。自ら生まれたいと願って生まれたのであり、両親はその縁となるものであ

ります。善導の「自らの業識」という言葉は、自分のいのちの願いによって、この世に生を受けたことで、それを宗祖は大切に受け取られて、この身が真実の信心の業識を得ることによって、信心が、法の身を獲る正因であることに転化していかれるのです。罪業の身として受生した者が、今度は法を身として生きる者と化生する。それが往生ということ、報土の往生を遂げていくことです。その場合に、信心を因とし、光明名号を縁として、因縁和合して報土の真身を得るということが、果として約束されていると説かれます。

大須賀秀道先生（一八七六〜一九六二）の『浄土文類聚鈔述義』（安居事務所〈大谷大学内〉、一九三八年）で『文類聚鈔』の構成について、本書は総説、偈頌、問答の三節で構成されていますが、総説、真宗の教えについて総体的に表された部分は、末代の教えとしての光明名号の因縁を明らかにするものである。それに次ぐあとの偈頌と問答、「念仏正信偈」と「三一問答」は、真実の信心を求念する、教えを信受する身にいただくべき信心を明らかにするもので、それによって法然上人が明らかにされた念仏往生の道について讃嘆されたものである、と言われています。

次に、大綱序の結びです。浄土の教えの要を光明と名号、そして、それに対する信心ということによって表されたあと、

末代の教行、専らこれを修すべし。濁世の目足、必ずこれを勤むべし。（『聖典』四〇二頁）

と勧励されています。これは、源信僧都の『往生要集』の冒頭の序文「夫れ往生極楽の教行は濁世末代の目足なり」（『真聖全』一、七二九頁）をほぼそのままのかたちで表されたものです。「末代の教行」とあるのが、法然上人の『選択集』では、第一章の教相章、第二章の二行章に表されたもので、『教行信証』で言

いますと、教行二巻。教は真実を表すもの、表されるものは行、大行としての如来のはたらきです。選択摂取の本願の行であると法然上人が明らかにしたことを宗祖はいただいて、如来の本願力回向とおさえられていきます。これだけの言葉のなかに日本浄土教における伝統が語られることが、先学によって注意されています。

次に発起序後半の部分に移ります。宗祖が『文類聚鈔』を八十歳という高齢に達して撰述された目的を表すのが次の文です。

しかれば最勝の弘誓を受行して、穢を捨て浄を欣え。如来の教勅を奉事して、恩を報じ徳を謝せよ。

（『聖典』四〇二頁）

さらにそれを結んで、次のように表白されています。

ここに片州の愚禿、印度西蕃の論説に帰し、華漢・日域の師釈を仰いで、真宗の教行証を敬信す。特に知りぬ、仏恩窮尽し叵ければ、明らかに浄土の文類聚を用いるなり。

（『聖典』四〇二頁）

「最勝の弘誓を受行して」とは、このうえなくすぐれた阿弥陀の真実の本願をこの身に受けて、娑婆世界の迷いを超えて浄土を欣え、ということです。これは、阿弥陀の徳について讃仰されたものです。次の「如来の教勅」とは、その阿弥陀の本願海からこの五濁悪世を選んで出現された釈尊の教えです。しかも、「教勅」という語で表されているように、その教法は無上命令ですから、受け取ることを遅慮することをゆるさない厳しさをもって私どもに呼びかけられてあるところの真実です。それを「奉事」して、そして、恩を報じ徳に謝せよと、知恩報徳が示されています。本願の名号であるお念仏に値いえた歓びをたまわる恩徳感です。

曽我量深先生の言葉で言えば、言葉にまでなってはたらきたもう生きた如来が南無阿弥陀仏です。その南無阿弥陀仏が私のいのちとなり、私の主体となって私を動かしたもうことに対してご恩徳を感ずる者は、それに応えていかずにはおれず、遇うべきものに遇いえた感動から自ずから生まれてくるものが『文類聚鈔』を著された願いであります。

「ここに片州の愚禿」ですが、世界のなかの小さな片隅、日本という小さな島国に生まれた、この愚かなる仏弟子親鸞ということです。「印度西蕃の論説に帰し」は、インドや西域において明らかにされた教え、論説に帰することです。そして、「華漢・日域の師釈を仰いで」の華漢は中国ですから、中国・日本の師釈を仰いで真宗の教行証を敬信する。『教行信証』の総序の文には、「専らこの行に奉え、ただこの信を崇めよ」（『聖典』一四九頁）と「崇信」、信を崇めよということがあり、総序の文の結びは、同じく「真宗の教行証を敬信して」（『聖典』一五〇頁）とあります。「敬信」とは「恭敬深信」という意味だと言われ、敬う、そして深く信ずることです。

宗祖の聞法の姿勢を表す言葉で西本願寺に伝わります、八十四歳のときに書かれたお名号に「愚禿親鸞敬信尊号」（『増補　親鸞聖人真蹟集成』第九巻、法藏館、二〇〇五年、一〇頁）とあります。それは、ただ尊号であるお名号だけを敬信されたのではありません。宗祖の書かれた尊号には、たいてい、名号のいわれ、義を表された銘文として、『大経』の経文、願文と『浄土論』の文が、名号の上下の段に書かれています。それを拡大し解釈されたのが『尊号真像銘文』というお書物です。それには略本と広本があり、略本は善導・法然の文を主としますが、広本では七高僧のほか聖徳太子（五七四～六二二）におよんでいます。それらの真像は、すべて尊号の徳を讃嘆し、尊号の真実であることの証人となってくださった諸仏を表すものです。七高僧・太子の教えを通して尊号、念仏ひとつに帰したわけですから、真像の銘文をも含めて尊号を敬信するのが宗祖のお意です。

「真宗の教行証を敬信する」の「教行証」とは、真宗の法、真実の教えです。それは、本願の名号を説きたもうたもの、本願の名号を釈迦諸仏が称えられるのを我われは聞き、称えて生き、それによって「念仏成仏是真宗」という道が開けてくるのです。仏となる、南無阿弥陀仏となる、その法に対して敬信するとは、この身にいただいていくこと、その普遍の法、普遍の真理を、特殊の機であるこの身にいただいて生きることです。それを、存覚の『六要鈔』の言葉では「行は所行の法、信はこれ能信」（『聖典全書』四、一〇〇七頁）と、「所行能信」と言われます。

「所行」とは、行ぜられるという如来の行、如来の現行を表します。それが大行といわれる名号で、その救済の法は、すでにして公開され与えられているのです。ただ、それを自己一人がためと信受し信知していくことだけが、我われに問われているのです。「能信」とは、一人ひとりの自覚で、一人の自覚による選びです。選択というのも、実は如来のはたらきによるものです。けれども、如来として現行してくださる姿が名号です。それは、一人ひとりが自らの道として、それを信受し信知して生きる。そこに能信の問題があります。

真宗の教行証を敬信して生きることについて、金子大榮先生は、「普遍の法」と「特殊の機」ということを晩年繰り返し問題にされました。「法」とは「普遍の法」で、誰しもがそれを聞き学ぶならば、うなずかざるをえない普遍の道理です。それを先生は「凡夫あれば仏なかるべからず、娑婆あれば浄土なかるべからず」という言葉で仏法の道理を表されました。我われを離れて浄土や仏があるということではない。

凡夫があれば仏がなくてはならない。それが「普遍の法」としての道理です。

それはまた、有限と無限ということでもあり、清沢満之先生の中心問題であります。無限は有限より見れば有限の外にある。けれども、無限より見れば有限は無限の内にあります。有限と無限の対応関係が清沢先生の哲学の根本テーゼでした。普遍の法に対する特殊の機とは、特別ということではなく、千差万別の一人ひとりということで、代替が効かず許されない一人ひとりこそが特殊の機です。一人ひとりが例外です。誰一人として同じものはないわけで、一人ひとりが特殊です。精神分析学者であり、実存主義哲学者であったドイツのカール・ヤスパース（一八八三〜一九六九）の『哲学』でいう「例外者と包括者」です。凡夫と如来という関わりが「南無阿弥陀仏」という名号において一体になるところに、浄土真宗の教えがあるというべきではないでしょうか。そのことを「機法一体」「仏凡一体」ということでおさえられたのが蓮如上人だと思います。

宗祖が『文類聚鈔』の序文の結びにおいて、「真宗の教行証を敬信す」とおっしゃっておられますが、「念仏成仏是真宗」という教えをこの身に深くいただいて生きることが、宗祖の基本の姿勢であり、『文類聚鈔』を著された意図でもあったというべきであります。

宗祖は、最後に、その広大な仏恩を表すことはとてもできないから、「明らかに浄土の文類聚を用いるなり」と結ばれています。「明らかに」とは、「明証する」という意味をもちます。字を逆にすれば「証明」ですから、明らかに証しすることということでしょう。

『文類聚鈔』の現代語訳がいくつかあります。石上玄一郎（一九一〇〜二〇〇九）という作家の現代語訳は、すぐれているように思います。その石上訳ではこう言ってあります。

今、ほとけのご恩を仰げば、まことに窮りなく、到底言葉に尽くし難い。せめては報恩の営みとして、この真宗の教えを証しするために、経文のなかの重要なものを集め、それを更に撰び抜粋してここに説く次第である。（石上玄一郎・村上慎一共著『浄土文類聚鈔――親鸞と在家仏教――』ワールド出版、一九八九年）

これで、『浄土文類聚鈔』の序文を一応読み終わったように思います。

第二節　『教行信証』と『文類聚鈔』の同異

『文類聚鈔』は、総説、偈頌と問答の三段構成でまとめられてありますが、総説とは、真宗の教行証を敬信しての組織的表現である、と言ってよいでしょう。次の偈頌である「念仏正信偈」は、その真宗の教行証の歴史的伝統を明らかにしたものです。これは、「正信念仏偈」においても変わりません。そして、問答は、真宗の教行証を敬信する――「恭敬深信」すなわち深信に基づいて恭敬する――その恭敬の自督についての反省を表されたものであります。はたして、私は純一なる信心をいただいて、その信心に生きているかどうか。端的に言えば、ただ念仏してという教えに徹し、そのことひとつで事足りているかどうか、を自身に深く確かめることを示されたものが問答であると領解されます。

さて、『教行信証』と『文類聚鈔』とでは、場所を異にして、いろいろと分けられ、対応し合っているところがあります。『文類聚鈔』の序の、

それ、無碍難思の光耀は苦を滅し楽を証す。万行円備の嘉号は障を消し疑いを除く。

という文は、『教行信証』の総序の文の、

難思の弘誓は難度海を度する大船、無碍の光明は無明の闇を破する恵日なり。（『聖典』一四九頁）

という文章に対応します。ただ、対応しますが内容の上からは厳密にはひとつではない。あるいは、

ここをもって、浄土縁熟して、調達、闍王、逆害を興ず、濁世の機を憫んで、釈迦、韋提（をして）安養を選ばしめたまうなり。つらつら彼を思い、静かに此を念うに、達多・闍世、博く仁慈を施し、弥陀・釈迦、深く素懐を顕せり。（『聖典』四〇八頁）

という箇所は、総序の、

しかればすなわち、浄邦縁熟して、調達、闍世をして逆害を興ぜしむ。浄業機彰れて、釈迦、韋提をして安養を選ばしめたまえり。（『聖典』一四九頁）

という文に対応します。『観経』と『大般涅槃経』（以下『涅槃経』と略称）によって王舎城の悲劇を説き、そして、その事件に関わった者すべての人びとが、我われを救うための「権化の仁」であることを説かれた、宗祖独自の深い領解を表されたものです。それが、『文類聚鈔』では序文でなくて、証章の結びの還相回向のところに引かれていることがあります。還相回向について説くところに、

しかれば、もしは往・もしは還、一事として如来清浄の願心の回向成就したまうところにあらざることあることなきなり。知るべし。（『聖典』四〇八頁）

と説いたうえで、

ここをもって、浄土縁熟して、調達、闍王、逆害を興ず、濁世の機を憫んで、釈迦、韋提（をして）

安養を選ばしめたまうなり。つらつら彼を思い、静かに此を念うに、達多・闍世、博く仁慈を施し、弥陀・釈迦、深く素懐を顕せり。（『聖典』四〇八頁）

と言っています。これは、『教行信証』の総序の文では、『大経』に次ぐ『観経』の教えとしてひとつにまとめてありましたが、『文類聚鈔』では、それを切り離してここに置かれています。

『文類聚鈔』では、つづいて、

これに依って、論主、広大無碍の浄信を宣布し、あまねく雑染堪忍の群生を開化せしむ。宗師、往還大悲の回向を顕示して、慇懃に他利・利他の深義を弘宣せり。聖権の化益、ひとえに一切凡愚を利せんがため、広大の心行、ただ逆悪闡提を引せんと欲してなり。（『聖典』四〇八頁）

と示されています。前半の文は、『教行信証』「証巻」の結釈と同じですが、それをより具体的に明らかにされた後半の文は、総序の文の一節、「権化の仁、斉しく苦悩の群萠を救済し、世雄の悲、正しく逆謗闡提を恵まんと欲す」に対応します。

そして、そのあとの、

いま庶わくは道俗等、大悲の願船には清浄信心をして順風とす、無明の闇夜には功徳の宝珠をして大炬とす。（『聖典』四〇九頁）

とあるのは、総序の冒頭、「難思の弘誓は難度海を度する大船、無碍の光明は無明の闇を破する恵日なり」ですし、つづく、

心昏くして識寡なきものは、敬んでこの道を勉めよ。悪重く障多きものは、深くこの信を崇めよ。ああ、弘誓の強縁、多生にも値い難く、真実の浄信、億劫にも獲叵し。遇信心を獲ば遠く宿縁を慶べ、

もしまたこの疑網に覆蔽せられれば、更って必ず曠劫多生を径歴せん。摂取不捨の真理、超捷易往の教勅、聞思して遅慮することなかれ。

（『聖典』四〇九頁）

という文は、総序の文の後半部分に対応します。ただ、そのあとの、

慶ばしきかな、愚禿、仰いで惟いみれば、心を弘誓の仏地に樹て、情を難思の法海に流す。聞くところを嘆じ、獲るところを慶んで、真言を採り集め、師釈を鈔出して、専ら無上尊を念じて、特に広大の恩を報ず。

（『聖典』四〇九頁）

という文は、『教行信証』後序の最後の箇所に対応します。

このように、『教行信証』と『文類聚鈔』の序を対応してみますと、総序の文は非常にきっちりとした内容をもった完璧な文章表現です。けれども、『文類聚鈔』ではそれが分けられていて、必ずしも同一でない。それには、それだけの意味のあることが考えられ、『教行信証』と『文類聚鈔』のいずれが先かという問題にも関連します。

きっちりとまとめられた総序をもつ『教行信証』の方がはじめに著され、あとに総序の文を分けて、『文類聚鈔』の序文や本論の御自釈が著されたと見るのか。逆に、『教行信証』と比べるとバラバラに示されている『文類聚鈔』の文章を、あとで統一して総序として著されたのが『教行信証』であるという見方もあります。その取捨選択は、主観的な判断よりほかにないという問題が出てきます。ひとつのものを分けられたのか、別々にあったものがあとにまとめられたのか。それだけでは、どちらも主観的にしか過ぎないというべきです。私は、極めて感覚的な見方に過ぎませんが、広本でまとめられたものがあとに分けられた、「広前略後」と見る方が感じとしては落ちつくかという気がしています。

第三節　『教行信証』の構成

『教行信証』の領解について、曽我量深先生は、『教行信証「信の巻」聴記』（以下『「信の巻」聴記』と略称、『曽我量深選集』第八巻、弥生書房、一九七一年）に、教行二巻は本願念仏の歴史的な「伝承」を表すと言われました。それは釈尊によって説かれ、七高僧により三国にわたって伝承されてきた本願念仏の歴史を讃仰されたものであるのに対して、別序を設けて開かれた「信巻」以下は、その伝統との出遇い、親鸞聖人で言えば、よき人法然上人を通して、歴史に出遇い、よき人の仰せを我が身に信受していくことによって問われた「己証」を明らかにするもの、と言われました。伝統とそれに対する主体的な自証、教えを自身のうえに受け止め、教証、理証を通して証明していく「伝承と己証」を明らかにされたものが『教行信証』である、と教えられました。

さらに、金子大榮先生は、『教行信証』の前の四巻は「絶対真宗」を開顕されたものであり、それに対して、あとの二巻、「真仏土巻」と「化身土巻」は「相対真宗」を明らかにしたものである、と言われました。

「真仏土」とは、如来の本願によって成就された大涅槃界としての浄土です。その大涅槃のさとりを開く境界としての浄土を明らかにされたのが「無量光明土」と言われる「極楽無為涅槃界」としての真仏土であり、本願に酬報された世界なのです。本願の行によって成就された世界ですから、「真の報仏土」と表されます。

「報仏土」ということは、ただ如来の本願によって完成された世界、というだけではありません。善導大師が『観経』によって、聖者の生まれていく浄土ではなくて、凡夫が生まれていく浄土こそは真実の浄土である、「凡夫入報」を明らかにされましたから、報仏土には、「仏の本願に酬報する」意味と、凡夫がそこに往生する「凡夫入報」という二つの意味があります。ただし、それは、「若不生者　不取正覚」という第十八願にもとづくものですから、別なことではない、ひとつことです。凡夫が生まれる浄土を仏の本願によって完成されることで、その二つがひとつことなのです。

それに対して、「化身土」として明らかにされた第六巻は、自力の迷信に惑い、自力の修行を善とする立場を離れ難い我われが、選択本願の大海である真の浄土に帰入していく道を説かれたものです。そこでは、仮偽の宗教に対する厳しい教誡、内省による批判を通して、我われが生きている現実的世界が明らかにされていきます。

「仮」とは、自力の心行を主とするものであり、そこに、聖道門の教えと浄土の真宗に徹しえない浄土異流が問われています。自力を尽くすことによって、他力の真実に帰していく道、絶対他力である如来の真実が私どもにはたらいてくださるはたらきが明らかにされていくのです。そして、「偽」の宗教に対しては、迷信邪教、仏教以外の外教への批判を通しながら、真仏土を開いていかれるのです。

金子先生は、そのような内容をもった「真仏土巻」「化身土巻」について、根源的な普遍の真実と、歴史的・相対的な真実との対応を明らかにするものである、と言われました。迷信邪教をもって宗教とし、現世祈禱をもって宗教とする偽の宗教や、自力によってさとりを開く、あるいは自力の念仏で浄土に至ると説く立場に対して、批判的にそれを説くことを「相対的真宗」と言われました。絶対真宗が相対的な歴史社会のうえに僧伽として現れるあり方を問題にしていかれたのがあとの二巻である、ということです。このように構成されている『教行信証』の全体の序が、総序のはじめに浄土の三部経によって如来よりたまわりたる真実の行信道を生きること、その行信道は七祖において伝承されてきた大道であり、それをただ聞思していくほかはないことを、深い感歎の思いをこめて謳われたのが総序の文です。

広本の『教行信証』にしましても、略本の『文類聚鈔』にしましても、浄土を顕かにする文類を聚めたもので、「浄土」が両方の書物の主題です。「浄土真宗」と示されますように、「浄土」という宗教的世界は、一切を超えて一切を包み、そして、一切の迷いを転じてさとりを開く世界です。そういうはたらきをもった宗教的世界であり、我われの生死の帰依処、我われの存在の根拠であるような世界を明らかにすることが、広本にしましても略本にしましても主題であることです。

第四節　先学たちの教え

隈部慈明（一八八一～一九一九）という方の『浄土文類聚鈔講義』（無我山房、平楽寺書店、一九一九年）で注意していた一例ですが、「無碍難思の光耀は苦を滅し楽を証す。万行円備の嘉号は障を消し疑いを除く」（『聖典』四〇二頁）とあります、光明と名号のはたらきは、如来の因果にわたって、衆生の迷いの因果を超えしめてくださることを明らかにされるわけで、光明はその本願の成就した如来の果の徳について言われています。そこに、「苦を滅し楽を証す」とあります。娑婆、人生における一切の苦しみを滅して、畢竟安楽なるさとりを得しめたまう、これは、伝統的な領解では、浄土に往生して与えられる功徳、当益です。

それに対して、如来の万行円備のすべて、因位の万行のすべてが込められてある名号、本願成就の御名は、「障を消し疑いを除く」とあり、我われの信心の迷いが破られ超えられるということで、現益を表すことが丁寧に注意されています。

次いで「知恩報徳」のところに、「しかれば最勝の弘誓を受行して、穢を捨て浄を欣え。如来の教勅を奉持して、恩を報じ徳を謝せよ」（『聖典』四〇二頁）とありますが、「弘誓」とは、十方衆生の救いを約束されたこのうえなき本願は同時に十方三世に弘まっていく本願のまことという意味を持ちます。それはどこまでも「受行」することによって、「捨穢欣浄」、穢土についての深い悲しみを通して、迷いを離れることを願って浄土を欣うこと、そして、それに対する釈尊の「教勅」です。「弘誓」は弥陀であり、釈尊の方は「教勅」です。「帰せよ」という「教勅」に対して、それを「奉持」し、そして「恩を報じ徳を謝せよ」と弥陀・釈迦という二尊のはたらきについて表されています。「帰せよ」という絶対命令、「教勅」で発遣の教勅です。

先学の講録や隈部氏は「受行」とは信受し奉行することで、本願を信じ念仏申すこと、そして、釈尊の教勅に対し「奉持」するとあるのは、信奉し憶持していく、憶念執持していくことであると説明されています。

金子大榮先生が静岡の医師永尾雄二郎（一九二五〜二〇二二）というお弟子に与えられた書に「普遍の法を特殊の機に受行する、それを回向という」があり、私は、受行ということをただ受け取ることと簡単に思っておりましたが、『文類聚鈔』に「最勝の弘誓を受行し、如来の教勅を奉持する」とあり、そこには本願を信じ念仏申して、憶念執持していく意味であることを教えられました。本願のおこころを身に付けていく、人生生活において念仏を行じていくということがあることを知らされました。

そういう言葉を、先学は一つひとつ丁寧に解釈されています。ことに念を入れておっしゃっているのは、「捨穢欣浄」です。宗祖はそれを『愚禿鈔』下巻に、厳密に区別して説明していらっしゃいます。

自利真実について、また二種あり。

一には厭離真実

聖道門　難行道

竪出　自力

竪出は難行道の教なり、厭離をもって本とす、自力の心なるがゆえなり。

二には欣求真実

浄土門　易行道

横出　他力

横出とは易行道の教なり、欣求をもって本とす、何をもってのゆえに、願力に由って生死を厭捨せしむるがゆえなりと。（『聖典』四三八頁）

「欣求真実」については、『教行信証』「信巻」の冒頭（『聖典』二一一頁）に、大信心について十二徳を挙げるところに、第一の「長生不死の神方」に次いで、第二に「欣浄厭穢の妙術」と言われているところにも見られます。

自ら菩提心を起して、煩悩海であり生死海である穢土を厭い捨てて、さとりを求めること、自力による厭離ということが、聖道門における自力の菩提心のはたらきです。ところが、我われ凡夫は、現実が苦しみに満ちた世界であり、我が身すらもどうすることもできない、自力のおよばない身と知りながら、それを厭い去ることができません。まさしく、『歎異抄』第九条に「久遠劫よりいままで流転せる苦悩の旧里はすてがたく、いまだうまれざる安養の浄土はこいしからずそうろうこと、まことに、よくよく煩悩の興盛にそうろうにこそ」（『聖典』六三〇頁）という煩悩興盛の凡夫です。その凡夫が浄土を願ってこの娑婆世界を厭離していくことは、私の力によるのではなく、まったく如来の他力によってであるとおっしゃっています。ですから、浄土を欣うこと、生死の帰依処としての浄土を教えられ、娑婆を娑婆と照らされ、娑婆を生きる身の悲しみを教えられて、娑婆を超えていくのであると教えられてあることです。そこに、宗祖の自力と他力についての非常に厳密なご指摘があることを、先輩の講録を読んでおりまして、あらためて気づかせていただきました。

第四章　真実教について

第一節　『大無量寿経』が真実教である

「真実教」に入っていきたいと思います。

今、「真実教」と申しましたが、『教行信証』の場合は六巻で構成されていて、「顕浄土真実教文類一」「顕浄土真実行文類二」（中略）「顕浄土方便化身土文類六」とありますが、『文類聚鈔』では、ただ「教」「行」「浄信」「証」とあって、六巻に分けられていません。

しかるに、「教」と言うは、すなわち『大無量寿経』なり。この経の大意は、弥陀、誓を超発して広く法蔵を開いて、凡小を哀れみて選びて功徳の宝を施することを致す。釈迦、世に出興して道教を光闡して、群萌を拯い恵むに真実の利をもってせんと欲してなり。誠にこれ、如来興世の真説、奇特最勝の妙典、一乗究竟の極説、十方称讃の正教なり。如来の本願を説くを経の宗致とす、すなわち仏の名号をもって経の体とするなり。

（『聖典』四〇二～四〇三頁）

これが教章の全文です。『教行信証』では、総序が説かれましたあとに、続けて、

大無量寿経　真実の教

浄土真宗　　　　　　　　　　　　　　　　　　　　（『聖典』一五〇頁）

とあります。「現行流布の『教行信証』では、この語を「教巻」の標挙として「教巻」の題の後に置いている」（『聖典』一〇三二頁）のですが、坂東本では総序のあとに挙げられて、次いで六巻の巻名が、

顕真実教　一
顕真実行　二
顕真実信　三
顕真実証　四
顕真仏土　五
顕化身土　六　　　　　　　　　　　　（『聖典』一五〇～一五一頁）

と、列挙されていますから、『教行信証』は「大無量寿経　真実の教　浄土真宗」ということを開顕するお聖教であることは明白で、それはそのまま『教行信証』全体の標挙であり、六巻の総論である「教巻」の標挙でもあるという意味をもつわけです。

そこで、宗祖において『大無量寿経』が真実の教として明らかに決定されていますが、そこには、宗祖に至るまでの歴史的な背景があります。

『大無量寿経』が真実の法であることは、経典自体がそれを明らかに示していることがありまして、『文類聚鈔』では、「誠にこれ、如来興世の真説、奇特最勝の妙典、一乗究竟の極説、十方称讃の正教なり」（『聖典』四〇三頁）という四句でもって讃嘆、証明してあります。

『教行信証』「教巻」の結びで言いますと、「如来興世の正説、奇特最勝の妙典」（『聖典』一五四頁）――

これは経典の序分によります。「一乗究竟の極説、速疾円融の金言、十方称讃の誠言」（『聖典』一五四～一五五頁）――これは正宗分によります。「時機純熟の真教」（『聖典』一五五頁）――これは流通分です。このような六句でもって証明されてあり、経典自身が真実を広開し開顕されているのであって、本願のうえで言えば、第十七願に乗じて『大経』が説かれ、それが第十八願に示された信心として衆生のうえに受け取られるということです。

第十七願と第十八願とが深い関わりがあることは、略本で言いますと、行章で第十七願と第十八願の成就文が一緒に引かれる独自な形態をもっていることのうえにも窺えます。『大無量寿経』をもって真実を開顕された経典であると決定し、『大無量寿経』を根幹とする「浄土の三部経」ですが、「三部経」とは浄土の経典に限らないことは、法然上人が『選択集』の第一・教相章において法華の三部経、大日（真言）の三部経、鎮護国家の三部経、弥勒の三部経を挙げられていることによって知られます。浄土の三部経によって、我われにとっての根源的な依止――金子大榮先生のお言葉で言えば「生死の帰依処」――、さとりの世界としての浄土を開顕されているのです。浄土の三部経こそが、我われ末法の世を生きる凡夫にとっての依りどころとすべき教えであり、三部経によって、我われがこの生死を超えて彼岸にいたる往生の道を歩むことをはじめて明らかに教えられるのです。

また、「往生浄土宗」という表現があります。これは、法然上人のお書物に出てくる言葉遣いです。法然上人は、『三部経釈』において、善導大師は「往生浄土宗」とおっしゃったと言っています。これはあまり注意されませんが、法然上人はそうおっしゃっています。その「往生浄土宗」の拠りどころが、初に正しく往生浄土を明す教というは、三経一論これなり。三経というは、一には『無量寿経』、二には『観無量寿経』、三には『阿弥陀経』なり。「一論」というは、天親の『往生論』これなり。

（『真聖全』一、九三一頁）

と、浄土の三部経と、その三経の意を明らかにされた天親菩薩の『往生論』すなわち『浄土論』、『無量寿経優婆提舎願生偈』の略称であると、法然上人は決定されたのです。

そこでは、

次に傍に往生浄土を明す教というは、『華厳』・『法華』・『随求』・『尊勝』等の諸の往生浄土を明す諸経これなり。また『起信論』・『宝性論』・『十住毘婆沙論』・『摂大乗論』等の諸の往生浄土を明す諸論これなり。

（『真聖全』一、九三二頁）

と、『十住経』（十地経）を註釈された龍樹の『十住毘婆沙論』は「傍明往生浄土の教」として区別されています。『十住毘婆沙論』は、『浄土論』のように、『無量寿経』を優婆提舎したものではなく、『十地経』を註釈するなかで、龍樹自身の主体的な自覚として、阿弥陀の教えに出遇い、阿弥陀の教えを「信仏の因縁の法」として明らかにされたものであることによるのでありましょう。

また、三経一論を正しく往生浄土の正依の経論とするという法然上人の決定に先立つのが、曇鸞の『浄土論註』上巻冒頭に示された『無量寿経優婆提舎願生偈』についての題号釈です。

「無量寿」はこれ安楽浄土の如来の別号なり。釈迦牟尼仏、王舎城および舎衛国にましまして、大衆の中にして、無量寿仏の荘厳功徳を説きたまう。すなわち、仏の名号をもって経の体とす。

（『聖典』一六八頁）

と的確におさえられています。釈尊がマガダの都、王舎城とその近くにそびえる霊鷲山、そして、舎衛国の祇樹給孤独園にあって説かれた浄土の三部経は、すべて無量寿仏の荘厳功徳を説くものであると決定しています。

無量寿仏の荘厳功徳とは、それ自体が如来の願心の荘厳、象徴であることは『浄土論』に「願心荘厳」と説かれていることによって明らかです。如来の願心、四十八願によって表される大悲の本願を象徴するものが、浄土の三厳二十九種の荘厳で、もとに返せば阿弥陀の本願を明らかにすること、そして、その全体は仏の名号に摂められるものである。

ですから、曇鸞は、次いで、「無量寿仏の荘厳功徳を説きたまう。すなわち、仏の名号をもって経の体とす」と断定されています。仏の名号を離れて浄土の三部経は存在せず、浄土の三部経は仏の名号のいわれ、はたらきを明らかにする経典であるという意味がそこで明らかにされています。「三経一論」という法然上人による決定は、曇鸞にまでさかのぼることのできるものであり、そのもとは『浄土論』であると曇鸞は言っているのです。「経と論が相応する」浄土教の伝統、真実教の伝統があり古来の言い方では、菩薩として尊敬される龍樹、天親、曇鸞の上三祖は、『大経』によって真実教を開顕されたから、「大経がかり」と言われ、それを受けられた道綽以下源空に至るまでの下四祖は、主として『観経』に依って、浄土教が凡夫救済の法であることを彰わされたものであるから、「観経がかり」と言われます。別な言葉では、上三祖は法の真実を開顕されたのに対して、下四祖はその法を受行する機の真実について開示された、と言われます。

そこには、末法五濁の世を生きる凡夫という時機についての深い内省、危機感があって、ことに凡夫救済の道を説かれた『観経』を有縁の法として選び、『観経』の真実義を明らかにすることによって凡夫の救われていく一乗の法を明らかにすることが、下四祖において行われたということです。

『大経』に依るにせよ、『観経』に依るにせよ、本願の名号を明らかにするものであることにおいて根本は同じであっても、その表し方である説相においては、『観経』あるいは『小経』、それぞれの特質があります。直接的に、根源的に真実を開顕された『大経』に対して、末法五濁の凡夫を踏まえながら、その者の救われていく教えとして、如来の大悲によって説かれた『観経』『小経』にはその真実が我われに開かれて、それによって我われが真実に至る、その方便が示されることがあります。

そこで問題になりますのは、「自力の心行」です。自力の心において求められ行われていく倫理的宗教的な行が、我われの現実の相であります。そのような容易に超え難く、捨て難い自力執心の我が身の現実をどのようにして超えていくのか。その我が身の現実をどのように自覚し、いかにして超えていくのかに大悲方便がはたらいてくださることがあります。

そのことを深く追求し、明確にお示しくださったのが宗祖ですが、それに先立って、問題にしていかれた方として善導を挙げなくてはなりません。

善導は、『観経』を「有縁の法」として選ばれました。有縁の法とは『歎異抄』冒頭に、「幸いに有縁の知識に依らずは、いかでか易行の一門に入ることを得んや」（『聖典』六二六頁）という言葉がありますが、ただ因縁のある教えというだけでなく、そこには、それなくしては救われざるものという積極的な意味が込められていると思います。

善導にとって有縁の法として出遇われたのは、「王舎城の悲劇」という人生そのものの悲劇性を象徴するできごとを縁として真実の教えが説かれた『観経』でした。善導は、『観経』は真実に入るための要門を説く、と言われました。我われは、真実に出遇うことが容易でなく、また、真実に出遇いえたとしても、それを我が身に信受する、いただくことが容易でなく、そこには、自力の執われ、こだわりがあり、自力を尽くし、その自力の限界を自力無効ということを思い知らされることを通して、自力を超えた弘願の真実に包みとられていくことが説かれていることを注意したのが善導です。

善導はその場合、「(玄義分) また云わく、弘願と言うは、『大経』の説のごとし」(『聖典』一七六頁) と明言されています。「大経」という語は、善導の書物に出てくるのです。善導は、自力無効と信知することを通して、自力を廃して他力に帰すると言います。廃するとは自力に破れることで、自力でもっては私の救いは成就しえないと、自力の限界をはっきりと見定めることです。自力を超えた如来の他力真実に立つ、本願の大地を立脚地として生きる者として転成していくことです。

第二節 『大無量寿経』の「宗」と「体」

経典解釈のうえで「宗体釈」がありますが、隋の天台智顗に『法華玄義』という『法華経』の根本問題について論ぜられた書物がありまして、そこで、初めて「宗体論」という経典解釈の方規が説かれています。智顗は、因果を説くのが宗 (要) であり、実相をもって諸法の体とすると言って、「宗体」を明らかにすることが経典を読むうえで重要となる方法論として取り上げられています。

「宗」は、「むね」「根本」「かなめ」で、「体」というのは、「体質」「本質」と釈されますが、稲葉秀賢先生は、「体」とは、教えの全体がもっとも具体的な態でもって表されたものと領解される、とおっしゃっていました。

「宗」は、中心、根本ですから、『大経』では「本願」です。親鸞聖人は、『尊号真像銘文』の冒頭に、

「大無量寿経言」というは、如来の四十八願をときたまえる経なり。（『聖典』五一二頁）

と言い切っておられ、『大経』とは四十八の本願を説かれた経典で、その「本願」とは、根本の願い、我われの求めに先立って、我われの救いを約束して、我われに呼びかけられ、我われにはたらき続けられてある本願です。その全体を具体的に表されたものが「本願の名号」です。それは、真理を告げる、あるいは、真理の自己表現としての真言です。真言としての名号であることが、宗体論としておさえられます。

金子大榮先生は「教巻」に述べられているのは、あくまでも『大経』という経典における「宗体」であるけれども、その経典を開く者、『大経』をいただいていく者にも「宗体」があり、それは、本願を我が心に信じていくことが、我われの中心、「宗」であり、それが名号、念仏となって表れ、念仏において信心が深められ、信心が明らかにされていきます。「体」とは、そういう念仏を身に付けていくことであると教えられました。経の「宗体」がそのまま信心の行者、念仏者の「宗体」でなくてはならないことを、金子先生はおっしゃいました。私を離れて経典があるわけではなく、経典はどこまでもこの身に聞かれ、いただかれていくべきものであって、そこに、本願が私の心となり、念仏がこの身に付いてくださることがあるのです。

先に言いましたように、曇鸞の『論註』では、浄土の三経について、「無量寿仏の荘厳功徳を説き、仏の名号をもって体とす」とありました。そこでは「体」の規定はありますが、「宗体」は明確ではありませんでした。しかし、意味のうえでは、「無量寿仏の荘厳功徳を説く」というのが、充分「宗」の意味が示されてあることです。

それを受けて、善導の場合は、この経典の表にはっきりと誰にでも分かるように説かれているのは、「心を静めて仏を観る」という「観仏三昧」の道を説かれることで、しかし、それによって顕される隠された深い意味は、観仏三昧によって救われるのではなくて、観仏三昧の限界を教えて、如来によってはじめて与えられることを教えられ、「念仏三昧」に帰することにある、ということです。しかも、その「念仏」は「称名念仏」とはっきりと規定される念仏です。ただ心に念ずるのではなくて、心に念ぜられる世界が口に称えられるはっきりとしたかたち、生活を通して明らかにされることを説くのです。そこに『観経』の宗要があります。そして、「体」について、「一心に回願して浄土に往生する」（『聖典』三三三頁）こと、それが経典に説かれる本質、根本の問題である、と説くのです。

この「一心に回願して浄土に往生する」ことには、二つの意味があります。

この経典に顕かに説かれている「一心」とは、「自力の一心」です。私ども自力の一心を励まして浄土を願うということです。自力を励まして浄土を求めることは、大事なことでありますけれども、しかし、それが持続しない、すえ通らない。人間の行業はすべて有漏雑毒でしかありえないという、人間の根源的な罪障性が問われずにはおれないことがあります。そういう存在で、浄土という無漏無為なる仏の世界に生まれることは、まったく不可能であることに、隠の義があります。

表面的には隠されてある深い意味として、自力の行を捨て去って、他力の真実の一心によって浄土を願う、仏に呼び覚まされた心、大悲の本願にうなずいた心において、浄土が求められていく、その道を説くのがこの経典の本質であり、根本の課題である、ということなのです。これが善導の『観経』に対しての領解です。そういうかたちで、「廃立」あるいは「隠顕」ということが明らかにされました。「隠顕」とは、善導によって使われた言葉ですが、その場合、行の問題として、定散二善によって代表される自力の行の無効であることを知って、絶対他力の行である念仏の一行に立つという廃立が中心であり、法然上人まで伝統されてきたことです。

法然上人の場合は、『観経』流通分の結びのところに、釈尊が阿難に対して、正宗分に説かれた定善、散善を浄土の法として修せよと言われずに、無量寿仏の御名を保つことを勧め委託されたことによって、浄土宗の独立を宣言されました。それは「偏依善導」、ひとえに善導一師の導きによる立場を貫かれた法然上人の根本姿勢であったことです。

浄土真宗にはそういう背景があり、はっきりしたかたちでは曇鸞から始まるものですが、浄土三部経についての領解、その歴史的な伝統を背景にしながら、『大経』が真実教であることを明確に決定し、浄土の真宗を明らかにしていかれたのが宗祖のなされた教学的な営みでした。

第三節　『文類聚鈔』の「教」と『教行信証』の「教」

この『文類聚鈔』の「教」について説かれる部分は、もちろん『教行信証』の「教巻」と重なり合いますけれども、直ちにひとつではないことがあります。

『教行信証』「教巻」では、初めに、

謹んで浄土真宗を案ずるに、二種の回向あり。一つには往相、二つには還相なり。（『聖典』一五二頁）

とあり、浄土真宗とは「二種の回向」を明らかにする教えです。二種の回向とは、浄土に我われが生まれていく往相の道と、さらには浄土からこの世に還り来たる還相の道は如来からたまわるものということです。その往相と還相について、浄土から還ってくださる諸仏・善知識のはたらきによって、私どもが往生浄土の道に立ち、往生を遂げていくのです。それによって、自らも生死海に還り来たって、人びとを往相道に立たしめるという呼応的な相即関係が見られます。迷いを超えて迷いに生きるというはたらきのすべてが、如来によって回向され与えられる道であり、そこに立って生きるのが浄土真宗であることが最初に示されています。

そして、往相の回向は往生浄土の相ですから、そこに「教・行・信・証」という四法があります。先ず教えがあり、その教えに説かれた如来のはたらきが無碍光如来の御名を称える行です。それは、諸仏が称揚讃嘆される声を聞き、そして如来の真実行、大行である称名念仏において、大悲の本願を深く信知し、信心を獲得していき、間違いなく浄土に生まれ涅槃のさとりを開き仏となるのです。そこから還相するという確信をこの身にいただいていく浄土真宗の仏道が明らかにされています。

「教」とは、先ず教えです。その教えを明らかにされた経について、『大無量寿経』であると明確に決定されました。では、『大経』という経典はどういう経典でしょうか。大乗経典において、実相の理によって一乗の法を説かれた『法華経』が真実の教と言われます。しかし、我われ凡夫をして浄土に間違いなく往生せしめ仏とならしめられる道を説かれた『大経』こそが真実の教であることを、『大経』の大意によって明らかにされています。その大意のところに、阿弥陀の本願海から五濁悪世を選んで、釈尊がこの世に出現して、群萌、凡小のための救いの法として、阿弥陀の本願の御名を説き示し、それによって、我われが浄土に往生する道を説かれました。それが『大経』の大意ですが、その全体の意味、宗体を本願の名号ということでもっておさえられてあります。これが「教巻」のはじめの御自釈です。

つぎに、『大経』が釈尊、如来の出世本懐の経であることについて、『大経』の経文を引用して、「正信偈」に「如来所以興出世　唯説弥陀本願海（如来、世に興出したまうゆえは、ただ弥陀本願海を説かんとなり）」（『聖典』二〇四頁）と示された意義を明らかにされています。ただ、この場合の「如来」とは「釈迦諸仏」と言われることが多く、「念仏正信偈」は「釈迦如実言」とありますが、「正信偈」では「如来如実言」と修正されています。

阿弥陀の本願は、釈尊をはじめ、無数の諸仏がこの世に出現された究極の目的を表すものであり、それを我われは聞くことで、我われ自身の出世の本懐、人間受生の意義を知り、出世の本懐が成就されていく道を歩むものとなるという構造をもっています。そのことが出世の大事で、『大経』の五徳現瑞の文を引用して示されています。『大無量寿経』は、釈迦諸仏の出世の本懐を説き明かすことを経典に説かれた釈尊自身の身心両面にわたる歓びに満ちたお姿を通して、証明していくわけです。

釈尊をただ仰ぐのでなく、釈尊と仰がれる仏は常に如来として現在の我われのうえに来たりたまい、真実の言葉として、教えの言葉をもって、我われのうえに来たりたまう、その出世本懐であります。そこに、

何をもってか、出世の大事なりと知ることを得るとならば　（『聖典』一五二頁）

とおっしゃって、『大経』序分の五徳現瑞の文をお示しになられます。阿難の前に出現された釈尊は五つの徳を湛えており、身も心も光輝き満ちておられた。異訳の『如来会』には、「大寂定に入りたまい、如来の行を行じたもう」（『聖典全書』一、二九六頁）とあります。「大寂定」とは、「弥陀を念じたもう三昧」と言われ静かなる涅槃の境地にあって、衆生のうえに自利利他の徳を回向される如来の行を行じたもうの

です。「如来の行を行ずる」とは、自利利他です。そのように、如来の大悲をもって衆生を救いたもうことが表されています。さらに新羅の憬興師の著した『無量寿経連義述文賛』という、宗祖が『大経』を読まれたときに参考書とされた書物によって、五徳現瑞の意味を確かめていかれるのです。

このようにして、まさしくこの『大無量寿経』が真実教であること、群萌の救われていく道として、阿弥陀の本願の名号を説き示された釈尊出世本懐の経である『大経』こそは、真実教であることを、六句挙げて明証されています。「明証」というのは「証明」と同じことで、経の序分から二句、正宗分から三句、流通分から一句と経典の初めと本論と結びにわたって、そのなかから六句を選んで、『大経』が真実であることを証明しています。これが『教行信証』「教巻」の構成です。

それと『文類聚鈔』を比較しますと、必ずひとつとは言えない面があります。それは、「教巻」冒頭の二種回向論、この分別が『文類聚鈔』教章では見られず、つぎの行章のところに説かれていることです。『文類聚鈔』では、最初に「しかるに」という接続詞が置かれ、前の序文の「真宗の教行証を敬信す」という言葉、敬信されるその「真宗の教行証」を受けています。そして、『大経』が真実の教であると言って経の大意が説かれ、引文なしに結嘆の文が示されています。ですから、先学の指摘によりますと、題に文類と言いながら引文がないのはおかしいではないか、ということを問題としています。

『教行信証』の「教巻」と重なり合う部分があるのは当たり前ですが、といって全面的に同じではありません。『大経』の大意、『大経』に表される宗教的意味を明らかにされたところで注意すべきことは、「弥陀釈迦」という順序をとっていることです。厳密に言いますと、阿弥陀如来、釈迦如来で一如のさとりより来たれるものです。ことに、釈尊は歴史的現実を通して五濁悪世に応現され教えを説かれたお方で、言葉を超えた真実を言葉によって説き示されたのです。

宗祖の場合、二尊の喚遣による凡夫の浄土往生を説かれた『観経』、そして、善導の教えによって、「釈迦弥陀は慈悲の父母」（『聖典』四九六頁）という言い方をするときもありますが、「教巻」のように、浄土真宗が真実教であるという根本の立場を明らかにされるときには、「弥陀釈迦」という順序で表されます。

善導大師、それを継承された法然上人の場合、多く「釈迦弥陀」という順序で浄土宗の意義を明らかにされているのとは異なっています。主として『観経』に依られた善導、法然の場合は、釈尊は背後から我われを阿弥陀の真実の世界に押し出してくださる方です。それに対して、弥陀はどこまでも来たれと招喚してくださる仏、南無阿弥陀仏という名号の呼びかけを通して我われにはたらいてくださる如来です。そこに、自力の要門から他力の弘願へという回入、転入が展開されていくわけです。善導、法然の教えでは、多くの場合、我われは釈迦諸仏、善知識の教えに導かれて阿弥陀の本願に出遇い、念仏申す身になっていくのだということが基本です。しかし、その釈尊の教えは、実は阿弥陀の本願海から五濁悪世を選んで出現された如来であるということが、その根本にあります。それは、『観経』のうえにも「光台現国」や第七華座観の「空中住立」についての、善導の「立撮即行」という解釈において説かれたものです。そこに、真実そのものの自己開示、それが「広く法蔵を開いて」（『聖典』四〇二頁）という解釈をもって述べていかれることです。

真実それ自体が、それ自身を開くのです。ですから、私どもが名号を聞き、名号を称えることにおいて、如来浄土の真実功徳の宝がこの身に満ち満つることで明らかにされているのです。それが宗祖の浄土の経典に対する解釈のうえで見られる特色であります。

第五章　行章を読む

第一節　はじめに

『浄土文類聚鈔』「行章」の独自性

『浄土文類聚鈔』の行章は極めて大事な意味を持つところで『文類聚鈔』が『教行信証』と相違して、その独自性を明らかにするもののひとつであります。冒頭のところです。

「行」と言うは、すなわち利他円満の大行なり。すなわちこれ「諸仏咨嗟の願」より出でたり、また「諸仏称揚の願」と名づく、また「往相正業の願」と名づくべきなり。しかるに本願力の回向に二種の相あり、一つには往相、二つには還相なり。往相につきて大行あり、また浄信あり。「大行」とは、すなわち無碍光如来の名を称するなり。この行、あまねく一切の行を摂す、極速円満せり、かるがゆえに大行と名づく。このゆえに称名は、よく衆生の一切の無明を破す、よく衆生の一切の志願を満てたまう。称名はすなわち憶念なり、憶念はすなわち念仏なり、念仏はすなわちこれ南無阿弥陀仏なり。（『聖典』四〇三頁）

ここまでは大行についての御自釈で、そのあとに、『大無量寿経』の第十七願、第十八願の成就文と流通分の「乃至一念」の文が引用され、それに引き続いて、龍樹の『十住毘婆沙論』と天親の『浄土論』の二文を引かれてあります。『教行信証』「行巻」では七高僧の御文が順序正しく引かれていますが、『文類聚鈔』では、龍樹・天親から二文だけ引かれてあります。それを受けまして、大行としての念仏は大悲回向の行であり、不回向の行であると結ばれ、念仏が真実行であることを四句によって明証しています。

聖言・論説、特にもって知んぬ。凡夫回向の行にあらず、これ大悲回向の行なるがゆえに、「不回向」と名づく。誠にこれ選択摂取の本願、無上超世の弘誓、一乗真妙の正法、万善円修の勝行なり。

（『聖典』四〇四頁）

つづけて、「乃至一念」についての解釈をされています。「乃至一念」という言葉は、先に引用された本願成就文と流通付属の文に出てくる語で、第十八願文で言えば「乃至十念」という言葉です。その「乃至一念」は、『大経』ではその二か所に見えますが、「一念」の重要性を明らかにするのが『文類聚鈔』の行章であると思います。

以上が概略となりますが、冒頭のところから見ていきます。

「行」と言うは、すなわち利他円満の大行なり。

（『聖典』四〇三頁）

念仏の行は如来による利他円満の大行であると端的に示されています。「利他」とは、曇鸞の『論註』の終わりに示されました「他利利他の深義」（『聖典』二九八頁）、如来の絶対の慈悲ということです。「他」なる衆生をどこまでも救いとらなくてはおかないという、如来の絶対の慈悲のはたらきを表します。「絶対の慈悲の力用」には、如来の善本と徳本——法蔵菩薩としてご修行してくださった、因位における六度万行と、それによって得られた果徳としての四智、法身・受用身・応化身の三身、あるいは十力等の徳――が、すべて収まっているのです。如来の因果のすべての徳が、その名号に収められているというだけでなくて、それがそのまま衆生のうえに円満するのです。ですから、「円満」という語は、如来と衆生における功徳の円満という二重の意味をもつことです。

ひとつは、「南無阿弥陀仏」という、本願によって選ばれ、成就された至徳の尊号としての名号です。その尊い御名としての名号に、如来の因果にわたるすべての徳が収め込まれている、まさに「宝蔵」です。ふたつめは、名号が聞かれ本願が信ぜられるところ、我われ衆生のうえに、その徳が回向され、円満され、深い満足感が与えられるという二重の意味をもって表されていると領解されます。

西本願寺の勧学である徳永道雄さんの安居の講本『浄土文類聚鈔講讃』（永田文昌堂、二〇〇四年）を読んでおりましたら、「行」について、伝統的な解釈としては、「造作」「意趣」だそうです。自分の力で善根を作って、仏果を求める聖道門仏教の基本的な立場であります。しかし、浄土真宗においては、「造作」は我われの造作ではなくて、如来が造作されたものを衆生に回向されると立場が転換されていることです。「造作」は、我われが万善諸善を修して賢く善人になって、とはまったく逆で、望みなき者のうえに如来の行が回向されることであると注意していました。

行章では、最初に、「行というのは如来の利他円満の大行である」と、規定されています。自らが修行し、成就された真如の徳のすべてを衆生のうえに回向し、成就しようとするはたらきです。

第十七願の三つの願名

つぎに、

すなわちこれ「諸仏咨嗟の願」より出でたり、また「諸仏称揚の願」と名づく、また「往相正業の願」と名づくべきなり。

（『聖典』四〇三頁）

と言っています。

「出於」、出でたりという語について、古来、三義「出生」「出来」「顕生」という意味があると解釈されます。「出生」とは、阿弥陀の本願から現れ来たるものです。「出来」とは、阿弥陀の本願によって成就されたものです。そして、「顕生」とは、第十七願文のうえに仏の約束として明確に表し示されてあることです。三つの意味があると言われますが、「出於」ということの大事な意味は、「回向成就」です。第十七願より出ると言っておられるなかに、如来によって回向され、我われに成就されるはたらきであるということです。

第十七願の三つの願名を挙げられていますが、前の二つ「諸仏咨嗟」「諸仏称揚」は第十七願そのものに依ります。無数の諸仏が咨嗟せられ、ほめ讃えられ、そして、称名される、というのです。釈尊、無数の諸仏のなかには、七高僧をはじめ、宗祖が真実信心の行人として仰がれた念仏者を諸仏としていただかれるのですが、その諸仏が、南無阿弥陀仏という名号のすぐれていること、名号こそ宗教のもっとも根源なるはたらきそのものであると讃嘆される、ということです。

諸仏が称名される、この「称名」については、伝統的に問題があります。

「称名」といえば、我われはすぐ口にお念仏を称えること、口業としての称名念仏であると領解しがちですが、存覚上人の『六要鈔』をはじめとして、伝統的には、我われが口に阿弥陀の名をとなえる称名とは違う、と言われてきました。それは、どこまでも称揚すること、ほめ讃えることであるから、仏の御名を称える称名念仏とは区別されるという解釈が伝統的です。

しかし、存覚が称名と区別したのには、諸仏に基点を置くことがあったと思いますが、なぜ、称念でなくて称揚だということが強調されるのでしょうか。

『文類聚鈔』では、そのあとで、

「大行」とは、すなわち無碍光如来の名を称するなり。

（『聖典』四〇三頁）

とあります。真実なる行とは、「無碍光如来の名を称」えることです。そこで、「如来の称揚」と「衆生の称名」、あるいは、「如来の称名」と「衆生の称名」とどう関わるのか、そういった問題がいろいろ出てくるようです。

存覚上人の『六要鈔』は、第十七願の諸仏称名とは衆生の称念、口に念仏を称えるということとは違って、称揚、咨嗟、讃嘆することであると言われます。

たとえ口にお念仏が称えられなくても、阿弥陀のすぐれていること、光明と寿命、光といのちにおいて無限なるものをほめ讃えるということは多くの経典に説かれていて、ある意味で、阿弥陀の徳を讃嘆しない経典はないと言っていいほどです。讃嘆されるけれども、直ちにお念仏を称えているとはかぎらないことがあると思います。口に称する言葉となって出ないような称揚はどういうものであるのか、という疑念も残るのです。たとえば、美しい花を見たときに、その花を美しいと思えば口に出てくることが自然であって、称名とならない称揚とは一体どういうことなのでしょうか。

「諸仏称揚」といわれるけれども、「諸仏」とは、かならずしも仏として仰がれるような方にのみ限定されません。釈尊、七高僧という敬うべき方がたが含まれるとしても、名もなき野の念仏者もそこに仏として仰がれていて、念仏してくださる方、念仏して生きておられる方を諸仏とお呼びするというのが宗祖のいただき方であったと思われます。

三つめの願名「往相正業の願」は「名づくべきなり」と『教行信証』の宗祖御己証の願名を挙げられるときと同じ言い方をしています。

曽我先生は、『教行信証』は「伝承」と「己証」との二つに大別され、歴史的伝統と主体的な領解という二つに大別される、とおっしゃいましたが、宗祖は、よき人の仰せとしていただかれる、歴史的な伝統を大事にされ、それに基づいて、御自身の自証、己証という深い領解を表されていきます。ですから、今の願名の場合にも「名づく」とはっきりと断定せずに、「名づけてよろしゅうございましょうか」という謙虚な言葉遣いでおっしゃっています。

「往相」の語は、このあと、往相と還相ということを言っていかれますから、あとで窺っていくことにしますが、信章では「往相信心の願」とあり、証章では「往相証果の願」とあります。

「正業」は「正定之業」です。「正定之業」は、法然上人のお書物に、如来によって衆生の救いの行として正しく決定された行、という意味があると説かれています。如来の側において決定された、選択摂取ということで、ありとあらゆるものから悪しきものを選び捨て、よきものを選び取る、という意味です。

その如来によって選択摂取された救いの行によって、我われは正定聚不退転の身と決定していく行、はたらき、業因を「正定之業」と言います。正しく浄土に往生すべき身と定まり、必ず仏となるべき身とならしめられていく行として選び取られたものが、如来の大行である称名に他ならないことを最初に言ってこられることであります。

「「行」と言うは、すなわち利他円満の大行なり」とありましたように、南無阿弥陀仏という名号には、如来の因位、果位にわたる、すべての徳が収め込まれ選択摂取されています。ただ、名号に円満に具足されてあるだけでなく、貪瞋煩悩のほかにない衆生の心中に至り届けられて、如来あるいは浄土の真実功徳がこの身に回向され円満されることです。円満とは、『浄土論』の「不虚作住持功徳」にいう、空過していく人生にあって、空過に終わることのなき世界が見出されることです。金子大榮先生の言葉で、「人生におけるすべてのことは、この私が真実の教えに出遇うために必要にして充分なるものであって、人生に何ひとつ無駄がなかった」といただかれる世界を開いてくださるものが、大行と呼ばれるに相応しい真実の行である。それが称名の念仏の行であるということです。大行を明らかにされたものが、『大経』の第十七願です。「諸仏咨嗟」「諸仏称名の願」と呼ばれますが、その本願をいただく者のうえに立って言えば、それを「往相正業の願と呼んでよろしいのでございましょうか」ということであろうと思います。

そこに、第十七願と第十八願という問題が出てきます。善導、法然によって「念仏往生の願」と言われたのは第十八願ですが、それこそが四十八願にあって「王本願」、根本の願であり、他の四十七願はその王本願に目覚ましめ導き入れるための「欣慕の願」だと言われています。

ところが、宗祖は、その第十八願を「念仏往生の願」と決定された法然上人の教えを受け止めながら、「至心信楽の願」と表されました。第十八願は真実の信心を明らかにされた願であり、「乃至十念」は、諸仏の称名において明らかにされていくものとして受け止めていかれます。第十八願から、第十七願と第十八願の二願に分開していくことによって、法と機、普遍の法と特殊の機との分斉を明確にしていかれました。

第二節　仏の本願力回向が菩薩の本願力回向となる

本願力回向

しかるに本願力の回向に二種の相あり、一つには往相、二つには還相なり。（『聖典』四〇三頁）

先の「往相正業の願」という願名を、「しかるに」と受け、「本願力の回向に二種の相あり、一つには往相、二つには還相」と表されています。「本願力回向」という浄土真宗のキーワード、根本語は、『浄土論』の五種門とも言われる五功徳門——五念門が展開していく過程に開けていく宗教的世界を、近門、大会衆門、宅門、屋門、園林遊戯地門という五種の境界——として明らかにされるところで、第五功徳門、園林遊戯地門を説かれるところに出てきます。

普賢の行を説くことを主題とする『大方広仏華厳経』（以下『華厳経』と略称）に出てくる言葉で、「園林遊戯地」（『聖典』一四四頁）という語があります。生死の園、煩悩の林、それが我われ「衆生海」です。「衆生海」とは、我われ迷える者の生きている世界ですが、時代的には「五濁の世、無仏の時」という歴史的環境に生きている者です。曇鸞の言葉で言えば「煩悩成就の凡夫人」（『聖典』四一二頁）、善導の言葉で言えば「煩悩具足の凡夫」（『真聖全』一、六四九頁）と表される者です。そこに、神通遊戯、神通自在力をもって遊び、衆生を利他教化すると説かれます。それは、すでに真如法性をさとれる者、法性法身のさとりを開ける者は大涅槃である浄土に往生して、色もなくかたちもない無上仏と仰がれる法性法身のさとりを開いた者が、法性法身にとどまらないで、方便法身として還り来たり、このうえなくすぐれた真理、勝義諦、第一義諦を表すことが、世俗の真理として、因果の世界に出現し顕現して、迷える者を救うはたらきを表します。

浄土に往生し大涅槃のさとりを開き、法性法身という無上仏となり得た者が、さらに方便法身として、この世俗の因果の世界に還り来たって衆生を救うのは本願力回向によるのだとおさえられています。「本願力回向」とは、仏の本願力回向なのか、あるいは、菩薩の本願力回向なのか、という議論があります。

たとえば、梶山雄一先生（一九二五～二〇〇四）は、『浄土論』を精査していくならば、これは仏の本願力であると決めるべきだ」と言われました。浄土に生まれ、仏となることについて、曽我量深先生は「仏になることが仏教の究極目的であるけれども、しかし、もうひとついうならば、仏になることが究極ではなくて、菩薩になることが究極なのだ」とおっしゃいました。

「念仏成仏是真宗」と念仏して仏とならしていただくのだけれども、仏になることが最終目的ではなくて、そこからさらに普賢菩薩行は娑婆生死海においてはたらく行ですから、浄土の菩薩でなくて娑婆の菩薩となるのです。本願力回向とは、根本的に言えば、仏の本願力回向、本願力のはたらきですけれども、『論註』下巻の受用功徳釈に「乗仏願為我命（仏願に乗ずるを我が命とす）」（『真聖全』一、三二五頁）とあり、阿弥陀の本願こそ我がいのちであると曇鸞は言っていました。私のいのちは、仏の本願に養われていく身であるといただいていきます。ですから、仏の本願力回向が菩薩の本願力回向となるところに大事な意味があると思います。また、同じく『論註』下巻ですが、不虚作住持功徳の釈に、「本願」は法蔵菩薩の四十八願であり、その「力」とは、その果上の阿弥陀の自在神力であると説明されています。そして、その関係を「願もって力を成ず、力もって願に就く」（『聖典』一九九頁）と説かれています。願いが力となり、その力によって願いが明らかにされ成就していく、という極めて独自な含蓄の深い註釈を曇鸞は施しています。

講録によりますと、確かに「本願力」は四十八願を指すと言っていいと考えられますが、もうひとつ、『論註』で申しましたら、下巻の結びの覈《かく》求《ぐ》其《ご》本釈《ほんしゃく》における三願的証です。我われの救いのもと、根源を尋ねるところがありますが、自害害彼していくほかない我われが、なぜ念仏することにおいて、自ら救われ、そして、それによって他が救われ、仏となることが可能となるかを問題にされたところです。

ニーチェ研究では世界屈指の大河内了義先生（一九三〇～二〇一六）『狭間に生きて——自伝の試み——』（文生書院、二〇〇四年）の結びのところに、

　生かされてきたいのちであり、一生であるけれども、そういう美しいことだけでなくて、人を傷つけ人を苦しめてきた一生であった。ニーチェは、いま一度、そういうことで人生への愛を語った。けれども、私には、そういうニーチェと同じように、いま一度、ということが出てこない。それは、有り難い人生であったけれども、ただそれだけでなくて、人を泣かせ苦しめてきた人生であることを知るがゆえに

という意味合いの文章で結ばれていました。生かされてある、ということは、そんなきれいごとではない。どれだけ人を泣かせ苦しめてきたことか、ということでしょう。大河内先生の場合は、三河の大坊の長男に生まれながら、お寺の抱える矛盾に苦しみ、寺を捨てて出たため、親や門徒を泣かせてきたという負い目を抱えて生きるといいますが、そうでなくても、生きるということは、他を踏みにじり他を傷つけて生きるほかない。そうであるならば、ただ一方的に、生かされてあるということではすまされず、二度と生

まれてきてと言いかねるものがあることを思い知りました。

「自害害彼」、自分も苦しみ他を苦しめることによって、自分も苦しんでいかなくてはならないという重い業を背負って生きている者が、どうして自利利他というはたらきを具える仏たりうるのでしょうか。その根拠を尋ねていくところで、「阿弥陀仏の本願力を増上縁とする」と言われ、そこに、第十八願の十念念仏往生の願であり、それから、「正定聚に住せるがゆえに、必ず滅度に至らん」（『聖典』一九五頁）という必至滅度を誓われた第十一願、そしてまた、浄土に往生した者は一生補処の菩薩となり、普賢の行を行ずる者となるという第二十二願が引用されています。浄土教の伝統から言えば、曇鸞が「十念念仏」と言いましたように、第十八願を根本本願とするということが浄土教の伝統であり、だから、不虚作住持功徳釈に「本願力」とあるのは、この第十八願を指すと領解されます。

大須賀秀道先生の『浄土文類聚鈔述義』（安居事務所〈大谷大学内〉、一九三八年）には、「本願力」は第十八願ではなく第十七願である、という指示がありました。仏の本願は、諸仏の称名というかたちをとって、我われのうえに呼びかけはたらきかけてくださる第十七願の力をいう、とおっしゃっています。これは第十八願を否定しているのでなくて、それだけでなくて第十七願という意味をそこに見出すべきではないだろうかという提案だ、と言っていいだろうと思います。稲葉秀賢先生の本は、大須賀先生のご本によっているところが大きいと思いました。

つぎに、「二種の相」という表現については、『論註』の五念門の第五回向門についての解釈のところにあたります。そこに、礼拝、讃嘆、作願、観察という前四門は、すべて一切苦悩の衆生を捨てないという大悲回向の心において行われていくものであることが示されてあります。回向とは、一切の苦悩の衆生を捨てずして大悲心を成就するということです。

曇鸞は、ただ私個人の「為楽願生」を求めて浄土を願う者は往生できない（『聖典』二三七頁）、と指摘しています。『論』ではそう説かれてありますが『論註』になりますと、そこに往相と還相との二種の相あり、と言っていかれます。

「往相」とは、浄土に往生していくことですが、そこで終わらないで、さらに穢土に還って来ることで、本当に大乗の仏道が究竟されていくことになります。自利利他を願って生きる大乗の仏道は、「還相」において、究竟され果遂されていくことを曇鸞は注意したのです。曇鸞においても、二種の回向は、我われ「願生者」が実践すべきものとして説かれています。『論』の言葉で言えば、「善男子・善女人」（『聖典』一三八頁）と言われる方です。蓮如上人が「在家止住の尼入道」とおっしゃる、そういう人びとにおける宗教的実践として、五念門の行が説かれるわけで、『論註』はそれを明らかにするものです。

そこで、五念門を成り立たしめる仏の本願力は、阿弥陀の本願力を増上縁とすることでした。ですから、往相・還相という二種の回向の相も、如来の願力に依るというのが曇鸞の立場で、『浄土論』そして『大無量寿経』を通して学んだところであり、宗祖はそれをさらに徹底されました。どういうかたちで徹底するかといえば、五念門、さらに、それによって得られていく五功徳門は、すべて我われに先立っての法蔵菩薩の行であることです。法蔵菩薩が我われに代わって勤めてくださった行であり、その功徳を法蔵菩薩は我われ衆生に回向してくださるのである。これが、『入出二門偈』に示された宗祖の領解です。

そこで問題なのは、多くの人は、五念門、五功徳門のすべては法蔵菩薩の行であるとして、みんな法蔵菩薩に帰されてしまい、その法蔵菩薩の行が我われの五念門の行として、願生者の行として展開していくことへの注意を払われないように見えることです。どうも、全面的、一方的に、法蔵菩薩に帰納していくだけで、そこから演繹してくることを、ほとんどの人がしません。それでは不充分でないかと思います。我われは、この世において、五念門として表される念仏行を修していく。しかし、それは曇鸞がいうように、ただこの世における行ではなくて浄土に通ずるものであり、浄土において完成されていくような行を修していくのであると思います。

曽我先生は『教行信証内観』『行信の道』（丁子屋書店、一九五一年）で、法然上人は浄土宗の独立宣言をなさった、その拠りどころは善導の『散善義』に示された、

一つには、一心に弥陀の名号を専念して、行住坐臥、時節の久近を問わず、念念に捨てざるをば、これを「正定の業」と名づく、かの仏願に順ずるがゆえに。（『聖典』二一七頁）

という一文によって、聖浄の決判をし、浄土宗を独立なさったけれども、法然門下の人びとには、法然上人の安心、信心は継承されたけれども、教相が継承されたことがなかった。安心にかぎらず教相を継承していったところに、浄土宗を浄土真宗として、二回向四法の教学として確立した宗祖の営みがあり、親鸞聖人は、曇鸞に立ちかえり、そして『大経』に立ちかえって、教相を明らかにされたのだと先生はおっしゃっています。

「親鸞」と名告って生きた人ですから、当たり前と言えば当たり前でしょうが、法然上人の安心にかぎらず、教学を継承し浄土宗を曇鸞に立ちかえり、さらに『大経』にあるように、本願の根源に立ちかえって、明らかにし浄土真宗として広開していくことであると思います。

還相の三義

『教行信証』の「教巻」では、「浄土真宗について二種の回向あり」と言われました。ところが、略本の行章では「本願力の回向に二種の相あり」となっています。「浄土真宗」が「本願力回向」に変っていますが、もうひとつ、最晩年の『正像末和讃』になりますと、

南無阿弥陀仏の回向の
恩徳広大不思議にて
往相回向の利益には
還相回向に回入せり
（『聖典』五〇四頁）

とおっしゃっています。この三つの言葉、「浄土真宗」、それから「本願力回向」、そして「南無阿弥陀仏」は別なものではない。浄土真宗の内実をより具体的に鮮明に明らかにされたものだと言えます。

浄土真宗とはどういう教えなのでしょうか。それは、阿弥陀の本願力にたまわる教え、本願力のはたらきに生きる道で、阿弥陀の本願力とは何かと言えば、南無阿弥陀仏です。また、広本と略本の前後問題とも絡んできますが、略本の方が「浄土真宗」を「本願力回向」とおさえられ、それがさらに「南無阿弥陀仏の回向には」と、集約されていってあるように思います。

そこで、回向の二つのはたらきをどのように領解するかが問題になってきます。私は、そのことについて、往還二種の回向ということには三つの意味があると以前から言ってきました。

ひとつは、経典あるいは論、釈の説で「往相の究極の証果としての還相」という見方です。我われが浄土に往生して仏となって、そして、還相して、利他、教化地のはたらきをさせていただくことです。身近

なところで言いましたら、幼い子どもを残していく母親が「かあちゃんは亡くなっても、いつもあなたのところに生きているからね」という世界です。

もうひとつは、その往相は如来のはたらきによります。如来のはたらきといいますが、それはただ我われの目に見えない仏さまのはたらきだけでなくて、釈迦応化身と言われるような、さまざまなかたちをとって、私どもにはたらいてくださる。宗祖は、韋提、提婆、雨行大臣などの方がたにまで、「権化の仁」として見出していかれました。宗祖にとって、直接的であり具体的であったのは、法然上人による還相のはたらきです。そこには、「往相の背景としての還相」が示されてあります。往相を成り立たしめ、私たちを道に立たしてくださる背後の力です。そこに、過去あるいは私をとりまく周囲の念仏の歴史的世界、三世十方の名もなき念仏者が在します、ということです。

もうひとつは、「往相の内徳としての還相」です。往相にそなわる徳として還相のはたらきがあるということは、私が救われていくことです。それは、そのまま、すべての救われていくことの証人となっていくことであります。私の救いが個人の救いにとどまらず、すべての人の救われていくことの証人、証明となって、往相に包まれた還相の徳になることです。我われの自利を通して、かぎりなく利他の道となっていくことで、利他はもはやまったく私の思いではありません。私のすべての思いを超えたところで行われていくのです。私が人びとを救う、増上慢のところで言っているわけでなくて、私の救いがすべてであり、すべてである私の救いが、私の思いを超えて、如来の利他のはたらきによるということがあることを曽我先生は強調されました。

曽我先生は、主として第二の意味を、金子先生は、第一と第三の面を大事にされたように思います。金子先生は、「往相の証果としての還相」で、還相とは浄土に生まれ仏と成って、と願われるものであるけれども、還相の分位はすでに往相の道に立つことのできた者に与えられるものでなければならず、どういうかたちで与えられるかと言えば、「念仏することが如来の大悲を行じていく」ことという、念仏の徳として往相の人にも与えられていくと領解をされました。

金子先生は往相と還相は往生心の内景で浄土という真実なる宗教的世界を求めて生きる心の内面で、浄土に生まれていく、その往生心において、我われは他の、あるいは後の往生人の背後に生きることをおっしゃっていました。私は、ハッと思いました。浄土に往生してやがて還相してくるであろうとも、それは往生人の背後に生き続けるのであると示してくださいました。人びとの前に立つのではなくて、どこまでも往生していかれる方の背後にあって、往生人とともに生き続けることが還相ということでしょう。金子先生は、還相とは念仏の歴史のなかに加えられていくことである、ともおっしゃいました。

『教行信証』の結びに、この書物を書かれた願いを示して、『安楽集』によって、

前に生まれん者は後を導き、後に生れん者は前を訪え、連続無窮にして、願わくは休止せざらしめんと欲す。無辺の生死海を尽さんがためのゆえなり、と。已上

（『聖典』四〇一頁）

と、「前に生まれん者は後を導き」と表され、あるいは『入法界品』によって、

『華厳経』（入法界品）の偈に云うがごとし。もし菩薩、種種の行を修行するを見て、善・不善の心を起こすことありとも、菩薩みな摂取せん、と。已上

（『聖典』四〇一頁）

と、「菩薩はどのような非難を受けようとも、それを摂取していく」と示された言葉のなかに、無量寿の願いに生きる願心がこめられてあると思います。

「行信」について曽我先生のお言葉

つぎに「往相につきて大行あり、また浄信あり」ですが、『教行信証』は念仏が如来の行であり真実の行であること、その念仏がすべての人びとを選びなく救う一乗究竟の法であることを明らかにされてありますが、『教行信証』の「行巻」と『文類聚鈔』の行章を対照させますと、

謹んで往相の回向を案ずるに、大行あり、大信あり。（『聖典』一五七頁）

往相につきて大行あり、また浄信あり。（『聖典』四〇三頁）

となります。

その違いは、行章では「就往相有大行、亦有浄信」（『定親全』二、漢文篇、一三三頁）と「亦」という字が加えられ、「大信」が「浄信」と言い換えられていることです。この「亦」について、先輩の講録では「かねておよぶ、あわせておよぶ」ということで、そこに大行が信となって現れる、あるいは、大行は信を含むという意味で「亦」の字を使われたのだと言われています。

『文類聚鈔』の行章に説かれた「大行の中に信が摂まる（行中摂信）」について、信心が要であることはいかなる宗教においてもいうまでもないことですが、『教行信証』で言いますと「行信道」と表され、『歎異抄』第十二条のお言葉で言いますと、

他力真実のむねをあかせるもろもろの聖教は、本願を信じ、念仏をもうさば仏になる。（『聖典』六三一頁）

です。短い言葉では、「行巻」に引かれます法照（生没年不明）の『五会法事讃』に出てくる「念仏成仏是真宗」（『聖典』一七九頁）という言葉が大切です。

浄土真宗とはいかなる教えかというと、念仏して仏となるという教え、本願を信じ念仏申すという「行信」が真宗の教えの要であるわけですが、それについて『六要鈔』では「所行能信」とおっしゃっています。「所行」とは、「行ぜられるもの」で、ただ我われの信の対象、「所信」とは違って、如来が我われを超えたところから、如来ご自身が南無阿弥陀仏と名告って呼びかけ、我われを呼び覚ますはたらきとしてあらわれたまうことです。「所行」とは如来ご自身の現行、如来が名号という言葉となって常に現行し、信心として現れたまうはたらきを表します。そして、その念仏によって我われのうえに呼び覚まされた信心の目覚めを「能信」という言葉で表します。一人ひとりの目覚め、各人、自己一人の目覚めというかたちをとって成就することです。

しかし、そこに問題があるのです。「能信」というのは一人ひとりの目覚めですが、宗祖のお説きくださっている浄土真宗の信心とは、如来の真実が我われのうえに回向成就されたものであり、両者はひとつことです。真実は如来のほかにない、如来以外のものはすべて不実なるもの、真実ならざるもの、という明確な意味づけがあります。その如来の真実が我われのうえに名号を通して回向成就されたのが真実の信心です。『歎異抄』第六条と流通分の言葉で言えば、「如来よりたまわりたる信心」です。我われが救われていく行としての念仏も、その行による「われ一人」という目覚めも、すべてが如来の回向成就のはたらきによるというのが真宗の立場であります。

ところが、曽我量深先生は、「我われの救われていく法は南無阿弥陀仏という名号の法として与えられているが、信心まで如来から与えられることはない。信心は一人ひとりの自覚である」と言われたことがあります。あるいは、「救いの法であるお念仏の法は如来によって与えられるのである。けれども、信心まで如来から与えられるわけではない。信心はあくまでも一人ひとりの目覚めによる」と表現しています。獲信というできごとには、各人における悪戦苦闘があり、はじめから「ただ念仏して」と念仏を喜ぶ人になることは容易ではございません。念仏の法に逆らい、そして、それによって迷い続けてきたことがあります。けれども、迷いのなかには安住できず、迷いを縁として求めてきた悪戦苦闘の求道の歴程がります。その歩みを通して、はじめて真実に出遇い、真実に目覚めることが、我われのうえに開かれてくるのです。それがまさしく信心を獲得することなのだと曽我先生は言われました。

真宗における信心の内実は二種深信ということで表されます。その中心は『歎異抄』の後序に、

されば、そくばくの業をもちける身にてありけるを、たすけんとおぼしめしたちける本願のかたじけなさよ

(『聖典』六四〇頁)

とありますように、機の深信、「そくばくの業をもちける身」の自覚が真宗の信心の要です。

善導は、その機の深信について、我われの倫理的な反省というような、底の破れない浅い信心とは違い、「浅信」と区別した「深信」ということの意味を明らかにされました。それは、如来のまことのはたらきにより、人間の良心による反省が破れたその限界において開けてくる目覚めということで言われてくるのです。

曽我先生は、「機の深信は我われの自覚ではなく、それが本当に成り立つのは法蔵菩薩においてである。法蔵菩薩のみ我われの地獄一定の身を真に知られるのであって、その法蔵の願心を我われは聞き学ぶことにおいて、はじめてわが身の事実を教えられていくのである」と、『歎異抄聴記』(丁子屋書店、一九四七年)でおっしゃっています。

また、曽我先生は『教行信証』「信巻」をご講義（安居本講、一九六〇年）なさったときに、独自な表現で自力の念仏と他力の念仏について明らかにしてくださいました。

如来他力回向の念仏ということになれば、所行ということにせねばはっきりせぬと思う。行に所行と能行と二つある、十七願は所行であるし、十八願は衆生が称える能行であると、このように香月院師は仰せられてある。これは愚かな我共の眼を開くように配慮してくだされたことについては、私も感謝にたえないのであります。

（『曽我量深選集』第八巻、弥生書房、一九七一年、三〇頁）

「能行」と「所行」という言葉遣いをもって、如来と我われとの関係、名号と称名との関係を説明されました。如来の行に対する「能行」、我われが念仏するのを「能行」と言います。「能」というのは、我われが能動的に念仏を称えていくことを言います。「所行」とは、我われの計らい、思いを超えて如来が全面的にはたらきたまうことを「所行」と言います。たとえ私どもの称えるお念仏であっても、真実信心の称名はみな「所行」です。真実の信心から、自らにほとばしり出るお念仏、なにごころなく称えられるお念仏は、みな私の口から出るお念仏であっても、私が称えたというべきものでなくて、すべて出てきてくださるもの、如来の行であり、私が称えたというべきものではありません。

正親含英先生（一八九五～一九六九）がよくおっしゃったことですが、「念仏は称えようと思っても称えられない。しかし、称えまいと思ってもふと出てくださる。お念仏ぐらい、というけれども、お念仏ひとつが容易ならないことであって、そのお念仏が称えられること自体が如来のはたらきである」ということです。今ここで曽我先生がおっしゃっていることはそういうことです。

真実信心の称名は、たとえ我われの口から出る称名念仏であろうとも、如来の行で「私が念仏するのだ」と、「私」が入るなら、「能行」であるけれども自力の念仏で、他力の念仏はそうではありません。

第二十願の自力念仏は「能行」でありましょう。私が念仏を称え、立派になって、救われるという二段構えで考えていく自力の念仏は、第二十願の念仏であり、「能行」です。けれども、真実信心の称名は、誰が称えても、念仏したものを超えて、「所行」の法ですから、お念仏が出てくださる。ふと漏れ出てくださるお念仏も、声を通して仏の呼びかけの声が聞こえてくることです。

行者が称えたから、わがものだということは、わがものは自力だからである。だから行者が称えても、いくら称えても、それは行者を超越したところの所行の法であります。称えても称えても称えたお念仏は行者を超えて、十七願の南無阿弥陀仏の諸仏称名の法界に摂まる。諸仏の法界に住す。ちゃんと南無阿弥陀仏は法界に住す。いくら信心の人が称えても、真実信心の称名は法の位に住す。

(『曽我量深選集』第八巻、弥生書房、一九七一年、三〇頁)

それは、けっして私の手柄とすべきではなく、「私が」という計らいが捨てられたのが「如実修行」と表されるものなのです。

信心は我らに与えられた念仏である。信心は機につくのであるが、念仏はどこまでも法に住する。念仏は機につくのでなく、どこまでも如来のお手元にある。それを讃嘆行という。我らがそれを頂けば信心というものとなる。

(『曽我量深選集』第八巻、三〇頁)

ここが難しいところではないでしょうか。なぜ、先生は「念仏がこの身につく」と言われなかったのでしょうか。信心だけがこの身について、念仏は私を超えて、どこまでも如来のものであるけれども、そのお念仏がこの身についてくださることがあるわけでしょう。

「行信」について金子先生のお言葉

金子大榮先生に教えていただいたことは、「教巻」の宗体釈「如来の本願を説きて、経の宗致とす。すなわち、仏の名号をもって、経の体とするなり」（『聖典』一五二頁）です。『大無量寿経』に説かれた浄土真宗の「宗体」「宗要」「要」が、具体的なかたちを表されます。これは『論』『論註』を縁として、宗祖が決定されたものでございました。ところが、金子先生は、ただ教え、経典の宗体にとどまらないで、その教えを聞いて生きる我われ衆生の「宗体」であるとおっしゃいました。教えを聞思し、それを信じて生きる我われ衆生の「宗体」となるべきものは何かと言えば、念仏をこの身にいただき、仏の本願のこころを我がこころとしていただいていくことです。

金子先生は、この身に念仏し、本願の意をこの身にいただいていくと言われましたが、曽我先生は念仏は機につくものではないとおっしゃいます。それは、この身に手渡される念仏のみがこの身についてくださることでしょう。曽我先生が私の寺に一度ご足労くださいまして、そのときに「すべてのものは壊れていっても、無くなっていっても、最後、お念仏ひとつがこの身についてくださるのでありましょう」とおっしゃいました。

我らの手元は信心というものであって、お念仏は法の位で機の世界に属さない。どこまでも十七願の諸仏称揚の法の世界に住す。機の世界にはない。人間の世界にはない。南無阿弥陀仏は人間の世界で頂けば信心。念仏でなく信心である。だから念仏と信心は一つ。法にあっては念仏、機にあっては信心である。名は変っても体に変りはない。そういうように教えてくだされてあるわけであります。

（『曽我量深選集』第八巻、三一〇～三一一頁）

そのあと、先生は、第十八願の、無条件の救済についてただ本願の約束、如来の全面的な約束を信じて念仏せよ、とおっしゃっておられます。毎田周一先生（一九〇六～一九六七）は、第十八願は他の本願と違って一切の条件を求められない、無条件の救済を明らかにされたものであると言われました（『無条件の救済――教行信証の研究――』海雲洞、一九五七年）。第十八願はただ「至心に信楽して我が国に生まれんと欲え」という如来の救済、救いの約束を信ずる、その一点に関わります。

私は第十八願の信心は本願における機の特殊性、法の普遍性に対する機の特殊性と領解するのであります。（『曽我量深選集』第八巻、弥生書房、一九七一年、三一頁）

「機の特殊性」とは、一人ひとりの自覚です。曽我先生も金子先生も、「特殊」という言葉を使われました。ことに、金子先生は最晩年、「普遍の法と特殊の機」を課題にされました。また、常に「普遍」と「一般」とはひとつなのか違うのかも問題にされました。鈴木大拙先生に「普遍」と「一般」とは英語でどうなるのですか、と尋ねられていました。英語では、「ゼネラル」と「ユニバーサル」という違いがある、ということでした。

金子先生によりますと、「一般」とは「おしなべて平均化する」ことで、それぞれの個性を認めないで、全部一律にすることが「一般」ということです。「普遍」というのはそうではなく、どこまでも「特殊」なものを認め、「特殊」なものを包んでいくことで、初めて「普遍」が成り立つと言われました。そして、南無阿弥陀仏という阿弥陀の本願によって選びぬかれた法は普遍の法で、すべての人びと、どんなものをも包み、真にあらしめるものが普遍の法なのです。その普遍の法によって、特殊の機である我われ一人ひとりが、この身のいのちの尊さに目覚めて生きるものになることを金子先生は言われました。

曽我先生は、今のご講義において、普遍の法と特殊の機ということについて「お念仏は公生活、信心は私生活である」（『曽我量深選集』第八巻、三二一頁）と言われました。

曽我先生と金子先生は、師弟における相念の世界に生きられました。金子先生も念仏は公なる法であると言われました。ですから、「教巻」では『大経』（「大」経）と表され、「行巻」では「大行」と念仏が表される。そして、「信巻」にくると信心が「大信」という語で表され、「証巻」にいくと、大いなる涅槃のさとりを開く「証大涅槃」と言われる。『教行信証』という書物は「大いなるもの」とは何かということを明らかにしたものだと言っていいと、金子先生は言われました。

この「大」については、伝統的にはもっともすぐれたものであって、しかも真実なるもの「最勝真実」という意味があるのだと言われます。これが伝統的な解釈でありますが、金子先生は、『教行信証』はそれぞれに「大」が要であって、「大いなるものとは何か」と言えば、それは「公」だということです。その例として、東大寺、西大寺という寺が奈良にありますが、あれは官寺、国家の寺であって個人の寺ではない、だから、大とは公を表すのだと、先生は言われました。

曽我先生は、

> お念仏は公生活、信心は私生活である。しかし公生活は私生活を貫かないといかぬ。また私生活は公生活を貫かないといかぬ。ここに如実修行・不如実修行ということがある。
>
> （『曽我量深選集』第八巻、三二一頁）

と言われます。法と機の関係、普遍の法と特殊の機という分限を混在しないことです。私のうえに称えられた念仏であっても、それを「私が」というかたちで私有化しない。公なる念仏を私が称えるのだからといって、いつの間にか私有化するということは、それに執着していく、執われていくことです。その意識は何かと言えば、善人意識「私は真面目に道を求めています」という意識に執われ、公なる法を私有化していくのです。私有化していくことによって出てくる問題が、閉塞的な世界、固く閉ざされた世界であって、公に公開された世界とは違う。閉塞的世界は「方便化土」、公の世界は「真実報土」と言われます。真実報土の公の念仏の法のなかにあって、それを私有化することにおいて閉鎖的な世界を自ら虚構していく。孤独をかこって生きなくてはならないという、自他が相通じ合う開かれた世界が成就してこないのです。そのためには、法と機という分限を明確にするのが大事であることが言われているのだと思います。

行と信は不一不異

『教行信証』「行巻」と『文類聚鈔』行章では、表現のうえで多少の違いがありましたが、行章において「浄信」と言われたことは、異訳の『如来会』の本願成就文「他方仏国の所有の衆生、無量寿如来の名号を聞きて、よく一念の浄信を発して歓喜せん」(『聖典』二二九頁)に出てくる「一念浄信」という言葉に依られたものです。「浄信」とは、原語的には、「citta-prasāda」(チッタ・プラサーダ)と言われるもので、人間の分別がまじわらないことです。人間の分別というのは、虚仮雑毒なるもの、相対的なものです。「おれが」という我執を根にもっているものですから、雑毒なるものであり、相対有限なものでしかありません。そういうものを破って開けてくる信心、ということです。「文類偈」でも「浄信の暁」(『聖典』四一一頁)ということが出てきますが、宗祖は、晩年、『如来会』を非常に大事にされました。

「行信」という用語について、「行信」という場合と「信行」という場合があり、「信行」についても、

「心行」という用例が見られます。

「教・行・信・証」といわれますように、如来の大行によって信心が開かれる。諸仏・善知識の教えに出遇うことによって、そこに一人の自覚が成就することでした。「教・行・信・証」は、教は行に、証は信に摂まることで、「行信」が基本です。その場合、一番有名なのが総序の、

たまたま行信を獲ば、遠く宿縁を慶べ。（『聖典』一四九頁）

という言葉です。

それに対して、「信行」という言葉は、次の二か所にしか見られないようです。

「真仏弟子」と言うは、「真」の言は偽に対し、仮に対するなり。「弟子」とは釈迦・諸仏の弟子なり、金剛心の行人なり。この信・行に由って、必ず大涅槃を超証すべきがゆえに、「真仏弟子」と曰う。（『聖典』二四五頁）

往相の回向ととくことは
弥陀の方便ときいたり
悲願の信行えしむれば
生死すなわち涅槃なり（『聖典』四九二頁）

「心行」という場合、「証巻」の冒頭のご自釈に、

しかるに煩悩成就の凡夫、生死罪濁の群萠、往相回向の心行を獲れば、即の時に大乗正定聚の数に入るなり。（『聖典』二八〇頁）

とあり、『曇鸞和讃』に、

天親菩薩のみことをも
鸞師ときのべたまわずは
他力広大威徳の
心行いかでかさとらまし
（『聖典』四九二頁）

弥陀の回向成就して
往相還相ふたつなり
これらの回向によりてこそ
心行ともにえしむなれ
（『聖典』四九二頁）

とあります。「心行」という場合は、天親と曇鸞、『論』『論註』の影響、「一心五念門行」が大事な意味をもつことです。『浄土論』で言えば、「世尊我一心　帰命尽十方　無碍光如来」という二尊の教命に随っていく「帰命の心」、絶対帰依の心です。それが、おのずから「五念門の行」と表される如実修行としての、念仏行として展開するということです。

浄土往生の行として展開していくもとは、本願の三信「至心信楽欲生我国」という如来の真実心が「乃至十念」として表されることです。「乃至十念」は、『大経』の流通分で「乃至一念」と言われますが、宗祖は、『教行信証』『文類聚鈔』においても、その「一念」とは「行の一念」、ただ一声の念仏であるとおさえられています。

「信行」という場合、信が行として、信が念仏生活として展開していくことを、注意すべきだと思います。曽我量深先生は、「信心が観念にならないのは念仏という大行があるからだ。もし念仏という大行がなかったならば信心というものが観念になってしまう」ということを、『「信の巻」聴記』でおっしゃっています。

「一心」として表される帰命の信心は、「五念」として表される念仏行、念仏生活者として展開することで、公なる生活ということです。公なる生活とは、自利と利他が成り立つような生活です。私の喜びが私にとどまらないで、周りの人の喜びになっていく。周りの喜びが私に伝わり、私の喜びとさせていただく生活が展開していくことです。

行信について、「行信」「信（心）行」という言葉遣いが宗祖のうえには見られるわけですが、その意味は、普遍の法と特殊の機という関係であり、公なるものと私的なるものという相関性のなかにあるのだということを、今一度、確かめさせていただいたことであります。

第三節　無碍光如来の名

「大行」とは、すなわち無碍光如来の名を称するなり。この行、あまねく一切の行を摂す、極速円満せり、かるがゆえに大行と名づく。（『聖典』四〇三頁）

親鸞聖人が「帰命尽十方無碍光如来」という十字名号を重視されたことと、もうひとつ注意すべきことは、十二光の領解です。

『大経』では、光明無量なる阿弥陀について、十二光でもって讃嘆されています。十二光の解釈については、『大経』にある阿弥陀の光の十二のはたらきとして捉える見方と、もうひとつ、「勢至和讃」があり

ます。そこでは、

十二の如来あいつぎて
十二劫をへたまえり
最後の如来をなづけてぞ
超日月光ともうしける

（『聖典』四八九頁）

と、「十二如来　相継一劫」（『聖典』五一六頁）と十二光仏の歴史という二つの見方があるのです。

十二光仏のなかにあって、天親が『浄土論』で示された「帰命尽十方無碍光如来」こそが、阿弥陀のお徳の根本となる如来であります。親鸞聖人の最後の書物は、八十八歳の『弥陀如来名号徳』です。法然上人は、東大寺で『大経』の講義を聖道の学者や一般大衆を相手にしたのですが、そのなかで、『大経』の十二光について詳しい解釈をしていますが、前半だけで終わって後半は省略されていて、宗祖は、それを完結しなくてはおれなかったと思います。現在残されている『弥陀如来名号徳』は完全なものでございませんが、御和讃などを見ますと、「清浄」「歓喜」「智慧」の三光について、それを「無碍光」の内容とおさえて、貪欲、瞋恚、愚痴の三毒の煩悩を滅するはたらきとして領解されています。つまり、三毒の煩悩を滅するはたらきにおいて無碍であるということです。

「無碍」は『浄土論』の帰敬偈によりますが、『論註』で申しましたら下巻「利行満足章」に、「十方無碍人、一道より生死を出でたまえり。」「一道」は一無碍道なり。「無碍」は、いわく、生死すなわちこれ涅槃なりと知るなり。かくのごとき等の入不二の法門は無碍の相なり。（『聖典』一九四頁）

と「諸仏（十方無碍人）は無碍道より出ずる」と、「入不二の法門」が説かれています。そこに、「生死即涅槃」という大乗仏教の掲げるさとりを表す言葉が出てきます。「無碍道」とは本願力をもって増上縁とする絶対他力の大道で、それによって諸仏は誕生されたことが、「無碍」について宗祖の関心の大きな拠りどころであったであろうと領解いたします。

それと関連して、なぜ宗祖は「称南無阿弥陀仏」とおっしゃらなくて「称無碍光如来名」とおっしゃったのか、という問題があります。

「称南無阿弥陀仏」とはっきりとおっしゃっているのは『観経』の下下品です。

善友告げて言わく、「汝もし念ずるに能わずは、無量寿仏と称すべし」と。かくのごとく心を至して、声をして絶えざらしめて、十念を具足して南無阿弥陀仏と称せしむ。（『聖典』一二〇～一二一頁）

『大経』異訳の『無量清浄平等覚経』（以下『平等覚経』と略称）下巻の智慧段に、阿難が釈尊の教えにしたがって西方の阿弥陀の浄土を観て称名したことが出てまいります。「南無阿弥陀仏」とは出てきませんが、合掌し称名したことは出ています。はっきりと南無阿弥陀仏と出てくるのは『観経』です。しかし、『観経』には、「隠顕」という領解があり、表に顕されたものは、定散自力の心でもって善を修することで、それを通して自力の無効を知らしめる、本願他力のお念仏に帰せしめることが『観経』における方便の教えです。そういう善巧方便を尽くして、我われが自力に固執し、自力が無効であることに無知であるものを念仏の教えに導いてくださる。それが『観経』の教えです。

『観経』は、真実に至る要法を説かれたものです。我われが真実に出遇うには、自力を通さずしては他力真実に出遇う道がないことを教えられたのが『観経』であり、そこに称名念仏が出てくるのです。

ですから、「顕」の立場から言えば、それは大行とは言えないことになります。しかし、自力念仏であるけれども、それを通して、明らかにされる「隠」の立場があらわになり、明らかにされてくる真実のおこころから言えば大行であることになります。「隠顕」、自力と他力という二重の意味を『観経』は含んでいるから、それと簡んで、純粋に『大経』の本願成就文に立って自己自身の信心を明らかにされた、『浄土論』のお言葉に拠られたのが伝統的な解釈です。

「大行とは無碍光如来の名を称するなり」とありますが、無碍光如来の名とは何でしょうか。素直に見れば、「無碍光如来」という名を称えることですから、『御消息』（『聖典』五八七頁）をみますと、「南無阿弥陀仏」と称えたうえで、「帰命尽十方無碍光如来」、あるいは「南無不可思議光如来」と称えることは間違っていない、とおっしゃっています。そのように、「称無碍光如来名」と「帰命尽十方無碍光如来」と念仏した方もあるのです。

「無碍光如来の名を称する」とは、無碍光如来とは十二の光をもって、その功徳、はたらきがあらわされるけれども、そのはたらきの根本になるものが無碍光如来である、と領解します。それこそが、天親の教えを通して、宗祖が出遇われた如来である無碍光如来の御名が南無阿弥陀仏だ、と領解したらいけないのだろうか、「無碍光如来の名を称する」とは、「無碍光如来の名である南無阿弥陀仏を称える」と領解できないものであろうかと思います。

さて、「称」とは、もちろん我われが称えることですが、「はかり（秤）」という意味があることを、親鸞聖人は『教行信証』「行巻」に引用された『論註』の「かの如来の名を称す」（『聖典』一六九頁）という所の上欄に「俗作秤」（『聖典』一〇三三頁）と書いておられ、『一念多念文意』にも、

「称」は、御なをとなうるとなり。また、称は、はかりというこころなり。はかりというは、ものの

ほどをさだむることなり。（『聖典』五四五頁）

と説明しています。

そこで考えられますのは、『論註』上巻の終わりの八番問答です。

問うて曰わく、『業道経』に言わく、「業道は称のごとし、重き者先づ牽く」と。（『聖典』二七四頁）

「称のごとし」を聖人は「はかりのごとし」と訓んでいますが、ここで問題とされているのは、

『観無量寿経』に言うがごとし。「人ありて五逆・十悪を造り、もろもろの不善を具せらん。悪道に堕して多劫を径歴して無量の苦を受くべし。命終の時に臨みて、善知識教えて南無無量寿仏を称せしむるに遇わん。かくのごとき心を至して声をして絶えざらしめて、十念を具足すれば、すなわち安楽浄土に往生することを得て、すなわち大乗正定の聚に入りて、畢竟じて不退ならん、三塗のもろもろの苦と永く隔つ。」「先ず牽く」の義、理においていかんぞ。また曠劫より已来備にもろもろの行を造れる、有漏の法は三界に繋属せり。ただ十念をもって阿弥陀仏を念じてすなわち三界を出でば、繋業の義、また云何がせんとするや。（『聖典』二七四頁）

と、我われ衆生が始めなき時から今日今時に至るまで積み重ねてきた罪業と、臨終の一念に至ってようやくにして始めて宿縁開発して念仏申す身にならせていただいた十声の念仏とを比べるとき、そのどちらが秤にかけたら重いか、ということです。

我われのうえに称えられる念仏は、せっぱつまった臨終の瀬戸際になってようやく一声の念仏として出てくださるものです。その念仏と、我われがはじめなきときから積み重ねてきた罪業とを天秤にかけたら、罪業の方がはるかに重いのです。道理としてはそうなのですが、不思議なことに、十声の念仏である大願

業力によって、その罪業は滅ぜられ滅せられることが起こるのです。それについて曇鸞は、『論註』あるいは『略論安楽浄土義』において、巧みなたとえで表されています。

たとえば千歳の闇室に、光もしばらく至ればすなわち明朗なるがごとし。闇あに室にあること千歳にして去らじと言うことを得んや。（『聖典』二七四頁）

たとえ千年の間閉ざされておった家であろうとも、ひとたび一枚の雨戸が開けられて光がそこに差し込んだなら、もはや千年もかける必要はなく、すぐさま明るくなるではないか。同じように、たった一声の念仏であろうとも、それは如来の大願業力が込められた念仏であるから、かたちのうえではたったの一声の念仏であろうとも、その内実は如来の大願業力が込められたものであり、いかなる衆生の罪業といえども転じてくださるのだ、ということです。それを踏まえて、宗祖は、「称」ということには、心にあれば自ら身に現れることだけでなくて、称名の「称」には「はかる」「ものを定める」というはたらきがあるのだと言われるわけです。

「無碍光如来の名」は南無阿弥陀仏でありますけれども、そこには如来の一切の行が摂せられている。そのことは、『教行信証』「行巻」により詳しく示されています。

この行は、すなわちこれもろもろの善法を摂し、もろもろの徳本を具せり。（『聖典』一五七頁）

と、より詳しく示されています。南無阿弥陀仏の名号には、法蔵因位の願行と、それによって成就された阿弥陀の万徳が具わっているのです。それは、総序で言えば、「難思の弘誓」と「無碍の光明」（『聖典』一四九頁）ということですが、その如来の徳のすべてが、一声の念仏になり念仏申さんとおもいたつこころのおこるとき回向成就されるのだ、ということです。如来のすべての徳が込められた名号が我われのうえにはたらいてくださる。そのとき、直接的には、よき師・よき友という念仏者の称名の声を通して、我われのうえに聞きとられたのが私どもの称名念仏です。善友を媒介としながら、より根源的なところから我われに呼びかけてくださる如来の招喚の勅命が聞かれるのです。

善友は発遣ですから、我われを周りから押し出してくださるはたらきです。発遣を通して如来の招喚、汝と呼びかけられている根源なる呼びかけがこの身に届いてくることです。

第四節　不可能を可能にする

このゆえに称名は、よく衆生の一切の無明を破す、よく衆生の一切の志願を満てたまう。

（『聖典』四〇三頁）

これは、『浄土論註』下巻の五念門の讃嘆門釈を拠りどころとし、称名讃嘆の徳が「破闇満願」として表されています。

「無碍」について、『論註』によりますと、『観経』でも『阿弥陀経』でも説かれますように、仏の光は十方世界を遍く照らしたもうけれども、その光を受ける者と受けない者があるのは、仏の側に障りがあるのでなくて、我われの側に障りがあるのだと、曇鸞はおさえています。光がどれだけあっても、それを我われが隠蔽してしまって、受けつけようとせず、しかも、そのことに対して無自覚であって、仏の救いには限界があると一方的に決めつけています。その愚かさを人間は繰り返しているのです。「無碍光」のはたらきとして「光如来」、光としての如来、それが「破闇満願」でおさえられるのです。無明の闇が破られ、一切の志願が満たされる「一切」とは、「すべて」でなくて「根本」と領解すべきものであると言われます。

「無明」というのは、物をありのままに照らし出す智慧の光がないこと、暗いということですが、それを「総」と「別」に分けるのです。「総」とは「惑業苦」で、「惑」は「煩悩」の異訳語で、貪欲、瞋恚、愚痴の三毒の煩悩として表されます。三毒の煩悩によってさまざまな業が生まれ、地獄、餓鬼、畜生の三悪趣の苦しみを受けていくことの繰り返しが流転輪廻で表される人間世界の総体的なあり方です。別義とは「疑無明」ということです。仏智に対する疑いです。「疑無明」の「明」とは、「明了仏智」、明らかに仏智不思議を信ずることです。

「称」は「称える」ことだけでなく、「はかり」「もののほどをさだむる」ことがあり、そのことはおそらく『論註』に拠られたものだということを申しましたが、『論註』で言えば、我われは自らの罪業を畏れながら、如来のはたらきを凡夫の浅い心で推し測り、人間の無始時来なる罪業と、臨終の刹那における一声の念仏の軽重をはかるのだけれども、人間の知性では考えられない不可思議なこと、どのように罪が重かろうとも、念仏によってそれが転ぜられ、念仏によって翻されていくはたらきが現行する、仏智の不思議を信じようとしないことを無明というのです。

『大経』に、仏智について、「仏智・不思議智・不可称智・大乗広智・無等無倫最上勝智」(『聖典』八一頁)の五つがあると説かれまして、曇鸞の『略論安楽浄土義』の「疑惑往生」(『真聖全』一、三七〇~三七四頁)では、その一つひとつについて詳しく解説されていますが、仏智不思議を明らかにさとることができないことが仏智を疑う人間の無明であり、疑うのは我われ人間の根源的な計らいです。我われのようなものはとても救われるはずがないと疑うのです。人間の疑い心で仏を相対化し、仏の優劣をはかり、仏力の限界を論ずることになっていく。疑い心が破れることこそが、信心の智慧が開発されていくことです。『正像末和讃』において、宗祖の使われた独自な言葉遣いに、「智慧の念仏」(『聖典』五〇三頁)、「信心の智慧」(『聖典』五〇三頁)とあります。智慧の念仏によって、不了仏智の疑惑が破られ、信心の智慧が開発されていくはたらきを具せるものが無碍光如来の名であるということです。それによって、無明の闇が破られ、人間の欲が覆され、願いに転ぜられていくのです。

その願いとは何でしょうか。先輩の講録を見ますと、総別に分けています。総体的に言えば、自利利他円満で、人間のありようは、自害害彼、自らを傷つけ他を傷つけ自利利他が成就し難いことがあります。自利利他をいかに成就するかという課題を背負って、その矛盾相剋のなかで生き合っていかなくてはならない人間の業の深さを感じます。別とは何かというと、自利利他の願いが、如来の自利利他のはたらきによって、浄土に生まれることにおいて自ら円満することへの転換です。西田幾多郎(一八七〇〜一九四五)哲学のいう「絶対矛盾的自己同一」(『思想』第二〇二号、岩波書店、一九三九年)、矛盾相剋のなかを生き合っていく悲しみを通して、浄土を願生していくことです。浄土は、法蔵菩薩の願作仏心・度衆生心という自利利他の願心によって荘厳され建立されたもので、そこに往生することによって、自ずから自利利他の徳を得るので浄土の大菩提心の世界だと、親鸞聖人は教えてくださったわけで、それが「帰命尽十方無碍光如来」という名のはたらき、徳として回向されるわけであります。

「よく衆生の一切の無明を破す、よく衆生の一切の志願を満てたまう」の「よく(能)」とは、あとの引文で、不虚作住持功徳が出てきますが、「能令速満足　功徳大宝海(能く速やかに功徳の大宝海を満足せしむ)」

（『聖典』一三七頁）とあります。「能」とは、不可能が可能になる、不可能を可能にする意味で読まれたらと思います。

闇が破れることは考えられない、いつまでも重い闇を背負って生きなくてはならない、というのが我われの現実であり、実感でしょう。けれども、その思いが思いがけず破られて、浄土からの光が差しこんでくださる。その光をこの身に感じとり、光に照らされながら、「脚下照顧」、一歩一歩脚下を振り返って、一歩一歩大切な人生を歩ませていただく。そこに、自ずから願いが満たされていく道が不思議にも開けていくことが表されています。

そのあとには、

称名はすなわち憶念なり、憶念はすなわち念仏なり、念仏はすなわちこれ南無阿弥陀仏なり。

（『聖典』四〇三頁）

と、称名の転釈が示されていますが、要するに「行信不離」ということです。

称名とは「普遍の法」ということがある、と申しました。「普遍の法」には、それが「易行の法」であることがあります。限られた特殊の人しかできないことではなくて、万人が行じ得ることです。しかも、得やすいからいいわけでなくて、もともとすぐれたものである、ということがなくてはならないのです。易いものがもっともすぐれたものであるところに、万人に公開された一乗の法があるのです。その一乗の法として、阿弥陀の弘誓によって選択摂取されたのが称名の行であり、我われにとっての修行という意味をもつのです。如来の行、大行、呼びかけ、はたらきかけであると同時に、それがこの身にいただかれ、それぞれの人生のさまざまな業縁のなかで念仏が称えられて、人生を修行の道場としていくはたらきをもってくることがあるのです。称名は選択本願の行であって、如来選択の願心は、私どものために易行最勝の行を選んでくださり、その選び取られたすべてを名号に込めて私どもに与えてくださるのです。そのことが、この身のうえに、私一人がために、と信受されることと切り離せないことを明らかにしていかれるのが、称名の転釈です。

そこに、「称名はすなわち憶念なり」とあります。憶念執持する、心に無限なるもの、永遠なるもの、真実なるものを思い続ける「随念」とも言います。絶えず心の深いところで思い続けることですが、その憶念の心は、そのまま、また称名となっていくという、行と信は相互に、行が信を生み出し、信が行となって、生涯にわたって展開していくのです。「称名と憶念」と表される、行信を成り立たせる根源なるものこそ、南無阿弥陀仏であり、すべてが南無阿弥陀仏に摂まっていくのです。摂まっていくということは、逆に言えば、南無阿弥陀仏がはたらくときに称名となり、称名が憶念となるのです。そういう根源なるものに集約されていくことが表されてくるわけです。

弥陀の名号となえつつ
　信心まことにうるひとは
　憶念の心つねにして
　仏恩報ずるおもいあり
（『聖典』四七八頁）

という御和讃があります。弥陀の名号を称え、称名によって信心をまことに獲る人は、自ら憶念し、仏恩報謝、報恩の生活に生きる者となるのです。しかも、報恩の生活とは、我われにとっては、そのまま慚愧の生活であります。そこに、悲喜交流の人生、悲しみと喜びが交わり流れていくのです。懺悔と讃嘆が交流して、不断に往生浄土の人生を開いていくことなのです。

第五節　第十七願と第十八願の成就文

称名信楽の悲願成就の文

次の引文のところを読んでいきます。

　願成就の文、『経』に言わく、「十方恒沙の諸仏如来、みな共に無量寿仏の威神功徳不可思議なるを讃嘆したまう。諸有衆生、その名号を聞いて、信心歓喜せんこと、乃至一念せん、至心回向したまえり、かの国に生まれんと願ぜば、すなわち往生を得、不退転に住せん」と。

　また言わく、「仏、弥勒に語りたまわく、「それかの仏の名号を聞くことを得ることありて、歓喜踊躍して、乃至一念せんに、当に知るべし、この人、大利を得とす、すなわちこれ無上の功徳を具足するなり」」と。已上

　龍樹菩薩の『十住毘婆沙論』（易行品）に云わく、「もし人、疾く不退転地を得んと欲わば、恭敬心をもって執持して、名号を称すべし。もし人、善根を種えて、疑えばすなわち華開けず、信心清浄なれば、華開けてすなわち仏を見たてまつる」と。

　天親菩薩、『浄土論』に云わく、「世尊、我一心に、尽十方無碍光如来に帰命したてまつりて、安楽国に生まれんと願ず。我、修多羅真実功徳相に依って、願偈総持を説いて、仏教と相応せり」と。「仏の本願力を観ずるに、遇うて空しく過ぐる者なし、よく速やかに功徳の大宝海を満足せしめん」と。已上

（『聖典』四〇三～四〇四頁）

『教行信証』「行巻」と『文類聚鈔』行章とは重なるところがありますけれども、「行巻」の方では、『大経』異訳の経典、そして七祖、ことに善導のあとには中国における浄土教の方々の讃文をも並べて引かれ、宗祖の御自釈が理路整然と配列してあります。ところが、行章ではそうでなくて、『大経』の下巻から二文、すなわち、第十七願と第十八願の成就文を続けて引かれ、流通分の冒頭の文が引かれます。それから、経の展開としての論ですが、インドの二祖、龍樹の易行品から十仏章と弥陀章の二偈、天親の『浄土論』から三文引くかたちをとっています。

宗祖の言葉遣いが厳密であることはよく知られており、『教行信証』に経・論・釈を引用なさる場合、「経に言わく」「論に曰わく」「釈に云わく」と、言葉を区別して用いられています。ところが、略本では、それに準じますと、二祖については、インドの菩薩の論ですから「曰わく」でなくてはならないわけですが、「云」を当てています。ですから、広本と略本の前後関係について、略本ではまだ決まらない段階で著されたのであろうという説もありますが、宗祖はそのことに拘わらないで著された、と見ることもできるでしょうし、結びは法然上人ですから、それを全部そこに摂めるという意味で、「云わく」と書かれたと解釈する学者もあります。

はじめに引かれた第十七願、第十八願の成就文が、略本だけでなくて、晩年の『浄土三経往生文類』においても一連の文として引用してあり、そこでは「称名信楽の悲願成就の文」(『聖典』四六八頁)という非常にかわった願名を挙げています。第十七願と第十八願の成就文を連引することに関連して、『教行信証』「行巻」で言いますと、『大阿弥陀経』の第四願と『平等覚経』の第十七願を引用していますが、これらの願文は、『大無量寿経』の第十七願と第十八願の内容がひとつになって説かれています。曽我量深先生は、第十七願と第十八願が分かれる以前のものであり、本願の根本を表されたものであると言われたことがあります。根本本願の第十七願と第十八願、法と機が未分のところの根本を表すという領解です。そこに注目したのが道綽、善導です。道綽は『安楽集』に、善導は『往生礼讃』に、それぞれ第十八願を引用されていますが、第十八願を「念仏往生の願」とはっきり言い切ったのは法然上人です。

それまでは、第十八願は、曇鸞が注目されたときには「十念念仏往生の願」という意味で受け取られ、善導はそれを受け継ぎ、法然上人に来たって「念仏往生の願」と言われ、そして、親鸞聖人は法然上人の教えをいただかれて、このことを承認されたうえで、しかも「信心正因の願」といただいていかれます。念仏によってたまわる信心を明らかにしたもの、と決定していかれることです。

法然上人のいのちの言葉と曇鸞の着眼

道綽と善導は、本願の根本に着目して、第十八願の三信を消して十念念仏を加えることで、加え減らすことをなさった。かたちのうえでは「加減の文」と言われるけれども、意味のうえから言えば「還元の文」というべきものであって、根本の念仏に還元したことです。「はじめに大行あり」で、釈尊が念仏を考え出したのでなくて、釈尊は南無阿弥陀仏という念仏の真理を感得され、感得されたままを、「ここに根本の真理・普遍の法あり」と確信して説かれたのがその教えであるということです。はじめに南無阿弥陀仏の大行ありと、その根源にかえる意味を表すものが、道綽、善導の文である。そういうことを曽我先生は注意なさいました。

それが法然上人のいのちとなったもので、上人のお徳を表す銘文になりました。そのお言葉は、『教行

信証』の流通分に、

元久乙の丑の歳、恩恕を蒙りて『選択』を書しき。同じき年の初夏中旬第四日に、「選択本願念仏集」の内題の字、ならびに「南無阿弥陀仏　往生之業　念仏為本」と、「釈の綽空」の字と、空の真筆をもって、これを書かしめたまいき。同じき日、空（源空）の真影申し預かりて、図画し奉る。同じき二年閏七月下旬第九日、真影の銘に、真筆をもって「南無阿弥陀仏」と「若我成仏十方衆生　称我名号下至十声　若不生者不取正覚　彼仏今現在成仏　当知本誓重願不虚　衆生称念必得往生」の真文とを書かしめたまう。（『聖典』三九九頁）

とありますように、元久二年（一二〇五）、親鸞聖人が法然上人から『選択集』を写すことを許され、さらに法然上人の真影を写すことを許されました。そして、その真影に法然上人がご真筆をもって銘文をお書きになったことが、深い感銘をもって記されてあります。

「若我成仏十方衆生　称我名号下至十声　若不生者不取正覚」、これは第十八願です。そこには、「至心信楽欲生我国」は省略されています。それから、成就文について、「彼仏今現在成仏　当知本誓重願不虚　衆生称念必得往生」と記されてあります。これが法然上人がいのちとしていただかれた大事なお言葉です。曽我先生のお言葉で言えば、「本願還元の文」で、本願の根元を明らかにするものだと言われます。

第十七願と第十八願を連引すること、この二願は切っても切れないものだということを最初に着目されたのは、やはり曇鸞だと思います。『論註』上巻終わりの八番問答ですが、『願生偈』の結びに「普共諸衆生　往生安楽国」と表されたことについて、浄土に往生を願う「諸の衆生」とは一体誰を指すのかということを、八つの問答で明らかにされたものです。

曇鸞は第一問答に、第十七願と第十八願の成就文を引かれています。「諸衆生」とは、『大経』の「諸有の衆生」であり、『観経』の下下品の機であることを問題にしていかれますが、親鸞聖人が「信巻」に引かれるときには、なぜか第一問答をカットして、第二問答から引かれています。第十七願と第十八願の関係を最初に注意されたのは曇鸞であり、行信の関係を八番問答において詳しく展開していかれます。

その中心は三在釈であり、衆生の罪業と如来の大願業力の表現である称名念仏のはたらきの軽重を問題にするところです。

軽重の義を校量すべし。心に在り、縁に在り、決定に在り、時節の久近・多少に在るにはあらざるなり。いかんが心に在る、と。かの罪を造る人は、自らが虚妄顚倒の見に依止して生ず。この十念は、善知識、方便安慰して実相の法を聞かしむるに依って生ず。一は実、一は虚なり、あに相比ぶることを得んや。たとえば千歳の闇室に、光もししばらく至ればすなわち明朗なるがごとし。闇あに室にあること千歳にして去らじと言うことを得んや。（『聖典』二七四頁）

とあります。「善知識、方便安慰して実相の法を聞かしむる」、それが名号です。そして、それに次ぐ二番目の在縁釈には、

いかんが縁に在る、と。かの罪を造る人は、自らが妄想の心に依止し、煩悩虚妄の果報の衆生に依って生ず。この十念は、無上の信心に依止し、阿弥陀如来の方便荘厳・真実清浄・無量功徳の名号に依って生ず。たとえば人ありて毒の箭を被りて中るところ筋を截り骨を破るに、滅除薬の鼓を聞けばすなわち箭《やぬ》出け毒除こるがごとし。（『聖典』二七四頁）

と言って、『首楞厳経』のたとえを引用しています。そして、最後の在決定釈に、

いかんが決定に在ると。かの罪を造る人は、有後心・有間心に依止して生ず。この十念は、無後心・無間心に依止して生ず。これを「決定」と名づく。（『聖典』二七五頁）

とあります。二番目の在縁釈は、衆生の罪業は自らの妄想により煩悩虚妄の果報の衆生によって生ずるのに対して、十念の念仏は無上の信心に依止し、阿弥陀如来の方便荘厳・真実清浄・無量功徳の名号によって生ずる、ということです。そこに、名号と信心が切っても切れない関係にあることを述べていらっしゃるのです。

第十七願と第十八願の成就文の連引について、もう一点、注意すべきこととして、第十八願の唯除の文がカットされていることがございます。『浄土三経往生文類』（『聖典』四六八頁）では、第十七願・第十八願成就文は連引されていますが、唯除の文は付けられていますが、『文類聚鈔』ではカットされています。如来の回向成就の救いは、我われにおいては、回心を内実として成就します。あるいは、機の深信を通して法の真実が我われのうえに信心として成就する、ということです。そのことを明らかにするものが、『大経』下巻の第十八願成就文の唯除の文です。それを、宗祖は、『教行信証』と違って『文類聚鈔』ではカットされた。その理由については分からないというほか言いようがありません。

第六節　大いなる聖者の真実の言葉

行章は引用が終わって、

聖言・論説、特にもって知んぬ。凡夫回向の行にあらず、これ大悲回向の行なるがゆえに、「不回向」と名づく。

（『聖典』四〇四頁）

と、「聖言・論説」とあります。「聖言」とは、大いなる聖者、仏陀世尊の真実の言葉、大聖の真言で『大経』です。

『大経』は、阿弥陀によって約束された第十七願に応えて、釈尊がこの五濁悪世を選んで出現され、そして、阿弥陀の本願による救いを明らかにされたものである、というのが宗祖のご領解で「聖言」です。その『大経』から二文引かれています。

第一文は、第十七願と第十八願の成就文です。行章は「大行」を主題とするのですから、諸仏による称名を誓われた第十七願の成就文だけを引けばよいはずだと思われますが、それだけではなくて、第十八願の成就文を重ねて連引しています。

それについて、いろいろなことが考えられます。

ひとつは、初期無量寿経である『大阿弥陀経』と『平等覚経』が注意されます。「初期無量寿経」とは、大乗仏教の最初期に成立した『大無量寿経』であり、本願が二十四願であることから「二十四願経」とも呼ばれます。この二つの経典に説かれた第十七願、第十八願文を、『教行信証』「行巻」に宗祖が引いていらっしゃいます。

『仏説諸仏阿弥陀三耶三仏薩楼仏檀過度人道経』に言わく、第四に願ずらく、「それがし作仏せしめん時、我が名字をもって、みな八方上下無央数の仏国に聞こえしめん。みな、諸仏おのおの比丘僧大衆の中にして、我が功徳・国土の善を説かしめん。諸天・人民・蜎飛・蠕動の類、我が名字を聞きて慈心せざるはなけん。歓喜踊躍せん者、みな我が国に来生せしめ、この願を得ていまし作仏せん。こ

の願を得ずは、終に作仏せじ」と。已上

『無量清浄平等覚経』巻上に言わく、我作仏せん時、我が名をして八方・上下・無数の仏国に聞かしめん。諸仏、おのおの弟子衆の中にして我が功徳・国土の善を嘆ぜん。諸天・人民・蠕動の類、我が名字を聞きてみなことごとく踊躍せんもの、我が国に来生せしめん。しからずは我作仏せじ、と。

（『聖典』一五八～一五九頁）

それぞれ、ひとつの願のなかに、『大経』でいう第十七、第十八の二願が、ひとつのかたちで説かれています。第十七願は、南無阿弥陀仏という名号を諸仏がほめ讃えられることで、第十八願は、信心、如来のまことである真実が、我われ衆生のうえに回向成就され、そして、我われはその浄土に向けて願生し、その浄土往生の道において、もはや退転することがないことを誓われたものです。その行と信、救いの法と救われる機が一体、未分であることとです。それが元のかたちであることを、「初期無量寿経」では示されてあります。

もうひとつ、『大経』下巻の成就文に対応するサンスクリット本を見ますと次のように説かれています。

アーナンダよ、十方のおのおの方向にあるガンジス河の砂に等しい仏国土において、ガンジス河の砂に等しい仏、世尊たちは、かの世尊、アミターバのみ名を称讃し讃嘆を説き名声を説きあかし、功徳を称揚する。

（藤田宏達訳『梵文和訳　無量寿経・阿弥陀経』法藏館、一九七五年、一〇八頁）

ガンジス河の砂ほどの無量無数の諸仏が、アミターバ、光明無量なる阿弥陀の徳を称讃する、と言っています。これが第十七願の内容ですが、そのあとに漢訳にない「それはなぜであるか」という言葉が出てきます。なぜ無数の諸仏が無量光なる阿弥陀の徳のすぐれていることを称讃されるのでしょうか。漢訳では「無量寿仏の威神功徳不可思議なる」(「行巻」、『聖典』一五八頁。『文類聚鈔』、『聖典』四〇三頁)というところです。サンスクリット本では「無量光」ですが、漢訳では「無量寿仏」です。阿弥陀の威神功徳、すぐれ比べるものなき功徳の不可思議なるを讃嘆されることなのですが、サンスクリット本では、なぜ諸仏はそれを讃嘆されるのか、という問いが出されまして、次のように説いていきます。

おおよそ、いかなる生けるものたちであっても、彼の世尊・アミターバ如来の名を聞き終って、たとえひとたび心を起こすだけでも、浄信にともなわれた深い志向によって心を起こすならば、かれらすべてに無上なる等覚より退転しない状態に安住するからである。

(藤田宏達訳『梵文和訳 無量寿経・阿弥陀経』法藏館、一九七五年、一〇八頁)

サンスクリット本で見るかぎり、第十七願と第十八願の関係は、第十七願に諸仏が阿弥陀の徳のすぐれていることを讃嘆されるのはなぜか、とその理由を明らかにしたものが第十八願だということになっています。よって、これはひとつことなのです。第十七願と第十八願というものが切っても切れない、分けることのできない関係にあることです。

第十八願成就文の意味を説かれたものに『一念多念文意』というお書物があります。法然門下の兄弟子にあたる隆寛(一一四八~一二二七)が著された『一念多念分別事』というお書物がありまして、念仏は一遍でいいのか、それとも数多く称えなくてはならないのか、という執われを否定された書物の意を詳しく分かりやすく親鸞聖人が解説されたものが『一念多念文意』です。

『無量寿経』の中に、あるいは「諸有衆生　聞其名号　信心歓喜　乃至一念　至心回向　願生彼国　即得往生　住不退転」と、ときたまえり。「諸有衆生」というは、十方のよろずの衆生と、もうすこころなり。「聞其名号」というは、本願の名号をきくとのたまえるなり。きくというは、本願をききてうたがうこころなきを「聞」というなり。また、きくというは信心をあらわす御のりなり。「信心歓喜　乃至一念」というは、信心は如来の御ちかいをききて、うたがうこころのなきなり。「歓喜」というは、「歓」は、みをよろこばしむるなり。「喜」は、こころによろこばしむるなり。うべきことをえてんずと、かねてさきよりよろこぶこころなり。「乃至」は、おおきをも、すくなきをも、ひさしきをも、ちかきをも、さきをも、のちをも、みな、かねおさむることばなり。「一念」というは、信心をうるときのきわまりをあらわすことばなり。「至心回向」というは、「至心」は、真実ということばなり。真実は阿弥陀如来の御こころなり。「回向」は、本願の名号をもって十方の衆生にあたえたまう御のりなり。「願生彼国」というは、「願生」は、よろずの衆生、本願の報土へうまれんとねがえとなり。「彼国」は、かのくにという。安楽国をおしえたまえるなり。「即得往生」というは、「即」は、すなわちという、ときをへず、日をもへだてぬなり。また即は、つくという。そのくらいにさだまりつくということばなり。「得」は、うべきことをえたりという。真実信心をうれば、すなわち、無碍光仏の御こころのうちに摂取して、すてたまわざるなり。「摂」は、おさめたまう、「取」は、むかえとると、もうすなり。おさめとりたまうとき、すなわち、とき・日をもへだてず、正定聚のくらいにつきさだまるを、往生をうとはのたまえるなり。（『聖典』五三四〜五三五頁）

「諸有衆生」について、親鸞聖人は「十方のよろずの衆生」とおっしゃっていますが、『讃阿弥陀仏偈和讃』の、

十方諸有の衆生は

阿弥陀至徳の御名をきき
真実信心いたりなば
おおきに所聞を慶喜せん
（『聖典』四八一頁）

のところの「諸有」に、「あらゆる生は二十五有の衆生という。われら衆生は二十五有に過ぎて生まるということなり」（『定親全』二、和讃篇、一九頁）という左訓をつけています。

第十八願成就文、「成就」に対して「もとの願」ということで、本願文を「因願文」とも言いますが、『大経』上巻の因願では「十方衆生」とあったものが、下巻の成就文になると、「諸有衆生」となっています。「十方の衆生」は「およそ生けるもの」ですが、「諸有の衆生」とは、さきほどの「二十五有に過ぎて生まる」という左訓にあるように、「迷える者、苦しめる者、悩み多き者」です。

「聞其名号」の「其（その）」という指示代名詞は何を指すかと言えば、その前の第十七願成就文に誓われた、十方の諸仏が称揚讃嘆される「其の」名号を聞くことです。具体的には、よき師、よき友がお念仏申される、その声を聞くことですが、そこには、三国を貫いて、三世十方にわたって、無数の諸仏が讃嘆されてきた歴史的伝統があります。現に我われを取りまく世界にあって、無数の念仏者が念仏して生きているることがあり、生きてはたらいてくださる念仏の声を、よき師、よき友を通して聞くことにおいて信心を開いていくのです。「仏願の生起・本末を聞きて」（『聖典』二四〇頁）と親鸞聖人はおっしゃっていますが、ただ大様に聞くのでなくて、私どものために大悲の本願がおこされた、その端的なところをこの身に聞き開いていくことであると、親鸞聖人はおっしゃっています。『歎異抄』で申しましたら、後序に「たすけんとおぼしめしたちける本願のかたじけなさよ」（『聖典』六四〇頁）と宗祖がいただいておられますように、阿弥陀仏が法蔵菩薩として我われを救わなければならないと起き上がってくださった、そのおこころとご苦労をこの身に聞き開いていくことです。それをほかにして信心はない、ということです。

信心というのは、「欲生我国」と、「我が国に生まれん欲え」と招喚してくださる阿弥陀の呼び声を聞いて生きることで、その呼び声が聞こえたならば、「願生彼国」「彼の国に生まれんと願え」と発遣される釈尊の声、よき師、よき友の教えが聞こえてくるのです。招喚と発遣の声のはたらきをこの身にいただきながら願生していくのが、念仏者に開かれる人生であります。

そのなかで、浄土往生を遂げていくことにおいて不退転であるのです。正定聚不退転の身として、浄土往生の歩みにおいて退転することがない、それが「即得往生」です。即時に、現在、ただ今、にあって浄土への往生道を歩むということが本願成就の内実であることが教えられます。

第七節　釈尊以前に「南無阿弥陀仏」の大行あり

曽我量深先生が『「信の巻」聴記』で「根本本願」とおっしゃったことについて触れました。第十八願をどういただくかということで、善導が「本願加減の文」、つまり、『無量寿経』に説かれてある第十八願について、「称我名号」という言葉を加え、「至心信楽欲生我国」の三信のお言葉を減ずることをなされたのはなぜかというと、根本の本願にかえり、それを明らかにすることだと先生はおっしゃった。称名念仏による救い、念仏往生を約束されたのが第十八願であり、それが善導、法然に伝統されてきた本願の領解である。そのもとを言いますと、道綽禅師に遡ります。

道綽の『安楽集』上巻の第三大門に、聖浄二門判、聖道と浄土の二つの教えの明確なる区別を問題にされるところがあります。

一には謂く聖道、二には謂く往生浄土なり。其の聖道の一種は今の時証し難し。一には大聖を去ること遥遠なるに由る。二には理深く解微なるに由る。（『真聖全』一、四一〇頁）

そこに、「断惑証理」と表される聖道の道は、今の時、「末法五濁」、正法が隠れ失われた時代、そして、五つの濁りがいよいよ深く激しくなっていく時代においては、煩悩を断じてさとりを開くことを理想とし目的とすることが不可能であると断言されました。どれだけ断惑証理を理想として高く掲げようとも、その理想に向かって邁進し精進されようとも、真にさとることはできないのです。それが末法五濁という時代を生きる凡夫の相であると言われ、その証し難い理由を二つ挙げられました。

一つは、大聖、偉大な聖者、人類の教師として仰がれる釈尊が亡くなられてすでに久しいことで、末法ということの規定です。正しく指導してくださる方がましますならば、我われにも道があるかもしれないけれども、今は末法無仏の時、仏ましまさざる時である、ということです。二つには、釈尊がましまさないとしても、末法無仏のときであるとしても、なお、釈尊のお説きくださった教えが経典として、遺法としてあるではないかというかもしれません。しかし、そこにどれほど深い真理が説かれてあっても、理解する我われの能力、資質は粗末なものであって、真理を知ることはできない、ということです。最初の「大聖を去ること遥遠なる」ことが法についてであるならば、二つ目の「理深く解微なる」は機についての痛み、懺悔です。その二つの理由を挙げて、末法、五濁無仏のときに聖道の道を歩むことは不可能であるとおさえて、念仏の一門のみが浄土に通入すべき道であると説かれます。

そこに「『大経』に云く」と言って、末法五濁の世を生きる凡夫の身に頷かれた第十八願文を、道綽禅師は次のように表されました。

若し衆生有りて、縦令一生悪を造れども、命終の時に臨みて十念相続して我が名字を称せんに、若し生まれずは正覚を取らじ。

（『真聖全』一、四一〇頁）

この言葉は、第十八願の仏の約束を表された言葉で「たとい一生悪を造れども、命終の時に臨みて十念相続して、我が名字を称せん」とは、『観経』の下下品の教えです。

道綽という方は、もと涅槃宗の学者であったと言われますが、玄中寺にお参りして、寺にある碑文——曇鸞は龍樹の教えを説いた四論の教え、般若空の教えの論書を捨てて念仏に帰せられたという伝記を記した石碑——を見て、本然としてさとり、涅槃宗の講義を止めて、念仏に帰せられたということです。しかも、その念仏については、豆の数を一つひとつ数えることにおいて相続されたと伝えられるほど、謙虚な方でした。どこまでも、『観経』の下下品の機に立って本願を仰がれ、本願を聞いていかれ、聞きとられた本願が、この言葉なのです。まさに、下下品の機に成就した第十八願というべきでしょう。

道綽の姿勢が、弟子である善導に受け取られ、そこから、伝統的には「本願加減の文」と言われ、曽我先生によって「本願還元の文」、本願の根源を明らかにされた文だと言われる教えが明らかにされてきました。そこにあるのは、先ず「南無阿弥陀仏」ありです。釈尊以前のところに、「南無阿弥陀仏」という大行があるというのは、「南無阿弥陀仏」は、決して釈尊が考えられた法ではなくて、釈尊が感得された釈尊以前の仏法である、という深い領解です。もっとも根源なるもの、それを道綽・善導・法然と伝承されたことです。

つぎに、善導が師の道綽からそれをどのようにいただかれたのか、見ていきましょう。

『往生礼讃』の結びに、「また『無量寿経』に云うがごとし」と言って、

「もし我成仏せんに、十方の衆生我が名号を称せん、下十声に至るまで、もし生まれずは正覚を取らじ」と。かの仏、いま現にましまして成仏したまえり。当に知るべし、本誓重願虚しからず、衆生称念すれば必ず往生を得、と。（『聖典』一七五頁）

と、おっしゃっています。前半の「若我成仏　十方衆生　称我名号　下至十声　若不生者　不取正覚」が第十八願で、その成就文が「彼仏今現在成仏　当知本誓重願不虚　衆生称念必得往生」と表されます。「かの仏、いま現にましまして成仏したまえり」は、『大経』に「成仏より已来、おおよそ十劫を歴たまえり」（『聖典』二九頁）と「十劫成仏」と説かれ、宗祖によって「久遠実成阿弥陀仏」（『聖典』四八六頁）と表されたものです。その如来の根本の誓い、重ねての願いは虚しくありません。衆生、御名を称念すれば必ず往生を得る、これが十八願成就文です。

このように、道綽・善導によって表され、それはそのまま法然上人の銘文となりました。銘文とは、いのちの言葉としてそのままにいただかれたということです。そして、『教行信証』流通分によれば、その言葉を法然上人は真影の銘文として親鸞聖人に委託されました。「称我名号」「我が名を称えよ」というところに、浄土の教えの歴史的な伝統があることを大事にいただき伝えていくかたちで、念仏の歴史が伝統されてきたわけです。

『観念法門』にも、同じような「本願加減の文」があります。この書物は、『観経四帖疏』の前に著されたものであろうと言われますが、そこでは、

若し我成仏せんに、十方の衆生、我国に生ぜんと願じて、我が名字を称せんこと、下十声に至るまで、我が願力に乗じて、若し生れずは、正覚を取らじ。

（『真聖全』一、六三五頁）

とあり、「称我名字下至十声」のあとに、先の『往生礼讃』では見られない「乗我願力」という語が付け加えられています。「我が願力に乗ずる」という言葉は、曇鸞以来大事にされた言葉ですし、善導になりますと、「五種増上縁」で説かれてくることです。

「増上縁」については、『尊号真像銘文』に解説をしてあります。「増上縁」とは、このうえなき強力な力、強縁です。

「言摂生増上縁者」というは、摂生は十方衆生を誓願におさめとらせたまうともうすこころなり。「如無量寿経　四十八願中説」というは、如来の本願をときたまえる釈迦の御のりなりとしるべしとなり。「若我成仏」ともうすは、法蔵菩薩ちかいたまわく、もしわれ仏をえたらんにと、ときたまう。「十方衆生」というは、十方のよろずの衆生なり。すなわちわれらなり。

（『聖典』五二一頁）

「われらなり」は宗祖の常套語ですから、十方衆生を代表して如来の前に立ち、如来の本願を我が一人がためと信受していかれた。そこに宗祖の生きる道があったということでしょう。

「願生彼国」というは、安楽浄刹にうまれんとねがえとなり。「称我名字」というは、われ仏をえんに、わがなをとなえられんとなり。「下至十声」というは、名字をとなえられんこと、しも、とこえせんものとなり。下至というは、十声にあまれるものも聞名のものをも往生にもらさずきらわぬことをあらわししめすとなり。「乗我願力」というは、乗はのるべしという、

（『聖典』五二一～五二二頁）

「べし」というのは、宗祖が他に呼びかける以前の、如来自体の呼びかけであるといただくべきお言葉

だと思います。

また智なり。智というは、願力にのせたまうとしるべしとなり。願力に乗じて安楽浄刹にうまれんとしるなり。「若不生者　不取正覚」というは、ちかいを信じたる人、もし本願の実報土にうまれずは、仏にならじとちかいたまえるみのりなり。「此即是願往生行人」というはこれすなわち、往生をねがう人という。「命欲終時」というは、いのちおわらんとせんときという。「願力摂得往生」というは、大願業力摂取して往生をえしむといえるこころなり。すでに尋常のとき、信楽をえたる人というなり。臨終のとき、はじめて信楽決定して摂取にあずかるものにはあらず。ひごろかの心光に摂護せられまいらせたるゆえに、金剛心をえたる人は正定聚に住するゆえに、臨終のときにあらず。かねて尋常のときよりつねに摂護してすてたまわざれば、摂得往生ともうすなり。このゆえに「摂生増上縁」となづくるなり。また、まことに尋常のときより信なからん人は、ひごろの称念の功によりて最後臨終のとき、はじめて善知識のすすめにおうて、信心をえんとき、願力摂して往生をうるものもあるべしとなり。臨終の来迎をまつものは、いまだ信心をえぬものなれば、臨終をこころにかけてなげくなり。

（『聖典』五二二頁）

願力に乗じて浄土に生まれよとは、曇鸞が『論註』全体にわたって言っていることですし、これが浄土教の歴史です。

はじめに南無阿弥陀仏という大行があることを釈尊が感得されて、南無阿弥陀仏のこころを諸仏の一人としてお説きくださったのが浄土の三部経で、それを聞き開いてきたのが、七祖を中心とする浄土の祖師方であることであろうと思います。

第八節　乃至一念

弥勒付属の一念

第十七、第十八願の二願成就文のあとに、流通分の弥勒付属の文を引いています。『大経』は、序分、正宗分には、「仏告阿難」と、阿難に対して説いたものですが、悲化段以後は弥勒と阿難を対告衆としており、流通分に至っては、将来仏である弥勒に対して、経に説かれた名号を大事に受け止めて、後の世に誤りなく伝えるように、と言われるわけです。流通分に対応する『如来会』を見ると、

今此法門を汝に付嘱す。当に愛楽し修習すべし。（『真聖全』一、二一二頁）

とあります。「今、阿弥陀の本願による救いを説かれた教えを汝に付属する。まさにそれを大事に受け止めて、それを身につけるべきである」という言葉で、弥勒への付属をはっきりおっしゃっています。これは、『観経』におきまして、阿難に対して、正宗分に説かれた定善と散善、息慮凝心と廃悪修善の法を委嘱せずに、ただ下下品に説かれた無量寿仏の御名を付属されたことに対応します。『大経』は弥勒への付属、『観経』は阿難への付属、どちらも付属されるのは名号です。名号の法を付属されるわけです。

ここで問題になるのは、なぜ最初に第十七・第十八願成就文を引かれたうえで、さらに弥勒への付属をそこに加えられたのか、ということです。

伝統的な解釈によりますと、第十七願はたしかに十方無量の諸仏とあります。十方無量の諸仏によって、我が名を称えられるようにと阿弥陀が願われ、約束されました。その諸仏の称名によって、衆生に名号を

聞かしめんとするわけで仏の深い大悲の本願があります。ところが、十方ですから、横、空間を表します。しかし、十方だけでなく、三世、縦、時間がなくては充分であるとは言えません。だから、ここに今、未来に釈尊に代わって教えを説き、人びとを救うことを約束された未来仏の弥勒に対して、名号の付属をなされたわけです。それによって、三世十方の諸仏による名号の称讃が可能となって、時間、空間のいずれについても、普遍の法であることが証明されるのであると言われています。

弥勒付属の文は、

「仏、弥勒に語りたまわく、「それかの仏の名号を聞くことを得ることありて、歓喜踊躍して、乃至一念せんに、当に知るべし、この人、大利を得とす、すなわちこれ無上の功徳を具足するなり」」と。

（『聖典』四〇四頁）

とあります。「乃至一念」という言葉は、『大経』では二か所に出てきます。ひとつは、下巻のはじめの第十八願成就文で「信心歓喜　乃至一念」とあり、信じ歓ぶことひとたびということで、「信の一念」を表します。

それに対して、下巻の結びに出てくる弥勒付属の一念は、名号を称することが乃至一念ですから、これは「行の一念」を表します。行の一念とは、一声の念仏です。ただ一声の念仏に、我われは仏の摂取不捨のなかにある身であることを知って、この人生を往生浄土の道として歩むものとなるということです。それについては、『一念多念文意』に解釈されています。

「其有得聞彼仏名号」（大経）というは、本願の名号を信ずべしと、釈尊ときたまえる御のりなり。「歓喜踊躍乃至一念」というは、「歓喜」は、うべきことをえてんずと、さきだちて、かねてよろこぶこころなり。「踊」は、天におどるという、「躍」は、地におどるという、よろこぶこころのきわまりなきかたちなり。慶楽するありさまをあらわすなり。「慶」は、うべきことをえて、のちによろこぶこころなり。「楽」は、たのしむこころなり。これは、正定聚のくらいをうるかたちをあらわすなり。「乃至」は、称名の遍数のさだまりなきことをあらわす。「一念」は功徳のきわまり、一念に万徳ことごとくそなわる、よろずの善、みなおさまるなり。「当知此人」というは、信心のひとをあらわす御のりなり。「為得大利」というは、無上涅槃をさとるゆえに、「則是具足無上功徳」とものたまえるなり。「則」というは、すなわちという、のりともうすことばなり。如来の本願を信じて一念するに、かならず、もとめざるに無上の功徳をえしめ、しらざるに広大の利益をうるなり。自然に、さまざまのさとりを、すなわちひらく法則なり。法則というは、はじめて行者のはからいにあらず。もとより不可思議の利益にあずかること、自然のありさまともうすことをしらしむるを、法則とはいうなり。一念信心をうるひとのありさまの自然なることをあらわすを、法則とはもうすなり。

（『聖典』五三九頁）

「うべきことをえてんず」と出てきますが、正定聚の自覚の内実を表します。「正定聚」について宗祖は、浄土に往生すべき身と定まり、必ず仏となるべき身となれるなり、とおっしゃっていますが、浄土教感情に即して言えば、帰るべき世界、待たれてある世界がすでに用意されてあることでしょう。我われの短い一生は、ただ死をもって終わりとするのでなく、永遠なる世界に生まれかわっていく道である寂かな歓びをいただいていくことがあるでしょう。

また、「称名の遍数のさだまりなきことをあらわす」というのですから、お念仏を何遍称えたかに執われないで、「「一念」は功徳のきわまり、一念に万徳ことごとくそなわる、よろずの善、みなおさまるなり」」、如来の万善、万徳、善本、徳本、そのすべてが一声の念仏のところにおさまっているのです。

「則是具足無上功徳」の「則」について、「法則」と領解なさいますが、これは宗祖晩年の『獲得名号自然法爾法語』のなかで、「自然」を、

> 自然というは、自はおのづからという。行者のはからいにあらず、しからしむということばなり。然というはしからしむということば、行者のはからいにあらず、如来のちかいにてあるがゆえに。法爾というは、この如来のおんちかいなるがゆえに、しからしむを法爾という。法爾はこのおんちかいなりけるゆえに、すべて行者のはからいのなきをもって、この法のとくゆえにしからしむというなり。すべて、人のはじめてはからわざるなり。このゆえに、他力には義なきを義とするとしるべしとなり。自然というは、もとよりしからしむということばなり。（『聖典』六〇二頁）

と、『大経』あるいは浄土の祖師の教え、ことに法然上人の教えを踏まえながらいただいていかれたことひとつことと思います。すべては願力自然、如来の法則にしたがうものであり、一声の念仏を称えるところに、如来の徳のすべてが我われ衆生のうえに成就され、至り届けられることです。

そのおこころは、「行巻」のはじめの大行釈に、

> 謹んで往相の回向を案ずるに、大行あり、大信あり。大行とは、すなわち無碍光如来の名を称するなり。この行は、すなわちこれもろもろの善法を摂し、もろもろの徳本を具せり。極速円満す、真如一実の功徳宝海なり。かるがゆえに大行と名づく。（『聖典』一五七頁）

と、表されています。なぜ念仏を称えることが真実の行と言えるのかというと、「南無阿弥陀仏」という

名を称えるなかに、如来の因位、果位にわたる善本・徳本がすべて摂められてあるからです。それを称える我われ衆生の行為を通して、この身に回向成就されるのです。この身とは、有漏の穢身であり、煩悩成就、煩悩具足の凡夫でありますが、一声の称名を通して、無始時来、永遠にわたる如来の徳のすべてが回向成就されるのです。しかも、それが「極速円満」、いつからではなく、あるいは、そのうちにということでもなくて、速やかに一声の念仏のところにすべてが満ち足りると言われています。それが、宗祖のおっしゃる信心歓喜の内景なのです。

無上の大利

親鸞聖人のお手紙に、行の一念について、信の一念との関係を分かりやすく示しています。

四月七日の御ふみ、五月廿六日たしかにたしかにみ候いぬ。さては、おおせられたる事、信の一念、行の一念、ふたつなれども、信をはなれたる行もなし、行の一念をはなれたる信の一念もなし。そのゆえは、行と申すは、本願の名号をひとこえとなえておうじょうすと申すことをききて、ひとこえをもとなえ、もしは十念をもせんは行なり。この御ちかいをききてうたがうこころのすこしもなきを信の一念と申せば、信と行とふたつときけども、行をひとこえするとききてうたがわねば、行をはなれたる信はなしとききて候う。また、信はなれたる行なしとおぼしめすべく候う。これみな、みだの御ちかいと申すことをこころうべし。行と信とは御ちかいを申すなり。あなかしこ、あなかしこ。いのち候わば、かならずかならずのぼらせ給うべく候う。（『聖典』五七九頁）

宗祖が一貫しておっしゃっているのは、信の一念と行の一念は切り離せない、ただ本願を信じて念仏する、ということです。信を具したる念仏、信のうえの念仏であり、念仏をただ信ずるほかに信心はどこにもない。これが浄土真宗における信心の要です。一声の念仏をただ信ずることによって、無上の大利を得るのです。無上の功徳を得ることが、『一念多念文意』に、

「当知此人」というは、信心のひとをあらわす御のりなり。「為得大利」というは、無上涅槃をさとるゆえに、「則是具足無上功徳」とものたまえるなり。（『聖典』五三九頁）

とあり、無上の大利とは「無上涅槃をさとる」ことで、ひとたび念仏することにおいて、間違いなくこのうえなき涅槃のさとりを開く身と決定されていくのです。

「為得大利」についてのご領解は、法然上人の著された『選択集』に拠られていると考えられますので、そのことについて触れておきたいと思います。

『選択集』の第五・念仏利益章では、『大経』の弥勒付属の文と、

其れ彼の弥陀仏の名号を聞くことを得ること有りて、歓喜して一念を至せば、皆当に彼に生ずることを得べし。（『真聖全』一、六六一頁）

という善導の『往生礼讃』の文をご引用になりまして、『大経』下巻の本願成就文の次に説かれます三輩段に関して問答を展開しています。三輩段とは、浄土に往生する機類、人びとについて、上、中、下の三種に分けられる一段で、上輩は出家の人、中輩は在家の居士、下輩は一般の信者、ただ教えを聞くほかはない聞信の人です。出家者、在家の居士、一般民衆、それぞれに修すべき行が挙げられますけれども、そこに共通するものとして、二つのことがあります。ひとつは「発菩提心」、このうえなきさとりを求める心を発すということです。もうひとつは「一向専念無量寿仏」、それぞれの位、生活、身分は違うけれど

も、ただ無量寿仏を念ずることです。この二つが三輩に共通する事柄として説かれてあります。

そのなかで、発無上菩提心に注目されたのが曇鸞であり、一向専念無量寿仏の方を注目されたのが善導、法然でありますが、法然上人が問題とされていますのは、三輩に菩提心をはじめとする行を説かれているのに、なぜ、善導は救いの行を念仏ひとつに限定するのかという問題です。

その問いに対する法然上人のお答えは、善導の個人的な見解ではなく、仏の正意に立って、それをいただくとどうか、ということで、仏意は、本来、正直にただ念仏の行を説くところにあるのです。なぜならば、仏は末法五濁の無仏の世を生きる凡夫を哀れみ悲しまれたのですから、正直にただ念仏を説かれたのです。しかし、我われ凡夫は、末法五濁の世についてあまりにも無関心であり、また、その世を生きる凡夫ということについても深い自覚をもたないで、自分を善人と認めて、修行してさとりを開くべきであるとさまざまに考える人がいるから、機に随って菩提心等の行、もろもろの諸行を説いて、それぞれ自力を尽くして修行せよと勧められたのだ、と答えておられます。

そのうえで、法然上人はこうおっしゃっています。『大経』下巻のはじめに説かれた第十八願成就文には、「信心歓喜　乃至一念」とある。そこには、「一念」と説いてあるけれども、功徳の大利を説かれていない。信心歓喜する者における功徳の大利がまだ充分説かれていない。また、『観経』下下品のところにも、一念を説くけれども、功徳の大利を説いていない。それに対しては、弥勒付属の文に説かれる一念は、大いなる利益を得、無上の功徳を得ると、はっきりと示されたのである。そのために、第十七願、第十八願の成就文を引くだけでなく、それを補い徹底する意味において、弥勒付属の文を引かれたのだ、と。

それでは、大利に対して小利とは何かというと、菩提心等の諸行、自力によるさまざまな行を修することによってさとりを得ようとすることで、個人の小さな観念におけるさとりにとどまるから小利に過ぎないと言われます。大利とは、如来の徳のすべてをこの身にいただくことで一声の念仏において、この身にいただくのが無上の功徳です。それは、有上、人間の有限相対な功徳に対するものです。有上というのは諸行と同じで、念仏以外の行をもって救いを得ようと願いのことです。あるいは、さとりを願うものであっても、それは限界があることです。

以上のようなことを、法然上人は『選択集』の念仏利益章でおっしゃっています。しかしながら、「大利無上」を法然上人は注意しておられますが、明言されているとは言えないのだと思います。教えを受け止めたうえで、はっきりと明言されたのが親鸞聖人なのです。

「行巻」に「大利無上」を問題にしていらっしゃいます。

『経』に「乃至」と言い、『釈』に「下至」と曰えり。「乃」「下」その言異なりといえども、その意、これ一なり。また「乃至」とは、一多包容の言なり。「大利」と言うは、小利に対せるの言なり。「無上」と言うは、有上に対せるの言なり。信に知りぬ。大利無上は一乗真実の利益なり。小利有上はすなわちこれ八万四千の仮門なり。（『聖典』一九一～一九二頁）

親鸞聖人は、「一乗真実」と「八万四千の仮門」とを明確に分けていらっしゃる。これは、聖浄二門というところから、浄土宗を独立された法然上人の精神を受け継ぎ、徹底することによって、一乗真実を明らかにすることです。

大利無上とは、このうえなき真実功徳です。先輩の講録によりますと、『論註』に説かれる破闇満願について注意してありました。

無明には、根本の疑い、疑無明と、貪欲、瞋恚、愚痴の三毒の煩悩という二種があることを以前に申しておりましたが、根本の疑い、仏智を疑う、その無明が根源から破られ、浄土往生の願いとして転じていくわけです。無明の闇を破し根本の志願を満たすことで、称名念仏の徳がほめ讃えられていました。破闇満願としての称名を受け継ぐのが、今、問題としている無上大利であり、「即得往生住不退転」ということです。往生とは、不退転に住することで正定聚の内実です。

正定聚とは、間違いなく浄土に往生すべき身と決定することです。私が決めるのではなく、曽我量深先生がおっしゃったように、凡夫が決めたのは邪定聚、あるいは不定聚です。我われが決めるのではなく、如来によって決められる、そこに正定聚があります。浄土往生がはっきり決定する。また、仏となるべき身となるということが正定聚です。浄土往生とは、「普共諸衆生」（『聖典』一三八頁）ですから、同一の念仏により浄土の眷属として、同じ念仏の僧伽に生かされていくものとなることです。そのことが、即時に、直ちに決定するのです。正定聚不退転の位につくという目覚めをもたらすのが、「大利無上を得る」ことであるとおっしゃっていると思います。

また、念仏は一切の行を摂し極速円満する、ということですが、「一切の行」とは如来の因果にわたるすべて、法蔵菩薩として発願し思惟し選択し修行して南無阿弥陀仏となりたもうた、そのすべてがそこに摂まっており、一声の念仏のところに、その徳のすべてが回向成就され、この身に与えられるのです。それを表すものが、今の「大利無上を得る」ことであると先輩は解釈しています。ですから、如来の徳のすべてが、速やかにただ今のこの身に与えられる。それが大利無上功徳を得ることです。

普遍の法と特殊の機

「乃至一念」という言葉は、『無量寿経』に二か所あり、ひとつは下巻冒頭の第十八願成就文で、宗祖はそれを「信の一念」と領解します。今ひとつは、下巻流通分の弥勒付属の文で、「行の一念」と位置づけます。宗祖は、「一念」を非常に大事にされました。「ただ今の一瞬における信心」と「一声の念仏」ということです。この「信の一念」と「行の一念」は、覚信房に宛てられた御消息集（『聖典』五七九頁）にありましたように不離不異の関係にありますが、「信の一念」は、一人ひとりの目覚めが基本にあります。

ところが、「行の一念」ですが、これも一人といえば一人なのでしょうが、あくまでそれは「普遍の法」です。曽我量深先生や金子大榮先生がよく言われた「普遍の法と特殊の機」、あるいは「公なるものと私的なるもの」でしょう。特殊の機における信心に対して、念仏の行法といいますが、それは、万人、いかなる人によっても行われるべきものであり、身にいただき身に付けるべきものであります。それは、特殊に対すれば普遍ということです。金子先生は、普遍と一般とは違うとおっしゃられます。異なった特殊なものを平均化する一般とは違って、ありのままをすべてそのままに包容するようなもの、千差万別の業因縁を生きるものを、それぞれに生かしてくださるのが普遍の法であります。その普遍の法を弥勒に付属すると説かれます。

『大経』によりますと、「経道滅尽」（『聖典』八七頁）の時代、人類が破滅の坩堝《かんか》に向かって雪崩のように落ちこんでいく、「経道滅尽」ということが言われます。それが「末法」「五濁無仏」と、さまざまな内容で規定されてきた「経道滅尽」のときにあって、「特留此経」（『聖典』八七頁）と告げられているわけです。これは釈尊の悲願深い悲しみから生まれた願いが、「特留此経　止住百歳」であろうと思います。この経だけは留め置かなければならない、とおっしゃるわけです。そして、法然上人は、この経とは念仏のほかにない、だから念仏の法のみは残しておかなくてはならないのだ、と解釈されました。

ここのところをサンスクリット本で見ますと、

私は如来としてなすべきことはなし終わった。だからあなたたちはいまこそ立ちあがってこの法が滅びないように前進すべきである。

（藤田宏達訳『梵文和訳　無量寿経・阿弥陀経』法藏館、一九七五年、一四九～一五〇頁趣意）

と、経道滅尽を予告された釈尊の悲願から起こされたお言葉であろうと思います。経道滅尽の世を生きる弥勒に対して、万人に与えられる普遍なる公なる法として、それを付属する。しかし、それを受け止めるのは、我われ一人ひとりの目覚めにおいてです。ですから、金子先生は、「止住百歳」という経文について、百歳というのが人間の一生であるとすれば、それは私のいのちのかぎりといただくべきものであるとおっしゃいました。私のいのちあるかぎり、私のために、釈尊は『大経』を説き残してくださった。そのために、七高僧のご苦労もあった。そういただけることではないでしょうか。

ひとつ注意しておきたいと思いますのは、『唯信鈔文意』です。

これは、聖覚（一一六七～一二三五）の『唯信鈔』についての宗祖の領解ですが、『選択集』の要を著されたものとして「略選択」とも言われる『唯信鈔』を註釈されたのが『唯信鈔文意』です。そのはじめに、書名の「唯信」について大事な解説があります。

「唯信抄」というは、「唯」は、ただこのことひとつという。ふたつならぶことをきらうことばなり。また「唯」は、ひとりというこころなり。

（『聖典』五四七頁）

最初の言葉は分かりますけれども、次の「ひとり」とは、宗祖の独自な己証です。

「信」は、うたがいなきこころなり。すなわちこれ真実の信心なり。虚仮はなれたるこころなり。「虚」は、むなしという。「仮」は、かりなるということなり。「虚」は、実ならぬをいう。「仮」は、真ならぬをいうなり。本願他力をたのみて自力をはなれたる、これを「唯信」という。（『聖典』五四七頁）

「本願他力をたのみて自力をはなれたる」というのが宗祖の基本でして、よくこのお言葉をお使いになっておられます。

「鈔」は、すぐれたることをぬきいだし、あつむることばなり。このゆえに「唯信鈔」というなり。また「唯信」はこれ、この他力の信心のほかに余のことならわずとなり。すなわち本弘誓願なるがゆえなればなり。（『聖典』五四七頁）

これは『唯信鈔』という書物についての宗祖の領解ですが、そのあと、「後善導」（のちの善導）と呼ばれる法照の著した『五会法事讃』の文についての宗祖の領解が述べられています。

「如来尊号甚分明　十方世界普流行　但有称名皆得往　観音勢至自来迎」（五会法事讃）。「如来尊号甚分明」、このこころは、「如来」ともうすは、無碍光如来なり。（『聖典』五四七頁）

「無碍光如来」というのも宗祖の基本です。「大行とは、すなわち無碍光如来の名を称するなり」（『聖典』一五七頁）とありますし、御消息を見ましても「帰命無碍光如来を本とすべし」とおっしゃっています。

「尊号」ともうすは、南無阿弥陀仏なり。「尊」は、とうとくすぐれたりとなり。「号」は、仏になりたもうてのちの御なをもうす。「名」は、いまだ仏になりたまわぬときの御なをもうすなり。この如来の尊号は、不可称・不可説・不可思議にましまして、一切衆生をして無上大般涅槃にいたらしめたまう、大慈大悲のちかいの御ななり。この仏の御なは、よろずの如来の名号にすぐれたまえり。これすなわち誓願なるがゆえなり。

（『聖典』五四七頁）

大行とは「称無碍光如来名」と『教行信証』「行巻」の冒頭にありました。「無碍光如来の御名を称する」、その無碍光如来の御名は何かというと南無阿弥陀仏である、ということがはっきりします。「「如来」ともうすは、無碍光如来」でありますし、その如来の「「尊号」ともうすは、南無阿弥陀仏」でありますから、無碍光如来の名を称することは、「南無無碍光如来」と称えるのではなくて、無碍光如来の名である「南無阿弥陀仏」を称えることであります。

そこに、「名号」の「名」と「号」についての宗祖の領解があります。「名」とは、因位のときの名で、法蔵菩薩として阿弥陀になることを願い、それを衆生に約束された、その「名」です。「号」とは、その本願がまさに成就し、「帰命尽十方無碍光如来」なる「南無阿弥陀仏」となりたもうたことです。如来の因果の徳のすべてが「南無阿弥陀仏」という名に込められてあるということです。

ところが、それだけなのでしょうか。「名」と「号」について、中国に法蔵（六四三〜七一二）という華厳の学者がおられまして、その方の名号釈があります。『華厳経探玄記』という書物に、名号釈とがありまして、

体を召すを名と為し（召体為名）（『大正蔵』三五、一六六頁）

徳を標するを号と為す（標徳為号）（『大正蔵』三五、一六六頁）

と言っているようです。体を表すのが名であり、その名にそなわる徳を表すものが号であると、法蔵は説

明をしています。これは、今の場合にも適用されることであると思います。名号とは、如来の因位、果位にわたる如来のはたらきのすべてがそこに込められているのです。「真言」、真実の言葉、真理の一言です。真理をあらわす言葉であり、真理そのものである言葉と言っていい。そして、因果というのは、ただ如来についてだけではありません。如来の因果ということが、衆生についても言われるものでなくてはならない、というべきでしょう。

それについて、『正像末和讃』の最後のところにある「獲得名号自然法爾法語」が注意されます。宗祖は、晩年において「自然法爾」を大事にされますが、「あるがまま」「あるがままにあらしめられてある」ということです。

獲の字は、因位のときうるを獲という。得の字は、果位のときにいたりてうることを得というなり。名の字は、因位のときのなを名という。号の字は、果位のときのなを号という。自然というは、自は、おのずからという。行者のはからいにあらず、しからしむということばなり。然というは、しからしむということば、行者のはからいにあらず、如来のちかいにてあるがゆえに。法爾というは、如来の御ちかいなるがゆえに、しからしむるを法爾という。この法爾は、御ちかいなりけるゆえに、すべて行者のはからいなきをもちて、このゆえに、他力には義なきを義とすとしるべきなり。

（『聖典』五一〇～五一一頁）

このように、自然ということを説かれます。「無義をもって義とす」、凡夫の計らいのないことが念仏の真実義であります。『歎異抄』の第十条には「念仏には無義をもって義とす」（『聖典』六三〇頁）とあります。凡夫の計らいのないことが真実義でありますが、獲得する名号は、如来の因果にわたる徳のすべてがそこに摂められてあるもの、あるいは、すべてがはたらきだす言葉、根源なる言葉であります。それを、我われが獲得していくということがあるのです。

『教行信証』別序に「信楽を獲得することは、如来選択の願心より発起す」（『聖典』二一〇頁）とありますように、信心もまた獲得するものである、ということがあります。

そこで、問題になるのは、「回向」と「獲得」です。

「回向」とは、たまわる、「如来よりたまわりたる信心」（『聖典』六二九頁）とあります。「獲得」というのは、我われが得ていく、勝ちとっていくことです。受動と能動と言っていいでしょう。念仏についても、信心についても、「獲得」といいますけれども、直接的には、獲得することは、教えに出遇うことでありますし、よき師、よき友に出遇うことを通して、念仏の法をいただくことです。教えをいただいて念仏する身になって、法を聞いて育てられていく身になれば、その全体がたまわったものでしょう。一声の念仏すらも、私の力ではなく全面的に受動に立つ、ということです。

しかし、「獲得名号」「獲得信心」と表されるような、能動性がその底にはある、というべきではなかろうかと思います。ただ、思いもかけず、ということであろうとも、不可思議としかいえないできごとであろうとも、そこには求めてきたことが根底にある、と言わなくてはならないだろうと思います。

第九節　『大経』の伝承

龍樹と天親

龍樹、天親の文ですが、龍樹は初地（初歓喜地）を得たまえる方で天親は初地に至らない十回向の菩薩であると言われますが、菩薩と仰がれる方々であるならば、『教行信証』における引用の言葉遣いで言えば、「言」「曰」「云」のうち、「曰」の字が使われるはずのものです。経の引文については「言」、論の引文については「曰」、釈の引文について「云」というのが宗祖の言葉遣いですが、『文類聚鈔』では、「云」の字が用いられています。

伝統的な解釈として、この二祖のなかに五祖を含め、そこに浄土真宗の源流が明らかにされていると言われます。菩薩ということは深い尊敬の念を表されたもの、ということが挙げられています。龍樹、天親のような高い位にある菩薩ですらも浄土を願生された、まして、いかにいわんや末法五濁の底下の凡夫においてをや、という機の自覚と法の讃嘆があるわけです。

ここに引用されたのは菩薩ですが、そこにあとの五祖も摂め、菩薩を始祖として、それを伝承してこられたのが、後の曇鸞から法然に至る五祖です。そこに、菩薩と釈家という位の違いがあるにせよ、仏教の真理をただ学ぶだけでなくて、身にかけて行ずる解行においてはまったく一如であることを表すということです。

もうひとつ、『教行信証』との比較で申しましたら、『教行信証』では書名を挙げることがありますが、

『文類聚鈔』では書名だけでなくて人名と書名を並べて挙げてあることが、略本の特色だということが注意されます。

大須賀秀道先生の安居の講義録『浄土文類聚鈔述義』（安居事務所〈大谷大学内〉、一九三八年）では、『大経』はいうまでもなく釈尊が説かれたものでありますが、また弥陀の直説とも言われます。阿弥陀自身が真実を広開されたなかで、阿弥陀によって選ばれた第十七願・諸仏称名の願に応じて、釈尊がこの五濁悪世を選んで、経道滅尽していく世を見据えながら、そこに何が残るべきか、何を残すべきか、という選びのなかで、名号の救いを説かれたわけです。そして、その経を伝承されてきた方が、龍樹、天親の二菩薩であり、それは仏名を讃嘆することであり、同時に報恩行であることを注意しておられました。

もうひとつ、『文類聚鈔』最後に「三一問答」という結びの文があります。

これは、『教行信証』「信巻」にあります、本願の三信と『浄土論』の一心について、一心が回向成就の一心であることを明らかにされた二番問答と、「化身土巻」に表された、『観経』の三心、『小経』の一心についての問答と対応するものです。

『文類聚鈔』で第三段にまとめられたのはなぜかというと、『大経』の第十八願に説かれた三信と、『浄土論』に説かれた一心が、相即不離一体のものであることを伝承されたものが三一問答ですが、大須賀先生は、それを真宗における伝統の本源に確定的な基礎を与えられたものであると言われておりました。

真宗は、歴史的伝統が受け継がれることにおいて、不断に創造されていきます。伝統は創造と一なるもので、創造のない伝統は枯渇していき、歴史とはなりません。伝統を伝統たらしめるものは、一人ひとりがその伝統に参加して、受け止め、そして自ら創造していくことです。その根源を確定することがあるのです。

弥陀の本願の三信が、釈尊の成就文においては、「信心歓喜、乃至一念」（『聖典』四四頁）として捉えられ、龍樹においては「恭敬の心に執持して　弥陀の名号称すべし」（『聖典』四九〇頁）と「執持名号」と表され、さらに天親の『浄土論』では「一心帰命願生」として明らかにされました。

歴史に対して揺るぎない根拠を与えるということ、それが龍樹、天親の二祖を引かれた大事な理由であろうと言われています。

『尊号真像銘文』の龍樹、天親との違い

親鸞聖人の『尊号真像銘文』というお書物について注意しておきたいことがあります。

『尊号真像銘文』には略本と広本の二本があり、略本は八十三歳、広本は八十六歳のときに著されています。

「尊号」とは、阿弥陀の至徳の御名で、宗祖が大事にされましたのは、『浄土論』の帰敬偈に示されました「帰命尽十方無碍光如来」、そして、曇鸞の『讃阿弥陀仏偈』に示されました「南無不可思議光仏」です。「真像」とは、お名号をご自身に受け止め、その徳を讃嘆されました三国にわたる高僧のお徳を明らかにされたもので、その「銘文」、大事なご文ということです。

八十三歳のときに著された略本の方は、高僧のうちの善導と法然の二祖についてのみ讃嘆されてあります。それは、善導の六字釈に表されますように、南無阿弥陀仏の意義を明らかにされたお方であることによります。

次いで八十六歳のときにあらためて著された広本になりますと、内容のうえに増広が見られます。八十六歳ですから、八十四歳のときに起こった善鸞事件もすでに一応の決着を見て、宗祖の日常生活も比較的安泰な日々を送られていたことであろうと思われます。善鸞事件以後、それ以前にも増して、驚くほどに精力的に書物が著されていきますが、『銘文』も広本になりますと、略本における善導、法然にかぎらず、『大経』の三文に続いて、『首楞厳経』に説かれた勢至菩薩讃仰の文が引かれています。勢至菩薩は、善知識の先駆者、善知識の源泉ともいうべき存在であり、その讃仰の文を引いてこられ、浄土の祖師方、最後には、ご自身で製作された『正信念仏偈』の解釈も提示されています。

ただ、七高僧のうち、道綽は欠けています。特に道綽を外さなければならない理由は考えられませんが、七高僧ではなく六高僧となります。ただ、浄土の高僧だけでなくて、善導の銘文の後に、聖徳太子に対する讃仰の文もあります。『教行信証』の「行巻」に説かれた「正信偈」や『文類聚鈔』の「念仏偈」さらには『浄土和讃』や『高僧和讃』に対応する内容をもった書物として、広本は大事な意味をもった書物です。

『文類聚鈔』に引用された龍樹、天親の文は、『尊号真像銘文』で解釈された龍樹、天親の文とは少し違っておりますけれども、その違いも含めて、あとで見ていきたいと思います。

龍樹について「楞伽の懸記」

龍樹菩薩は、大乗の始祖、「八宗の祖師」として仰がれるお方で、その徳を讃仰されたものとして、『十住毘婆沙論』より年代的には約百年から百五十年ほど遅れて成立しました『入楞伽経』という経典の中に

「楞伽の懸記」があります。仏陀釈尊が楞伽山――一説にはスリランカであると言われますが――において、予言の態でもって、龍樹の出現とその業績をほめ讃えられた偈頌が説かれています。この文は、龍樹以後、インドの中観学派において、龍樹を語る場合の重要な拠りどころ、教証として尊重されてきたことが、学者によって証明されています。

　大谷大学学長でありました小川一乗氏の『十住毘婆沙論試探――親鸞が学んだ龍樹の仏道――』（東本願寺出版部、一九九六年）で、経典の成立から言えば龍樹より遅れますが、「楞伽の懸記」はおそらくもっと以前から民衆の間に受け取られており、それをはっきり取り上げたのが『入楞伽経』であろう、と指摘されていました。文字通り、予言懸記になるのでありましょう。しかし、経典に説かれた懸記が龍樹より後ということになりますと、龍樹の生涯とは、仏陀の予言、仏陀の期待に深く応えるものであった、という意味を持つことになります。

　法然上人も、「楞伽の懸記」を大事にされまして、文治六年（一一九〇）、東大寺における『無量寿経』の講義のときに、聖道門の方々に対して、「各宗が祖師と仰がれる龍樹菩薩は阿弥陀の浄土に往生された方である。だから、あなた方が龍樹大師をもし祖師と仰がれるのであれば、あなた方もまた龍樹大師に倣って、阿弥陀の浄土に往生すべきである」と言っておられます。はっきりした典拠によって言っておられることですから、それに対して、聖道門の人はおそらく反論できなかったであろうと思います。

　宗祖は、法然上人を介してかどうか分かりませんが、「楞伽の懸記」を大切に受け取られ、「正信偈」では、それによって龍樹を讃嘆しておられますが、浄土教の歴史のうえで、お二人に先立って、「楞伽の懸記」を注意されたお方として、曇鸞大師がおられます。

曇鸞の『讃阿弥陀仏偈』は、『無量寿経』を偈頌でもって讃仰されたもので、浄土教の漢讃の原形でありますが、『無量寿経』の讃仰に続いて、本師龍樹菩薩の徳を讃仰されておられます。

宗祖が和讃を作ろうとされるにあたって、『讃阿弥陀仏偈』は重要な拠りどころ、ご縁になったものでありまして、五百首におよぶ数多い御和讃を作っておられます。金子大榮先生は、『讃阿弥陀仏偈和讃聴記』（東本願寺出版部、一九七二年）のなかで、宗祖の御和讃について、三経和讃や高僧和讃、正像末和讃などについては、私なりに領解を述べることができるけれども、『讃阿弥陀仏偈』については、偈でもって仏徳を讃嘆された曇鸞大師の意をいただくだけである、と言っておられます。

龍樹の『十住毘婆沙論』易行品や天親の『浄土論』にも梵讃がありますが、中国浄土教において、阿弥陀仏に対する讃歌を造られた曇鸞大師の『讃阿弥陀仏偈』は、非常に重い意味をもっているものです。そこに、「楞伽の懸記」によって讃歌が著されておりまして、浄土教の祖師による最初の引用であろうかと思います。

「楞伽の懸記」は、サンスクリット本では次のようになっています。

南方の国ヴェーダリーに、比丘にして福徳をそなえ、
名声大なる人が出る。
かれの名は「龍」と呼ばれ、有と無との両方〔の極端〕を摧破し、
私の乗を世間における無上なる大乗と顕示し、
歓喜地に到達して、安楽国に彼は赴くであろう。
（小川一乗『十住毘婆沙論試探――親鸞が学んだ龍樹の仏道――』東本願寺出版部、一九九六年、四六頁）

釈尊の教えが学問的に捉えられ、仏陀の正しいおこころが誤って受け取られてきた。そのひとつのあり方として、人間による分別によって、有の見、無の見という二元的、相対的な立場に執われ、ものの真実を見ることができない。そういう人間の愚かさの過ちを指摘し、それを摧破して真実を顕かにされた、というのです。

『十住毘婆沙論試探』では、龍樹の『根本中論頌』という書物の第二十二章（観如来品）の第十四偈の偈頌に、如来は縁起性であるがゆえに空・無我である、と説かれた。その無我なる如来が死せる、入涅槃されたあと、仏陀は実在するか実在しないか、を問題とすることに対して、それを考えることはまったく愚かな戯論であり、その者は、慧眼が覆われているから、如来の法身を見ることができないと、『中論頌』のうえにはっきりと説かれているということです。

私は、有無の見を摧破するということを、仏陀が滅後に存在するかしないか、それを有と考えるか無と考えるかは、まったく人間の誤った見解に過ぎないという指摘が、『中論』にもとづくということを最近知りました。ただ、それは、仏滅後にかぎらなくて、この世における我われの一切の考えは、有るか無いかということで、ものを実体的に考える。そこに、善いとか悪いとかを判断し、執われていく邪見の迷いが、五濁増時といわれる今日、いよいよ大事な問題になってくるのだと思います。

毘婆沙と優婆提舎

龍樹には、『根本中論頌』をはじめとして、『十二門論』『大智度論』という数多くの書物が残されており、そのひとつが『十住毘婆沙論』です。『十住経』というのは『十地経』のことですが、それについて広く説き明かした、「毘婆沙」(vibhāṣā、教えを解説・注釈すること、「広解」とも訳される)したのが『十住毘婆沙論』です。その序品に十番の問答を施しておられ、なぜ今、『十地経』という仏陀の説かれた経説について註釈書を著すのか、を述べています。「この経典には、すべて真実を説き明かしてあるので、それに付け加えるべきものは何もない。それにもかかわらず註釈するのは、けっして名聞利養のためではなく、ただ迷える衆生を救って生死海を渡らしめたいためである。しかも、この経を正しく受け取ることのできない愚かな人びとのためにこそ、私はこの論を著すのである」と言ってあります。

このことは、『浄土論』もまったく同じであると言えます。天親菩薩が『無量寿経』を優婆提舎された、「優婆提舎」は、「毘婆沙」と関わることです。漢訳の「優婆提舎」は「upadeśa」(ウパデーシャ)の音写で、「分かり易く近づけて示す」ことです。経典に説かれた深い教えを、機根の劣れる愚かな人びとに分かり易く近づけて説き示すことで、龍樹の精神とまったく同じものであると言えます。

愚鈍とは、龍樹にとって、けっして自分以外の愚かな民衆を意味するものではなく、龍樹その人が自らを愚鈍の者と受け止められ、経の意をいただいていかれたのがこの『十住毘婆沙論』であります。

『十地経』とは、荒牧典俊さんによって「菩薩道の現象学」(『大乗仏典八「十地経」』中央公論社、一九九二年)と言われるように、本来、大乗の菩薩道を明らかにされた経典です。十地というのは、凡夫から仏に至るには五十二の段階があると言われ、最後の十地の段階において、初地から十地に至る段階があり、そこに三大阿僧祇劫というとてつもない永い修行の期間を経て、ようやくにして仏となるに至るという菩薩道を説かれたものです。その詳細な註釈書である『十地経論』を著したのが天親であり、『浄土論』の翻訳者でもあった北魏の菩提流支(五～六世紀頃)によって訳出されますと、当時の仏教界に大変な影響を与え、地論宗が生まれたことです。

『十地経』を一貫するのは、「大悲をもって首となす（大悲為首）」（『大正蔵』二六、一三五頁）、大悲がすべての仏道の根本であるということです。大悲とは、仏の大悲であるだけでなく、その仏の本願に生きる菩薩の大悲でもあり、そのことが『十地経』の特色であると言われます。天親菩薩の『浄土論』は、その『十地経（論）』と深い関わりがありますが、そこに浄土に往生する道として、礼拝、讃嘆、作願、観察、回向という五念門が説かれています。

その第五の回向門には、「回向を首として大悲心を成就する」（『聖典』一三九頁）とあります。我われが仏の願力に導かれて阿弥陀の浄土に往生を遂げていくとは、すべての人びとに阿弥陀の真実のはたらきを与えることを根本として大悲を行じていくのであり、大悲の本願を成就していくのである、と説かれています。これが大乗の精神であると『十地経』や『浄土論』は説いていることです。

さて、龍樹の『十住毘婆沙論』は、十地の全体にわたって解釈されたものではなくて、初地と二地の前半についてのみ説かれたもので、初地、入初地を主としています。それは、入見道ともいわれ、見道とは、無漏の智慧によって苦集滅道の四聖諦を明確に観察する位と説明されます。初めて真理を正しく見て、涅槃に向かう仏道のうえに立ったということから、「見道」と表されるものです。それはまた、諸仏の家に生まれることであると象徴的に表されます。如来の家に生まれ仏の子となる。それが、間違いなく仏となるべき身と決定した正定聚の機ということで、菩薩道を求める求道者にとっては最上の歓びであるから、歓喜地と説かれるわけです。生死を出離する仏道に安立したことですから、深い歓びです。如来となることに決定したということは、無始時来なる生死の輪廻を超えて、仏のさとりを開くことに決定したことですから、歓喜に満ちた境地と表されます。

『十住毘婆沙論』では、はじめにその初地についていろいろと説かれていますが、宗祖は『教行信証』の「行巻」に、『十住論』の入初地品、地相品、浄地品、易行品から幾多の文を引用して、初地とはどういう境地か、初地においてはどのようなことが行われていくのか、また、その境地にはどのようにして入ることができるのか、を説かれた部分を引用なさっています。そこで、初地不退転の道を求める求道者がこのように説かれています。

すべての執われから解脱することはまことに容易でなく、菩提心を発して仏道を求めながら、たえず仏道における退転の危機を感じとらなければならない不安定な状態にあります。しかし、だからといって、仏になりたいという、その願いを放棄することはできません。『十住論』巻四に「是阿惟越致菩薩有二種。或敗壊者。或漸漸転進得阿惟越致（是れ阿惟越致菩薩に二種あり。或いは敗壊者、或いは漸漸阿惟越致に転進す）」（『大正蔵』二六、三八頁）と「漸漸転進」と表されていますように、たとえ、それがどれだけの永い時間と、厳しい修行を必要とするものであろうとも、その道から退転しないで、一歩一歩進んでいきたいと願う菩薩です。そして、それだけでなく道を求めることにおいて自ら菩提心に破れていく自身を内に深く問わずにはおれない。それを「敗壊の菩薩」と語っています。

龍樹の場合、「儜弱怯劣にして大心あることなし。これ丈夫志幹の言に非ず」（『真聖全』一、二五三頁）と、どんな厳しさにも耐えて仏道を実践していく「丈夫志幹」――三千大千世界を挙げるより重い厳しさに耐えてゆく者――と名づけられる菩薩に対して、自らの内に見出せないではおれない敗壊の心というのは、まさに「儜弱怯劣」と厳しく叱咤される者、お叱りを受ける者です。

龍樹は、「そのように菩提心を求め、菩提心に生きながらも菩提心に破れていく、仏道を求めながらも仏道をひたすら前に向かって進んでいくことが容易でない者のうえにも、初地、不退転地に至る道がどこかにありはしないか」と、愚鈍の凡夫である自他の問題として問うていかれました。もっとも深い宗教的な問いをあえて取り上げ、それに対する解答を見出していかれたのが易行品であり、それに応えられたものが「信方便の易行」でした。

如来の願力を信じ、一心正念に憶念し称名念仏していく道こそが、儜弱怯劣の凡夫である愚鈍の者のうえに開かれた易行の道であり、その念仏において開かれてくる信心こそは、「信楽空法」(『大正蔵』二六、八六頁)という深い意味をもったものであると、龍樹は説き示しています。

「空法」とは、すべては縁起性であって、無常であり無我であるという絶対なる真実を言いますが、その一切の計らいを絶対否定的に超えた空法なるあり方をあるがままに信ずる。それが、称名念仏において我われのうえに開かれる信心の内実であり、その信楽を得た者こそが不退転の菩薩である、ということを明確に論じていかれます。

自力による難行を他力の易行たらしめる「道」

『十住毘婆沙論』易行品によりますと、難行である菩薩の菩提心に破れていくような儜弱怯劣の凡夫が、初地に入る方便・手だてとして易行道があるのか、という問いに対して、「そのような問いを発する者は凡そ仏道を求める菩薩とは呼べない。それは、まったく儜弱怯劣なる根機の劣れる者でしかない」と叱咤激励されたうえで、しかもなおそれを強く求めるのであれば、難行を易行道に転ずる道を説いていかれるわけです。易行に対する難行、困難な行とは、自力によって煩悩を断じ、凡夫性を離れてさとりを開く菩薩道というものですが、それを求めながら、その聖道に破れていく者にとって必要なのは、難行を易行たらしめるものです。

『十住毘婆沙論』では、「難行」の方には「道」の語がつけられてなくて、「易行」の方に「道」という語がつけられています。それは、まさしく自力による難行を他力の易行たらしめる「道」を問えるもので、そこに応えられて説き出されたのが称名念仏の行なのです。その仏の名は如来の本願力のはたらきであり、だからそこに信心が獲得されていくのであると、入初地の道である易行の道筋が説かれていくのです。

『十住毘婆沙論』易行品では、諸仏のお名前がたくさん出てまいります。十方十仏章、弥陀章、それから過去八仏章、東方八仏章、三世諸仏章、諸大菩薩章と諸仏が並べ挙げられます。龍樹にとりましては、一切諸仏のさとりは平等であることが基本にあり、すべての諸仏がさとられた縁起の法、空法はまったく普遍の法であり平等であるということです。

『文類聚鈔』には、易行品のはじめの方に十方十仏章というのがありますが、そこから一文引かれています。

龍樹菩薩の『十住毘婆沙論』(易行品)に云わく、「もし人、疾く不退転地を得んと欲わば、恭敬心をもって執持して、名号を称すべし。(『聖典』四〇四頁)

そして、

もし人、善根を種えて、疑えばすなわち華開けず、信心清浄なれば、華開けてすなわち仏を見たてまつる」と。(『聖典』四〇四頁)

この二文を一連のものとして、乃至をせず引用されていますが、最初の文のあとに、宗祖は引いておられない文章が続くのです。

若し菩薩此の身に於て阿惟越致地に至ることを得て阿耨多羅三藐三菩提を成らんと欲はば、当に是の十方諸仏を念ずべし。其の名号を称すること、『宝月童子所問経』の阿惟越致品の中に説くが如し。

（『真聖全』一、二五五頁）

「阿惟越致地」というのは「不退転地」のことで、聞法精進する仏道から後退しない地に至ることを得て、「阿耨多羅三藐三菩提」、このうえなき仏果のさとりを得んと願うのであれば、まさに十方の諸仏を念じ、その名号を称すべきであるという文章が続くのです。

ここに、「此の身に於て」とありますが、その前に「もし人、疾く不退転地を得んと欲わば」の「疾く」という言葉と深く関連します。なぜ「疾く」、急いでというのでしょうか。

『浄土論』の結びのところに、

自利利他して速やかに阿耨多羅三藐三菩提を成就したまえることを得たまえるがゆえに。

（『聖典』一四五頁）

とあり、どのようにして速やかに無上菩提を得ることができるのかを、曇鸞は問題にしていきます。「此の身に於て」とか「疾く」という言葉でもって、「不退転地を求める仏道から退転することがない」「けっして迷いに終わることのない人生を生き切りたい」、宗教心が表されているのです。「此の身」ですから、有限、かぎりあるいのちがそこに受け止められていることです。「そのうち、いつかは」という猶予はなく、「いそぎ」と言わなくてはおれない「かぎりあるいのちの願い」が表されています。三帰依文の初めに、「この身今生において」と言われますが、「今」というときにおいて、真実に出遇い、真実に生きる身になりたいという深い願いが、「疾く」あるいは「此の身に於て」ということで象徴されているのです。

その宗教的欲求に応えて説かれたのが、仏名、名号を称することです。『十住毘婆沙論』易行品において、十方十仏章から百七仏章などに数多くの諸仏の名前が挙げられていますが、その最後の弥陀章にこのように説かれています。

是諸仏世尊現在十方清浄世界、皆称名憶念阿弥陀仏本願如是。若人念我称名自帰、即入必定得阿耨多羅三藐三菩提。是故常応憶念。以偈称讃。（『真聖全』一、二五九頁）

原文の一般的な読みにしたがいますと、百七仏の名前を挙げられたあとに、

是の諸仏世尊は現に十方清浄世界に在しまして、皆、名を称し憶念したもう。阿弥陀仏の本願も是の如し。若し人我を念じ、名を称し自ら帰すれば、即ち必定に入りて、阿耨多羅三藐三菩提を得。是の故に常に応に憶念すべし。偈をもって称讃せん。

となりまして、現に諸仏世尊が在しまして、御名を称して憶念され、阿弥陀仏の本願もまた同様、ということです。

ところが、親鸞聖人は、「阿弥陀仏も是の如し」と読まれずに、

この諸仏世尊、現在十方の清浄世界に、みな名を称し阿弥陀仏の本願を憶念することかくのごとし。もし人、我を念じ名を称して自ずから帰すれば、すなわち必定に入りて阿耨多羅三藐三菩提を得、こ

のゆえに常に憶念すべしと。偈をもって称讃せん。（『聖典』一六五～一六六頁）

と読まれました。諸仏世尊がこぞって阿弥陀仏の御名を称え、本願を憶念し、その徳をほめ讃えられるのだと領解しておられます。本多弘之さんは、仏の名を称えるということは、深く民衆の間にずっと古くから伝えられてきたものであろう。それが、大乗になって、出家、在家を問わず、その称名が大事にされるようになった。そこには、深い歴史の流れがある、と言っていましたが、充分考えられます。

すべての諸仏の称名憶念が阿弥陀仏に集中されるのは、阿弥陀仏の本願がすぐれているということです。それは、第十七願の成就ということを表します。ですから、本多さんの表現を借りれば、第十七願に阿弥陀が諸仏の称名を表されたことは、それ以前、民衆のなかで称名を大切な道として伝承されてきたという事実を踏まえて、諸仏の称名によって、阿弥陀の徳を迷える一切の衆生に伝えたいということが本願として約束されたということです。

そして、曇鸞の『讃阿弥陀仏偈』では、「我一心を以て一仏を讃ず。願はくは十方無礙人に偏ぜん」（『真聖全』一、三六五頁）と、一仏をほめ讃えるということが十方の諸仏をほめ讃えることであるといいます。すべて仏のさとりは平等であることに基づきますので、一仏の讃嘆が十方諸仏の称讃になるわけです。

曇鸞は、龍樹のおこころを受け継ぎまして、『讃阿弥陀仏偈』の終わりのほうで、本師龍樹の徳を讃嘆し、そして、自らの迷いの深さ、流転輪廻を重ねていることを懺悔して、菩提心を失うことなく仏の智慧の功徳を讃嘆して、「十方の有縁にきかしめん」（『聖典』四八三頁）という自らの願い、悲願を表されています。そのあとに、次のような偈文を説かれています。

十方三世の無量慧、同じく一如に乗じて正覚と号す。二智円満して道平等なり。摂化縁に随うまこと

に若干ならん
十方三世の無量慧
おなじく一如に乗じてぞ
二智円満道平等
摂化随縁不思議なり
（『真聖全』一、三六五頁）

「十方三世の無量慧」、不可思議なる智慧のはたらきです。「同じく一如に乗じて正覚と号す」、仏と名告るということです。「二智」は、智慧と慈悲、「出世間無分別智」と「後得清浄世間智」です。二智は円満にして、道平等というのです。「摂化」という言葉は、感銘の深い言葉です。衆生を摂め化すること、迷える者を救い摂めることは、「摂化随縁」、縁に随うというのです。さとりを開いた菩薩は犬を救うためには犬になると言いますが、変化身としての如来や菩薩は、その姿かたちをとらずに、実にさまざまなかたちをもって、縁に随っては迷える者を救いたもうのです。それは、まことに「若干」、量りしれないことであると言っています。

（『聖典』四八二頁）

その次に、

我帰阿弥陀浄土　即是帰命諸仏国　我以一心讃一仏　願偏十方無碍人
（『真聖全』一、三六五頁）

という偈文があり、偈文としては最後の言葉です。「私が阿弥陀の浄土に帰するのは、それはそのまま諸仏の国に帰することである。私が阿弥陀一仏をほめ讃えることは、十方無碍人におよぶものでありたい」と表されています。「無碍人」とは諸仏を言います。諸仏をほめ讃えることです。これは、『論註』下巻の利行満足章にも出てまいります。生死即涅槃とさとって、生死の迷い、そして、涅槃のさとりへの執着から離れること。それが「十方無碍人」であると説かれています。

易行品におきましても、たくさんの仏のお名前を挙げて、そして、その無数の仏は、みな阿弥陀の本願を憶念され、阿弥陀の御名を称えられると、親鸞聖人はおっしゃっているのです。まさに第十七願成就ということを表されたものであります。

法然上人は、『選択集』第一章教相章において、『十住毘婆沙論』は「傍明往生浄土之教」であり、『浄土論』のように正面切って浄土の教えを明らかにされたものでない、と判定されました。しかし、親鸞聖人は、『十住毘婆沙論』は『無量寿経』によって『十地経』を解釈されたものであり、『無量寿経』に説かれた浄土の教えの意を明らかにされたものであるといただかれたことです。

学者の説によりますと、『十住毘婆沙論』易行品の弥陀讃に挙げられた諸仏の名前は、現存のサンスクリット本の『無量寿経』に出てくる仏名と一致すると言っています。龍樹も梵本『無量寿経』をご覧になったうえで、『無量寿経』によって『十地経』の意を明らかにされ、そして、すべては称名に帰することを示されたものと領解します。

仏に見える

易行品の弥陀章では、多くの偈頌をもって阿弥陀仏の徳がほめ讃えられており、『教行信証』「行巻」では乃至されながら九つの偈頌が引用されています。そのうちの一偈が『文類聚鈔』と重なりますが、これについてはのちほど触れていきますので、ここでは、『尊号真像銘文』に挙げられている偈頌について見ていきたいと思います。

龍樹菩薩御銘文
『十住毘婆沙論』に曰わく、「人能念是仏　無量力功徳　即時入必定　是故我常念　若人願作仏　心念阿弥陀　応時為現身　是故我帰命」文
「人能念是仏　無量力功徳」というは、ひとよくこの仏の無量の功徳を念ずべしとなり。「即時入必定」というは、信ずれば、すなわちのとき必定にいるとなり。必定にいるというは、まことに念ずれば、かならず正定聚のくらいにさだまるとなり。「是故我常念」というは、われつねに念ずるなり。「若人願作仏」というは、もし人、仏にならんと願ぜば、「心念阿弥陀」という。心に阿弥陀を念ずべしとなり。念ずれば、「応時為現身」とのたまえり。応時というは、ときにかなうというなり。為現身ともうすは、信者のために如来のあらわれたまうなり。「是故我帰命」というは、龍樹菩薩のつねに阿弥陀如来を帰命したてまつるとなり。（『聖典』五一七頁）
宗祖の著述や御消息には、「べし」という言葉遣いが、有名な恩徳讃にかぎらず多用されることが注意されます。今も「無量の功徳を念ずべしとなり」とありますが、これは教えにおける無上命令です。また、「信ずれば、すなわちのとき必定にいるとなり」という、「となり」という言葉も、宗祖の好まれた言葉遣いだと思います。
同様の表現で、「なるとなり」というのがあります。それは、『尊号真像銘文』に唐の智栄（生没年不明）という人が善導の徳をほめ讃えた文章が引用されてありますが、そこでは次のように説かれています。
唐朝光明寺の善導和尚の真像の銘文
「智栄讃善導別徳云　善導　阿弥陀仏化身　称仏六字　即嘆仏　即懺悔　即発願回向　一切善根荘

厳浄土」文

「智栄」ともうすは震旦の聖人なり。善導の別徳をほめたもうていわく、「善導は阿弥陀仏の化身なり」とのたまえり。「称仏六字」というは、南無阿弥陀仏の六字をとなうるとなり。「即嘆仏」というは、すなわち南無阿弥陀仏をとなうるは、仏をほめたてまつるになるとなり。また「即懺悔」というは、南無阿弥陀仏をとなうるはすなわち無始よりこのかたの罪業を懺悔するになるともうすなり。「即発願回向」というは、南無阿弥陀仏をとなうるはすなわち安楽浄土に往生せんとおもうになるなり。また一切衆生にこの功徳をあたうるになるとなり。「一切善根荘厳浄土」というは、阿弥陀の三字に一切善根をおさめたまえるゆえに、名号をとなうるはすなわち浄土を荘厳するになるとしるべしとなりと。智栄禅師、善導をほめたまえるなり。（『聖典』五二〇頁）

このように、宗祖は、「なるとなり」という言葉を使って、念仏を申すことが仏をほめ讃え、懺悔して、そして、浄土を荘厳することになっていく。それは、お念仏それ自体に備わった仏のお徳、願力自然によるものである、ということです。この「なるとなり」という言葉遣いは、大事な言葉であると思います。

易行品に「信ずれば、すなわちのとき必定にいるとなり」とは、信ずることが必定の身になることなのです。「必定にいるというは、まことに念ずれば、かならず正定聚のくらいにさだまるとなり」、とここでも「さだまるとなり」です。「「若人願作仏」というは、もし人、仏にならんと願ぜば、「心念阿弥陀」という。心に阿弥陀を念ずべし、となり」、ここも「べし、となり」です。「念ずれば、「応時為現身」とのたまえり。応時というは、ときにかなうというなり」とありますが、詩人の坂村真民（一九〇九〜二〇〇六）の『念ずれば花ひらく』（柏樹社、一九八二年）という詩と詩集があるように、仏を念ずれば、そのときに応じて念仏者の前に身を現したまう、ということです。そして、「為現身ともうすは、信者のために如来のあらわれたまうなり。「是故我帰命」というは、龍樹菩薩のつねに阿弥陀如来を帰命したてまつるとなり」と結ばれています。そこに念仏者としての龍樹が明確に表されています。

以上が、『十住毘婆沙論』易行品の偈頌についての『尊号真像銘文』による註釈ですが、『文類聚鈔』では、『尊号真像銘文』に挙げられたあとの文が引用されています。

もし人、善根を種えて、疑えばすなわち華開けず、信心清浄なれば、華開けてすなわち仏を見たてまつる

（『聖典』四〇四頁）

この文は、信心について信疑ということを深く注意されたものです。信ずることは、宗祖では「ふたごころなきなり」といわれ、また「疑いなきなり」といわれ、宗祖の信心についての基本的な領解ですが、信と疑について、ここでは、「華開き、華開けず」で表されています。

これは、『大経』下巻の悲化段——釈尊の大悲によって救われなければならない、我われ衆生の三毒五悪による業道自然の迷いの世界——を説かれたあと、それに次ぐ智慧段において、阿難と弥勒に対して阿弥陀の浄土を願えといわれます。それに従った弥勒が、「阿弥陀の浄土への往生については胎生・化生ということがある。浄土の蓮華が閉ざされたままの状態と、開かれた状態と違いが見られる。それは何によるのであろうか」という疑問を提起したのに応えて、釈尊は、それは不了仏智——仏智を正しく領解しないこと——による、と教誡されています。そして、仏智のはたらきの不思議を信ずるならば、その明了仏智の者は華の開いた真実の浄土に化生すると勧励されています。この『大経』智慧段の経説に基づいて、易行品の信疑決判の偈文が示されたものであることを、先輩は注意しています。

ここに言われた「善根」はなにを指すか、それをどう領解するか、問題になります。名号について「善本」「徳本」と言われます。名号のなかに如来の因位と果位の徳のすべてが摂められているのが「南無阿弥陀仏」という尊号です。それが善本・徳本であるということが、『教行信証』「行巻」、そして、「化身土巻」に説かれています。

如来が法蔵菩薩として、因位において修された仏のすべての善根のもとがそこに収められ、それは、すべてのものをして真に善たらしめるものである、ということでもあります。それによって得られた果徳が徳本ですから、「善本を種える」とは、名号を称する、称名ということだと解釈されます。

ただ、「種えて」という言葉に注意するならば、自力でもって、自己の善根として種える「植諸徳本」ということで、第二十願の問題として宗祖が問われたことです。つまり、「種える」という言葉に自力の善根が表され念仏を自分の善とし、手柄、功徳として、救いを要求していくのです。念仏しながら、自力がまじわり、疑いとなって、仏の光のなかに包まれ、仏の大悲に満たされてありながら、信心が開けないことでその疑心が破れて、信心清浄になれば仏を見る、と言われます。仏に見《まみ》える、見仏ということは、般舟三昧でありまして、それは諸仏現在前ということです。仏を念ずる者の前に仏自らが現れたまうことが仏に見えることで、空三昧において成り立つことであると言われますが、浄土に生まれることは、浄土において仏に見え、そして仏から直接に説法を聞くことです。

現代の我われにとっては、容易に領解し難いものになってしまったように思われますが、経典はそういう人びとの深い願いに応えて説かれたものであり、それを大事に受け止めてきた浄土の歴史があることだけは否定してはならないと思います。ただ、我われは、深い宗教的心情、思念という資質が劣えているため、仏に見えるということが容易に受け取りにくくなっているのです。さらに言えば、先立って逝かれた方がたに見えるという人間のもっとも純で素朴な感情すらも、失われてきたというのが現代の状況である、と言っていいと思います。

第十節　天親について

易行品に続いて引用されました天親の『浄土論』の文を読んでいきたいと思いますが、同じ文が『尊号真像銘文』に挙げられており、宗祖の註釈が示されています。

『浄土論』の最初の一偈、「世尊我一心　帰命尽十方　無碍光如来　願生安楽国」（『聖典』一三五頁）は、普通、「帰敬偈」という呼び方をしますけれども、「建章の四句」という言い方がされます。二番目の偈は「発起序」、あるいは、なぜ『無量寿経優婆提舎願生偈』なる書物を表すのか、その目的と願いを表されたもので「造論の意趣」とも言われますが、伝統的には「承上起下」の偈と言われます。「承上」とは、曇鸞の領解によるもので、上の帰敬偈に五念門のうちの礼拝と讃嘆と作願の三門が含まれているのを受けて、つぎに、その如来、浄土を観察することを示すもので、「承上起下」と言います。

世尊に礼拝し、阿弥陀を讃嘆し、そして、阿弥陀の浄土に生まれたいと願う。そこに礼拝、讃嘆、作願の三念門があります。その阿弥陀およびその浄土の徳をさらに開くのが、つぎの観察門で、それによって得られた功徳を人びとに広く回向する願いを表すのが、「我依修多羅　真実功徳相　説願偈総持　与仏教相応」（『聖典』一三五頁）で、これを「承上起下」と言います。

三番目の引文は、阿弥陀のはたらきが、国土、仏、菩薩について二十九種の荘厳によって表されていますが、その三種荘厳の軸になるものが、「観仏本願力　遇無空過者　能令速満足　功徳大宝海」（『聖典』一三七頁）という仏荘厳の第八番目の不虚作住持功徳です。

『文類聚鈔』行章では、これらの三つの偈文を『浄土論』から引用して、それによって、龍樹菩薩を継承する天親によって明らかにされた称名念仏の徳を讃仰されたものです。

『十住毘婆沙論』は、龍樹が自らを愚鈍と自覚し、敗壊の菩薩であることを身心に深く刻むなかで易行の大道を尋ねられたものです。そして、易行の大道を一切の愚鈍の人びとに広開したい、という願いのもとに著されたものでありましたが、宗祖によれば、『浄土論』もまた、一切の群萠を化するために念仏の大道を著された書物であると讃仰されることです。

では、まずは『尊号真像銘文』の註釈を読んでまいりましょう。

「婆藪般豆菩薩論曰」というは、婆藪般豆は天竺のことばなり。晨旦には天親菩薩ともうす。またいまはいわく、世親菩薩ともうす。旧訳には天親、新訳には世親菩薩ともうす。（『聖典』五一七頁）

宗祖は、『入出二門偈』におきまして、

『無量寿経論』一巻　元魏天竺三蔵菩提留支の訳なり
婆藪盤豆菩薩の造なり、婆藪盤豆は、これ梵語なり。
旧訳には天親、これはこれ訛れるなり、新訳には世親なり、これを正とす。（『聖典』四六〇頁）

と言っています。藤田宏達先生（一九二八～二〇二三）によると、「天親」の方が正しいのだとおっしゃっています。「Vasu」という語には「天」と「世」という意味があるが、中国で「Vasu」を「世」と訳したのは、「ヴァスバンドゥ」とか「バスミトラ」（世友）といった少数の場合で、「世」と訳すよりも「天」と訳すことの方が多いということです。宗祖が、なぜ「世親」の方が正しくて、「天親」は訛りだと言われたのかは疑問です。ただ、今日、仏教学者は「世親」と呼び、真宗の人は「天親」と呼びます。宗祖はそのような注意をされているのですが、それにこだわる必要はないというべきでありましょう。

論曰は、世親菩薩、弥陀の本願を釈しあらわしたまえる御ことを、論というなり。曰は、こころをあらわすことばなり。この論をば『浄土論』という。また『往生論』というなり。「世尊我一心」というは、世尊は釈迦如来なり。我ともうすは、世親菩薩のわがみとのたまえるなり。一心というは、教主世尊の御ことのりをふたごころなくうたがいなしとなり。すなわちこれまことの信心なり。

（『聖典』五一七〜五一八頁）

『文類聚鈔』では、龍樹、天親について「曰」の字を使うべきところを、「云」の字でもって引用されていますから、学者によっては、『教行信証』に見られるような言葉の区別が明確に決まらなかった以前の著作であろう、ということです。あるいは一般的解釈ですが、道綽以下の五祖を含めるということで「云」の字を使われたものと言われています。「論」というのは本願を釈し表す、本願の釈明と言ったらいいでしょうか。仏の本願のおこころをあらわす「御こと」であって、『浄土論』『往生論』とも言われ、「世尊よ」と冒頭に揚げられている「世尊」とは、『大無量寿経』を出世の本懐として説きたまえる世尊、阿弥陀の本願を説きたまえる世尊です。

世においてもっとも尊いお方、それは、宗祖にとっては、如来の本願を宗とする、いのちとする、『大経』を説きたもうた如来、そして、それを説くことをもって出世の本懐とされ、我われ一切衆生の出世本懐の問いに答えてくださったお方という意味でしょう。

「我ともうすは」とは、その如来に帰命する「我」です。さきほどの『十住毘婆沙論』易行品でも、龍樹は「我帰命す」「我敬礼する」と、「我」という言葉を使っていました。それは「我が身」ということで「身」とは、存在そのもの存在のすべてをあげてということです。「五体投地」が、現在でもチベットの仏教徒によって敬虔に行われていますが、我が身の存在、生活のすべて、ということです。もっと言えば、「宿業の身」です。より内面的にそれをいただく。無始時来、今日今時に至るまで流転を重ねてきたこの身であり、未来永劫に出離なきこの宿業の身において、世尊に問い、そして、世尊の教えてくださったみ教えを、全身をもって聞き取り、全身をもっていただいていくことでしょう。

安田理深先生がおっしゃったことですが、「我」とは、本願に「設我得仏」と誓われたその「我」が、この身のうえに一心に帰命し願生する「我」として成就したものです。

人間の自我は、唯識では末那識として取り上げられ、我痴、我見、我慢、我愛という四つの煩悩によって、阿頼耶識なるものを我が身と執着するのです。その執着する心が現実世界に現れるときに、「遍計所執」となり、「おれが」「俺のもの」という執着の心として現れます。原始仏教以来、「我執」「我所執」という言葉で表されてきたところです。

遍計所執によって、「依他起性」、生かされてあるいのちの事実を失って生きているのですが、身の事実に呼び戻され、自覚を通して、生かされてあるいのちがそのまま縁起性、依他起性として現行するのです。それが、「転識得智」、あるいは根拠の転換による「円成実性」と説かれるところです。正しい教えを聞く、正法をこの身に聞いて、聞かれた教えにおける無漏種子が有漏雑毒以外のなにものでもない我が身に薫習して、それを根底から翻すのです。それが根拠の転換と言われる「転依」で、その根拠が翻ることは煩悩の迷いの心が翻されて智慧となることであり、「転識得智」と言われます。

身が救われなければ救いは成就しない

曇鸞は『浄土論』冒頭の帰敬偈に表された「世尊我一心」の「我」を、

問うて曰わく。仏法の中には我無し、此の中に何を以てか我と称するや。答曰。我と言うに三の根本有り。一つはこれ邪見語、二つはこれ自大語、三つはこれ流布語なり。今我と言うは、天親菩薩みずから此を指しう言なり、流布語を用い、邪見と自大とに非るなり。（『真聖全』一、二八二頁）

と、「邪見」「自大」の語にあらず、それは「流布語」であるとして、自らをそれでいいかと自らを誡める、「自督」の言葉であると言われたことですが、安田先生は、「この「我」というのは、自我の砕かれた「我」であるけれども、「設我得仏」と、法蔵菩薩として衆生の往生を誓われ、そして、衆生の往生をもって自らのさとりとされた、その「我」が、我われのうえに、自我の殻を破って回向成就した「我」である。それを宗祖のお言葉で言えば、如来よりたまわりたる我とも言える我である」と言われました。

「わがみとのたまえるなり」、これは宗祖の常套語と言っていい言葉でしょう。「身」とは、易行品においても、「この身において阿惟越致地に至る」（『聖典』一六五頁）とありました。善導の言葉で言えば、「機の深信」です。『愚禿鈔』では、それを「自身を深信する」と要約されました。「我が身を深く信ずる」、浄土教における身の自覚の系譜と言っていいものを感じます。源信で言えば、「大悲無倦常照我」（『聖典』二〇七頁）です。「大悲倦むことなく常に我が身を照らしたもう」、とおっしゃった。その「我が身」とは、

「煩悩障眼雖不見」（『聖典』二〇七頁）と言われる煩悩具足の身です。

法然上人になりますと、「十悪愚痴の法然房」とも、「三学非器」とも表されました。仏法は戒・定・慧の三学におさまりますが、私はもはや三学の器にあらず、聖道の仏法を実践していく器ではない、との自覚内容が、「十悪愚痴の法然房」という法然における我が身の実相で、それを宗祖が深く受け止められたことは、いまさらいうまでもありません。「地獄は一定すみかぞかし」（『聖典』六二七頁）という言葉もそうです。

「身」という言葉でもって、浄土の祖師方は、教えに出遇う存在を表された。宗教はよく心の問題と言われますが、それ以上に、身の問題、身の救いでなければならないことです。身はただ身として単独にあるのではなく、「身心」というかたちであるわけですから、親鸞聖人もそのことを大事になされ、「煩悩」や「歓喜」という言葉の解釈においても、「煩」と「悩」や、「歓」と「喜」というふうに、「身」と「心」に分けて示されました。本願のうえでも、「身心柔軟」（『聖典』二一頁）ということが第三十三願に表されていますが、身が安住することにおいて心が定まり軽くなる、身心一如なのです。心の問題だと軽々しく宗教を論ずるべきではなく、身が救われなければ救いは成就しないのです。

もうひとつ言えば、生活をもてる身であり、その根底には、生死する身ということがあります。生死の世界にあって、生活する身がいかに救われていくか。心はうなずいても身が承知しない。人間は、予測できないさまざまな縁との出遇いのなかで、この生死の世界を生きていかなくてはならない。その主体が、身というところにあります。

その我が身のうえに開かれた真実が、「我一心」という帰命、そして、願生のすがたです。『教行信証』

「信巻」に、

真実の信心は必ず名号を具す。名号は必ずしも願力の信心を具せざるなり。このゆえに論主建めに「我一心」と言えり。

（『聖典』二三六頁）

と言っていますが、宗祖は「我一心」という言葉遣いをされています。ただ「一心」とあってもよさそうなものですが、「「我一心」と言えり」と言われています。「我」とは、「一心」という信心の自覚において成立する自己です。我が身をどのようにいただいて生きていくのかが、人間のもっとも深い問題だと思いますが、教えを聞くことによって、初めて明らかになって、その如来よりたまわった我が身において、かぎりなく内に深く開けていくのが真実信心であります。人生において、日々出遇っていかなくてはならない業縁のただ中において、それを縁として不断に開けていく真実信心が往生の信心と語られるものであり、その信心にもとづく人生が往生浄土の一生である、と言っていいのでありましょう。

有碍が無碍に転ぜられていく

「帰命尽十方無碍光如来」ともうすは、帰命は南無なり。また帰命ともうすは、如来の勅命にしたがうこころなり。尽十方無碍光如来ともうすは、すなわち阿弥陀如来なり。この如来は光明なり。尽十方というは、尽はつくすという、ことごとくという。十方世界をつくして、ことごとくみちたまえるなり。無碍というは、さわることなしとなり。さわることなしともうすは、衆生の煩悩悪業にさえられざるなり。光如来ともうすは、阿弥陀仏なり。

（『聖典』五一八頁）

天親菩薩は、先に「世尊よ」と呼びかけられましたが、今度は、阿弥陀仏に対して、「帰命尽十方無碍光如来」と仰がれました。

親鸞聖人の御消息に、次のようなものがございます。

ひとびとのおおせられてそうろう十二光仏の御ことのよう、かきしるしてくだしまいらせそうろう。くわしくかきまいらせそうろうべきようもそうらわず。おろおろかきしるしてそうろう。詮ずるところは、無碍光仏ともうしまいらせそうろうことを本とせさせたまうべくそうろう。無碍光仏は、よろずのもののあさましきわるきことにさわりなく、たすけさせたまわん料に、無碍光仏ともうすとしらせたまうべくそうろう。あなかしこ、あなかしこ。

十月廿一日

唯信御坊御返事

（『聖典』五八一頁）

聖人のお弟子には、唯信坊という方がお二人いらっしゃいます。私の寺の開基も、その一人の唯信坊ですが、この御消息の宛名の唯信坊かどうかは分かりません。ただ、ここにはっきりとおっしゃっておられるように、「十二光仏」とあるけれども、尽十方無碍光如来こそ本とすべきであるというのが、宗祖の遇われた如来さまであると言えましょう。

仏の光が無碍であることについては、曇鸞大師が問いを出しておられます。仏の光が無碍であるならば、どのような人も照らされ救われて当たり前であるけれども、救われてない人、光を受けない人があるのはなぜか、それでは無碍と言えないではないか、と。それに対して、「碍り」は仏の側にあるのでなく、衆生の側にある。しかも、その碍りは外にあるのではなく、内なる碍りが外なる碍りを作り出していくわけですから、内も外も碍りだらけの人生というものを照らし破ろうとするところに仏の永劫のご苦労がある、ということです。

源信が「煩悩障眼雖不見　大悲無倦常照我（煩悩、眼を障えて見たてまつらずといえども、大悲倦きことなく、常に我を照したまう）」（『聖典』二〇七頁）とおっしゃったように、煩悩によって有碍となっている私どものために、その永劫のご苦労は、常に現在のところで我われのうえにはたらきづめにはたらいてくださるのです。しかし、その無碍のはたらきすら邪魔にして、そこから逃避を企てるような根源的な罪障をもって生きているのが、私どもであるわけです。それが、仏の無碍光に照らし出されて、遂に破れ砕かれていくのです。それこそ、金子大榮先生が念仏は自我崩壊の音だとおっしゃるできごとでありましょう。そのことを通して、有碍が無碍に転ぜられていくのです。碍りだらけの人生が消えるのではなく、それまで障碍であったものが、実はご縁として転ぜられていくのです。そういうはたらきが如来の名のはたらきである、と言っていいのではないでしょうか。

「帰命尽十方無碍光如来」の釈は、善導の六字釈によって解釈していらっしゃいます。

帰命は南無なり。また帰命ともうすは、如来の勅命にしたがうこころなり。

（『聖典』五一八頁）

「勅命にしたがう」とは、二河白道に出てきます。勅命ですから、「汝一心に正念にして直に来たれ、われよく汝を護らん」（『聖典』二二〇頁）という言葉で表されます。如来の勅命、それは、釈尊ではなく阿弥陀です。阿弥陀の招喚の勅命に随うことで、それによって、自我による内外ともに碍りだらけの人生を造り出していく、人間の迷いが転ぜられていくのです。そこに、無碍道のはたらきがあるとおっしゃるのです。

無碍光如来の「如来」とは、一如より一如そのものが来たること、さとりが来たることです。宗祖の自然法爾の法語のお言葉で言えば、色もなく「かたちもましまさぬ」(『聖典』五一一頁)一如、法性が、衆生を救うためにかたちをとり、衆生を救う手だてとして、南無阿弥陀仏と名告るのです。そういうはたらきとして、ここに、宿業の身のところに来たる。曽我量深先生は、「如来は宿業の我が身の根源に来たりたまう。それが法蔵菩薩である」と徹底していかれました。我が身の内に来たる如来、それによって、我われは如に去らしめられていくのです。さとりの世界に導かれ、さとりの世界に入らしめられていくわけで、そこに仰がれる如来です。それが「帰命尽十方無碍光如来」と「南無不可思議光仏」です。「南無不可思議光仏」はどこまでも彼岸に仰がれる仏です。「帰命尽十方無碍光如来」の方は来たりたまう仏、それが浄土真宗の本尊です。ですから、みなさんのお内仏はそうなっています。お内仏の右側に十字名号、左側に九字名号、此岸と彼岸にわたって如来がはたらきたまうということです。

『浄土論』の帰敬偈の「願生安楽国」についての釈ですが、

「願生安楽国」というは、世親菩薩かの無碍光仏を称念し、信じて安楽国にうまれんとねがいたまえるなり。(『聖典』五一八頁)

とあります。そこに、「無碍光仏を称念し」という大事な言葉があることを、これまで何遍も読んできたはずであるのに、注意することがほとんどなかったと反省させられました。我われが浄土に願生していく、生死海を超えて彼岸の世界に生まれていきたいと願う根底には、尽十方無碍光如来なる如来の御名を口に称え、そして、御名を称えることを通して、本願大悲のまことをこの身にいただき、如来の呼びかけ、はたらきかけに応じて、応えて浄土に生まれんと願うのである、とおっしゃっている。そこに、行と信の一如が述べられていることにあらためて気づかされました。

「我」の成立根拠

『尊号真像銘文』の『浄土論』のお言葉に戻りましょう。

「我依修多羅　真実功徳相」というは、我は天親論主のわれとなのりたまえる御ことばなり。依はよるという、修多羅によるとなり。修多羅は天竺のことば、仏の経典をもうすなり。仏教に大乗あり、また小乗あり。みな修多羅ともうす。いま修多羅ともうすは大乗なり。小乗にはあらず。いまの三部の経典は大乗修多羅なり。この三部大乗によるとなり。真実功徳相というは、真実功徳は誓願の尊号なり。相はかたちということばなり。「説願偈総持」というは、本願のこころをあらわすことばを偈というなり。総持というは智慧なり。無碍光の智慧を総持ともうすなり。「与仏教相応」というは、この『浄土論』のこころは、釈尊の教勅、弥陀の誓願にあいかなえりとなり。「観彼世界相　勝過三界道」というは、かの安楽世界をみそなわすにほとりきわなきこと虚空のごとし。ひろくおおきなること虚空のごとしとたとえたるなり。（『聖典』五一八～五一九頁）

以上が『浄土論』から引かれる三文のうちの二番目、「承上起下」と言われる偈頌の解釈の文です。ここで、「我は天親論主のわれとなのりたまえる御ことばなり」とありますが、その「我、依る」ことについて、「我」の成立根拠に三つあることを指摘したのは曇鸞でした。「何所依（何の所にか依る）」「何故依（何故にか依る）」「云何依（云何が依る）」（『聖典』一七〇頁）です。

第一の「何所依」は、「修多羅に依る」（『聖典』一七〇頁）と大乗の修多羅としての浄土三部経に依るということです。「修多羅」とは永遠を貫く真実、正像末の三時を超えて、永遠を貫くひとつの真実、まことの道理です。「大乗」という場合、それは出家・在家を一切問わない。あるいは、賢きもの愚かなものを一切問うことなく、平等に救われる法ということです。『大経』下巻の言葉で言えば、「猶し大乗のごとし、群萌を運載して生死を出だすがゆえに」(『聖典』五五頁)とありますように、法蔵菩薩が生死の群萌を荷負して、我われ一切の衆生を荷負したもうて、生死の世界を出でしめたもうがゆえに、『大経』の教え、阿弥陀の本願は大乗の教えであると言われているわけです。これが大乗の教えです。まさに阿弥陀の本願、法蔵菩薩のご苦労としてお説きくださった『大経』が「大乗修多羅」なのです。

そのあとの「説願偈総持　与仏教相応」の説明は、宗祖の智見というべきご解釈です。普通であれば、『願生偈』を説いて、「総持して」というのは身に保つということで、「総持」には原語が「陀羅尼」ということで、智慧という意味があります。智慧を持つことです。

ところが、宗祖は「願偈総持を説きて」とお読みになったのです。そうすると、「願偈」とは何かと言いますと、「願生の偈」ではなくて「本願の偈」「本願を表す偈」です。しかし、願生の偈ではなく本願の偈であると言いましたが、両者はまったく別なのかと言えば、そうではありません。我われが浄土に願生していくことこそが如来の本願である、と領解すべきことです。我われがこの生死の苦難に充ちた流転輪廻の世界を超えた阿弥陀の浄土に向けて往生していくことこそが、本願に誓われたものである。その本願の意を表す、ということであります。

「総持」とは、「『願生偈』を説きて総持する」という場合には、我われに開けた智慧でもって身に保つことになります。ところが、宗祖のように「願偈総持を説きて」と読む場合には、総持は我われの智慧でもって総持することではなくて、如来の智慧です。まさに「帰命尽十方無碍光如来」と自ら名告りたまう本願成就の如来です。「帰命尽十方無碍光如来」と、我われに呼びかけ我われにはたらきたまう、その如来の真実なる深き智慧の徳用を表すということが『浄土論』である、と言われるのです。

第十一節　曇鸞の宗体釈と親鸞の真実教決定

『尊号真像銘文』における「真実功徳相というは、真実功徳は誓願の尊号なり」（『聖典』五一八頁）という決定は宗祖ですが、それは曇鸞の導きによることです。

曇鸞が『論註』上巻の冒頭におきまして、天親の「無量寿経優婆提舎願生偈」（「願生偈」）という題号を註釈しているところです。

「無量寿」はこれ安楽浄土の如来の別号なり。釈迦牟尼仏、王舎城および舎衛国にましまして、大衆の中にして、無量寿仏の荘厳功徳を説きたまう。すなわち、仏の名号をもって経の体とす。
（『聖典』一六八頁）

「無量寿仏の荘厳功徳」とは、『浄土論』におきましては、国土十七種の徳、そして、国土の主である阿弥陀の八種の徳、そして、阿弥陀のはたらきを表す菩薩のはたらきである四種の正しい修行を表します。天親菩薩自身が、浄土は願心荘厳、阿弥陀の本願の象徴であるとおさえています。四十八願の荘厳とは、「かたどる」ことです。かたちを超えたものをかたちとして象徴的に表すこと、大悲の願心を象徴するものであり、仏の名号をもってその体とするのです。名号としてその願心が明らかにされ、名号によってはじめて受け取られる問題で、名号をこの身にいただくことによって真に頷くことのできるというのが曇鸞の宗体釈です。「宗」とは宗旨、宗要ということ、「体」は本質、体質です。

宗祖は、この曇鸞の題号釈によって、『教行信証』「教巻」に、

ここをもって、如来の本願を説きて、経の宗致とす。すなわち、仏の名号をもって、経の体とするなり。

（『聖典』一五二頁）

と『大経』が真実教であることを明らかにされました。宗は本願であり、体は名号である。宗要、私どものいのちといただくべき本願その全体が、具体的なかたちをもって明らかにされるのが『大経』であります。『大経』とは「如来の四十八願をときたまえる経」（『聖典』五一二頁）であると、『尊号真像銘文』には言ってありますし、しかもその本願は念仏の信心による浄土往生を誓われたものです。

『教行信証』「教巻」の宗体釈について、金子大榮先生が、「それは経典の宗体、浄土の三部経の宗体である。しかし、その経典をこの身にいただいていく、我われ衆生の宗体というものがそれによって回向されてくる、開かれてくる。どう開かれてくるかと言えば、念仏をこの身にいただき、この身に対して念仏となってはたらきたもう、仏の深い願いを心に聞いていくということである。この身に聞き、そして、心に聞いていく。それが真宗門徒の宗体である。これが『大経』という真実の教えを聞くことによって、この身にたまわっていくものである」と言われました。教えを聞くことによって、はからわずしてこの身にたまわっていく如来浄土の徳ということです。

「与仏教相応」というは、この『浄土論』のこころは、釈尊の教勅、弥陀の誓願にあいかなえりとなり。

（『聖典』五一八頁）

教えは願から展開してきたわけで釈尊も如来の本願海から出現され、『大経』をお説きくださったことです。

「観仏本願力　遇無空過者」というは、如来の本願力をみそなわすに、願力を信ずるひとはむなしく、ここにとどまらずとなり。「能令速満足　功徳大宝海」というは、能はよしという、令はせしむという、速はすみやかにとしという、よく本願力を信楽する人は、すみやかにとく功徳の大宝海を信ずる人の、そのみに満足せしむるなり。如来の功徳のきわなくひろくおおきに、へだてなきことを大海のみずのへだてなくみちみてるがごとしと、たとえたてまつるなり。

（『聖典』五一九頁）

これは、仏荘厳の最後、第八・不虚作住持功徳のご文です。そこに、『無量寿経』の荘厳功徳の、三種荘厳の全体が摂められていて、『浄土論』において要になるものがこの不虚作住持功徳です。「住持」とは、根底から支えてくださる強力なはたらきを言います。私ども一人ひとりを存在の根底から支え、生死の迷いから超えしめてくださる強力なはたらきを言います。清沢満之先生は、人生を真に生きるには「完全なる立脚地」（『清沢満之全集』第六巻、春秋社、二〇〇三年、三頁）がなくてはならないと言われましたが、確かな支えがないと、すぐ我われは倒れます。そのものを根底から支えてくださり起ち上がらせてくださる強いはたらき、確かなはたらきが不虚作住持功徳です。

本願の根源的な力に出遇うことができた者は、この生死の人生を空しく過ぎることに終わらないという確信のもとに生きる身にならせていただくことで、「遇無空過者」ということです。

「観仏本願力　遇無空過者」というは、如来の本願力をみそなわすに、願力を信ずるひとはむなしく、ここにとどまらずとなり。

（『聖典』五一九頁）

迷いの世界にとどまることがないことが「不虚作住持功徳」で表される如来の本願力です。人間にとって一番残念なこと、一番とり返しのつかないことは、一生が空しかったということでしょう。

何のために生まれ、何のために生きたのか、まったく分からない。これほど、人間にとって悲しむべきことはないと言われます。これは金子先生のお言葉ですが、たとえどんなささやかな人生であろうと、その人生が私にとって必要にして充分な人生でありましたと、いただけるかいただけないかです。

松原致遠（一八八四〜一九四五）という西本願寺に属する学僧でありながら、曽我先生をよき師と仰いだ先生が「念仏助縁」という言葉を大事にされました。すべては念仏の助縁である。すべてが「南無阿弥陀仏」と念仏申させていただくための助縁ならざるものは何ひとつとしてないという、智慧の眼を開かせていただくことが信心をいただくことに違いないと『念仏助縁』（興教書院、一九四〇年）でおっしゃっています。

第十二節　衆生の悪戦苦闘の歴史

つづいて、「聖言・論説、特にもって知んぬ」（『聖典』四〇四頁）から読んでいきます。

「聖言」は「大聖の真言」ですから、大聖、釈迦牟尼世尊のお説きくださった真理の言葉で、前の『大経』、特に本願成就文、流通分の文を指します。「論説」とは、その『大経』のお意、特に行章においては、第十七願に誓われた「諸仏称名の願」である大行としての念仏の意を明らかにされた、龍樹、天親の二祖の論説です。ことにそれをいただくということで、「もって」というのは、漢文で「特にもって知んぬ」は「特用知」となっていて、「用」という字が使われていますが、普通は「以」という字が一般的かと思います。どちらも「もって」ですが、「用」の方が意味が重いと辞書には出ています。ですから、「用って」とは深いうなずきでしょう。そのうなずきの心を通して、今まで行について説かれたことを集約されることです。そして、そのあと、

凡夫回向の行にあらず、これ大悲回向の行なるがゆえに、「不回向」と名づく。（『聖典』四〇四頁）

といっています。我われがこの口に仏の尊号、本願の御名を称える、その念仏は、如来の本願において選択された行で、凡夫の救済、もっとも罪深き者を摂取するために五劫の思惟をかけて、如来の責任において選び取られた唯一の行で、しかも、ただ選び取られただけでなくて、衆生である私どもを摂取するために、本願それ自身が呼びかけの言葉を通して、我われのうえにその徳を回向成就されることです。それが、昔から「如来さまのひとりばたらき」という言葉でいただいてきたことであろうと思います。それを表すのに、いま「不回向の行」といっています。これは、「不要回向」、そして「不用回向」ということで、我われの側からの回向を必要とせず、自力の回向を用いないことです。

不回向のことは、『教行信証』「行巻」においても説かれています。「行巻」は、第十七願の諸仏称名の願に誓われた、大行としての念仏の徳を明らかにしています。

総序の文の言葉で言えば「転悪成徳（悪を転じて徳を成す）」（『聖典』一四九頁）で、一切煩悩の悪を転じて徳と成すことです。それは「行巻」の一乗海釈において、すべての衆生を選びなく、善人・悪人、あるいは富める者・貧しき者も、賢き者・愚かなる者、出家・在家、すべて選びなく平等に救い、すべての者に涅槃のさとりを開かしめ、成仏せしめる法は念仏の法しかないことを、「一乗海」で譬喩的に表されています。総序の転悪成徳が、「煩悩の氷解けて功徳の水と成る」（『聖典』一九八頁）というたとえとして示されます。煩悩をなくしてではなく、それを転じて徳となさしめるはたらき、「転成」で言われています。転悪

成徳とは、如来浄土の徳である真実の功徳は、生死の迷いを超え、生死の苦しみを超えて、それらすべてを内に包み涅槃に転じてくださるものであり、煩悩が多ければ多いほど、それが転ずれば喜びもまた深いという領解として表されています。

曽我量深先生の言葉で言えば、煩悩具足の凡夫である我われが真実に出遇うための悪戦苦闘の歴史でもあります。念仏の歴史の内面には、我われ衆生の悪戦苦闘の歴史がある。煩悩に苦しみ悩み、そのことを縁として、あるいは、さらに時代の五濁悪世からの問いかけ、時代における苦しみを縁として、人間、そして、人類にとっての真実とは何かを問い尋ねてきた歴史でもあります。その人間における悪戦苦闘の歴史が、そのまま、如来、ことに因位法蔵菩薩となって、我われを救うために永劫の修行をされてある如来のご苦労の歴史でもあり、如来の真実が衆生の悪戦苦闘に打ちかかって来た歴史でもある、ということです。

これが浄土教が依って立つ問題意識である時機相応であり、時代とそこに生きる人間の要求に応えてくださるものとして念仏が見出され、そこに念仏の徳が、歴史を通して明らかにされてきたのです。それが七高僧によって代表される歴史です。

第十三節　『選択集』に託された法然上人の願い

『選択集』付属への応答

『教行信証』「行巻」は、七高僧が、龍樹から順序正しく引用されていきますが、インドの二祖、中国は曇鸞、道綽、善導以外に浄土教に限らず、真言、天台などの十人の念仏を讃仰された方のご文を引用されています。

それらの諸師のなかでも、「後善導」と言われる法照が重要です。法照は『五会法事讃』という書物を著されました。『正像末和讃』は『五会法事讃』に拠られたところが多く、七高僧以外の十人におよぶ他宗の諸師の文は、法照に収まると言われています。七高僧を含めた全体の文は三十七文におよび、宗祖はそれを順序正しく引用されてきまして、その結びとして説かれるのが法然上人です。

法然上人の『選択本願念仏集』は、『教行信証』におきましては、「行巻」のただこの一か所だけ引かれているにすぎません。だからといって、善導とか曇鸞など何遍も引かれるのに、法然上人のものは軽いという意味でありません。『教行信証』後序に、法然上人からの『選択集』を、

『選択本願念仏集』は、禅定博陸　月輪殿兼実・法名円照の教命に依って撰集せしむるところなり。真宗の簡要、念仏の奥義、これに摂在せり。見る者諭り易し。誠にこれ、希有最勝の華文、無上甚深の宝典なり。（『聖典』四〇〇頁）

と、最上の敬語をもって『選択集』を讃仰しておられます。

宗祖が「華文」という語を使われるのは、「信巻」の別序に、『浄土論』について「一心の華文」とおっしゃっているのと二か所だけで、『浄土論』と『選択集』とを宗祖は特に「華文」とほめ讃えられてあり、『選択集』については「無上甚深の宝典」であるとまでおっしゃっています。

『教行信証』全体が、希有最勝の華文で無上甚深の宝典であると讃仰された『選択集』の領解の書であり、それが『選択集』付属に応答することであります。法然上人は、たくさんのお弟子のなかから、わずか七人足らずの限られたお弟子にのみ、『選択集』を写すことを許されました。ただ書写を許されただけ

でなく、そこに明らかにされていることを正しく受け止めて、さらに、浄土の真宗として明らかにして欲しい、という願いを法然上人から委託されたのです。その付属への応答に対して、さらに念仏の歴史を創造し展開してくださったのが『教行信証』であります。

『教行信証』では、まず「『選択本願念仏集』」（『聖典』一八九頁）という書物の題号が記されています。「選択本願の念仏を明らかにされた書物」ということ、その選択本願念仏をもって、宗要、かなめとし、いのちとする。それこそが万人にとって、いのちの依りどころとなるべき唯一の仏道ということです。その題号と、仏弟子の名のもとに表された撰号——黒谷の沙門という仏弟子の名として表された——です。それから、

南無阿弥陀仏　往生の業は念仏を本とす　（『聖典』一八九頁）

という、この書物において表されなくてはならない要の文、その全体の目印である標宗の文です。「南無阿弥陀仏　往生之業　念仏為本」は、本によっては「念仏為先」とあります。念仏をもって本と為し、あるいは念仏をもって先と為すという標宗です。

そして、上下二巻十六章から成り立っている『選択集』の終わりに説かれた「総結三選の文」となります。ここに、我われが選択本願念仏に出遇っていく、阿弥陀の本願によって選ばれた道が私にとって唯一なる救いの道であることが明らかにされる選択の道程が「総結三選の文」としてまとめて表されています。

また云わく、それ速やかに生死を離れんと欲わば、二種の勝法の中に、しばらく聖道門を閣きて、選びて浄土門に入れ。浄土門に入らんと欲わば、正雑二行の中に、しばらくもろもろの雑行を抛ちて、選びて正行に帰すべし。正行を修せんと欲わば、正助二業の中に、なお助業を傍にして、選びて正定

を専らすべし。正定の業とは、すなわちこれ仏の名を称するなり。称名は必ず生まるることを得、仏の本願に依るがゆえに、と。已上（『聖典』一八九頁）

速やかに生死を離れることが浄土の仏道が目指すものです。釈尊によって説かれた教えは、生・老・病・死で表される四苦、あるいは怨憎会苦、不求得苦、愛別離苦、五蘊盛苦ということで表される四苦八苦、そういう生死の苦悩からの出離を目指すものであり、その生死を出離した境界が涅槃であって、大いなるさとりを開いて仏となるということを課題とするものです。それが浄土の教えでは、ことに「速やかに」ということで表されるわけです。

「速やかに」を問う歴史

「速やかに」を問うことは、龍樹の易行品において「もし人疾く不退転地に至らんと欲わば」（『聖典』一六五頁）とありました。『浄土論』におきましても、不虚作住持功徳において、「観仏本願力　遇無空過者　能令速満足　功徳大宝海（仏の本願力を観ずるに、遇うてむなしく過ぐる者なし、よく速やかに功徳の大宝海を満足せしむるがゆえにと言えり）」（『聖典』一九八頁）とありました。本願力に出遇い仏の本願力を信じ、本願力に帰するならば、直ちに無上涅槃の徳をこの身にいただいて、空しく流転していくことを超えていくと言っています。

曇鸞においては、なぜ「速やかに」さとりを開くということが可能なのか、を問題とされ、第十一願、第十八願、第二十二願の三願をもって、十念念仏による往相と還相が阿弥陀の本願力を増上縁とすることによって成り立つことを証明しておられます。

このように浄土教の歴史は、速やかに生死を超えることが問われてきた歴史であった、とも言えます。なぜ速やかにということが問われるのか。その理由のひとつは、我われにおける「無有出離之縁（出離の縁あることなし）」（『聖典』二一五頁）と言われる迷いの深さを象徴します。出離の縁あることなしとは、どこにも救いの出口がないことで、迷いの深さは、苦悩の深さでもあるわけです。人生を生きることの重さに苦しみ悩む者にとっては、「やがて」「いつかは」という猶予のある状態では決してないのです。「今直ちに」その迷いを超えていきたいという願いです。「速やかに」と表される根底には、迷いの深さが象徴されており、速やかに生死の迷いを超えることこそが浄土の伝統であった、ということです。

『選択集』の総結三選の文においても、「速やかに生死を離れんと欲わば、二種の勝法の中に、しばらく聖道門を閣きて」（『聖典』一八九頁）と聖道門から「浄土門に入らんと欲わば」において、

正雑二行の中に、しばらくもろもろの雑行を抛ちて、選びて正行に帰すべし。正行を修せんと欲わば、正助二業の中に、なお助業を傍にして、選びて正定を専らすべし。正定の業とは、すなわちこれ仏の名を称するなり。称名は必ず生まるることを得、仏の本願に依るがゆえに、と。已上

（『聖典』一八九頁）

と、一切の自力の雑行から正行へと、浄土の教えに随った正しい道に随い、正行のなかにあっても助業を傍にして正定業に依れと言っています。「閣・抛・傍」の三選、三つの選びです。

まず、「聖道門を閣きて、選びて浄土門に入れ」とは、この世においてさとりを開き聖者となるという「此土入聖」を目標とする聖道門を閣きて、他力浄土門に入るのです。浄土門を唯一の道として選ぶ理由は、当に五濁無仏のときという「時」についての自覚と、一生造悪の凡夫という「機」についての自覚が

あります。そのことを明らかにされたのが、『選択集』第一章の教相章であり、その拠りどころが、涅槃宗を捨てて浄土一門に通入された道綽の『安楽集』です。

『選択集』教相章は、道綽禅師の問いをもって始まります。

問うて曰く。一切衆生に皆仏性あり。遠劫より以来応に多仏に値うべし。何に因てか今に至るまで、仍ち自ら生死に輪廻して火宅を出でざるや。

（『真聖全』一、九二九頁）

『涅槃経』によると、仏教では「一切衆生悉有仏性」と説かれる。すべての生きとし生ける者は仏となるべき因を持てるもの、具足せるものということが仏教の前提です。「一切衆生悉有仏性」の根底には、「如来法身常住」ということがあります。如来の肉身はたとえ八十歳で釈尊が入滅されたとするクシナガラで亡くなろうとも、法をもって身とされる真理としての如来は常住である、ということです。常住とは、ただ永遠ということではなくて、現在に常にはたらきたもうことです。常住ということがなければ、永遠といっても概念になりかねず、常住ということにおいて、常に現在したまうということが表され、そのはたらきが常住であり、常に現在したまうのが如来であります。

「一切衆生悉有仏性」とは、仏教が日本まで伝わってまいりますと、比叡山を開いた伝教大師最澄（七六七〜八二二）によって、「山川草木悉皆成仏」とまで言われるようになりました。人間だけでなく、山や川、草や木に至るまで悉く仏性あり、悉く成仏する、「悉皆成仏」という言葉まで生まれてきました。そこに、仏教が一神教と違った汎神論的な性格、大乗仏教の普遍的な性格が表されているわけです。そのことを説いたのが、大乗の『涅槃経』という経典です。

道綽はもと涅槃宗の学者でしたが、晩年、曇鸞が四論の学者でありながら、大乗仏教の根本真理である空の教えを捨てて浄土の念仏の教えに帰し、在家の人びとに念仏を弘通された生涯の業績を讃じた碑文を見て、回心され、自らそれまで学び、多くの人びとに講義してきた涅槃の教えを捨てて、念仏の教えに帰せられたのです。道綽は小豆を数えながら口に念仏を称えるということを始められ、それによって、幼い子どもに至るまで多くの人びとにお念仏が弘くゆきわたったと言われる敬虔な念仏者です。

その道綽が『安楽集』に提起されたのが、自分がこれまで大乗の経典を代表するものとして学んできた『涅槃経』では、すべての者に仏性ありと説かれているけれども、未だにその仏性を見出すことができず、仏となることができないが、それはなぜか、という問いでありました。仏教を根底から問い返すことを通して、無仏の時を生きる底下の凡愚、という時機についての深い自覚を表されています。

自覚内容として、二つ挙げられています。ひとつは、「大聖去ること遥遠なるに由る」（『真聖全』一、四一〇頁）ことです。偉大なる人類の教主である釈尊が亡くなられてすでに久しい。久しいとは、すでに正法が終わって末法に入り、闘諍堅固と教えられる時代に入ったことです。二番目に、「理深く解微なるに由る」（『真聖全』一、四一〇頁）が挙げられています。いかに釈尊が亡くなられたとしても、お説きくださった教えがあり、経典として伝えられ、そこには深い真理が説かれさとりに至る道が残されている。しかしたとえどれほど深い真理が説かれていようとも、正しく領解する能力、資質がもはや我われには欠けているのではないか。それはその意を深くこの身にいただくという力がないという悲しみです。「去大聖遥遠」とは、ときの悲しみであり、「理深解微」は機の悲しみです。この二つの理由を挙げられて、ただ浄土の一門のみ通入する道であると、はっきりとお示しになったのが道綽です。

道綽に出遇い、その教えに随って念仏していかれたのが善導です。善導は、『観経疏』を残されて、浄土門における往生浄土の行として何があるのかを明らかにされました。

信解・行証・聞思

金子大榮先生は、浄土教の真理を開顕された龍樹、天親、そして曇鸞の上三祖の学問は「信解道」であると言われました。教えをまず深く信じ、教えに説かれた理、道理を解き明かしていくことです。それに対して、道綽以下法然に至る下四祖においては、「行証」、実践の道を明らかにすることであった、といいます。実践によってその真理を我が身に証していく行証の道が問われました。さらに金子先生は、七祖による信解と行証の道を通して、宗祖は深く聞思していかれ、それを我が身に深く思索していかれました。教えを歴史と実存の問題を通して、どこまでも深く聞き取り、深く思索し、そして、確認されたものを思想として展開し確立しその真理の普遍性を弁証していくことが宗祖の学仏道である、と言っています。この「聞思」ということを注意されたのが金子先生です。総序の文に「聞思して遅慮することなかれ」（『聖典』一五〇頁）とありますが、それが宗祖の聞法、求道の姿勢でありました。真宗の道は聴聞にきわまることですが、それは鷹揚に聞くのでなく、どこまでも我が身に引きあてて、我が身にいただき、我が身のうえに確かめていく。その営みが教学であります。

大谷派の教学研究所の所長を務めておられた西田真因先生から「聖典解釈と現代――教学の意義と役割をめぐって――」（『金光教学』四三号、二〇〇三年）という、金光教教学研究所で発表された論文の抜刷を送っていただきました。そのなかで、「曽我教学」、「金子教学」、「安田教学」と個人の教学として、大谷派では言われてまいりました。しかし、西田さんの言葉で言えば、教学とは、教えに学ぶという思想的な営みであるならば、曽我、金子、安田という特定な優れた人に限られるものではなくて、教えに生きるものはすべて教学者であるから、みなさんお一人おひとりが聞思の道を歩んでいかれ深く思索し、思想として明らかにしていかれるならば、自らそれぞれの教学者としての生きざま、姿勢というものが開けてくると言わなくてはならない、と書かれた論文をいただいて、感動しました。

敬虔な念仏者であった道綽に直接出遇っていかれた善導は、『観無量寿経』によって、凡夫こそ阿弥陀の浄土に生まれていく、「凡夫入報」ということを明らかにされました。『観経』を有縁の法として、私にとって、さらにすべての凡夫にとってなくてはならない深いご縁のある教えとしていただいて、そして、その道理を明らかにしていかれたのが善導であり、特に、「行証」というところに立って明らかにしていかれました。

正定の業に生きる者

『選択集』の総結三選の文に、正行と雑行を選ぶ、ということがありました。自力の行と浄土三部経にもとづく往生浄土の行を選ぶのです。しかも、それは「抛」「なげうって」という言葉で表されますように、完全に自力を否定し、自力を超えてということで明らかにされたのです。そのことが、善導の『観経疏』に説かれ、そして、『選択集』第二章の二行章に表されていました。

正行については、正しい行の内容を五つとして表され、『観経』の教えにもとづく行であり、天親が『浄土論』に五念門という実践行を明らかにされたことを縁として説かれたものです。五正行とは、浄土往生の行として五つの正しい行を決定されました。

まず、浄土の三部経を読みいただく（読誦）。さらに経典に説かれたことを明らかに心に想い浮かべ、その世界を明らかに領解（観察）し、それがこの身に生活のなかで礼拝する（礼拝）こととなり、さらに称名念仏の行となりますが、ただ心に仏を念ずるというのでなくて、口に仏の御名を称えて生きること（称名）、そして、如来浄土の徳をほめ讃え諸仏を供養する（讃嘆供養）という、この五つの行は、『観経』の教えによって、善導が決定された浄土往生の行です。そのなかから、「前三後二」と言いますが、前の三つと後のひとつの行は「助業」とされます。助業ですから、補助、手助けで、第四番目の称名念仏が正定業ですが、その正定業である念仏をこの身にいただいていく手立てとなるもの、あるいは念仏がこの身に受け取られ、念仏が私の人生の中心、核になっていく手立てとして、前三後一という助業の選びをしていかれます。その選びは、どこまでも純粋に、徹底して、何が真実の行であるのか、何が救いの行であるのかを明らかにしていかれたのです。

では、なぜ称名のみを正定業であるというのでしょうか。

「正しく定まる」ことには、二つの意味があると考えられます。一つは、如来によって正しく決定された行ということです。二つには、如来によって決定されたのは、正しく衆生が浄土に往生することが決定することです。さらに、浄土に往生することは、涅槃のさとりを開いて仏となる。具体的に言えば、南無阿弥陀仏の法におさまり、南無阿弥陀仏そのものになるという浄土往生の身と決定することです。それは、すべての者を浄土に往生せしめる身とするために、如来によって選択され決定された行である、という意味になります。善導大師は、

一心に弥陀の名号を専念して、行住坐臥、時節の久近を問わず、念々に捨てざるは、これを正定の業

と名く。彼の仏願に順ずるが故に。

（『真聖全』一、五三八頁）

とおっしゃっています。一心に専ら弥陀の名号を念じ、行住坐臥に時節の久近を問わない。どのようなかたちをとろうとも、一切問わないことです。ただ「念々に捨てざる者、これを正定の業と名づく」のです。「捨てざる者」、それは正定の業に生きる者であり、「捨てざれば」、まさしく我われをして浄土往生の身と決定してくださるはたらきです。捨てざる者は正定の業に生きるとはなぜか。念仏がなぜ正定業でありうるのか。それは、彼の仏願に順ずるが故に、であります。私が決めるのでなくして、仏によって決定されたことなのです。

法然上人の場合、善導のこころを正しく受け取られ、仏願に順ずるということの「順ずる」を「依る」に言い換えられました。また、『大経』に依って、一切の衆生を「摂取」するべく「選択」されたことに着目されました。『大経』に「荘厳仏土の清浄の行を摂取」（『聖典』一五頁）と説かれてあることについて、異訳である『大阿弥陀経』（『真聖全』一、一三六頁）と『平等覚経』（『真聖全』一、七七頁）では、「摂取」という語が「選択」と表されていることに着目され、すべての衆生をもらすことなく選び取る、平等に救いとる道を五劫の思惟をかけて選びぬかれたのが、選択本願の行としての念仏であると決定されたのです。本願の全面的な決定に救済の根拠があることで人間の側からする一切の計らいを全面的に否定していかれたのです。そのことが『選択集』の第三章、本願章で明らかにされています。

『選択集』第一章、第二章、第三章において、念仏の選びが「閣・抛・傍」という三つの選びとして明らかにされています。これは、選択本願が我われのうえに浄土往生の正定業として徹底していく過程を表されたもので、浄土の教えが浄土宗として独立していく意味を明らかにされたものであります。

『教行信証』「行巻」におきまして、『大無量寿経』から始まりまして、龍樹以下の七高僧を経て、中国の場合は純粋浄土教以外の十師の釈まで引用し、本願念仏の歴史を讃嘆されました。そして、最後の『選択集』については、題号・撰号・標宗・総結三選の文という短い引文によって、『選択集』全体を表されたと見るべきです。それを要約するかたちで説かれているのが「不回向の行」ということです。

明らかに知りぬ、これ凡聖自力の行にあらず。かるがゆえに不回向の行と名づくるなり。大小の聖人・重軽の悪人、みな同じく斉しく選択の大宝海に帰して、念仏成仏すべし。（『聖典』一八九頁）

ここに、「凡聖自力の行にあらず」と言って、不回向が出てきます。凡夫、聖者を問わず、一切の自力の行を否定するもの、それが不回向ということで表され、「大小の聖人・重軽の悪人」の一切を問わない、すべてを成仏せしめるところの法である、ということが説かれていることです。

不回向について、『文類聚鈔』でも同じことが言われていますが、ただ「念仏成仏すべし」という言葉は見られません。

第十四節　法然の「不回向」論

「真実であれ」という絶対命令と虚仮不実の身

「不回向」について、『正像末和讃』の第三十八首に、

真実信心の称名は
　弥陀回向の法なれば

不回向となづけてぞ
自力の称念きらわるる

とあり、「不回向」の左訓に、

行者の回向にあらず、かるがゆえに不回向という。往生要集にあかせり。

（『聖典』五〇三頁）

とあります。「不回向」という言葉のもとは『往生要集』にあることを、宗祖は注意されています。

（『定親全』二、和讃篇、一七七頁）

問う。未来の善根は未だ有らず、何を以てか回向せん。答う。『華厳経』に第三回向の菩薩の行相を説きて云く。「三世の善根を以て、而も所着なく、相なく相を離れて悉く以て回向す」と。『刊定記』に二の釈あり。一には未来の善根は、未だ有らずと雖も、今若し発願すれば願薫じて種を成じ、摂持する力の故に、未来の所修任運に衆生と菩提とに注ぎ向け、更に回向を待たずと。

（『真聖全』一、八一二頁）

「不回向」は、『往生要集』によるとおっしゃっていますが、もとは善導にあります。『選択集』の二行章に、五正行と雑行とを比較するかたちで雑行を否定し、「抛って」という言葉で表されて、一切の自力の行を抛って念仏に帰するのだ、と言われます。そこに、五番相対が出てきます。

次に二行の得失を判ずとは、「若し前の正助二行を修するは、心常に親近し、憶念断えず、名けて無間と為すなり。若し後の雑行を行ずるは、即ち心常に間断す、回向して生を得べしと雖も、衆て疎雑の行と名くといへる」即ち其の文なり。此の文の意を案ずるに、正雑二行に就て五番の相対あり。一には親疎対、二には近遠対、三には有間無間対、四には回向不回向対、五には純雑対なり。

（『真聖全』一、九三六頁）

「二行の得失を判ず」で引かれる文は、善導の『散善義』の三心釈に見られるものです。『観経疏』のなかで大事なお言葉で、『観経』の九品の上品上生が説かれるところに、「必ず三心を具足しなければどのような行を修せようとも浄土の行とはならない」と言っています。散善に説かれている言葉ですが、その前に説かれた定善にも通ずるものであることが注意されます。三心釈のはじめに、善導大師は、「『経』に云わく」（『聖典』二一五頁）と言って経典に説かれた仏の教えによってはじめて明らかになることを注意され、そこから「一者至誠心」（『聖典』二一五頁）と、詳細に解釈していかれます。

『大経』の十八願の三信は「至心信楽欲生我国」とあり、『観経』の三心には、「一者」「二者」「三者」という確かめの言葉があります。「一者」は、後の「二者」「三者」に対応するようにも見えますが、この言葉は、「先ず」と領解すべき言葉で、一番目、二番目を予定し前提として、「一者」とおっしゃっているのでなく、「先ず」という絶対命令の意味を込めて「一者」という言葉が置かれ、それは「真実であれ」ということです。

「至」は真なり。「誠」は実なり。（『聖典』二一五頁）

とおさえられていますが、「真実であれ」ということが、すべてのことに先立つ絶対命令であり、人間が人間であろうとするためには、何をおいても問われなくてはならない根本問題です。

そこに、雑行の選びを言ってきます。

『経』に云わく、「一者至誠心」。「至」は真なり。「誠」は実なり。一切衆生の身・口・意業の所修の解行、必ず真実心の中に作したまえるを須いることを明かさんと欲う。（『聖典』二一五頁）

善導の表面的な文章から言えば、「必ず須らく真実心のうちに作すべきことを明かさんと欲す」と読まれるべき文章です。「作すべきこと」とは、我われ道を求める者に求められる態度決定ですが、宗祖による「作したまえる」という読みは、その主語が我われでなくて、法蔵因位の行として「作したまえる」ことで、あとの、

外に賢善精進の相を現ずることを得ざれ、内に虚仮を懐いて　（『聖典』二一五頁）

も、もとの善導の文章であれば、「外に賢善精進の相を現じ、内に虚仮を懐くことを得ざれ」という教えとしていただかれた言葉です。宗祖は、そのとき、「外に賢善精進の相を現ずることを得ざれ」と読まざるを得なかったのです。それは、悲しみをも超えた人間凝視のまなこの深さ、透明性によります。文芸評論や文明批評で活躍した亀井勝一郎氏（一九〇七～一九六六）が「如来の永遠凝視」と言っていました。

貪瞋邪偽、奸詐百端にして、悪性侵め難し、事、蛇蝎に同じ。三業を起こすといえども、名づけて「雑毒の善」とす、また「虚仮の行」と名づく、「真実の業」と名づけざるなり。もしかくのごとき安心・起行を作すは、たとい身心を苦励して、日夜十二時、急に走め急に作して頭燃を灸うがごとくするもの、すべて「雑毒の善」と名づく。この雑毒の行を回して、かの仏の浄土に求生せんと欲するは、これ必ず不可なり。何をもってのゆえに、正しくかの阿弥陀仏、因中に菩薩の行を行じたまいし時、乃至一念一刹那も、三業の所修みなこれ真実心の中に作したまいしに由ってなり、と。おおよそ施したまうところ趣求をなす、またみな真実なり。　（『聖典』二一五頁）

これも宗祖の深い読みです。善導で言えば、「おおよそ施為・趣求するところ、またみな真実なるによりてなり」ということです。しかし、宗祖は「施したまうところ」と読まれて、如来から回向された行を

もって浄土を求めるといただかれました。

「一者至誠心」という「すべてをさしおいて」という意味を込めての言葉、その真実心の釈明のところにおいて、一切の凡夫、自力の行は虚仮雑毒の行である、というわけです。これは一言の弁明も許されないことで、我われ衆生のすべては、虚仮雑毒でしかありえない。曇鸞の『論註』で言えば「凡夫人天の諸善・人天の果報、もしは因・もしは果、みなこれ顚倒す、みなこれ虚偽なり。このゆえに不実の功徳と名づく」（『聖典』一七〇頁）と、「虚偽にして顚倒」です。すべて不実以外のなにものでもなく真理に背くものであると曇鸞は言っています。それを善導は、「虚仮雑毒」と、より直接的な表現で表されました。「この雑毒の行を回して、かの仏の浄土に求生せんと欲するは、これ必ず不可なり」と、はっきり否定し尽していかれました。「これ必ず不可なり」というのは、きつい言葉です。人間としてなしうると考えている行や善は、すべて虚仮雑毒以外のなにものでもない。それをもって救いを得よう、浄土に生まれ助かろうとするのはまったく不可能であると、否定していかれました。

正親含英先生のお言葉ですが、「われわれが煩悩を抱えているのではない。煩悩によって出来あがっているこの身である」と言われました。煩悩以外の何ものでもない。存在全体それ自体が否定されるような教えです。そこでは一切の弁明が許されないことです。

曽我量深先生は、清沢満之先生という方は自己を弁護せざる人である、とおっしゃっています。清沢先生は、「精神主義」という言葉でもって自分の信念の表白していかれました。「精神主義」という言葉は、もと浩々洞のお弟子から出た言葉ですが、先生はそれを自分の信念として、はっきりと宣言されています。それに対して、上野の精養軒に東大の総長や多くの学者方が集まって話し合いがもたれたとき、哲学者であった当時の加藤弘之総長（一八三六〜一九一六）が清沢先生に対して、精神主義を主張しておられるようですが、それはどういうことなのですか、と尋ねられた。そのとき、清沢先生は、精神主義というのは、閉口して閉口して閉口し終わったということであり、主義と言えば何かを主張するように受け取られるが、そうではない。精神主義というのは、無能な私であることを告白することの他にないものだ、と申し述べられたことであります。それを曽我先生が聞いておられて、清沢先生は自己を弁護せざる人である、とおっしゃった。それは懺悔のきわみでしょう。

そこに、五体投地して懺悔するほかに道がない我われのあり方が表されています。虚仮雑毒である我われの行をどのように如来にむけてふりむけていっても、それによって救われることは必ず不可である、と言われる善導の教えに偏に依ると言っていかれたのが法然上人で、『選択集』二行章に五番相対というかたちをもって、不回向論を明らかにされています。

五番相対　第一親疎対と第二近遠対

五番相対の第一の親疎対です。

「衆生起行して、口に常に仏を称すれば、仏即ち之を聞きたまう。身に常に仏を礼敬すれば、仏即ち之を見たまう。心に常に仏を念ずれば、仏即ちこれを知りたまう。衆生、仏を憶念すれば、仏亦衆生を憶念したまう。彼此の三業相捨離せず、故に親縁と名づくるなり」と。（『真聖全』一、九三七頁）

如来と念仏する者とは親しい、念仏しない者は如来と疎遠であることです。次の第二近遠対では、

「衆生、仏を見たてまつらんと願ずれば、仏即ち念に応じ現じて目の前に在ます。故に近縁と名づく

（『真聖全』一、九三七頁）

なり」と。

とあります。この親疎対と近遠対は、善導が『定善義』において、第九真身観の「一一の光明遍く十方世界を照らす。念仏の衆生を摂取して捨てたまわず」（『聖典』一〇五頁）という経文について、浄影（浄影寺慧遠、五二三～五九二）、吉蔵（嘉祥寺吉蔵、五四九～六二三）、智顗といった聖道の諸師がほとんど無関心であったのに対して、なぜ念仏者のみを摂取されるのかという問いを提起して、親縁、近縁、増上縁という三義でもって釈明されたなかの、親縁と近縁の文に依られています。

私が学生時分、真宗光明団の本部の講習で、住岡夜晃先生（一八九五～一九四九）がこの文を黒板に書かれて、それを読まされたことがあります。これは、仏と衆生との切っても切れない不可分離の関係を表されたものです。衆生が仏を称念すれば仏すなわちこれを聞きたまう。仏を礼敬すれば、仏すなわちこれを見たまう。心に常に念ずれば仏すなわちこれを知りたまう。これほど宗教というものを純粋にうたいあげられた言葉はない、と言ってもいいと思います。親が子に常に「まんまんちゃんが見ておってくださるからなあ」という浄土教感情は、そういう言葉を通して伝えてこられたものでしょう。

これほど感銘の深い文章を、宗祖はなぜ引用されなかったかを思います。あれほど数多くの書物を書かれた宗祖でありながら、その言葉を引いておられない。それはなぜでしょうか。

金子先生は清沢先生から教えていただかれた有限と無限ということを問題にされました。清沢先生に「有限無限録」という論文があり、宗教とは有限と無限との関係である、とおっしゃった。金子先生は、その有限と無限について、「無限は有限から見れば外にある。けれども、無限からみれば有限は内にある」と言われました。

これは金子先生が亡くなる直前にまとめられたもので、『くずかご』（文栄堂、一九八三年）という書物があります。そこに、「対応」「感応」「呼応」を書いておられます。清沢先生は、有限と無限について、「対応」という関係において書いていらっしゃいますが、曽我先生は、それを「感応」という言葉で明らかにされました。宿業本能あるがゆえに感応道交する。人間と他の人びととの関係、他の生物との関係、それは宿業本能あるゆえにそのことが可能となる。理性では感応道交は生まれてこない。人間の理知分別というところからは、差別こそは生まれても、感応道交といういのちの深いつながり、連帯性は生まれてこないことを説かれました。これに対して、金子先生は、「呼応」ということで有限と無限の関係を表されました。呼ばれるものと応えていくもので、それを先生は、「念仏とは、普遍の法である阿弥陀と、流転の身である特殊の機との呼応である」と教えられました。曽我先生が感応道交と言われる場合、信心で語られ、金子先生の場合は、念仏においていただいていかれたと言っていいと思いますが、感応、呼応の世界を表したものが、善導のご文であります。

しかし、宗祖はそれを引かれていません。宗祖の場合は、徹底的に「回向成就」です。如来が与えたもうた、ということだけではなく、それがこの身に信心としてあるのは、念仏する身として如来の真実が成就するということです。そのことを宗祖は徹底していかれたのです。蓮如の場合、「機法一体」、「仏凡一体」と受け取られていきますが、宗祖の場合、どこまでも「回向成就したまえる」という、「成就」に重点が置かれています。宗祖は、この身に信心として開かれた如来のまこと、この身のうえに念仏の行となって現れてくださる如来を徹底していくときに、いまの善導の大切な文を引用することを保留されたのではなかろうかと思います。

五番相対　第四回向不回向対

五番相対の第三無間有間対の前に、第四回向不回向対に少し触れておきます。

第四に不回向回向対というは、正助二行を修する者は、縦令別に回向を用いざれども、自然に往生の業と成る。

（『真聖全』一、九三七頁）

このように述べて、善導の『玄義分』の名号六字釈を引いておられます。

「今此の観経の中の十声の称仏は、即ち十願・十行有りて具足す。云何が具足する。南無と言うは、即ちこれ帰命なり、亦これ発願回向の義なり。阿弥陀仏と言うは、即ちこれ其の行なり。此の義をもっての故に、必ず往生を得」と。次に回向というは、雑行を修する者は、必ず回向を用うる時、往生の因と成る。若し回向を用いざる時は、往生の因と成らず。故に回向して生を得べしと雖もと云える是なり。

（『真聖全』一、九三七～九三八頁）

そこに「自然に」と言ってあることが注意されます。ことさらに、こちら側がそれを修し行って、それによって助かろう、救われようとし、浄土に生まれたいと努めることをする必要はまったくないことで、さきほどあった「これ必ず不可なり」という語によって断定されているように、まったく無駄なこと、無意味なことであるという意味がそこには込められていると思われます。そのことが、「自然に」という語で表されているのです。

念仏の行は、「別に回向を用いざれども、自然に往生の業となる」といいます。「自然」とは、如来の徳の自然、願力自然を言います。大行としての念仏のはたらきにそなわる徳によって、はからわなくても自然にそれが往生の救いの行となっていきますが、もともと救いの行でない念仏以外の行が救いの行となるためには、人間の努力が必要とされます。それをもって浄土に生まれたいと願うなら、そのために三千大千世界を持ち挙げるほどの菩提心を必要とされ、とても我われにできることではないと教えられています。

回向を必要とするところに、人間の自我心、自力をたのむこころがあります。自身をたのむ自力の心が問題であることを、宗祖ほど徹底して問われたお方はいらっしゃらなかった。自力をたのむ心がいかに根強いものであるのか。教えを鏡とし、他力の真実を依りどころとして、自他のうえに深く究明していかれた。そして、それがいかにして否定され翻されていくか。そこにあるのが、「ただひとたび」（『聖典』六三七頁）ということで表される回心ということです。立場の根本的転換といっていいでしょう。しかし、その根拠の翻りということ自体が、自力でなくて、まったく他力自然のはたらきによるのです。他力によって、立っている世界が根本から翻されるのです。その他力に乗托されている我が身を知るとき、「自力の心をひるがえし、すつる」（『聖典』五五二頁）ということが起こってくるのです。

『唯信鈔文意』を見ますと、「回心」ということが問題にされています。

> 「回心」というは、自力の心をひるがえし、すつるをいうなり。実報土にうまるるひとは、かならず金剛の信心のおこるを、「多念仏」ともうすなり。「多」は、大のこころなり。勝のこころなり。増上のこころなり。大は、おおきなり。勝は、すぐれたり。よろずの善にまさされるとなり。増上は、よろずのことにすぐれたるなり。これすなわち他力本願無上のゆえなり。自力のこころをすつというは、ようよう、さまざまの、大小聖人、善悪凡夫の、みずからがみをよしとおもうこころをすて、みをたのまず、あしきこころをかえりみず、（『聖典』五五二頁）

「よしとおもうこころをすて」とあるのは、すぐ分かりそうな気がします。しかし、次の「みをたのまず、あしきこころをかえりみず」というのは、立ち止まって考えずにはおれません。自分を悪しと反省したとしても、それは底の浅いものであり、見かけだおしに過ぎないのではないでしょうか。人間の反省による善悪の執われの一切を捨て去って、

ひとすじに、具縛の凡愚、屠沽の下類、無碍光仏の不可思議の本願、広大智慧の名号を信楽すれば、煩悩を具足しながら、無上大涅槃にいたるなり。（『聖典』五五二頁）

とあります。そして、「能令瓦礫変成金」という説明があって、

りょうし・あき人、さまざまのものは、みな、いし・かわら・つぶてのごとくなるわれらなり。（『聖典』五五三頁）

という言葉でそれをおさえていかれます。

自力をたのむこころが回心されていくときに、具縛の凡愚と呼ばれるわれらの大地に落在するのです。絶対無限の妙用に乗託して生きることと、煩悩具足の凡夫という「われら」なる大地に落在することとは、ひとつことで我という人間の自我心、自力作善の思いが砕かれることです。「自力作善のひと」という個別的思いが砕かれて、「われら」という宿業本能の大地、「ともにこれ凡夫のみ」という愚者の大地に落在していくことにおいてのみ、自由自在を獲得した自由の極致があると言ってよいのでありましょう。

五番相対　第三無間有間対と八番問答

『選択集』二行章の五番相対、五つの相対批判をもって、浄土の真実を明らかにされたことを受けて、宗祖は同じように念仏と諸行を対比して、厳しく諸行を批判されています。「行巻」の一乗海釈を受けて、

教と機について比校対論するところがあります。教については、「難易対、頓漸対、横竪対、超渉対、順逆対、大小対（後略）」（『聖典』一九九頁）と、念仏と諸善について、比較検討を加えながら、諸行がまったく救いにとって一切無効であることを通して、ただ本願一乗に依るべきであることを明らかにしていかれます。その比校対論の先駆をなすのが、法然の二行章の五番相対と言っていいものです。

つづいて、五番相対の第三無間有間対のところですが、

第三に無間有間対というは、先づ無間とは、正助二行を修する者は、阿弥陀仏に於て憶念間断せず。故に「名けて無間と為す」と云える是なり。次に有間とは、雑行を修する者は、阿弥陀仏に於て憶念常に間断す。故に「心常に間断す」と云える是なり。（『真聖全』一、九三七頁）

とあり、相続ということが問題となります。我われは、煩悩の相続についてはまったくその通りだと思いますが、念仏の信心に対しては自信が持てません。煩悩は休みなしに荒れ狂うけれども、お念仏については、たまたまということでしか相続しない。人間の意識のうえから言えば、そのようにしか思えません。けれども、金子大榮先生の書物を読んでいましたら、「我われが仏を憶念しないということはありません。仏を忘れるということは決してありません」と、はっきりと断言していらっしゃいました。我われの意識のうえでは、念仏が相続していないように考えているけれども、その底に相続して止まない如来の真実心としてのはたらきがあるのです。その不断に相続する如来のはたらきが、煩悩が次から次にと起こってくる我われに呼びかけ、はたらきかけてくださるのです。

そこに、憶念の心、如来によって念ぜられ、如来によって呼びかけられ、はたらきかけられてある、その真実心が等流相続していくことが、『論註』上巻の八番問答において、曇鸞は深く注意しておられます。

十念念仏における如来の業と、無始時来性なる衆生の業との軽重を問題にするなかで、

たとえば千歳の闇室に、光もししばらく至ればすなわち明朗なるがごとし。闇あに室にあること千歳にして去らじと言うことを得んや。（『聖典』二七四頁）

と、たとえ千歳の暗室に閉ざされている凡夫であろうとも、ひとたび光が差し込むならば一度にその闇が晴れる、というたとえでもって説いていかれています。そこに、如来と衆生の深い関わり、人間の宿業と如来の大願業力との対応について、在心、在縁、在決定という三在釈をもって説いていかれます。

その第三の在決定について、

いかんが決定に在ると。かの罪を造る人は、有後心・有間心に依止して生ず。（『聖典』二七五頁）

と言っています。有後心とは、まだあとがあると先のことしか考えず、今ということを問わないこと、有間心は、ほかにいろんな思いがまじって、今を取り詰めて生きることがないことです。今に遇えない心です。それに対して、十念の念仏については、

この十念は、無後心・無間心に依止して生ず（『聖典』二七五頁）

と言っています。無後心とは、あとがない、今というときを本当に問うて生きるということでしょう。そこから念仏が出てくるのです。あるいは、逆に念仏において今というときをいただいていくことです。もし、念仏を忘れ、念仏を離れるならば、今というときをも失っていくのです。それが我われの流転の相でもあります。

四番目が不回向回向対です。

第四に不回向回向対というは、正助二行を修する者は、縦令別に回向を用いざれども、自然に往生

の業と成る。（『真聖全』一、九三七頁）

「自然に往生の業となる」というのは、以前に『尊号真像銘文』の智栄の釈のところで、念仏することは讃嘆することになるとなり、懺悔することになるとなりと、「なるとなり」（『聖典』五二〇頁）に、如来の願力自然のはたらきが表されてあると申しました。それと同じことが、ここで語られているものと思います。

続いて『銘文』に引用される善導の六字釈に、南無、帰命というところには発願回向の義が備わっている、ということです。それは、真実を願い真実の方向に我が身のありようが決定し、そこに歩んでいくことである、とおっしゃっています。念仏そのものが衆生の根源的な要求であるということです。それはすでに善導に見られますけれども、宗祖になりますと、如来の発願回向により根源化されていきます。

最後の純雑対について、

第五に純雑対というは、まず純とは、正助二行を修するは、純ら是極楽の行なり。次に雑とは、これ純ら極楽の行に非ず。人天及び三乗に通じ、また十方浄土に通ず。故に雑というなり。

しかれば西方の行者、須らく雑行を捨てて正行を修すべきなり。（『真聖全』一、九三八頁）

とあります。そこに、専修念仏という問題、五正行から助業と正定業を分けていかれることがあります。一向専修が実は問題になるわけです。

「念仏も」ではなくて、「念仏ひとつ」です。「念仏も」であれば、別に吉水教団が弾圧を受けることはなかったわけでしょう。それは、聖道諸宗でも「念仏も」ということは許し、説いていたわけですから。しかし、「も」ではなくて、「念仏ひとつ」ということに決定し、「念仏ひとつ」のところに徹底していったところに、弾圧を受けることが出てきたのです。「ひとつ」というかぎりは、一切の諸行、自力の雑行を捨てて念仏ひとつに立つ、まさに「廃立」という決定的な選びが行われていくわけです。それは、自力の雑行による聖道門を捨てて、他力真実による浄土念仏に帰するという決定的なできごとですから、弾圧を受けざるを得なかった。そういう問題に関わってくることです。

第十五節　還相の願いをいただいていく

略本の行章は、『大経』そして龍樹、天親の引文が終わったあと、「不回向」で結ばれました。それによって、本願力回向である念仏は、如来の「大悲回向の行」であるとおさえていかれたわけです。しかし、『教行信証』「行巻」においては、そこにとどまらないで、一切の重軽の悪人もすべて念仏成仏すべし、という言葉がそこにありました。そのもとは「念仏成仏これ真宗」(『聖典』一九一頁)という法照禅師の『五会法事讃』の文です。宗祖は、それを善導の言葉として受け取って表されています。

このことについて、金子大榮先生と曽我量深先生の表現には微妙な違いがあるように思います。仏教は成仏を究極とします。「仏となる」点において、仏教と他の宗教とは根本的に区別されます。成仏について、金子先生は、「浄土に往生すれば自ら浄土の徳として成仏する」と言われ、曽我先生は、なぜ往生するのかと問いを出し、それは成仏するためであるとおっしゃいました。先生はさらに、「しかし成仏が究極ではない。それは菩薩になるために成仏するのである」とおっしゃっています。

「菩薩」というのは、還相の菩薩です。第二十二願に依れば、一生補処を目的とするけれども、普賢の

行を行ずるものは除外例とする表し方です。しかし、『浄土和讃』の第十五首に、

安楽無量の大菩薩
　一生補処にいたるなり
　普賢の徳に帰してこそ
　穢国にかならず化するなれ
（『聖典』四八〇頁）

とあることから、第二十二願の成仏を約束された一生補処の菩薩は、成仏することなく、還相、普賢の行を行じますから、宗祖は、「除く」をカットしていかれているように思います。一生補処の者は普賢の徳に帰してこそ如来の仕事はなされていくと言われます。普賢の行とは、現生においては、諸仏を敬い聞法供養し、人びとに「常行大悲」、念仏の道を人びとに伝えていく仏弟子における現生の道として与えられます。ただ、和讃では普賢行を「大慈大悲をおこして十方にいたりて衆生を利益するなり」（『定親全』二、和讃篇、一五頁）と左訓されている意味合いからすれば、往生を遂げ仏となることによって果遂されるものと言われるべきであると思います。

金子先生の『和讃日日』（東本願寺難波別院、一九七三年）で、還相について、還相とは第二十二願における如来のお約束であり、浄土に往生すれば自ら浄土の徳として与えられる。だから、現生において我われが求めるべきことは何かと言えば、ただひたすらに聞法供養していくことである。度衆生心、利他教化とは、浄土において如来の約束として与えられることであり、考えるにおよばない。ただ、我われはそのことひとつに徹していくことである、とおっしゃっています。

これは全面的にうなずかざるをえないことでありますが、曇鸞を通して宗祖を学んできた者にとりまし

て、なお問題は残ることを感じます。そこに、還相の願いをいただいていくことがあるように思います。それは、身近なところでは、『教行信証』の結びのところに『安楽集』の文を引かれて、

前に生まれん者は後を導き、後に生まれん者は前を訪え、連続無窮にして、願わくは休止せざらしめんと欲す。無辺の生死海を尽くさんがためのゆえなり

（『聖典』四〇一頁）

とあります。「前」「後」はこの世における聞法の仲間の「前」「後」関係でしょう。しかし、ただこの世における同朋の関係であるだけでなく、浄土に往かれた方とこの世における者との関係でもあります。この世における同朋の関係であって、しかも、それはこの世を超えて、彼の浄土との関係です。浄土に往生させていただいた者とあとに残された者の関わりでもあり、そのような願いをいただいていくのでしょう。そこに、私は金子先生のお言葉だけでは包みきれないものが、宗祖にはあるように思います。

第十六節　行章の結釈

略本では、大行の明証として行章を結釈していかれます。

誠にこれ選択摂取の本願、無上超世の弘誓、一乗真妙の正法、万善円修の勝行なり。

（『聖典』四〇四頁）

と、四句を挙げています。

『教行信証』「教巻」では、

しかればすなわち、これ顕真実教の明証なり。誠にこれ、如来興世の正説、奇特最勝の妙典、一乗

究竟の極説、速疾円融の金言、十方称讃の誠言、時機純熟の真教なり。知るべし、と。

（『聖典』一五四～一五五頁）

と、『大経』の序分、正宗分、流通分から言葉を選んで明らかにされたものですが、「行巻」になりますと、

これすなわち真実の行を顕す明証なり。誠に知りぬ。選択摂取の本願、超世希有の勝行、円融真妙の正法、至極無碍の大行なり。知るべしと。

（『聖典』一九三頁）

と表されています。「教巻」に対応して、「行巻」はここで一応終わることは見当がつきます。しかし、そのあと、「行巻」では、

他力と言うは、如来の本願力なり。

（『聖典』一九三頁）

で始まる他力釈と一乗海釈が続き、ここからを「重釈要義」と言います。「行巻」において重ねて明らかにしなくてはならない重要な要義を釈明することなので、「行巻」は一応ここで終わると考えられます。『教行信証』と対応することによって、略本の文は、その前に二文引かれた『大経』の文を重ねて釈明する追訳であることが知られます。

「行巻」の明証の四句は、これまでの一般的な解釈では、第一の「選択摂取の本願」とは文字どおり本願で、第二の「超世希有の勝行」は名号です。この二句は、如来について表されたものです。第三の「円融真妙の正法」の正法は本願を指し、第四の「至極無碍の大行」は名号を言いますが、この二句は、先の第一と第二に示された如来の本願の名号のはたらきが衆生のうえに行信として与えられた、ということで回向成就を表します。上の二句が如来の因位で、それが我われのうえに果徳として与えられるのが下二句という関係性にあることが言われます。

その関係において、略本の四句も領解できます。略本の四句について代表的な解釈は次の見方であるように思います。

1　選択摂取の本願…願　　因願（因位）…選択本願之行
2　無上超世の弘誓…誓
3　一乗真妙の正法…法　　名号（果徳）…浄土真実之行
4　万善円修の勝行…行

阿弥陀は因位法蔵菩薩の時、二百一十億の諸仏の国土から善妙なものを選びとり、一切の衆生を選びなく摂取されるのであり、それが「正信偈」に「無上殊勝の願を建立し、希有の大弘誓を超発せり」（『聖典』二〇四頁）と讃仰されました。このうえなき如来の約束であるということです。

先哲の講録では、その本願弘誓について、第十七願と第十八願のいずれを指すかが問題にされています。そもそも「選択本願」というのは第十八願ですが、今は第十七願に示された名号について、それを選択された仏意を讃嘆されたもので、念仏の大行を因位の本願について讃嘆されたものと解釈されています。その本願は「行巻」の不回向釈に「大小の聖人・重軽の悪人、みな同じく斉しく選択の大宝海に帰して、念仏成仏すべし」（『聖典』一八九頁）と、五乗斉入の義によって念仏成仏の真宗を明らかにされたように、一乗の正法であり、その正法の現行である名号は、法蔵菩薩の万善万行によって成就されたものであるから、万人がそれを修することのできるものである、といわれていることです。

「一乗真妙の正法、万善円修の勝行」という語は、「行巻」に引用された元照（一〇四八～一一一六）の『弥陀経義』に、一乗の極唱、終帰をことごとく楽邦を指す。万行の円修、最勝を独り果号に推る。まことにもって因より願を建つ。志を乗り行を窮め、塵点劫を歴て済衆の仁を懐けり。芥子の地も捨身の処にあらざることなし。（『聖典』一八五～一八六頁）

と説かれていますが、この文に依られたものと言われます。称名念仏が真実の大行であることを証明する言葉です。

第十七節　二つの乃至一念

二つの乃至一念──弥勒に委託されたもの──

行章の不回向釈と、四句をもっての讃嘆のそのあとですが、

『経』（大経）に「乃至」と言うは、（『聖典』四〇四頁）

とあります。これは、前引文『大経』下巻の本願成就文と、流通分の弥勒付属の文の、二つの「乃至一念」についての解釈です。

「流通分」とは委託分で、釈尊が仏弟子に対して、その法が正しく受け取られ誤りなく伝えられることを委託されることです。それは、釈尊の後継者としてすでに成仏が決定し、釈尊に代わって衆生を救うことが決定している補処の弥勒菩薩に対して付属されます。

この二つの「乃至一念」を受けまして、「乃至」の解釈、さらに「一念」についての転釈です。「念」ということが行信一如、行と信とは離れないものであり、声に出して念仏を称えることと、ただ信ずること

は一体であることを転釈によって明らかにされています。本願成就の文は「信の一念」、弥勒付属の文は「行の一念」を表し、両者は不可分離であることを明らかにしておられることです。

流通分の経文から言えば、なぜ行と信に分けられるのか分からないこともありますが、のちの人びとに伝えられるべき正法は、正しい教えとして万人によって行われる救いの行でなくてはならないのです。公なる行、普遍の法でなくてはならない。それに対して、信は「一人の信」であり、一人ひとりの自覚であります。

弥勒付属に説かれた「乃至一念」は、どこまでも行であり、公なる行、諸仏による称揚讃嘆によって伝承されてきた行で、正像末の三時をも貫いて展開され、今日の私ども一人ひとりのところまで届けられ、はたらいてきた行です。その伝統されてきた行に我われがたまたま値遇する。そして、その伝統を通して、伝統を生み出してきた根源なるもの、歴史を超えた根源なるものに出遇い、それを聞信するのです。それが「信の一念」です。

「乃至」と言うは、上下を兼ねるなり。中を略するの言なり。（『聖典』四〇四頁）

これは、善導、法然の指示に随っておられるわけで、「乃至」という言葉を注意したのは善導です。第十八願文には「至心信楽欲生我国乃至十念」とありますが、それを善導は、『観経』の下下品、一生造悪の凡夫が臨終に善知識の教えに勧められて、十声念仏するという立場でいただかれました。善導は、そこに第十八願の真実を見出していかれ、「本願加減の文」として明らかにされたわけですが、そこで、「乃至」という語を注意され、「上一形を尽くし、下十声・一声等に至るまで」（『聖典』一七四頁）と説かれました。「一形」とは、一生ということです。一声の念仏から一生の念仏に至るまで、ただ今の一声の念仏が生涯を貫いて常に相続され、この生涯を終えてまさに浄土に往生するときが、南無阿弥陀仏の法身となるときであると言われていると思います。ですから、「乃至」というのは上下を兼ねる、下一声から上一生に至るまで、全部が包まれた言葉であり、中間は全部そこに収められていることです。

『唯信鈔文意』には、

「乃至十念　若不生者　不取正覚」（大経）というは、選択本願の文なり。この文のこころは、乃至十念のみなをとなえんもの、もしわがくににうまれずは仏にならじとちかいたまえる本願なり。「乃至」は、かみ・しもと、おおき・すくなき・ちかき・とおき・ひさしきをも、みなおさむることばなり。多念にとどまるこころをやめ、一念にとどまるこころをとどめんがために、法蔵菩薩の願じまします御ちかいなり。

（『聖典』五五八頁）

と言っています。そのあとに、

十念南無阿弥陀仏ととなうべしと、すすめたまえる御のりなり。一念に八十億劫のつみをけすまじきにはあらねども、五逆のつみのおもきほどをしらせんがためなり。「十念」というは、ただくちに十返をとなうべしとなり。しかれば、選択本願には、「若我成仏　十方衆生　称我名号　下至十声　若不生者　不取正覚」（往生礼讃）ともうすは、弥陀の本願は、とこえまでの衆生、みな往生すとしらせんとおぼして、十声とのたまえるなり。念と声とは、ひとつこころなりとしるべしとなり。念をはなれたる声なし。声をはなれたる念なしとなり。

（『聖典』五五九頁）

とあり、「念声是一」が言われてあります。心に本願を念じ仏を念ずることと、それを口に出して念仏を称えるということは、まったくひとつことであります。念いが心にあれば、それは自ら口に現れる。心のなかに観念のさとりを開くのでなくて、本願を念ずる。それが称名念仏となって現れてくださる。そこに凡夫の道があることが『文類聚鈔』においても述べてあるわけで、「一念」について転釈していかれます。

「一念」と言うは、すなわちこれ専念なり、専念はすなわちこれ一声なり、一声はすなわちこれ称名なり、称名はすなわちこれ憶念なり、憶念はすなわちこれ正念なり、正念はすなわちこれ正業なり。

（『聖典』四〇四〜四〇五頁）

善導によって、「念」ということは声に出して称えることである、といってあるわけですが、最初に「専念」、専ら念ずるとあります。『散善義』には、「一心専念弥陀名号」とあります。

一つには、一心に弥陀の名号を専念して、行住座臥、時節の久近を問わず、念念に捨てざるをば、これを「正定の業」と名づく、かの仏願に順ずるがゆえに。

（『聖典』二一七頁）

なぜ、仏は諸行のなかから念仏のみを正定の業として選び取られたのでしょうか。それは、ひたすらに仏を念じ念仏するならば、行住坐臥、どのような生活、姿かたちをしておろうとも、一切それを問わない。ただ念念に捨てることなく念仏するならば、間違いなく仏となる。それは、仏によって、それを行ずることによって間違いなく浄土に往生する正定の業として決定されたものであるからだ、と善導はおっしゃっています。「一心専念弥陀名号」という、一心とは専念であり、「行の一念」、一声の念仏ですから、その専念は一声の念仏である、と言っておられます。その一声について、一声とは称名であるとはっきり断定していかれます。

「称」には「となえる」と「かなう」という意味があることを、真蹟本の「行巻」の上の欄に宗祖は註記しておられましたように、「称」とは秤の如きもの、本願のこころ、仏のおこころにかなうことである、とおっしゃっています。『観経』の下下品によって、この称名を明らかにしていかれます。

称名とは声に出して称える。「憶念の心つねにして」（『聖典』四七八頁）とも言われますが、仏を心に憶い続けることです。念仏の原語は「anusmṛti」（アヌスムリティ）で、「アヌ」は「縷々」、「スムリティ」は「念ずる」ということで、「随念」とも訳されます。折に触れ、縁に触れて、繰り返し心に仏を憶う「憶念」ということです。称名は行ですが、その行が信とひとつであり、念仏を称えることにおいて本願を憶念していくのです。

そして、憶念とは正念であると言われています。正念で注意されますことは、『散善義』の二河白道のたとえに、西方阿弥陀仏の招喚の勅命として、「汝一心正念にして直ちに来れ、我よく護らん」（『聖典』四五五頁）と呼びかけ、そう約束してある、その「正念」です。「汝一心正念にして直ちに来たれ」という正念は、憶念の心から自ずから称名念仏として自然に発露してくる深い心を表すわけで、その正念こそが正定往生浄土の業、正定の業であると言っておられるわけです。それは、第十七願における諸仏によって成就され、証明されたところのその名号をいただいていくことです。

以上のように、「一念」の意味を転釈し言葉の意味を重ね連ねていくことを通して、行と信、ただ一声の念仏と本願を憶念し本願を信じていくこととは、切っても切れないひとつことであることを明らかにされています。それによって、「ただ念仏」に衆生における行のすべてがおさまることを示していかれたと思います。

二つの乃至一念――曇鸞、道綽そして善導の一念釈――

『大経』下巻の流通分に説かれた弥勒付属の一念は、選びなく万人に開かれた「行の一念」を表しますが、その「行の一念」がこの身にいただかれ、我われ一人ひとりの信心として成就したことを表すのが、本願成就文の「乃至一念」です。

また「乃至一念」とは、これ更に観想・功徳・遍数等の一念を言うにはあらず（『聖典』四〇五頁）

観想、仏の功徳、仏の姿、あるいは仏の功徳を念ずることでもなく、また何遍も数多く念仏を称えることでもないといいます。浄土宗では百万遍の念仏ということが言われ、法然上人も日課七万遍の念仏を称えられたと言われますが、そういう遍数を問うのでもありません。観想・功徳とは、仏の相を観察することと考えられますが、それと口に数多く念仏を称える両方を否定されています。そのもとは、曇鸞の『論註』上巻末の八番問答において、すでに取り上げられていました。『教行信証』「信巻」では、その第二問答から唯除の釈として引用しておられます。五逆、誹謗正法、闡提という難治難化の三病を問題とされまして、『論註』によって説明を加えてあります。その第七問答のところで、「観想・功徳・遍数等の一念を言うにはあらず」を取り上げておられます。

問うて曰わく、幾ばくの時をか、名づけて「一念」とするや。答えて曰わく、百一の生滅を「一刹那」と名づく。六十の刹那を名づけて「一念」とす。このなかに「念」と云うは、この時節を取らざるなり。ただ阿弥陀仏を憶念して、もしは総相・もしは別相、所観の縁に随いて、心に他想なくして十念相続するを、名づけて「十念」とすと言うなり。ただし名号を称することも、またかくのごとし。（『聖典』二七五頁）

そして、最後の第八問答におきまして、念の多少を知ることについて次のように言われています。

問うて曰わく、心もし他縁せば、これを摂して還らしめて、念の多少を知るべし。ただ多少を知らば、また間なきにあらず。もし心を凝らし想を注めば、また何に依ってか念の多少を記することを得べきや。答えて曰わく、『経』に「十念」と言うは、業事成弁を明かすならくのみと。必ずしも須らく頭数を知るべからざるなり。（『聖典』二七五頁）

「十念」というのは、「業事成弁」、私どもの救いの成就を明らかにされたもので、必ずしも「頭数」数を求めないものであると言ってこられ、

蟪蛄春秋を識らず、伊虫あに朱陽の節を知らんや、と言うがごとし。知る者これを言うならくのみと。

「十念業成」とは、これまた神に通ずる者、これを言うならくのみと。（『聖典』二七五頁）

と言って、深いさとりを開いた人にのみ「十念業成」は明らかなことであると言い、ただ念を積み相続して、他事を縁ぜざればすなわち罷みぬ、また何ぞ仮に念の頭数を知ることを須いんや。もし必ず知ることを須いば、また方便あり、必ず口授を須いよ、これを筆点に題することを得ざれ、と。已上（『聖典』二七五～二七六頁）

と結ばれています。どうしても念仏を数多く称えたいという人には、あらためて教えるから聞くがいい、という意味で、曇鸞において、観想功徳にあらず、遍数等にあらずということがすでに取り上げられています。さらに道綽の『安楽集』に引用され、それを宗祖は『教行信証』に引用されているということがあります。

『安楽集』に云わく、十念相続とは、これ聖者の一つの数の名ならくのみ。すなわちよく念を積み

思いを凝らして他事を縁ぜざれば、業道成弁せしめてすなわち罷みぬ。また労わしくこれを頭数を記せざれとなり。

また云わく、もし久行の人の念は、多くこれに依るべし。もし始行の人の念は、数を記する、また好し。これまた聖教に依るなり、と。已上　（『聖典』一九二〜一九三頁）

さきほどの『論註』の文を、隔世の弟子となった道綽が『安楽集』に引用したものであり、さらに徹底されたのが善導の一念釈なのです。それを踏まえて宗祖はおっしゃっているわけで、信心の一念、一声の念仏のところに救いは成就するので、念仏を称えてから救われるのではなくて、念仏が称えられることが救いであり、救いの証であることを明らかにするのが「信の一念」であります。

「信行」と「心行」

また「乃至一念」とは、これ更に観想・功徳・遍数等の一念を言うにはあらず、往生の心行を獲得する時節の延促につきて、乃至一念と言うなり。知るべし。　（『聖典』四〇五頁）

とあります。宗祖の用語のうえで、「心行」とおっしゃる場合と、「信行」の語をお使いになる場合があります。「信行」の場合は、本願の「三信十念」で、第十八願について表されますときは「信行」をお使いになられます。それから、『浄土論』の「一心五念」を言われる場合は、「心行」の語をお使いになられます。その例は、『曇鸞和讃』の第十五首では、

往相の回向ととくことは

弥陀の方便ときいたり
悲願の信行えしむれば
生死すなわち涅槃なり

（『聖典』四九二頁）

とありまして、第十八願を表されるについては「信行」とおっしゃっていますが、その前の第十四首では、

弥陀の回向成就して
往相還相ふたつなり
これらの回向によりてこそ
心行ともにえしむなれ

（『聖典』四九二頁）

と、「心行」となっています。これは、『浄土論』『論註』のおこころを示されたものと言うべきで、第十四首と十五首の和讃のうえで、『浄土論』の「一心五念」と『大経』の第十八願に、区別しておられます。本願についても、念仏の行者についても、信は自ら行となることが重要で信と行の関係について、行信一体、行信不離といわれますが、一声の念仏と信心の一念との深い関わりについて、

真実の信心は必ず名号を具す。名号は必ずしも願力の信心を具せざるなり。このゆえに論主建めに「我一心」と言えり。また「如彼名義欲如実修行相応故」と言えり。

（『聖典』二三六頁）

という言葉があります。宗祖の場合、名号・念仏と信心の関係について表される場合、真実信心は必ず称名念仏となる。しかし、称名念仏しているからといって信心が具わっているとは言えないとおっしゃられて、称名と名号をひとつのこととして表されています。

なぜ、宗祖がここで「称名」と言わずに「名号」と言われたのかについては、必ずしも釈然としません。

曽我量深先生の『「信の巻」聴記』を読みましても、先輩の講録を見ましてもその意味は明解ではありません。ただ、宗祖の場合、「称名」と「名号」をひとつこととしておられます。「名号」は仏の名告りで、「称名」はその名告りがこの身に至り届いたことに対しての返答ということです。金子大榮先生のお言葉で言えば、如来と衆生、無限と有限とが呼び応ずる「呼応」の関係です。我われが「南無阿弥陀仏」と称えている事実は、如来の呼びかけに応えることで、その全体が如来のはたらきによるひとつことで違いありません。そこにおいて信と行とは切り離せません。信心は自ら名号を具することを積極的に強調していったとき、蓮如上人の「信心正因、称名報恩」ということも言われるのでありましょう。それは、その一面を誇張して言われたのだと思われます。

「延促」と「極促」

「往生の心行を獲得する時節の延促につきて」（『聖典』四〇五頁）という言葉が出てまいります。「延促」ということは、「信巻」では、

　それ真実信楽を案ずるに、信楽に一念あり。「一念」は、これ信楽開発の時剋の極促を顕し、広大難思の慶心を彰すなり。（『聖典』二三九頁）

と、信心の開発について「極促」とあります。

「信巻」では、それまで三一問答というかたちで、本願の三信について明らかにしてこられ、そのあと、成就文の「信心歓喜　乃至一念」についての釈明となりますが、「信巻」後半の問題であり、本願成就文の意義を明らかにすることです。「信巻」の前半は、第十八願の三信について、善導の『観経疏』の三心

釈によって明らかにし、本願の三信が『浄土論』の一心に帰することを言ってこられたわけです。善導の三心とは、宿業の自覚の内実であり、本願の三信は、宿業の身にはたらきたまう法蔵菩薩の願心と願力を表すことを明らかにされたものが「信巻」の前半の内容でした。後半は、法蔵菩薩の願心、願力がこの身のうえに「我一心」という信心として成就したことを明らかにしていくものです。

安田理深先生は、「世尊、我一心に、尽十方無碍光如来に帰命して、安楽国に生まれんと願ず」（『聖典』一三五頁）という、天親の『浄土論』の冒頭に示された建章の四句、帰敬偈における「我」とは、本願に示された「設我得仏」という法蔵菩薩の願いを表す「我」が、衆生のうえに「世尊我一心帰命」として、帰命の主体である「我」として成就したものである、と言われていました。「世尊我一心帰命」という、帰命の主体を表す「我」は、法蔵菩薩の「設我得仏」という「我」が回向成就したものですし、曽我量深先生のお言葉で言えば、「如来我となって我を救いたもう。如来我となるとは法蔵菩薩誕生のことなり」とおっしゃったことです。その法蔵菩薩の分身として誕生した仏弟子のことが、「信巻」後半において明らかにされていくわけでしょう。

そこに、「信楽開発の時剋の極促を顕し」（『聖典』二三九頁）とありますが、略本の方では「延促」（『聖典』四〇五頁）と表されています。「信巻」の「極促」とは、無始時来、始めなきときから流転し来たった私に対して、はじめなきときから呼びかけはたらきかけてご苦労してくださってある仏のまことが、今ようやくにして、時熟して時来たって、今の私の、この身のうえに、信の一念、初一念として花開いたときの極まりを表すものです。

それは、まさに永遠なるものが今の信として、永遠の今というときとして成就した、ということでしょう。キェルケゴール（一八一三～一八五五）の言葉で言えば「瞬間」です。キェルケゴールは、すでにして永遠の真理のなかにあったことを自覚したときとしての瞬間について、瞬間というのは、時間の単位ではなくて、永遠のアトムであるという説明をしています。まさに永遠なるものが今というときとして凝集的に成就したものが、ときの極まりとしての「極促」です。

それに対しまして、『文類聚鈔』では「促」の字は同じですが、問題は「延」です。「延」というのは、「のびる、のばす」という意で「極促」とどう関わるのでしょうか。

「極促」も「延促」もひとつことであると解釈される説がありますが、私はそうではないと思います。「延」というかぎり、それは時間的延長で、相続を表します。「極促」とは、まさにときの極まりとしての一念、今の一念です。昨日でもなく明日でもありません。

北陸の真宗大谷派住職である松本梶丸さん（一九三八～二〇〇八）が、高光大船先生（一八七九～一九五一）の長男で洋画家の高光一也先生（一九〇七～一九八六）からいただかれた教えとして、「仏法以外の話はときのない話、仏法の話はときのある話」という言葉があります。「今」という「時」の話だと、梶丸さんはそれを大事にしておられます。過去を包み、未来を包んである今です。別な言葉で言えば「信の初一念」ということで、これは、曽我量深先生が大事にされたお言葉です。前に聞いて憶えていることでなく、念々刻々に信の初一念に立つ、「永劫の初事」と表されるできごとです。信の初一念に立って、ただ今のときをいただいて生きるのです。その一念が相続して、「上尽一形」と言われますように、生涯、人生のさまざまな業縁をくぐりながら、辛いこと、悲しいこと、苦しいこと、思いがけないことに出遇っていくのでしょう。

善導の「到る処に余の楽なし、ただ愁歎の声を聞く」(『聖典』三二一頁)というお言葉がありますが、人生いたるところ愁嘆の声のみあり、悲しみに満ちている世界だと思います。人は思いがけない悲しみや苦しみと出遇わなくては、人生は生きていけないように仕組まれてあることが否応なく感ぜられますが、そういう業縁を大事なご縁、念仏の助縁として、念仏が一生涯相続されていくのです。

臨終とは、念仏の息の絶えるときで、覚如上人が『御伝鈔』の結びで、親鸞聖人の弘長二年(一二六二)の入滅を「ついに念仏の息たえましましおわりぬ」(『聖典』七三六頁)とおっしゃった。この世における念仏の息が絶えたこと、念仏に貫かれた一生が全うされたことが、南無阿弥陀仏に成りかわらせていただくときであります。「死んでから」ではないのです。「死んでから」というのでは、時間がそこに入ります。そうでなくて、「死ぬとき」が往生の業の完成する「時」であり、人間一生の業の果たされる「時」が浄土において仏として生まれかわる「時」であります。

人生の業縁を潜って念仏が相続されることが「延」であると領解されますから、一生の念仏が相続されていく。一生とは、念仏の歩みであることです。

金子大榮先生が九十五歳から九十六歳にかけて書かれた『和讃日日』(東本願寺難波別院、一九七三年)を、毎日、本堂のお朝事のあとに繰り読みしているのですが、「我々は横着、懈怠で、念仏を忘れがちであるとよくいうけれども、そんなことはありません。念仏を忘れがちということはありません」とおっしゃっていました。反論できるのかもしれませんが、九十六歳になられ円熟しきられた金子先生の深いおこころをいただかなくてはならないと、私は思います。ねてもさめても、それは私の心である以上に仏のおこころである、ということがあります。その仏のおこころが「常照護念」、常に私どもを護っておってくださる。「大悲無倦常照我」(『聖典』二〇七頁)と言われるように、仏の光、お念仏が常に私を照らし、常に護ってくださる。そこを忘れるということが許されないまことの世界がある、というべきでありましょう。

第六章　信章を読む

第一節　「行中摂信」ということの意味

信章に移っていきます。

「浄信」と言うは、すなわち利他深広の信心なり。（『聖典』四〇五頁）

信章を詳しく言いましたら「浄信章」で、『教行信証』の「信巻」に対応します。『教行信証』では「行巻」の結びに、教行二巻を総括して「正信念仏偈」が説かれ、その信心を明らかにするに先立って特に別序を設けて、聖道と浄土異流に対して浄土真宗の信心を、三経と『浄土論』の対応によって顕らかにすることが表されています。

それに対し、略本では、「念仏正信偈」は二回向四法について表された本論の終わりに置かれ、そのあと、信についての問答が示されている点において、構成を異にしています。

「浄信」とは、サンスクリット本の本願成就文に「citta-prasāda」（チッタ・プラサーダ）、『如来会』には「よく一念の浄信を発して」（『聖典』二二九頁）と「一念浄信」「心の清浄」ということ、「無分別智」です。我われの心は煩悩によって汚染された心でしかありえません。「汚染」とは、唯識において「末那識」と表されますように、自我を中心とする心のはたらきで、我痴、我見、我慢、我愛という四煩悩によって纏縛されている我われ凡夫の心です。その凡夫の計らい、分別心が浄化され、転ぜられて無分別智とされることが浄信の意味です。その浄信は、我われを超えたところから我われにむけて回向され成就された、凡夫の心とはまったく異質な心で、不断に我われの有漏雑毒の心を転じて清浄無漏の智慧に転成していくはたらきをもった如来の真実であります。

広本と略本の対比のうえでよく言われる「行中摂信」というタームがあり、略本は「行中摂信」であるという言い方がされます。行は我われによって修されるべきものとしての行であり、それが如来の本願によって選択された称名念仏であることはいうまでもありません。しかも、さきほどの転釈において明らかにされていますように、それは一生の念仏であり、憶念の心、正念、正業であるといわれる、ただ一声の念仏で如来の大いなるはたらきによるものです。

大行としての念仏は、五劫の思惟によって選択され、永劫の修行としてはたらきたもう如来の呼びかけであり、それが一声の念仏のところに永遠の時の極まり、「時剋の極促」(『聖典』一七八頁)として私どものうえに成就したものです。その一声の念仏に信心は摂在しているのです。逆に言えば、一声の念仏を離れて、信ずることはどこにもありません。信は一声の念仏のところに成就しており、一声の念仏として信心は得られているということであろうと思います。

愚者にかえる——一枚起請文と親鸞の御消息——

法然上人の最後のご遺言である『一枚起請文』があります。ご遺言ということは、法然上人のご持言であります。建暦二年（一二一二）一月二十五日に亡くなられる二日前に、お弟子の源智（一一八三〜一二三八）に対して与えられた御法語です。

もろこし、我がちょうに、もろもろの智者達のさたし申さるる観念の念にも非ず。又、学文をして念の心を悟りて申す念仏にも非ず。（『聖典』九六二頁）

先の「乃至一念」の釈のところにも「観想・功徳・遍数等の一念を言うにあらず」（『聖典』四〇五頁）と言っていましたが、智慧を究めることを目標として掲げる聖道門を批判、否定されたうえで、浄土宗の安心について次のように明確に提示されてあります。

ただ、往生極楽のためには、南無阿弥陀仏と申して、疑なく往生するぞと思とりて申す外には、別の子さい候わず。但、三心四修と申す事の候うは、皆、決定して南無阿弥陀仏にて往生するぞと思う内に籠り候う也。此外におくふかき事を存せば、二尊のあわれみにはずれ、本願にもれ候うべし。

念仏を信ぜん人は、たとい一代の法を能く能く学すとも、一文不知の愚どんの身になして、尼入道の無ちのともがらに同して、ちしゃのふるまいをせずして、只一こうに念仏すべし。（『聖典』九六二頁）

「三心四修」という浄土宗における学道の用心も、すべてただ念仏することのなかに収まっている、と法然上人は言い切っています。そして、「一文不知」の尼入道と知り、いよいよ愚者になって、しかと頷くことのできる法である、とおっしゃっているわけでありましょう。一文不知の愚者になって救われていくということは、親鸞聖人が歳と共に感銘深くいただいていかれた法然上人のお言葉です。

『末燈鈔』の第六通にそのことが知られます。四十二通のお手紙のなかで、生死無常をおっしゃっているのは、この一通しかございません。

なによりも、こぞことし、老少男女おおくのひとびとのしにあいて候うらんことこそ、あわれにそうらえ。ただし、生死無常のことわり、くわしく如来のときおかせおわしましてそうろううえは、おどろきおぼしめすべからずそうろう。

（『聖典』六〇三頁）

親鸞聖人は無常感を表立って説かれることはほとんどありませんでした。宗祖は無常感よりも、明法房（山伏の弁円、一一八四～一二五一）の往生をめぐっての関東同朋への御消息でも、めでたいことと言われてあって、無常詠嘆の言葉は見られません。罪悪感に終始しておられたと言えます。

まず、善信が身には、臨終の善悪をばもうさず、

（『聖典』六〇三頁）

この一語は、今日のような時代において、決定的な意味を持つと思われます。この一語があることによって、我われは救われていくと言えるようにも思います。

信心決定のひとは、うたがいなければ、正定聚に住することにて候うなり。さればこそ、愚痴無智のひともおわりもめでたく候え。如来の御はからいにて往生するよし、ひとびともうされ候いける、すこしもたがわず候うなり。としごろ、おのおのにもうし候いしこと、たがわずこそ候え。かまえて、学生沙汰せさせたまい候わで、往生をとげさせたまい候うべし。故法然聖人は、「浄土宗のひとは愚者になりて往生す」と候いしことを、たしかにうけたまわり候いしうえに、ものもおぼえぬあさましき人々のまいりたるを御覧じては、往生必定すべしとてえませたまいしをみまいらせ候いき。ふみざたして、さかさかしきひとのまいりたるをば、往生はいかがあらんずらんと、たしかにうけたまわりき。いまにいたるまでおもいあわせられ候うなり。

（『聖典』六〇三頁）

これは、宗祖八十八歳、文応元年（一二六〇）十一月十三日、歳とともにいよいよ一文不知の愚者に帰

っていかれたお姿が拝まれる御消息です。吉本隆明氏（一九二四〜二〇一二）は、親鸞聖人は「知の極致」「知のきわみ」において、非知の世界に落在されたことが宗祖の信であったと言い、しかし、現代の我われにおいては、宗祖のようにただ落在するわけにはいかず、そこに帰るには、よほど自覚的に帰るよりほかに、現代人の自身の大地への帰りようはないと言っています。帰るは、自力無効、知というもののすべての相対性、虚偽性、有限性を知り尽くしたうえで、非知の世界に帰ることでしょう。宗祖は、その世界に帰っていかれた。それは、帰ることを含めて、自然法爾と表される事柄であった、と領解されるのではないでしょうか。

信の問題を別開しなくてはならない深い意味

略本は「行中摂信」であると言われますが、それに対して、「信巻」においては信を別開されたことがあります。

曽我量深先生は、「教巻」「行巻」によって明らかにされてきたのは、釈尊を始めとして三国七高僧による本願念仏の伝承で諸仏による名号成就の歴史であり、第十七願成就の歴史でもありますが、その歴史を受けて、念仏の教法によって開かれる信心を己証として明らかにされたものである、と教えられました。

そこには、末法五濁というときを知らない、時代と直面し時代と対決しようとしない無自覚性とそのときを生きる人間は、もはや自力をもって聖者に至るような、あるいは、自力の一切の心を断じ得るようなものでもなく、仏性ありとも言えない底下の凡夫であることの無自覚性が当時の時代状況でありました。無自覚であることは、観念の世界に終始して、おおよそ行証実践と関わりをもたないことです。一部の特権階級における学問沙汰となって、そして、自らの観念のさとりにとどまっている状態です。念仏の法を真に自証していくことが容易でないことがあります。法としては、念仏は易行、易行易往の法で行じ易き、往き易き道であるけれども、自身の道として生きる信においては、極難信であると説かれます。難信とは、そのまま無人、真実の人なしということで易行の法はすでに万人に開かれてありますが、それを生きる機となると無人です。信なき者、我が身を知らない者にとって、易行の法である念仏の法を信ずることは容易ならない極難信のことです。そこに、信の問題を別開しなくてはならない意味があり、主体的にもまた時代的にも課題を背負って信を別開することを迫られたわけです。

そのなかで、「自性唯心に沈みて浄土の真証を貶す、定散の自心に迷いて金剛の真信に昏し」(『聖典』二一〇頁)の「自性唯心に沈み、定散の自心に迷う」という沈迷の二機を批判される問題があります。曽我量深先生は、「法然上人は自性唯心に沈むという聖道門に対しての対決批判を潜って、浄土宗を独立し明らかにしていかれたけれども、法然門下における定散の機の問題については、残されておった。それは、宗祖が法然の遺弟、真宗の門徒として、自らの責任において明らかにされなくてはならなかった問題である」と言われてありました。そこにあるのが罪福信によって迷う第二十願の問題であり、それを明らかにするというのが、信疑決判です。信のかたちをとった疑を摘出し、信と疑を厳しく決判していくかたちで信心を明らかにすることは、宗祖に与えられた大きな課題であったわけです。

信疑決判という課題は、すでに法然上人においても提起されてあった問題であったと言っていいと思います。『選択集』三心章は、「正信偈」の源空章の重要な依りどころとなっています。

生死輪転の家に還来ることは、決するに疑情をもって所止とす。

速やかに寂静無為の楽に入ることは、必ず信心をもって能入とす、といえり。

（『聖典』二〇七頁）

と示されてありますが、信疑でもって、証大涅槃と生死流転との決定的な違いの要因を明らかにされます。宗祖はそれを受けて、本願酬報の土である真実報土、大涅槃のさとりを開く境界としての浄土と、そこに真に至り得ない方便化土の世界という問題として明らかにされました。真実報土が開かれた世界であるのに対して、方便化土は辺地懈慢、疑城胎宮という象徴的な表現で表されるような、固く閉ざされた世界です。自らの自我の殻によって固く閉じた、他を受け入れようとしない、孤立した世界にとどまるのです。

では、それを破ることはどうして可能なのでしょうか。その固く閉ざされた世界から開かれた世界への超越がどのようにしてなされていくのかは、『論註』の不虚作住持功徳において、七地沈空を超える問題としてすでに示されておりましたように、諸仏・善知識の勧めによることであり、本願で言えば、第十七願によってのみ第二十願の壁が超えられていくことです。第二十願の厚い自我心の壁を超えしめるものは、第十七願に表された諸仏・善知識の証誠護念に拠って、はじめて固く閉ざされた心が破られて、開かれた心が与えられていくのです。

ですから、「信巻」は、三経に説かれた本願の三信が、『浄土論』の一心――『浄土論』の一心とは本願成就の一念ですが――として開かれる信心を明らかにしていくのです。諸仏によって伝承されてきた名号の意義を、時機の問題を縁とし、その問題のうえに立って己証していく内容をもって、「信巻」は開かれていきます。

大行を中心とする「行中摂信」の立場

「行巻」においては、

謹んで往相の回向を案ずるに、大行あり、大信あり。（『聖典』一五七頁）

とありました。それに対して、略本の行章では、

「行」と言うは、すなわち利他円満の大行なり。（『聖典』四〇三頁）

と端的におさえられ、次に願名を出し、「しかるに本願力の回向に二種の相あり」（『聖典』四〇三頁）と言って、往相・還相の二種回向を挙げていました。それを受けて、

往相につきて大行あり、また浄信あり。（『聖典』四〇三頁）

と表されました。「行巻」では「大信」とあったものを、ここでは「また浄信あり」という語で表されています。「また」というところに、あくまでも大行を中心とする「行中摂信」の立場が示されていると言われ、そこに両者の違いが窺えることです。

略本においては、

「浄信」と言うは、すなわち利他深広の信心なり。（『聖典』四〇五頁）

と言っています。「浄信」とは、『如来会』の本願成就文によります。

宗祖は、今日の文献学的な研究に相当するような方法によって経典を読まれました。『大経』を引かれるにしても、正依の『大経』だけではなく他の異訳も引用して、それらを照合し検討して丁寧に読んでいかれました。その『如来会』の第十七願・第十八願成就文に「一念浄信」という言葉が見えます。

阿難、東方に恒沙の如きの界あり。一一の界中に恒沙の如きの仏あり。彼の諸仏等、おのおの阿弥陀

仏の無量の功徳を称歎したまえり。南西北方・四維・上下の諸仏の称讃もまた是の如し。何を以ての故に、他方の仏国の所有衆生、無量寿如来の名号を聞きて、乃至能く一念の浄信を発して歓喜せしめ、所有の善根回向したまえるを愛楽して、無量寿国に生ぜんと願ぜば、願に随いて皆生れて不退転乃至無上正等菩提を得ん。五無間・誹謗正法及び謗聖者を除く。（『真聖全』一、二〇三頁）

『如来会』は、正依の『大経』と違って、第十七願成就文と第十八願成就文の間に「何を以ての故に」とあり、なぜ十方諸仏は阿弥陀仏の無量功徳をほめ讃えられるのか。その理由が「何を以ての故に」という接続詞が置かれて、その理由として、第十八願成就文が説かれています。

他方仏国の所有の有情、無量寿如来の名号を聞きて、よく一念浄信を発して歓喜せしめ、所有の善根回向したまえるを愛楽して、無量寿国に生まれんと願ぜば（『聖典』二一二頁）

これは宗祖の独自な読みで、我われのあらゆる善根ということではなくて、如来のあらゆる善根をすべて我われに回向したまうということになり、凡夫から如来へ立場が根本的に転換しています。それは「信巻」だけではなく、『浄土三経往生文類』にも同じ読み方をしていますが、それによって無量寿国を願生するならば、願に随ってみな往生して、そして、不退転に至り無上のさとりを得ると言ってあります。

「能発一念浄信歓喜愛楽」が、「正信偈」には「能発一念喜愛心」（『聖典』二〇四頁）となっており、「能く発す」とは我われではなく、我われ凡夫の力をもっては発しようがないものを可能に転じて、一念の浄信を発起してくださるものが、如来のはたらきであるということです。

「「浄信」と言うは、すなわち利他深広の信心なり」（『聖典』四〇五頁）とありますが、先輩は、行章では「利他円満の大行」（『聖典』四〇三頁）、証章においては「利他円満の妙果」（『聖典』四〇六頁）と言われているのに、信章では「利他深広」という語を使っていらっしゃることを注意しています。それは、『教行信証』についても同様で、「信巻」において「利他深広の信楽」（『聖典』二一一頁）とあります。

その理由については、『大経』下巻の「東方偈」（往観偈）と呼ばれる偈文の言葉に依られたもので、宗祖は「深広」という短い言葉でも、聖教に基づいて表されていることを注意しています。「東方偈」では、ご存知のように、

如来智慧海　深広無涯底

（『聖典』五〇頁）

とあります。これは善導になりますと、「弥陀の智願海」（『聖典』一七四頁）となり、「智慧」が「智願」と言い換えられてあることですが、如来の智慧海、本願海、如来の徳のすべてがそこに成就しているということです。金子大榮先生は、この一句が『大経』の願目で「如来智慧海　深広無涯底」を明らかにするのが『大経』だとおっしゃいました。深くして広い如来の智慧海が末法五濁を生きる我われ底下の凡夫に回向成就された如来の徳であるがゆえに、「深広」という言葉を使われたのだと、先徳は言っています。

「深」に関して注意しておきたいことがありまして、「化身土巻」では、『観経』の深心について、浅深を問題にしています。

『観経』には「深心」と説けり。諸機の浅信に対せるがゆえに「深」と言えるなり。『小本』には「一心」と言えり、二行雑わることなきがゆえに「一」と言えるなり。また一心について深あり浅あり。「深」とは利他真実の心これなり、「浅」とは定散自利の心これなり。

（『聖典』三四〇頁）

善導大師は、三心釈の第二深心釈において、

「深心」と言うは、すなわちこれ深信の心なり。

（『聖典』二一五頁）

と、あえて確かめをしています。「深く信ずる心なり」とはどういう確かめかといいますと、我われの道徳的、良心的な反省は、どれほど真摯に見えようとも、なお自己を反省しているという自我意識が残り、その意識がつきまとうかぎり、底のある反省、浅信でしかない。「「浅」とは定散自利の心」とありますように、定散自力の心、心を定め善いことをしたい、善いことをしなくてはならないという自力をたのむ計らいで、それが「浅」であると言われます。それ故、徹底して無慚無愧であるという自我意識の底の破れた深信とはなりえません。凡夫の反省で恥ずべき痛むべき身であるのに、恥ずべき痛むべきことすらも知らないことへの悲心こそ人間を超えた心であり、如来の大悲心から開けてくる心といわなくてはならないでしょう。「「深」とは利他真実の心」とあるように、利他ですから、如来のはたらき、他なる衆生すべてを救いとらなければおかない如来の大願業力こそ、深広無涯底なる如来のはたらきを表すものであり、「利他深広の信心」でしょう。

第二節　第十八願

第十八願の願名と信の十二徳

略本では、浄信の定義のあとに、それを明らかにした第十八願の願名をあげています。

すなわちこれ「念仏往生の願」より出でたり。また「至心信楽の願」と名づく、また「往相信心の願」と名づくべきなり。（『聖典』四〇五頁）

「信巻」では五つの願名をあげています。

この心すなわちこれ念仏往生の願より出でたり。この大願を選択本願と名づく。また本願三心の願と名づく、また至心信楽の願と名づく。また往相信心の願と名づくべきなり。（『聖典』二一一頁）

略本では願名は三つで、「信巻」の二番目の「選択本願」と三番目の「本願三心」という願名は欠けています。広略二本の前後関係が分かりませんので、願名の加減については何とも言えませんが、広本と略本のどちらもその冒頭は「念仏往生の願」です。法然上人の言葉で言えば「王本願」、根本の願です。その法然上人が「念仏往生の願」と言われました。これは、「行」についての願名ですが、それを冒頭に揚げておられます。

『選択集』を見ますと、

諸師の釈には、別して十念往生の願と云う、善導独り総じて念仏往生の願と云えり。諸師の別して十念往生の願と云えるは、其の意即ち周からず。然る所以は、上一形を捨て下一念を捨つるが故なり。善導の総じて念仏往生の願と言えるは、其の意即ち周し。然る所以は、上一形を取り下一念を取るが故なり。（『真聖全』一、九四七頁）

とあります。第十八願文に「至心信楽欲生我国乃至十念」と仏を深く念じて、十声念仏すると諸師は解釈されていたのに対して、法然上人は善導の意により「念仏往生の願」と決定されました。善導の本願観は、あくまで一生造悪の下下品の機に立って、大悲の本願をいただかれ、そこに教えられてあるものが十声無量寿仏の御名を称えることで救われる称名念仏です。「上尽一形下至十声一声等」と、一生涯における一声の念仏相続を説かれました。その善導の指教を受けて「念仏往生の願」と決定され、第十八願は一切の機を選ばず念仏の信心による救いを約束されたものと決定されたのが、法然上人です。

宗祖は、伝統の名を大事に受け止められたうえで、「至心信楽の願」「往相信心の願」という願名を挙げています。親鸞聖人己証の願名で伝統的な表現で言いますと、法然上人の立場は四十八願すべてを王本願である第十八願に摂める「一願総摂」、あるいは「一願該摂」です。第十八願が本願の根本であって、他の四十七願はそのための「忻慕の願」であると見られました。

ところが、宗祖になりますと、「五願分相」で、先ず、法と機の分限を第十七願と第十八願で、明らかにしました。機法の分限を明確にし、他力の真実を確認していくのです。人間が自力を中心にするかぎり、機と法が混乱して他力の念仏をも自力のなかに取り込んでいく。機の不純性を徹底して批判するなかで、機法の分限を明確にし、真実と不実を明確に弁別していくことを厳密にやっていかれます。

これらの願名を三つ挙げられましたあとに、

しかるに薄地の凡夫・底下の群生、浄信獲がたく、極果証しがたきなり。何をもってのゆえに、往相の回向に由らざるがゆえに、疑網に纏縛せらるるに由るがゆえなり。いまし如来の加威力に由るがゆえに、博く大悲広慧の力に因るがゆえに、清浄真実の信心を獲せしむ。この心顚倒せず、この心虚偽ならず。信に知んぬ、無上妙果の成じがたきにはあらず、真実の浄信実に得がたし。真実の浄信を獲れば、大慶喜心を得るなり。

（『聖典』四〇五頁）

この文に対応いたします「信巻」の冒頭を見ますと、

大信心はすなわちこれ、長生不死の神方、欣浄厭穢の妙術、選択回向の直心、利他深広の信楽、金剛不壊の真心、易往無人の浄信、心光摂護の一心、希有最勝の大信、世間難信の捷径、証大涅槃の真因、極速円融の白道、真如一実の信海なり。

この心すなわちこれ念仏往生の願より出でたり。この大願を選択本願と名づく。また本願三心の願と名づく、また至心信楽の願と名づく。また往相信心の願と名づくべきなり。しかるに常没の凡愚・流転の群生、無上妙果の成じがたきにあらず、真実の信楽実に獲ること難し。何をもってのゆえに。いまし如来の加威力に由るがゆえなり。博く大悲広慧の力に因るがゆえなり。たまたま浄信を獲ば、この心顚倒せず、この心虚偽ならず。ここをもって極悪深重の衆生、大慶喜心を得、もろもろの聖尊の重愛を獲るなり。

（『聖典』二一一～二一二頁）

とあります。

「信巻」では信の十二徳を挙げられていきますが、先徳の領解によりますと、最初の「長生不死の神方」は外道に対するもので、これは曇鸞によります。第二の「欣浄厭穢の妙術」は自力聖道門に対する浄土門の立場で、これは善導によります。この二つは、曇鸞と善導の師釈によって、他力真宗の信心の妙用、信心の力を表されたものです。

次の「選択回向の直心」とは第十八願の至心、「利他深広の信楽」は信楽、「金剛不壊の真心」は欲生に配当されて、この三句で第十八願の三信の徳を明らかにされたものです。次の「易往無人の浄信」は、『大経』下巻の悲化段の序説に説かれたもので、往き易くして人なしというのが現実ですが、その者のうえに他力回向の浄信が開かれる、ということで本願の成就を表すもので、極難信の法である念仏を通して、浄信心を獲得せしめることです。

「心光摂護の一心」は法の徳用を表し、八番目の「希有最勝の大信」は、それが機のうえに回向成就されたことを表します。この二句は『観経』によって信心の価値を表されたものです。次の「世間難信の捷径」は『小経』により、「証大涅槃の真因」は『如来会』、「極速円融の白道」は、一説によりますと『華厳経』により、「真如一実の信海」は『涅槃経』によると言われます。『涅槃経』『華厳経』は、宗祖が『大経』を証明する経典として注意され、信心の内徳を明らかにするに当たって、曇鸞と善導の二祖、および浄土の三部経、そして、浄土の三部経の真実を証明する大乗の経典によって、本願の信心こそは真実の大道であることを讃仰されていることです。

1　長生不死の神方（生死を超えた無量寿を得る不思議の法）……外道に対する　曇鸞
2　欣浄厭穢の妙術（浄土を欣び娑婆を厭い離れるすぐれた道）……聖道に対する　善導
　　師教
3　選択回向の直心（阿弥陀が選び回向された疑いなき心）　至心
4　利他深広の信楽（他力より与えられる深く広い信心）　信楽
5　金剛不壊の真心（堅固でいかなるものによっても破壊されることのない真実心）　欲生
　　第十八願の徳因願
6　易往無人の浄信（信じ難い易行の念仏往生を信ずる深い信心の智慧）　成就文
7　心光摂護の一心（如来の大悲の光明に摂められ護られる一心）……法
8　希有最勝の大信（希にしてすぐれた真実の信心）……機
9　世間難信の捷径（世間的分別では信じがたい近道）
10　証大涅槃の真因（無上のさとりを開く真実の正因）
11　極速円融の白道（すみやかにあらゆる功徳が満たされる清浄の道）
12　真如一実の信海（仏のさとりの徳を極めた海の如き信心）

大経　観経　小経　如来会　華厳経　涅槃経
仏教

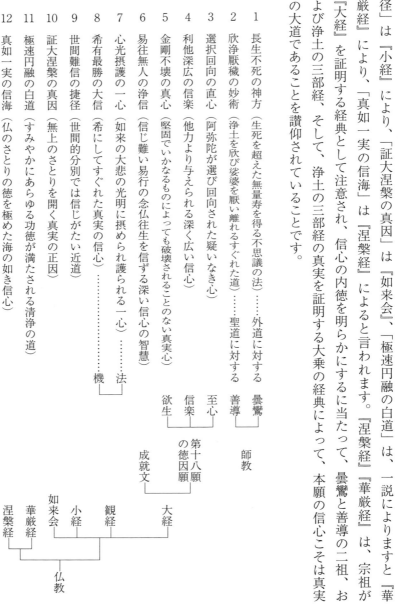

『教行信証』の眼目

『教行信証』「信巻」も『文類聚鈔』信章も同じく、「念仏往生の願より出でたり」とありますが、「より出でたり」という表現は、ここだけに限らず宗祖のお書きになったもののうえによく出てくる表現で「より出でたり」、「出於」という表現は、経文としてそこに説いてあるだけでなくて、真実の言葉として我われのうえに表現回向されたものといえます。

曽我先生の『「信の巻」聴記』には「しかるに常没の凡愚・流転の群生、無上妙果の成じがたきにあらず、真実の信楽実に獲ること難し」（『聖典』二一一頁）という文について、これが『教行信証』の眼目であり、『教行信証』といえば直ぐこのお言葉を憶う、ともおっしゃっていました。また「浄土真宗の行者の一つの眼目」であり、「無上の妙果を求めるのが仏法の眼目であると、多くの人は考えるのであろうけれども、無上の妙果は本当の仏教の眼目ではない」と、はっきりと言っています。

「無上の妙果成じ難きにあらず、真実の信楽実に獲ること難し」。「信巻」といえば、私共は何かしらこの言葉を思い出す。「信巻」一部を一貫している言葉である。この言葉さえ解れば「信巻」はみな解るのである。これは多生曠劫不可思議の如来の本願の因縁によって、始めて真実の信楽を獲ることができた。多生曠劫の初事に真実の信楽を得させていただいたのだという親鸞聖人のお心持というものが、これを拝読する者に通じてくるように思うのです。

（『曽我量深選集』第八巻、弥生書房、一九七一年、九二頁）

曽我先生はこのように言っておられます。この言葉が無上仏道といわれる仏教において、それを決定づける非常に大事な言葉であることを心しておかなくてはならないと思います。

広略二本に表された信心の徳

曽我量深先生は『教行信証』六巻は大きく二つに分かれ、前の「教」「行」二巻、「正信念仏偈」の結びまでは、本願念仏をお説きくださった『大無量寿経』の歴史的伝統をその内容としていると言います。釈尊はご自身のおさとりの内景である阿弥陀の本願によって、選択された名号のお徳をほめ説き証すことを出世本懐としてこの世に出現して『大経』をお説きくださり、それを三国にわたる七高僧がそれぞれの課題を抱えて、その教えを聞き、念仏の法に出遇って信心を獲得し、そして、「南無阿弥陀仏」という法を私どものところまで届けてくださった「伝承の巻」であると言われます。その「教」「行」二巻を受けて、特別に別序を設けて「信巻」、そして、「証巻」「真仏土巻」「化身土巻」の四巻を開かれましたのは、念仏の教えに本当に出遇うことができているのかどうか、また、念仏の教えに出遇うとどうなるのかという一人ひとりにおける念仏の信心の自覚の獲得について明らかにされた、「己証の巻」であるとおっしゃったことであります。

その「信巻」の冒頭に十二の徳を挙げられてあるのは、略本と違うところで略本では浄信章の結びに真実信の証明として、

誠にこれ、除疑獲徳の神方、極速円融の真詮、長生不死の妙術、威徳広大の浄信なり。しかれば、もしは行・もしは信、一事として阿弥陀如来の清浄願心の回向成就したまうところにあらざることあることなし。因なくして他の因のあるにはあらざるなり。知るべし。（『聖典』四〇六頁）

とあり、十二徳に対応する四徳を挙げています。略本の方では結びに、「信巻」の方では冒頭にという違いがあり、略本では、「信巻」の十二徳のうち二句を選び、そして二句を付け加えられて四句としてまと

ます。

「信巻」では、信の徳を表されたそのあと、信心の獲得について、難信と獲信ということが顕されていめられています。

しかるに常没の凡愚・流転の群生、無上妙果の成じがたきにあらず、真実の信楽実に獲ること難し。何をもってのゆえに。いまし如来の加威力に由るがゆえなり。博く大悲広慧の力に因るがゆえなり。たまたま浄信を獲ば、この心顚倒せず、この心虚偽ならず。ここをもって極悪深重の衆生、大慶喜心を得、もろもろの聖尊の重愛を獲るなり。
（『聖典』二一一～二一二頁）

信ずることはまことに容易ならないことであり、玄奘（六〇二～六六四）訳の『称讃浄土経』では「極難信の法」（『真聖全』一、二五〇頁）であると説かれています。そこに、「信巻」であれば「常没の凡愚・流転の群生」、略本によりますと「薄地の凡夫・底下の群生」といわれる私どもに、獲難い信心が得られることを明らかにされており、難信と獲信について明らかにされます。「信巻」と略本信章の説き方のうえでは、違いがあるように見えますが、内容を検討していけば、別なものではないと領解されます。

「行巻」では「大行あり、大信あり」とあるのを、略本では「大行あり、また浄信あり」という言葉が使われていました。「大」とは、公明正大ということ、公なるもの、別の言葉で言えば、普遍の法です。「大行」「大信」と言われるのが普通ですが、略本信章に限っては「大信」ではなくて「浄信」という語を使われました。これは、『大経』の異訳である『如来会』に依ります。『如来会』は、現在残っているサンスクリット本に近いもので、正依の経典としていただいている康僧鎧（生没年不明）訳として伝えられる魏訳よりあとの翻訳であり、『大経』をいただかれるときに『如来会』を通して『大経』のおこころを尋ねていくのが、宗祖の態度です。それほど『如来会』という経典は大事なもので、そこには「浄信」という語が使われています。

原語で言えば「citta-prasāda」(チッタ・プラサーダ)、「心が浄化される」意味で、自我の心、分別が否定された無分別の心で、分別を離れ、執われから解脱した心を表します。「チッタ・プラサーダ」という言葉には別に「恩寵」という意味もあることを、南條文雄先生(一八四九〜一九二七)は『梵本無量寿経講義』で指摘されています。どんなものでも神、仏の絶対の愛によって救われるという「恩寵」という意味が、「チッタ・プラサーダ」にはあるということです。分別が否定された無分別の心ですから、阿弥陀の本願の救いの約束が衆生のうえに成就した自覚の心、仏のいのちが衆生のいのちになってくださったという深い目覚めの心を「浄信」と言います。

第三節　難信と獲信

薄地の凡夫・底下の群生

しかるに薄地の凡夫・底下の群生、浄信獲がたく、極果証しがたきなり。何をもってのゆえに、往相の回向に由らざるがゆえに、疑網に纏縛せらるるに由るがゆえなり。いまし如来の加威力に由るがゆえに、博く大悲広慧の力に因るがゆえに、清浄真実の信心を獲せしむ。この心顚倒せず、この心虚偽ならず。信に知んぬ、無上妙果の成じがたきにはあらず、真実の浄信実に得がたし。真実の浄信を獲れば、大慶喜心を得るなり。

(『聖典』四〇五頁)

「難信」のもとを『大経』下巻の悲化段のはじめに見ることができます。悲化段では対告衆が阿難から弥勒に代わりますが、そのはじめに阿弥陀が浄土のすぐれていること、すべての人はその浄土に往生すべく努力精進すべきであると説き、そうすれば「横さまに五悪趣を截り、悪趣は悉く自然に閉ずるであろう」と教えられたあと、「往き易くして人なし」という釈尊の大悲の智見が説かれます。

「往き易くして人なし」とは法と機の関係であり、親鸞聖人は『尊号真像銘文』で、

「易往而無人」というは、易往はゆきやすしとなり。本願力に乗ずれば、本願の実報土にうまるること、うたがいなければゆきやすきなり。無人というは、ひとなしという。人なしというは、真実信心の人は、ありがたきゆえに、実報土にうまるる人まれなりとなり。しかれば源信和尚は、「報土にうまるる人はおおからず。化土にうまるる人はすくなからず。」（往生要集意）とのたまえり。

（『聖典』五一四～五一五頁）

と解釈しましたが、これは、まったく『歎異抄』の結びの、

かなしきかなや、さいわいに念仏しながら、直に報土にうまれずして、辺地にやどをとらんこと。

（『聖典』六四一頁）

という文と通ずるものと言えます。「無人」「人なし」とは「信心の人なし」ということですから、せっかく娑婆を厭い浄土を欣いながら、常に愚痴や不平をこぼし、与えられてある世界に安住できないままに、自ら閉鎖的な世界に閉じこもる。如来の本願のただ中に身を包まれておりながら、それがいただけない。そういうありさまを、辺地、懈慢、疑城胎宮とおさえられました。

それは、我われの自力心によるかぎり、五百年の間そこからでられない世界であると説かれます。しか

し、その固く閉ざされた疑いの世界こそ、仏の大悲がもっとも強くはたらきたもうてある世界であり、仏のはたらきが強ければこそ、五百年という長い歳月であっても、ついにはその厚い壁も破られ超えられて、開かれた世界である真実報土へ超越するのです。開かれたということは、万人が平等に救われる世界です。『阿弥陀経』には、「倶会一処（倶に一処に会する）」（『聖典』一二九頁）と説かれ、さらに仏教のうえからいえば、自己中心による差別と対立を超えた「平等一如」と教えられる世界でありましょう。そういう世界に生まれ変わっていく、まさに化生していくのです。しかし、そのような真実信心の人が少ないのは、この私一人がため、と受け止めて生きる人がいないことで難信と言わなければならないのです。

難信について、「信巻」には「常没の凡愚・流転の群生」（『聖典』二一一頁）と説かれ、略本では「薄地の凡夫・底下の群生」と表されています。

略本の「薄地の凡夫」という言葉は、『愚禿鈔』上巻の結びの引文である元照の『阿弥陀経義疏』に見られます。元照という人は、宗祖と同時代の中国の宋の方で、もとは禅僧であり、天台も学ばれましたが、晩年、病気を患い自力の限界を思い知らされて、浄土の教えに帰入しました。そして、『観経』と『阿弥陀経』について註釈を残しました。元照の書物の言葉では、我われ凡夫の相を「薄地の凡夫・底下の群生」と説いています。

元照律師『阿弥陀経義疏』に云わく、大智律師也

「勢至章」に云わく、「十方の如来、衆生を憐念したまうこと、母の子を憶うがごとし」と。『大論』に云わく、「たとえば魚母のもし子を念わざれば、子すなわち壊爛する等のごとし」と。阿耨多羅、ここには無上と翻ず。三藐は正等と云う。三菩提は正覚と云う、すなわち仏果の号なり。薄地の凡夫、

業惑に纒縛せられて五道に流転せること百千万劫なり。（『聖典』四三四頁）

なお、元照が著した『四分律刪補随機羯磨疏済縁記』という書物に、「未だ外凡に入らず、これを底下という、また薄地と名づく、即ちわれらなり」（『浄土宗全書』八、一六九頁）とあります。言葉の拠りどころとしては、こちらの方がより直接的であるように思われます。そこに「即ちわれらなり」とある「業惑」、普通は「惑業苦の展転」と言いますが、業と無明煩悩に纒縛せられて、百千万劫ものあいだ五道に流転せる凡夫が、

たちまちに浄土を聞きて、志願して生まれんと求む。（『聖典』四三四頁）

となるのです。

「薄地の凡夫」の「薄地」は、「外凡」ということで、「内凡」に対します。「外凡」とは、外の凡夫、外とは、真理を外側に求めて我が身が迷いの凡夫であることを離れることのできない存在です。それに対して、「内凡」とは、真理を外ではなく内に見る。内に見るけれども、凡夫であることを離れることができないのを「内凡」と言っており、「薄地の凡夫」は外凡にも入らない凡夫であり、真理を知ることができないままに五道輪廻する以外に生きる道を知らない者で、仏によりかねてしろしめされ、「凡夫」と言いあてられてあった、私どもの真相です。私が私を反省してという、そのような浅いものではなくて、仏智によって言いあてられ、見透かされた、この我われの真実です。

難信の理由

「薄地の凡夫・底下の群生」（『聖典』四〇五頁）にとって、たとえ大行として真実の行、南無阿弥陀仏の

行が救いの行として与えられてあろうとも、それをこの身のために与えられた行といただくことが容易にできないのです。「浄信獲がたく、極果証しがたきなり」（『聖典』四〇五頁）とおさえられる所以であり、「常没の凡愚・流転の群生、無上妙果の成じがたきにあらず、真実の信楽実に獲ること難し」（『聖典』二一一頁）という「信巻」との違いでもあります。

そこに、難信の理由を二つあげておられます。一つは、

何をもってのゆえに、往相の回向に由らざるがゆえに（『聖典』四〇五頁）

ということで、他力の回向によらない、如来よりたまわりたる浄土往生の道によらないことです。二つめは、

疑網に纏縛せらるるに由るがゆえなり。（『聖典』四〇五頁）

とあります。疑網、仏智の不思議を疑う心に纏われ縛られておるがゆえに、という理由をあげています。如来から与えられた救いの道に依らず、どこまでも自己に固執して、自分の分別でもって仏智を疑い、その疑いの心にがんじがらめに縛られて、這い出すことができないことによると教えられています。

そして、そのあと、

いまし如来の加威力に由るがゆえに、博く大悲広慧の力に因るがゆえに、清浄真実の信心を獲せしむ。この心顚倒せず、この心虚偽ならず。（『聖典』四〇五頁）

と獲信の理由を説かれています。疑網に縛られているがゆえに仏の真実、仏の大悲をこの身にいただくことができないけれども、如来の加威力と大悲広慧の力によって、容易に他力の救いを信ずることができない疑い深き者も信心を獲るに至るのです。この場合、「加威力」は「由る」、「大悲広慧の力」は「因る」

と、「よる」という字を区別して使っています。「由る」は外由・外縁を言い、それに対して、「因る」は内因を表します。

また、「如来の加威力」の語は、『如来会』下巻に、

彼の諸の衆生は大善利を獲ん。若し来世乃至正法滅せん時に於て、当に衆生有りて諸の善本を植え、已に曽て無量の諸仏を供養すれば、彼の如来の加威力に由るが故に、能く是の如きの広大の法門、一切の如来の称讃悦可を得べし。

（『真聖全』一、二一二頁）

に依り、「大悲広慧力」の語は、同じく、

彼は広慧の力に因るが故に彼の蓮花の中に化生することを受けて、結加趺坐せん。

（『真聖全』一、二一〇頁）

と説かれているところに見出されます。

「如来の加威力」については、一説には、如来の光明と名号のはたらきと解釈され、または、釈尊の威神力、すなわち、釈尊が教えを通して我われのうえにはたらく力と解釈されています。その「釈尊」のなかには、諸仏・善知識も含まれるでしょうが、外から我われに教えの言葉としてはたらいてくださる如来の強い威神力です。二説のうちでは後者が妥当かと思います。それを縁として、その源である仏の大悲の広大な智慧の力がこの身に届いてくださり、それによってのみ、私どもは、信心の智慧を獲させていただくのだと言っています。

ある先学の講録によりますと、「如来の加威力」によって疑いが破られ、「大悲広慧の力」によって願いが満たされるとあります。それによって、自力心が無効であることが知らされていくわけですが、「信巻」

別序と照応させまして、「如来の加威力」の方は「自性唯心に沈みて浄土の真証を貶す」（『聖典』二一〇頁）に対するもので、我が身は本来仏である、我仏性ありということに拘泥して、浄土を求めようとしない立場を批判するものであり、それに対して、「大悲広慧力」の方は、「定散の自心に迷いて金剛の真信に昏し」（『聖典』二一〇頁）という、自分で心を静めて善ができると思い、そう決めてかかっているような自力心に迷って、如来の金剛の真信に昏いという言葉に対するものである、と領解する説もあります。

「自性唯心に沈む」とは聖道門に対しますが、「定散の自心に迷う」とは、浄土の教えに出遇いながらも、浄土の教えによって、我が身を知る、我が身をいただくことにならない。念仏の教えに執われ、念仏することによって、善人になろうと努めるという浄土異流の者に対するものと言われます。曽我量深先生は、法然上人は「自性唯心に沈みて浄土の真証を貶す」という聖道門に対する厳しい批判と対決を通して浄土宗を開かれましたが、『観経』や『小経』において問われた「定散の自心に迷いて金剛の真心に昏し」という問題について、明確に論ずることはなされなかったことを受けて、深い悲歎を通しながら、それを内に外に向けて徹底していかれたのが親鸞聖人である、とおっしゃっています。

「信巻」の冒頭に、「それ以みれば、信楽を獲得することは」（『聖典』二一〇頁）とあり、寺川俊昭先生（一九二八〜二〇二二）は最後に曽我先生から教えられた教えは、「信心を如来様からいただくと言ってよろしいでしょうか」と曽我先生に申し上げたら、先生が「それは弱おうあります。信心を獲得するとおっしゃいませ」ということでした。信心をただ受動的にいただくというだけでなくて、能動的に信心を獲得する、ということです。

曽我先生の場合、そこには先生の歴史観、仏道史観があります。念仏の歴史が三国を貫き、群萌によって伝統されてきた。そして、そこに群萌を代表する無数の諸仏が生まれてきたという諸仏誕生の歴史があります。目をあけてその歴史を見よ、というのが「念仏正信偈」である、ということです。その念仏の歴史は、実はそのまま凡夫の悪戦苦闘の歴史である、ということが先生の歴史観にはあります。凡夫の悪戦苦闘の歴史があって、本願念仏の歴史がある。曽我先生ご自身の体験を通した、先生ご自身における求道の悪戦苦闘のお言葉であるといただきます。先生のお言葉はすべてそうだと私は思います。

それは、清沢先生に出遇いながら、当初、清沢先生の精神主義が領解できず、あれは観念で哲学でしかないと反発され、精神主義に対する批判の論文を雑誌『精神界』に投稿されたことです。清沢先生は、その質疑に対する論文をいちいち書かれて応えられました。信心をめぐっての厳しい問答の往復があってはじめて、曽我先生は清沢先生に頭を下げて先生のお弟子になられたことがありました。先生は、「私は提婆であった」と、釈尊に反逆し、釈尊を殺そうとした提婆と同じであったと告白されました。本願念仏の根底には、凡夫の悪戦苦闘の歴史がある。その悪戦苦闘がようやく勝利した、その歴史ですから、信心はただたまわるという如来回向の信だけでなくて、信心を獲得するという能動的な確信をもっていただくべきものであることもおっしゃったことです。

第四節　真実功徳と不実功徳

「薄地の凡夫・底下の群生」(『聖典』四〇五頁)であるこの身に開かれた信心は、「この心顚倒せず、この心虚偽ならず」(『聖典』二一二頁)と、「不顚倒・不虚偽」という言葉で信心を讃嘆されています。これは、曇鸞の『論註』下巻の解義分において、『浄土論』の発起序に示された「我修多羅、真実功徳の相に依って　願偈を説いて総持して、仏教と相応す」（『聖典』一三五頁）という『願生偈』の第二句を註釈されたところに出てくる言葉です。

『論』に「わたくし天親は、如来の説きたもうた大乗経典における真実功徳相に依る」と言っています。大乗経典としての浄土経典に説かれた「真実功徳相」とは、国土、仏、菩薩という浄土の三種荘厳ですが、曇鸞は、無量寿仏の荘厳功徳は名号をもって経の体とすると、その根本をはっきりとおさえておられます。浄土の三種荘厳の全体を、言葉でもって端的に名告られた名号、その内容が真実功徳相です。真実功徳相について、真実功徳と不実功徳の二種に分け、真実功徳は不実功徳を明らかにするはたらきであり、我われ凡夫人天のすべての善根功徳は、虚偽、顛倒以外の何物でもない不実功徳のものと言い、真実功徳について、不顛倒、不虚偽と言われました。

「真実功徳相」は、二種の功徳あり。一つには、有漏の心より生じて法性に順ぜず。いわゆる凡夫人天の諸善・人天の果報、もしは因・もしは果、みなこれ顛倒す、みなこれ虚偽なり。このゆえに不実の功徳と名づく。（『聖典』一七〇頁）

有漏雑毒なる行善のすべては、一切の迷いを超えはなれた法性そのものに随わないものであり、凡夫人天のなすところのもろもろの善、そして、それに報いた果報は、その因果のすべてが顛倒、虚偽である。真実に背き、嘘いつわりに満ちたものであることです。有漏にしてそこに毒が混じること、けっして純粋無垢なものではあり得ないこと、どんなに綺麗なものであってもそこに毒が隠されてあるのが不実功徳です。

真実功徳について「二種の功徳あり」と言われるのですから、真実功徳とは、我われの一切すべてが不実であることを明らかにし、それを真実に転じるはたらきそのものです。この二つが並列的にあるのではなくて、真実とは、真実ならざる我われの一切の行為がどんな善であろうとも不実以外にない、と徹底して明らかにして、それを知らしめられるものであることです。そこに、二種の功徳ありということの意味があります。

不実功徳を明らかにしたうえで、

二つには、菩薩の智慧・清浄の業より起こりて仏事を荘厳す。法性に依って清浄の相に入れり。この法顚倒せず、虚偽ならず、真実の功徳と名づく。（『聖典』一七〇頁）

と言っています。阿弥陀の徳用が法蔵菩薩となってはたらき、その法蔵菩薩の修せられた清浄なる業によって、すべての衆生をして畢竟浄といわれる大涅槃界としての浄土、すべての相対的な苦楽を超えた大涅槃界なる浄土に摂取してくださるのです。それこそが真実功徳なのです。

「不顚倒・不虚偽」という語は、『浄土論註』におきましては、如来のはたらきについて言われたもので、そのはたらきとして、浄土は法蔵菩薩の清浄なる業によって完成され、我われ一切衆生は無上なるさとりの境界に入らしめられていくという、如来の側について語られたものです。宗祖が「信巻」や略本にその言葉を使って信心を明らかにされますときには、我われ衆生に回向成就され、私のいのちそのものまでになってくださった他力回向の信心の内実を表す言葉としておっしゃっていることです。

つまり、仏さまのお徳をほめ讃えられた言葉を、宗祖はこの身にたまわった回向成就の信の徳として語られているわけです。それはここだけでなくて、『教行信証』をはじめ、宗祖の著述全般に通ずるものと言っていいことです。どこまでも、仏を超越的、客観的にだけ考えないことです。「親鸞一人がため」（『聖典』六四〇頁）と言われたように、どこまでも我が身の事実として、それを内在的、実存的に明らかにすることに、宗祖の根本的な立場があり、ご領解があります。

略本では、そのように、信心の本質、徳について表されたあと、

信に知んぬ、無上妙果の成じがたきにはあらず、真実の浄信実に得がたし。

（『聖典』四〇五頁）

とあります。これは、「信巻」に第十八願名を五つ挙げられたあと、

しかるに常没の凡愚・流転の群生、無上妙果の成じがたきにあらず、真実の信楽実に獲ること難し。何をもってのゆえに。いまし如来の加威力に由るがゆえなり。博く大悲広慧の力に因るがゆえなり。

（『聖典』二一一頁）

とあるのとは、位置と順序が異なります。繰り返しになりますが、略本では、

しかるに薄地の凡夫・底下の群生、浄信獲がたく、極果証しがたきなり。何をもってのゆえに、往相の回向に由らざるがゆえに、疑網に纏縛せらるるに由るがゆえなり。いまし如来の加威力に由るがゆえに、博く大悲広慧の力に因るがゆえに、清浄真実の信心を獲せしむ。この心顚倒せず、この心虚偽ならず。信に知んぬ、無上妙果の成じがたきにはあらず、真実の浄信実に得がたし。

（『聖典』四〇五頁）

となっていますので、「信巻」では「如来の加威力」と「大悲広慧の力」は難信の理由となっていますが、略本では獲信の理由になっているという違いです。

第五節　無上妙果の成じがたきにはあらず

「無上妙果」とはこのうえ無き仏のさとりを開くことですが、それは決して難しいことではないと言い切っていかれます。凡夫が仏となることほど難しいことではないということですが、凡夫が凡夫になりきることはできない、本当の意味で、人間が人間になることは容易でないと言わなければならないと思います。ところが、その凡夫が仏になることはけっして難しいことではない、と言い切っていかれます。仏教の常識、通軌を無視した型破りと言っていい発言です。

この言葉は、日本から中国に留学しました霊仙（七五九？〜八二七？）という僧が般若三蔵（七三四〜？）が招来した経典を翻訳（筆受）した『大乗本生心地観経』（以下『心地観経』と略称）に見えるものです。霊仙は、太原の奥にあります五台山で翻訳し最期は毒殺されたと伝えられますが、経典を日本人が翻訳したのは霊仙一人です。その『心地観経』が大事な意味をもちますのは、「三品の懺悔」が詳しく説かれてある点です。

「三品の懺悔」といいますと、善導和讃に、

真心徹到するひとは
金剛心なりければ
三品の懺悔するひとと
ひとしと宗祖はのたまえり

（『聖典』四九六頁）

とあります。善導という方は懺悔の人であり、そして、それゆえに讃嘆の人ですから、善導大師が信心を表されますときには、二種深信で表されました。二種深信を説かれた三心釈は、善導における懺悔の告白であると言っていい信心の告白として、二種深信を説かれたのです。そこに示された三品の懺悔というのが『心地観経』に出てくるわけです。

私が大谷大学在職中に、真宗学会の大会で「浄土教における懺悔道」という講題で発表（一九九一年）したとき、『心地観経』は学問的には成立から言えば善導より遅いと言われていますが、同じときに講演をいただいた梶山雄一先生と話をしていましたら、『心地観経』という経典は、善導の当時あるいはまだ翻訳されていなかったかもしれないが、それに類した経典はすでに善導以前にあったと考えられるのではないかとおっしゃってくださいました。ただ、三品の懺悔ということは、『心地観経』の訳出に先立って、善導がはじめて説かれたものであったかもしれません。『心地観経』の報恩品では、三品の懺悔が詳細に説かれていますが、善導はその要点だけを選び出して説いています。

菩提の妙果は成じ難からず、真の善知識は実に遇い難し（『大正蔵』三、三〇五頁）

という一文が『心地観経』に見えます。宗祖はこの文に依られて、「信巻」や略本のお言葉を示してくださったものと思われます。

これまで聖道門では、「断惑証理」と菩提を障げる煩悩を断ち切って真理と一体となると説くのが、主流でした。それに対して、浄土教は自力の行のできない者、断惑証理の不可能な「薄地の凡夫・底下の群生」以外の何ものでもない凡夫のために、やむを得ず説かれた教えであって、聖道門仏教においては、寓宗、仮のもの、方便でしかないと伝えられてきたわけです。そこから、それを逆転して浄土宗として独立し、確立されたのが法然上人の一大改革で、識者によってドイツのマルティン・ルター（一四八三～一五四六）に匹敵する事業であったと言われることです。

聖道門仏教は、断惑証理、涅槃のさとりを開いて仏となるということが仏道修行の実践目的であることを、人間の資質や時代の衰微とはまったく無関係に主張してきました。けれども、その目的を達成することは、大乗仏教の修道論において三大阿僧祇劫の修行と説かれることにもなりました。阿僧祇という長い修行の時を三遍も繰り返して、今生において不可能であれば、未来においてでも追求されたことから、阿弥陀の浄土という環境の整った修行の場所として考えられたことがあります。それほどまでに、仏となることは容易ならないということが、主流としてきた聖道門仏教の説くところでありました。

現在でも、我われが仏となることは、これほど難しいことはありません。凡夫が凡夫になることすら難しいのに、その凡夫が仏になるというようなことなど考えもしないのではないですか。ところが、宗祖は、大胆不敵にも、それまでの仏教を一八〇度転回するように、「無上妙果の成じがたきにあらず」と言い切っていきます。どうして、このような確信に充ちた発言が生まれるのでしょうか。我われ人間が人間を超えた仏になる、仏の智慧と慈悲のさとりを開くことは決して難しいことではなく、そのことを間違いない、と如来の約束とはたらきを信ずる心をこの身にいただくことが難しいのだ、とおっしゃっています。

これはどういうことなのでしょうか。私どもが仏にならせていただくことは、まったく全面的に仏さまのお仕事です。「若不生者不取正覚」と誓われた、凡夫が仏にならないかぎり、私は仏にならないと約束されたのです。仏がその約束を実現するために、今現に、永劫にわたるご苦労をなさってくださっていることです。

ただ、それを我が身のためであったと身をもっていただくような信心を獲ることが難しいことですから、たとえ仏教を聞いても、ただの話に終わって、仏の本願実現のためのご苦労がいただけない。それが私の事実、生きる目的になってこないことに、人間の迷いの深さがあります。宗祖は、「無上妙果の成じがたきにあらず」と宣言され、聖道門仏教を根底から転換する大きな歴史の一大変革期を生き、聖道門の終焉を告げるところに立たれたわけでしょう。

『教行信証』後序に、

竊かに以みれば、聖道の諸教は行証久しく廃れ、浄土の真宗は証道いま盛なり。しかるに諸寺の釈門、教に昏くして真仮の門戸を知らず (『聖典』三九八頁)

とありますように、今まで自らを仏教の正統として自認してきた聖道門仏教は単なる教理となって、宗教としての役割はもはや終わり、およそ救いとは無縁なただ観念のさとりの教えとして残っているに過ぎない、と断定されました。「無上妙果の成じがたきにはあらず、真実の浄信実に得がたし」は、大変重い言葉です。

第六節　なぜ信心を獲ることは難しいのか

「信巻」に成仏は難しいことではない、難しいのは信心を獲ることだと、冒頭にあげられました。なぜ難しいのかと言えば、「如来の加威力に由るがゆえなり。博く大悲広慧の力に因るがゆえなり」(『聖典』二一一頁) ということが難信の理由としてあげられました。ところが、略本では、難信の理由ではなくて、獲信の理由、信心を我われが獲る理由、根拠として、その二つがあげられていました。二つの本を比べますと、違いが見られるということです。

成仏の確信を内実とする信心の獲得は、仏のはたらきに依るものでありますが、そのことが信じ難いのです。道を求め法を聞いて、確かなこころをいただく、というところに我われは立っています。何か自分がそうしなくてはいけないと義務づけている。その思いのところに立つかぎり、信心を得ることは不可能と言わなくてはならない。信心は人間の思いを超えたもの、信心の行者の誕生は仏の願いであり、人間の思いを超えたものなのです。自力の思いの至らなさ、間に合わないこと、そのことを照らし破ってくださるはたらきにふれることがなかったら、私どもは自分の思いのなかで、狭い閉鎖的世界、辺地懈慢疑城胎宮と言われる方便化身土にとどまることで終わっていくのです。人生を完全に燃焼しないままで終わる。涅槃といわれる完全燃焼に至らない状態で終わっていくことです。しかし、難信の身ではあるけれども、如来の加威力、大悲広慧の力によって信心が獲られるのであるとおっしゃった、それが「信巻」の内容です。

それに対して、略本では難信の理由として、「信巻」になかった二つが挙げてありました。

往相の回向に由らざるがゆえに、疑網に纏縛せらるるに由るがゆえなり
（『聖典』四〇五頁）

というものです。「如来の回向によらない」、「疑網に纏縛される」という二つです。これは「信巻」では見当たらなかったことでした。ここに人間の迷いの深さが示されています。「疑網」について、ある先輩の説によれば、『教行信証』「信巻」別序に「定散の自心に迷いて金剛の真信に昏し」と示すというものです。浄土門に帰しながら、ただ念仏に徹しきれない人びとのあり方を問題にされ、それは「化身土巻」本

巻において、第二十願の機として問われた罪福信の問題です。幸せを求めるために悪をおそれる罪福信に執われるために、仏智の不思議を疑い、仏智の不思議を信じようとしない。我われの思いを超え、思いを破った深いはたらきが領解できないことを、宗祖は問題にされていかれたわけです。そこに、不了仏智ということがあって、それが我われにとっては回心懺悔を契機として不了仏智が破られ、仏智の不思議を明らかにさとるのです。「明了仏智」「明信仏智」という深い信心の智慧が開かれる。『正像末和讃』の言葉でいえば、「念仏の智慧」によって「信心の智慧」を得て、その「信心の智慧」をこの身にいただいていく。それを明らかにされたものと領解できるのです。

ですから、略本では「信巻」になかった難信の理由を二つ挙げられたのは、そこに自力心についての厳しい内省が示されてあることが知られます。「信巻」で難信の理由とされた二つのことが、略本になりますと、同時に獲信の理由ともなります。

「如来の加威力に由る、大悲広慧の力に因る」ことが信じ難いことで、これが難信の理由ともなる。難信の理由は「信巻」の方では二つでしたが、それに加えられた二つの合計四つとも、難信の理由を明らかにするものと見ることができないでもない。事実、そのように先輩方で領解なさっている方もおられます。難信の理由がそのまま獲信の理由でもある。これは「信巻」も略本も同じです。ややこしいことを申したようですが、まったく別個なものではないことです。

「如来の加威力」「大悲広慧の力」を信ずることができない。それは如来回向の心を信じないから疑網に纏縛されるのであり、その逆でもあります。本当に仏智の不思議を信じない。信じないことは、信じようとしない、信ずる心を毛頭持ち合わせていないことです。我われは「信ずる」といとも簡単に口にしますが、信ずる心は我われにはない。曽我量深先生は、「仏さまが私を愛し、私を信じておってくださるから、私どもは仏さまを信ずることができるのです」とおっしゃった。そういう言葉を今生においてどれだけ聞いて、その言葉に育てられていくかが大事なのでしょう。

第七節　「大慶喜心を得る」ということ

真実の浄信を獲れば、大慶喜心を得るなり。（『聖典』四〇五頁）

という結びになります。信心の利益、信心を獲たものの歓び、功徳というものを、「大慶喜心」という言葉で表されました。そのもとは、『大経』下巻の第十八願成就文です。

あらゆる衆生、その名号を聞きて、信心歓喜せんこと、乃至一念せん。心を至し回向したまえり。かの国に生まれんと願ずれば、すなわち往生を得て不退転に住す。唯五逆と誹謗正法とを除く。（『聖典』四四頁）

そして、流通分にも、

それ、かの仏の名号を聞くことを得て、歓喜踊躍して乃至一念することあらん。当に知るべし、この人は大利を得とす。すなわちこれ無上の功徳を具足するなり。（『聖典』八六頁）

とあります。宗祖によって「行の一念」とおさえられたところにも、聞名の益が「歓喜踊躍」とあります。そういう「歓喜」「大慶喜心」です。「歓喜」「慶喜」とは、どちらも「よろこぶ」です。『歎異抄』にも「天におどり地におどるほどによろこぶべきこと」（『聖典』六二九頁）と、信心はよろこびの心となって、私を突き動かしてくださる。天に踊り地に躍るほどになりえなくても、深いよろこび、静かなよろこびとして、私どものうえにはたらいてくださる。それが信心のお徳です。

このよろこびの内容について、「大慶喜心を得というは」とあって、三文引いています。

『経』（大経）に言わく、「それ至心に安楽国に生ぜんと願ずることあれば、智慧明らかに達し、功徳殊勝なることを得べし」と。取意　（『聖典』四〇五～四〇六頁）

これは『大経』下巻の悲化段の文です。悲化段は三毒五悪段とも言われ、我われ凡夫の痛ましい愚かな相を詳しくお説きくださったところです。身に如来の智慧が開け、そして名号によって如来の真実功徳がこの身に満ち満ちてくださる。それを大慶喜心の内容として引用されたことです。この大慶喜心を得た人について、

また、『経』（如来会）に言わく、「この人はすなわちこれ大威徳の者なり」、また「広大勝解の者なり」と説けりと。已上　（『聖典』四〇六頁）

とありますのは、『如来会』の別々の経文からお引きになったものです。

宗祖は、信心は自ずから歓喜となり慶喜となることを大事にされ、『一念多念文意』や『唯信鈔文意』に丁寧な註釈が施してあります。『一念多念文意』を見ますと、

『無量寿経』の中に、あるいは「諸有衆生　聞其名号　信心歓喜　乃至一念　至心回向　願生彼国　即得往生　住不退転」と、ときたまえり。　（『聖典』五三四頁）

とあって、その一字一句について註釈を施してくださっています。そこに、

「歓喜」というは、「歓」は、みをよろこばしむるなり。「喜」は、こころによろこばしむるなり。う

べきことをえてんずと、かねてさきよりよろこぶこころなり。

（『聖典』五三四～五三五頁）

とあります。ここで身と心について解釈されています。さらに「うべきことをえてんずと」と言われていますが、「うべきこと」とは何か。さきほどの言葉で言いますと、「無上妙果」でしょう。このうえなき妙果、それは滅度のさとりを開き仏となることです。それがまさしく決定した正定聚不退の位です。それを「すでに獲た」ことであり、「必至」と言われるように、必ず一生を尽くしてそこに至りつくように、如来のはたらきによって約束づけられてある。この迷いの一生を尽くし、業を果たして滅度、涅槃に至ることが具体的には、「臨終一念の夕、大般涅槃を超証す」（『聖典』二五〇頁）と表されています。この肉体のいのちが終わるときは、人間の肉体からいえば最期であるけれども、しかし、その死はそのまま実は浄土への誕生、化生のときであり成仏のときであるという人生をいただくことです。

「歓喜」という言葉について、さきほどは本願成就の文についての解釈でしたが、流通分にも見られることは、先に申したところです。『一念多念文意』に、

「歓喜」は、うべきことをえてんずと、さきだちて、かねてよろこぶこころなり。「踊」は、天におどるという、「躍」は、地におどるという、よろこぶこころのきわまりなきかたちなり。慶楽するありさまをあらわすなり。「慶」は、うべきことをえて、のちによろこぶこころなり。「楽」は、たのしむこころなり。これは、正定聚のくらいをうるかたちをあらわすなり。

（『聖典』五三九頁）

と言われており、宗祖のよろこびがいかに深く尽きることのないものであったかが窺われます。うべきことをかねて先だっていただくということを、宗祖は本願成就文と流通分に同じようにいただいていかれます。

『一念多念文意』とほとんど同じ領解が『唯信鈔文意』にも見られます。

この信心をうるを慶喜というなり。慶喜するひとは、諸仏とひとしきひととなづく。慶は、よろこぶという。信心をえてのちによろこぶなり。喜は、こころのうちに、よろこぶこころたえずして、つねなるをいう。うべきことをえてのちに、みにも、こころにも、よろこぶこころなり。

（『聖典』五五五～五五六頁）

これによっても、宗祖にとって信心がよろこびであることは非常に重いことであったことがよくよく知られます。およそ、よろこびにならない信心は真実の信心ではないと言っていいのでしょう。信心が本当の信心であるならば、それがたとえ「浄土真宗に帰すれども真実の心はありがたし」（『聖典』五〇八頁）というような悲歎の表現をもっていても、同時にもっとも深い慶びを反顕するものです。そこに、二種深信における悲喜交流があります。

難信について、宗祖が『教行信証』に引用になった元照の『阿弥陀経義疏』と、お弟子の戒度（生没年不明）の『阿弥陀経義疏聞持記』（以下『聞持記』と略称）というお書物がその典拠として注意されます。どちらも宋代・南宋の人であり、宗祖と同時代人でありますが、宗祖はその元照のお書物を非常に大事にされたことをあらためて注意されました。元照にはほかに『観経義疏』『阿弥陀経義疏』があります。

また云わく、念仏法門は愚智・豪賤を簡ばず、久近・善悪を論ぜず。ただ決誓猛信を取れば、臨終悪相なれども十念に往生す。これすなわち具縛の凡愚・屠沽の下類、刹那に超越する成仏の法なり。「世間甚難信」と謂うべきなり。

（『聖典』二三八頁）

戒度の『聞持記』には、この文について註釈してあり、宗祖は引用されています。

『聞持記』に云わく、不簡愚智　性に利鈍あり、不択豪賤　報に強弱あり、不論久近　功に浅深あり、不選善悪　行に好醜あり、取決誓猛信臨終悪相　すなわち『観経』の下品中生に地獄の衆火一時に倶に至ると等、具縛凡愚　二惑全くあるがゆえに、屠沽下類刹那超越成仏之法可謂一切世間甚難信也　屠は謂わく殺を宰どる、沽はすなわち醞売、かくのごときの悪人、ただ十念に由ってすなわち超往を得、あに難信にあらずや、と。

（『聖典』二三八頁）

「具縛の凡愚、屠沽の下類」とあるのは、煩悩にがんじがらめに縛られた凡夫、物を売り買いするところの下類、社会の底辺で生きている者、言わば無告の民といわれるものです。苦悩の大地に密着して重き業を抱えて生き続ける者が、一刹那に無始時来の生死輪廻を超越して仏となる道、それが念仏の法門であることです。しかし、そのことははなはだ信じ難いことである、と説かれた元照の『阿弥陀経義疏』と戒度の『聞持記』を、宗祖は『唯信鈔文意』に『五会法事讃』の文を註釈されて、

自力のこころをすつというは、ようよう、さまざまの、大小聖人、善悪凡夫の、みずからがみをよしとおもうこころをすて、みをたのまず、あしきこころをかえりみず、ひとすじに、具縛の凡愚、屠沽の下類、無碍光仏の不可思議の本願、広大智慧の名号を信楽すれば、煩悩を具足しながら、無上大涅槃にいたるなり。具縛は、よろずの煩悩にしばられたるわれらなり。煩は、みをわずらわす。悩は、こころをなやますという。屠は、よろずのいきたるものを、ころし、ほふるものなり。これは、りょうしというものなり。沽は、よろずのものを、うりかうものなり。これは、あき人なり。これらを下類というなり。

（『聖典』五五二～五五三頁）

とあり、「具縛の凡愚・屠沽の下類」という言葉が丁寧に確かめられています。

第八節　信心を獲た人の語る難信の課題

曽我量深先生の『「信の巻」聴記』を読みますと、難信とは、信心を獲た、獲信によってはじめて信じ難いことを思い知らされることで、信心を獲ることを抜きに、獲信なくして難信を説くのは教えを説くだけの人である、という言葉が見えます。ですから、難信とは、ただ難しいのではなくて、遇い難き教えに出遇い、教えをこの身に聞きとり、受け止め信受することができた、その獲信の人においてはじめて、それがいかに信じ難いものであるということが身にしみて知られるのであって、獲信を抜きにして難信を語るのはただの話である、とおっしゃっています。

そのことが「信巻」と略本の浄信章に説かれてあるわけですが、宗祖は「化身土巻」において、その信じ難いということはほかならない自力の心によってであることを追求されています。なかでも、第二十願の問題は宗祖によって初めて注目された本願であると言っていいもので、自力の執心を深く問われた宗祖の眼をもって見出された問題でありました。たとえ念仏の教えに出遇い、その教えにしたがって念仏する身となっても、しかもなお自力の心は離れ難く捨て去ることが容易でない。その自力の心は、罪をおそれて幸せを願って生きる心を核とするものであり、人間の良識から言えば真摯な心であると考えられます。けれども、まっとうな正しい心と思えるその真面目さが、実は、その底に自分を信頼し、我が心を頼みとし、我が力を当てにする自力心を根としていることです。そして、そのことに目が覚めず気づこうとしないのです。しかしながら、仏智の不思議により、どのような人であろうとも、仏の本願のおはからいによって、一切の迷いや執われを超えて、さとりの世界である真実の開かれたお浄土に至り、そこに生まれることができる。そういう道に出遇い、その道を歩む者になることが容易でない。それこそ最後の我執ともいうべきことを、宗祖は取り上げられ、追求されたことです。

身近なところで言いますと、『歎異抄』第九条の冒頭に示された唯円の問いです。

「念仏もうしそうらえども、踊躍歓喜のこころおろそかにそうろうこと、またいそぎ浄土へまいりたきこころのそうらわぬは、いかにとそうろうべきことにてそうろうやらん」と、もうしいれてそうらいしかば、「親鸞もこの不審ありつるに、唯円房おなじこころにてありけり。よくよく案じみれば、天におどり地におどるほどによろこぶべきことを、よろこばぬにて、いよいよ往生は一定とおもいたまうべきなり。（『聖典』六二九頁）

念仏申すことにあるべき姿を期待するが、期待通りの身や日暮らしにならないことで苦悩せざるを得ない人間のあり方、そこにおける自力心が問われていることです。

『教行信証』「化身土巻」には、この娑婆世界は釈迦、諸仏、善知識の教化をいただかなければ救われない世界であり、そして、阿弥陀の仮令の誓い、果遂の誓いに呼び覚まされていくほかはない世界であることが、理を尽くして明らかにされています。「仮令の二字をおかる。もしさもありぬべくはと、いえるこころなり」（『聖典』六七五頁）と表された、阿弥陀のこの私への呼びかけ、仏の本願に気付いてくれるようにという祈りが衆生のうえにはたらいてくださって、ようやく我われの手が合わされるのでしょう。たとえ、それが仕方なしであろうと、あるいは真似ごとに過ぎないものであろうとも、お念仏申すのです。そのことを縁として、果たし遂げねばおかない願力として深く強くはたらいてくださる。そこに、自力心によって閉ざされた方便化土を超えて、万人に開かれた大涅槃界としての真実報土への往生を遂げさせていただくこととなるのです。

そういう宗教における究極的な問題が取りあげられているのが、『教行信証』の第六巻、「化身土巻」であり、さきほどの難信という問題が注意され、『大経』『観経』『小経』の三経にわたって、真実と方便の関わり、隠顕という宗祖の経典解釈が示されてあります。

法然上人の教学は、「廃立」という言葉で表されます。聖道門において説かれる自力の菩提心や一切の自力の諸行を、凡夫の救いにとっては無効なるものとして廃棄し、そして、選択本願念仏のひとつを立てられました。それによって、一乗の法と言われる平等の救いを明らかにされるのが法然上人の教学で、第十九願から第十八願への展開と言われるもので、自力の無効であることをどこまでも深く知ることによって、他力の真実に帰すことです。

宗祖はそれを受け、廃せられるべきもの、捨てられるべきものが説かれなければならなかった必然的、内面的理由を問われました。はじめから選択本願念仏のひとつを説くことでなくて、自力無効であることを明らかにしなければ真実というものが表しえない意味を問題にしていかれたのが宗祖の教学です。そこから経典をいただいていかれるうえで、隠顕を尋ねあてていかれました。表に現れた教えと、教えの内面に深く隠されてある密意、仏の深いお意です。真実が方便を通してより明らかにされる、あるいは、方便を通さなければ真実が明らかにならない。それほどに、人間は真実に背き真実から離れて生きている。そこに、方便という大きなはたらきがあることを明らかにされました。

方便とは、もともと近づくということであり、如来の方から、自力による救い、さとりを求める我われの要求に応じて、その要求を、駄目なこと、愚かなことだとはじめから全面的に否定してしまわれるのではなくて、衆生の要求に応じながら、要求の限界、過ちを教えていかれることです。

宗祖は、その要求について、自力によって身、口、意の乱れ心をつくろい、めでとうなして浄土に生まれようとするこころである、と教えられました。自分の力で自分を立派に作りあげ、そして、往生人としての資格を成就して、救われようとする。極端に言えば、曽我量深先生がおっしゃったことですが、教えを聞き道を求めていることを、救われる資格を持てる者の権利として、仏に救済の義務を要求することです。我われは聞法すれば聞法したところで、教えを聞き念仏していることを権利として、一方的にその正当性を主張し、仏に向かって救いの義務を要求するという憍慢に堕するのです。どこまでいってもそのような自己中心の立場から離れられないので、仏をも我が思いのままにしようとする思い上がった根性が捨てられず、そこから一歩も離れることができないでいるのです。

そういうことを徹底して明らかにすることを通して、我われの救いにとって自力の無効であること、自分の力で自分の身ひとつすらどうすることもできない、有限な人間であることを徹底して知らしめることによって、それまで隠密にされてあった真実、大悲本願のまことを明らかにされるのです。そういうことが隠顕釈という宗祖の独自な聖典理解として説かれていくのです。

『観経』に准知するに、この経にまた顕彰隠密の義あるべし。（『聖典』三四四頁）

「この経」とは『小経』のことです。『観経』の表には、「憂悩なき処」（『聖典』九二頁）、「清浄の業処」（『聖典』九三頁）である浄土を願う韋提希の求めを縁として定散二善が説かれました。韋提希の求めに応じてと申しましたが、その際、韋提希が直接釈尊に求めたのは定善の法で、心を静めて浄土を観ることでした。ところが、釈尊の深い大悲は、心を静めて浄土を観たいと願う韋提希のうえに、心の静まることのない散善の機であることを見透かされました。しかも、その散善の機こそは韋提希、そして未来世の衆生としてのありようである、ということが釈尊によって見出されていったのです。ですから、釈尊は求められた定善について、韋提希の要求に応じて浄土を観、仏を観、仏にまみえる道を十三観にわたって説かれました。それに対して、韋提希の本性、あるいは阿闍世や仏滅後の衆生に対しては、求められない散善を仏自ら進んで説かれたのです。それによって定善の不可能なことを知って、散善を努めよと教えて散善九品を説き、上品や中品の機ではなくて、それらに破綻していく一生造悪の下下品の機であることを知れ、と教えられたことです。まさに唯知作悪・一生造悪の凡夫――悪のみを知って何ひとつ善をなしえない――と知って、称名念仏の教えに帰せよと大悲方便を尽くして勧められる。そこに、『観経』を説かれた釈尊の深く隠された本願のまことがあります。

それに対して、『小経』にも同じように隠顕のあることを宗祖は注意されたことです。

「顕」と言うは、経家は一切諸行の少善を嫌貶して、善本・徳本の真門を開示し、自利の一心を励まして、難思の往生を勧む。（『聖典』三四四頁）

と、念仏による難思往生を勧められます。『観経』に定散二善をもって説かれたような、一切の自力の行を否定して、善の本、徳の本となるまことの門を開くところの念仏を説かれたわけですが、そこでも方便して、一心に励む自力の称念、「一心不乱」「執持名号」（『聖典』四二〇頁）とあり、それを説かれてあることです。それを受けられまして、「「彰」と言うは」と言って、『阿弥陀経』の教えを通して明らかにされる如来の真実について、

「彰」と言うは、真実難信の法を彰す。これすなわち不可思議の願海を光闡して、無碍の大信心海に帰せしめんと欲す。良に勧めすでに恒沙の勧めなれば、信もまた恒沙の信なり（『聖典』三四五頁）

と彰わされてあります。ただ念仏によって救われることはまことに極難信の法です。しかし、その信じ難い法である念仏のほかに、すべての人が選びなく平等に救われていく道はどこにもないことです。

櫻部建先生（一九二五〜二〇一二）は口ぐせのように、「私は学問をやって来た声聞の徒であるため、真宗の教えに出遇いながらも素直にお念仏申すということがなかなか容易ならないことである。そういう身にとって、こころしている御和讃がある。これがあるからありがたい」と言われます。その御和讃は、

信心のひとにおとらじと
疑心自力の行者も
如来大悲の恩をしり
称名念仏はげむべし（『聖典』五〇六頁）

です。「称名念仏はげむべし」、櫻部先生は、これは自分のために与えられた御和讃で、自分は念仏を励むよりほかに他力の念仏に帰することができない業の深い身であることをいつも心に銘じておられるようです。私もその通りであることを強く思います。先生からいただいた葉書では、香樹院徳龍師（一七七二〜一八五八）という大谷派のご講師ですが、そのお言葉として、「わかってもわからなくても念仏申すこと、そうすれば念仏申している間に、その念仏が他力の念仏であることを思いしらされる」とおっしゃっている。そのことをありがたくいただくことを書いて寄こされました。

「称名念仏はげむべし」ということ、それが『阿弥陀経』に書かれた「一心不乱執持名号」（『聖典』一二

九頁、取意）ですが、それを通して、ありがたいとかありがたくないということを一切問わず、なにごころなく、ただ念仏する。そして、そのことに満ち足りていくことが表されているのです。

第九節　専修にして雑心なるもの

第二十願に説かれた真実の世界を開く門となる念仏についての解釈の結びに、「専修雑心」（『聖典』三四三頁）が説かれます。いまの「称名念仏はげむべし」（『聖典』五〇六頁）と同じですが、専ら念仏しておりながら、自力の執心がいかに離れ難いかということです。

そこに、善導大師の文によって、

真に知りぬ、専修にして雑心なるものは大慶喜心を獲ず。（『聖典』三五五頁）

と言われています。略本にも、信の徳として「大慶喜心を得るなり」（『聖典』四〇五頁）とありましたが、専修にして雑心なるものは心底から喜ぶことができない、といっています。聞法し念仏しながら心底から喜ぶことができないことです。

そのあとに「かるがゆえに」と言って、善導大師の『往生礼讃』に示された雑修についての十三失から、前の九失はすでに第十九願の証明として引かれてあり、後の四失を第二十願の過失の証文として引用されています。

かるがゆえに宗師（善導）は、「かの仏恩を念報することなし、業行を作すといえども心に軽慢を生ず。常に名利と相応するがゆえに、人我おのずから覆いて同行・善知識に親近せざるがゆえに、楽みて雑

縁に近づきて、往生の正行を自障障他するがゆえに」（往生礼讃）と云えり。（『聖典』三五五～三五六頁）

そのあとに、「信巻」の真仏弟子釈と同じように「悲しきかな」と書き出され、凡愚の深い悲歎が語られています。

悲しきかな、垢障の凡愚、無際より已来、助・正間雑し、定散心雑するがゆえに、出離その期なし。自ら流転輪回を度るに、微塵劫を超過すれども、仏願力に帰しがたく、大信海に入りがたし。良に傷嗟すべし、深く悲歎すべし。（『聖典』三五六頁）

「悲しきかな」という言葉は、『教行信証』に二か所あります。そのひとつ、「信巻」の真仏弟子釈の「悲しきかな」（『聖典』二五一頁）は、「愚禿親鸞」という名告りにおいて、「釈」と仏弟子とすら名告ることができない、親鸞における深い悲しみですが、その悲しみは「悲喜交流」といわれますように、「愛欲の広海に沈没し、名利の太山に迷惑しながら定聚の数に入らしめられ、真証の証に近づかせていただく有り難さ」（『聖典』二五一頁、取意）を表されたものであり、悲しみと喜びがひとつであることでもあります。

しかし、ここの「化身土巻」の「悲しきかな」は、同じ言葉でありますけれども、念仏しながら救われ難い人間のありようを、我が身を通して歎かれたお言葉です。「垢障の凡愚、無際より已来、助・正間雑し、定散心雑するがゆえに、出離その期なし」、さらに「無有出期」という言葉が『大経』下巻の悲化段に出てきますが、それは、善導において「無有出離之縁」（『聖典』二一五頁）と表されました機の深信へと展開していきます。

そして、

おおよそ大小聖人・一切善人、本願の嘉号をもって己が善根とするがゆえに、信を生ずることあたわず、仏智を了らず。かの因を建立せることを了知することあたわざるがゆえに、報土に入ることなきなり。

（『聖典』三五六頁）

と続きます。「かの因を建立せることを了知することあたわざる」とは、如来によって建立された本願のお意を正しく知って生きることができないこと、そして、その者は「報土に入ることなきなり」とあり、続いて、三願転入の文が説かれます。そこに、いかに信心を獲ることが容易ならないことであるか、真に悲しむべきことが示されてあります。

ただ念仏することが、人間にとってどれほど容易でないか。念仏を必要としないほどに、人間は自分の力をあてにし、自分の力に頼りきっています。それこそ、自力無効の身の事実を知らない、我が身知らずのあり方であると言わなくてはならないのでしょう。自分の力では自分の体すらどうにもならない。それだけでなくて、我が心もどうにもならない。清沢先生は、「身も心も我が自力の及ぶところにあらず」とおっしゃっていました。すべてをあげて自力無効といわなければならない、そのお手あげの状態が南無の大地に至ったものの姿であります。

難信の法がこの身にうなずかれいただかれたことは、永劫の初事ともいうべきものですが、その獲信における喜びの心境を『唯信鈔文意』は次のように表されています。

この信心をうるを慶喜というなり。慶喜するひとは、諸仏とひとしきひととなづく。慶は、よろこぶという。信心をえてのちによろこぶなり。喜は、こころのうちに、よろこぶこころたえずして、つねなるをいう。うべきことをえてのちに、みにも、こころにもよろこぶこころなり。信心をえたるひとをば、「分陀利華」（観経）とのたまえり。

（『聖典』五五五～五五六頁）

そして、『称讃浄土経』によって、「この信心をえがたきことを、『経』（称讃浄土経）には「極難信法」とのたまえり」（『聖典』五五六頁）と示し、次いで、『大経』の流通分から、

しかれば『大経』には「若聞斯経　信楽受持　難中之難　無過此難」とおしえたまえり。

（『聖典』五五六頁）

と引用して、信ずることのまことに容易ならないことを詳しく説かれ、十方諸仏の証誠護念、釈迦、弥陀二尊の方便によってのみ無上の信心をいただくことができることを懇切に示されています。そこには、宗祖の悪戦苦闘の求道の歩みが語られてあるというべきでしょう。それが『教行信証』においては三願転入として展開されていく必然的な理由であったと思います。

第十節　信の対比から見る広略二本の違い

「信巻」と略本の対比について、両者の本文を図示してみました。

	「信巻」		略本浄信章
	しかるに常没の凡愚・流転の群生		しかるに薄地の凡夫・底下の群生
A	無上妙果の成じがたきにあらず 真実の信楽実に獲ること難し	a	浄信獲がたく、極果証しがたきなり
	何をもってのゆえに		何をもっての故に

B	いまし如来の加威力に由るがゆえなり
	博く大悲広慧の力に因るがゆえなり
	たまたま浄信を獲ば
	この心顛倒せず、この心虚偽ならず

b	①	往相の回向に由らざるがゆえに
	②	疑網に纏縛せらるるに由るがゆえなり
c		いまし如来の加威力に由るがゆえに
		博く大悲広慧の力に因るがゆえに
		清浄真実の信心を獲せしむ
		この心顛倒せず、この心虚偽ならず
		信に知んぬ
d	①	無上妙果の成じがたきにはあらず
	②	真実の浄信実に得がたし

広本と略本の関係

一、Aとaの関係　Aは易証・難信
　　　　　　　　aは難信・難証

二、難信の理由　BはAの理由でありつつ、獲信の理由となる
　　　　　　　　bはaの理由であるが、b②の問題が残る（罪福信による仏智疑惑）

三、Bとcの関係　Bは難信の理由
　　　　　　　　cは獲信の理由

四、Aとdの関係　d①は浄土真宗の独自性（聖道門仏教の批判）
d②は獲信における内省

「信巻」で「無上妙果の成じがたきにあらず、真実の信楽実に獲ること難し」（『聖典』二一一頁）とあるのが、略本では「浄信獲がたく、極果証しがたきなり」（『聖典』四〇五頁）と順序が逆になっています。「信巻」では、我われが無上妙果、涅槃のさとりを開いて仏となることはけっして難しいことではないとあり、これまでの仏教が根本から転換するような大変な発言で、仏になることは大乗仏教の修道論では、聖者といえども三大阿僧祇劫を要する至難な行でありますが、底下の凡夫において難しくないということは口が裂けても言えない言葉を、宗祖は言い切っています。そこには、易証・難信、難信・難証という違いがあり、その意味において、厳しいのは略本の方かもしれません。因である信心が獲られないかぎり無上涅槃のさとりを開くことは不可能であることです。

二番目に、信じ難いのは何故かという問題です。「信巻」では、「如来の加威力」（『聖典』二一一頁）と「大悲広慧の力」（『聖典』二一一頁）によるからである、と二つの理由を挙げていました。一説には、如来の加威力は釈尊のはたらき、大悲広慧の力は阿弥陀のはたらきと言われ、別説には、加威力は本願の成就したまう阿弥陀の光明・名号のはたらきであり、大悲広慧力はその内にはたらく法蔵因位の願行をいうという解釈があり、両説が「信巻」では難信の理由になっています。

ところが、略本では、「信巻」にはない二つの理由を挙げられました。その二つの関係はただ二つ並べてあるわけではありません。「往相の回向に由らざるがゆえに」（『聖典』四〇五頁）とは、『教行信証』「教

巻」に、

謹んで浄土真宗を案ずるに、二種の回向あり。一つには往相、二つには還相なり。往相の回向について、真実の教行信証あり。（『聖典』一五二頁）

とあります。教行信証とは、真実の教えがあり、その教えの法がこの身にはたらき、私の称名念仏となってくださることによって、本願の真実がこの身にいただかれ、正定聚不退転の身となって、必ず滅度というさとりの境界に至ることです。『歎異抄』の第十二条の言葉で言えば、

他力真実のむねをあかせるもろもろの聖教は、本願を信じ、念仏をもうさば仏になる。そのほか、なにの学問かは往生の要なるべきや。（『聖典』六三一頁）

と、唯円がいただいています。

「往相の回向に由らざるがゆえに」（『聖典』四〇五頁）、「往相の回向について、真実の教行信証あり」（『聖典』一五二頁）というのですから、教行信証とは、念仏と信心、大行と大信、その行信の道です。その救いの道である行信、念仏の信心に依らないのは何故かというのが、「往相の回向に由らざるがゆえに、疑網に纏縛せらるるに由るがゆえなり」（『聖典』四〇五頁）であると思います。仏智不思議という如来のはたらきに対する疑い、自分に対する信頼の心もないがゆえに、人間に巣くっている根深い疑いが、念仏の信心を受け入れようとしないのです。

ところが、たとえ往相の回向である行信の道に出遇い、行信の道に生きる者となったことを通して、罪福信による仏智疑惑の心という自力心がいよいよ出遇った念仏によって明らかにされてくることです。それが第二十願の問題で、念仏しながらも、念仏において仏智の不思議を信ずるのでなく人間の努力によっ

て少しでも善を励まなければ、という道徳的立場にとどまって、生死のすべてを如来の本願力に乗托して生きるということにならない罪福信による仏智疑惑で、如来の本願の不思議なはたらきを疑い、どこまでも自我の思考範囲、自分中心のところにとどまっているのです。それが破られるのは、よき師・よき友との出遇いと対話、共生としての交流が開かれることによります。そうならないからこそ、この人生を生きることを重く感じさせるのではないでしょうか。

難信の理由を略本に挙げてありますが、「往相の回向に由らざるがゆえに」ということに違いないけれども、その理由はどこにあるかといえば、「疑網に纏縛せらるるに由るがゆえなり」という我われのところにあるのです。その疑網は、たとえ往相回向である真実の行信、念仏の道に出遇ったとしても、直ちに解放されるものではないのでしょう。

そうであるからこそ、「果遂の誓い、良に由あるかな」（『聖典』三五六頁）と、如来の本願力をあおぎ、その真実に頷くばかりなのではないでしょうか。如来のまことが果たし遂げずにはおかない、救いとらなければおかないと約束してくださった、その阿弥陀の本願に出遇ったればこそと、甚深の謝念をもっていただくほかはないのです。

獲信の理由を挙げることが「信巻」にはなく、「信巻」では難信の理由であったものが略本では獲信の理由として意味を変えて説かれていることは、逆に言えば、「信巻」における難信の理由は、同時に獲信の理由となるもので如来の加威力、大悲広慧の力によるがゆえに、信じ難い念仏の法、念仏の道がこの身にいただけるのです。信心はまったく如来よりたまわりたるもの、如来の清浄願心の回向成就したまうところのものですから、難信の理由がそのまま獲信の理由となるのです。そのことを表すのが『略本』のc

の説であるといただきます。問題なのは最後に残るd、「無上妙果の成じがたきにはあらず、真実の浄信実に得がたし」で、「信巻」では最初に挙げられた言葉ですが、略本では最後の結びのところに置かれています。はじめの「無上妙果の成じがたきにはあらず」とは、仏教のなかにおける浄土真宗の独自性を表されたお言葉で、すべてが如来のはたらきによること、凡夫が娑婆を超えて涅槃のさとりを得て仏となることは、全面的に如来のはたらきによることであるという浄土真宗の独自性を明らかにされたものです。それに続く「真実の浄信実に得がたし」という言葉について、私は獲信に於ける内省と書きました。けれども、曽我量深先生の『「信の巻」聴記』を繰り返し読んでおりましたら、難信ということが本当に言えるのは、信心を獲た人、獲信の人においてであり、獲信なくして難信を語るのはただの説教者に過ぎないというようなお言葉がありました。

まさに獲信における難信の悲しみ、そして、その難信の悲しみは獲信の喜びとなるのです。そこに、悲しみが喜びに転ずる悲喜交流が内にあり、それによって信心が常に展開していくダイナミズムがあるという生きたはたらきがそこに見られると思います。悲しみが悲しみだけに、喜びが喜びだけにとどまるならば、それはどこかで固定化し、観念化していくことになり、それを破っていくのは、悲しみと喜びとが一体として展開していく悲喜交流ということ、機の深信と法の深信の深い関わりという緊張関係であるといただけると思います。

第十一節　歓喜と慶喜

次に、「真実の浄信を獲れば、大慶喜心を得るなり」（『聖典』四〇五頁）というところですが、「歓喜」と「慶喜」という語については、宗祖の用語例では区別があります。

「歓喜」という言葉については、『一念多念文意』に、

「歓喜」は、うべきことをえてんずと、さきだちて、かねてよろこぶこころなり。「踊」は、天におどるという、「躍」は、地におどるという、よろこぶこころのきわまりなきかたちなり。慶楽するありさまをあらわすなり。「慶」は、うべきことをえて、のちによろこぶこころなり。「楽」は、たのしむこころなり。（『聖典』五三九頁）

とありますが、宗祖の思考方法、考え方の特色があり、「歓」とは身をよろこばし、「喜」は心をよろこばす、それも身を先とすることも宗祖の領解の仕方の基本原則と言っていいと思われます。そして、身をよろこばしむる、心をよろこばしむる、とありまして、よろこぶのではなくて、よろこばしむるのです。どこまでも使役の言葉遣いで、よろこびも与えられたものです。それは、信心がよろこばしむるということでしょう。信心をいただいてよろこぶ、というよりも、いただいた信心が身をよろこばし、心をよろこばすと、いただけるのではないでしょうか。そこに、ただ信ずることに満ち足りていく、ただ念仏申すことに満ち足りていく世界があると思います。

そして、『一念多念文意』に「うべきことをえてんずと、さきだちて、かねてよろこぶこころなり」と

「うべきことをえてんず」と言われる、得べきことには二つあると思います。ひとつは、あとの「証巻」との関係で言えば「必至滅度」、必ず滅度に至ることです。「滅度」は「涅槃」ということで、「滅」は迷いのもとである煩悩を滅し、因である煩悩によって生ずる果としての生死をさらに超えるということで、もうひとつは、その滅度に必ず至る身となる「正定聚」で正しくそのことに決定したというなかま、僧伽のなかま入りをすることで開かれた僧伽の一人に加えられていく二つのことを「うべきことをえてんず」と言っておられるわけです。

もう少し立ち返って言えば、我われは一体何を得たいと催促しているのか、何を得れば満足するのかへの問い返しでもあります。そして、何十年と生きてきて、人生のなかで何をいただくことができたのか、という問い返しでもあります。

ある方は、与えられたものは求めたものとは違うとおっしゃった。人間の求めているものと、仏法を聞くことによって与えられたものとはまったく質の違うものである、ということです。それは別な言葉で言えば、我われが宗教に期待していたものは、苦しみや悩みがなくなることであったけれども、真実の宗教に出遇うと、そう願うことがいかに我われを苦しめる迷いでしかなかったかがはっきりと知らされることです。何を求めているのか、何を得れば本当に満足するのか、このままで充分でありましたと言えるのかが問われています。

宗祖は「うべきことをえてんず」とおっしゃっていますが、このことをどこまで身近なところに立ち返って、問いをいただくかです。この身に置かれている現実を通して、もう一度その言葉を深く問い返すことが聞法だと思います。

第十二節　浄信章の結び

徳の讃嘆

誠にこれ、除疑獲徳の神方、極速円融の真詮、長生不死の妙術、威徳広大の浄信なり。

（『聖典』四〇六頁）

「信巻」冒頭に信心の徳は十二挙げていましたが、略本浄信章の結びの讃嘆では四徳です。そのなかの「極速円融の真詮」と「長生不死の妙術」の二つは、「信巻」の十二徳と重なりますが、「除疑獲徳の神方」と「威徳広大の浄信」の二徳は略本にのみ示されたものです。

「除疑獲徳」、疑いを除き徳を獲ることはさきほどの難信と獲信のところと関係するのではないかと思います。「信巻」では疑いが別に出てはいなかったけれども、略本では、なぜ難信なのかと言えば、「往相の回向に由らざるがゆえに、疑網に纏縛せらるるに由るがゆえなり」（『聖典』四〇五頁）と、疑いを挙げていました。『教行信証』では「化身土巻」に、ことに第二十願について仏智疑惑が問われていますが、略本では真実の巻だけですから、「化身土巻」のように問うことがなかったですが、略本では浄信章で取りあげられていることは注意していいのではないでしょうか。

「除疑獲徳の神方」という句は、元照の『観無量寿経義疏』の「除疑捨障の神方」（『大正蔵』三七、二七九頁）によります。「神」とは「不測」、はかることができない不思議、「方」は方法で、疑いを除き障りを捨て、そして如来の功徳を獲ることが信心だとおさえてあります。

「信巻」の十二徳の一番はじめは「長生不死の神方」で曇鸞の生涯に由来します。曇鸞は、中国伝来の無量寿を得る神仙の法を求めて、南方遥か遠くの茅山に陶弘景（四五六～五三六）を訪ね、神仙術の書をいただかれました。帰路、洛陽において、インドから渡来された菩提流支に出遇って、仏教の無量寿について質問するなかで厳しく叱られ、無量寿はこの阿弥陀のほかにないという教えをいただかれました。それは略本の四徳では三番目に入れられてあります。

二番目の「極速円融の真詮」は、「信巻」にも共通していますが、「極速円融の白道」（『聖典』二一一頁）となっています。それは、信ずる一念のところに直ちに仏によって成就された無量の功徳が欠け目なく衆生に円融することです。

「極速円融」は二重の意味を持ちます。ひとつは、如来の側において、その徳のすべてが名号において成就されていることです。今ひとつは、その名号が我われにはたらき、呼びかけてくださることによって、呼びかけに目覚めた衆生における信心の目覚めに如来の徳が速やかに円満することです。「極速円融」という語には、如来における本願成就の御名を表すとともに、衆生のうえに回向成就された、信心の内面の徳を表されている頓極、頓速の法です。ただ、言葉遣いのうえで、「信巻」では「白道」とありました。「白道」とは本願念仏の道、行信の大道を表します。二河譬に、「汝一心に正念にして直ちに来たれ」（『聖典』二二〇頁）という如来の呼びかけにしたがって、その道を歩む、行信の大道を表します。

それに対して、略本では「白道」でなく「真詮」という語で表されています。「詮」とは「能詮」と述語され、「あらわす」という言葉ですから、「能くあらわす」は正しい真実の教えです。言葉のうえで「白道」と「真詮」の違いはありますけれども、意味としては別なものではありません。

三番目が「長生不死の妙術」で、四番目が「威徳広大の浄信」です。これは、さきほどの信心について、難信と獲信の意味を表されたあと、信心をいただいた者に与えられる利益、喜びとして「大慶喜心」を挙げていました。そして、『如来会』の二つの文によって、「大威徳の者」(『聖典』四〇六頁)、「広大勝解の者」(『聖典』四〇六頁)と表されましたが、それをひとつにまとめられて、浄信を結ぶ言葉として、如来の威徳広大なる徳が衆生のうえに回向成就して、清らかな信心として華開き成就せるということです。

大行と浄信の結び

しかれば、もしは行・もしは信、一事として阿弥陀如来の清浄願心の回向成就したまうところにあらざることあることなし。因なくして他の因のあるにはあらざるなり。知るべし。
(『聖典』四〇六頁)

浄信章の結びは、大行と浄信の結びでもあります。「行中摂信」という、念仏の行のなかに信心が摂まるという伝統的な用語があります。ただ念仏ということを離れて信心があるわけではなく、ただ念仏が信心のすべてであり、その中心は大行にあると領解しているのですが、その浄信の結びのところに、無因他因論が説かれてあります。

それについて、曽我量深先生は、仏教では因果という自業自得という語で表される、ものの道理、今の自分を自己の責任として受け取る言葉があります。私どもは、けっして我が身の業として現実を引き受けることにならずに、善い結果は引き受けても、悪い結果は他人になすり付けることで、自業自得にならないのに対して、仏教では因果の道理を厳しく教えられます。

同時に、それ以上に大切なこととして、因縁が説かれます。「ご縁」ということで、仏教の根本真理である「縁起」、どんなものでも無量無数の因縁によって今ここに生起して、それゆえに因縁によって滅するものである「因縁所生の法」を説きます。そして、龍樹によりますと、すべてのものは無自性であり空なるものとして、凡夫の考えるような何らの実体があるわけではないと説かれます。

縁起という法・道理は仏陀によって説かれ、大乗によってさらに徹底されたものです。三世十方にわたる無量無数の縁によって、今ここにあるのは仮にあるわけであって、けっして実体的にあるわけではないのですから、無数の縁のなかのどのような縁がひとつ欠けても今の私は存在しません。人間にかぎらず、いろいろな生物、植物、あるいは自然環境にしましても、そのどれひとつを外しても、今の私は存在しないという縁起が仏教の根本真理です。そして、大事なのは相依相待です。あい依りあい待ってあるということ、それ自体で絶対的に独立したものとして存在するものは何ひとつないことです。もちつもたれつの関係においてのみあるのです。人間も関係存在、間としての存在としてあります。そこに、仏教の深い合理性、深く智見されなければならない真理性があります。

その因縁と因果が仏教の説くところですが、普通は因果の方が問題にされて、事実として因縁がなかなか領解されないことがありますが、仏教者は因縁を大事にします。人生の諸般にわたって、それをご縁としていただくという道を教えられていくのが念仏の教えであるとされます。すべてを「ご縁で」というありがたい言葉によっていただいていく道を生涯かけて身に付けていくのが、私たちの大仕事であります。

それについて、「しかれば、もしは行・もしは信、一事として阿弥陀如来の清浄願心の回向成就したまうところにあらざることあることなし」「因なくして他の因のあるにはあらざるなり」と、無因他因を注意されています。この言葉は、『教行信証』では「信巻」と「証巻」に出てまいります。

しかれば、もしは行・もしは信、一事として阿弥陀如来の清浄願心の回向成就したまうところにあらざることあることなし。因なくして他の因のあるにはあらざるなりと。知るべし。

（「信巻」、『聖典』二二三頁）

かるがゆえに、もしは因もしは果、一事として阿弥陀如来の清浄願心の回向成就したまえるところにあらざることあることなし。因浄なるがゆえに、果また浄なり。知るべしとなり。

（「証巻」、『聖典』二八四頁）

略本では、『教行信証』に対応する二か所にもうひとつ加わります。

しかれば、もしは行・もしは信、一事として阿弥陀如来の清浄願心の回向成就したまうところにあらざることあることなし。因なくして他の因のあるにはあらざるなり。知るべし。

（浄信章、『聖典』四〇六頁）

しかれば、もしは因・もしは果、一事として阿弥陀如来の清浄願心の回向成就したまうところにあらざることあることなし。因、浄なるがゆえに、果、また浄なり。知るべし。

（証章、『聖典』四〇七頁）

しかれば、もしは往・もしは還、一事として如来清浄の願心の回向成就したまうところにあらざることあることなきなり。知るべし。

（還相回向釈、『聖典』四〇八頁）

「因なくして他の因のあるにはあらざるなり」という言葉の元は、曇鸞の『浄土論註』の下巻に国土荘厳十七種、仏荘厳八種、菩薩荘厳四種の三種荘厳が説かれてきたのを受けて、この三種荘厳はすべて法蔵の願心によって荘厳されたものであるところにあります。「荘厳」とは、曽我先生がおっしゃるように、「象徴」でしょう。「無」なるものが「無の有」として、仮にあらわれ、はたらき出したものです。そのことを「浄入願心」でおさえてあります。

「浄入願心」とは「また、さきに観察荘厳仏土功徳成就、荘厳仏功徳成就、荘厳菩薩功徳成就を説きつ。この三種の成就は願心の荘厳したまえるなりと、知るべし」といえり。「知るべし」とは、この三種の荘厳成就は、もと四十八願等の清浄の願心の荘厳せるところなるによって、因浄なるがゆえに果浄なり。因なくして他の因のあるにはあらずと知るべしとなり。（『聖典』二八九～二九〇頁）

このように説かれて、願心荘厳を道理のうえから釈明していきます。そこでは、三種荘厳として表される阿弥陀の浄土の根源である法性真如が「一法句」（『聖典』二九〇頁）で示されています。それが清浄句としてはたらくのであり、その全体が智慧、無為法身のはたらきであると言われます。

また曇鸞は、法性法身と方便法身の関係を解き明かして、不一不異の関係としてあることを二諦の道理によって論じています。そこに、真空妙用としての浄土荘厳、法性真如が浄土として象徴的に荘厳されることについて、無因他因が取り上げられています。『論註』の言葉によって、いまの宗祖の領解は示されていることです。

『論』『論註』で言われますのは、あくまでも如来の浄土に関して、法蔵菩薩の願心が元となって成就せるものであることが言われています。国土荘厳の第三に、「正道の大慈悲は、出世の善根より生ず」（『聖典』一三五頁）と説かれる性功徳釈は浄土の本質を表されたところで、はじめに真如法性そのものが法爾自然に生起し顕現せるものという「性起」について説かれています。その法爾自然に顕現せるものが三界を遥かに超えた浄土であり、「性起」ということは具体的には「修起」であり、「性起」には願力自然としてそこに法蔵菩薩のはたらき、八地以上の菩薩である聖種性の法蔵菩薩が世自在王仏のみもとにおいて発願し、永劫の修行によって完成された世界、報土としての浄土であることが性功徳のところで言われています。それが『浄土論』において、「願心荘厳」で表されたことです。

『論』『論註』において如来浄土の徳として語られた言葉が、宗祖になりますと、阿弥陀の浄土に願生していく、念仏者の信心の徳として表されています。「信巻」の真仏弟子釈では「金剛心の行人」(『聖典』二四五頁)と言われ、『歎異抄』第七条には「信心の行者」(『聖典』六二九頁)と表されていますが、信心に生きる念仏者、安田理深先生の言葉で言えば「本願の生活者」という念仏者の信心の徳として、『論』『論註』においては如来浄土を表す言葉が転用されていることです。転用されているとは、それが回向成就されていることで、我われの方に至り届けられて、我われのうえに成就されていることです。

回向について

回向という言葉は、大乗仏教に出てくる重要な教学概念です。大乗の初期に、随喜・勧請・回向と、他人の喜びを我が喜びとする「随喜功徳」、自ら得た善根をさとりの方向、あるいは他の衆生にふり向けていく「回向」、教えが永遠にすべての人びとに説かれることを願い求める「請転法輪」の三品が出てきます。それが大乗を背負って立った菩薩のもっとも基本的な願いであり行であることが、『三品経』という一番古い大乗経典のなかに説かれていることが、あとの『舎利弗悔過経』(『大正蔵』二四)という経典などによって知られています。

回向について、仏教では、さとりに向かってふり向けていく「菩提回向」と、他の人びとにふり向けていく「衆生回向」が説かれます。菩提回向は自利、衆生回向は利他ですが、その回向のあり方として、

『小品般若波羅蜜経』（『大正蔵』八）第六章の回向品には、「法性回向」が言われて、そこに回向のあり方として、「有毒の回向」が説かれています。これは、人間の自我心の雑ざった回向ですから、道理にかなわない不如実なる回向、真実ならざる回向であると説かれ、それに対して、法性回向とは一切の計らいを超えたはたらきを表すと言われています。有毒の回向を離れた法性回向によってのみ、菩提回向、衆生回向が真に成就することが説いてあります。回向をめぐってはいろいろな問題がありますが、今申し上げたことが一応の基本となり、『浄土論』と『浄土論註』の根本概念として説かれていることです。

『論』『論註』において回向が言われるのは、五念門の第五回向門においてであり、それによって得られる五功徳門の第五功徳門「園林遊戯地門」には、本願力回向によって生死の園、煩悩の林に遊戯し、神通を現じて衆生を教化することで、回向という言葉が「本願力回向」という重要な基本概念として使われています。

宗祖は、私どものうえに開かれる往相も還相も、すべては如来の本願力回向であることを明らかにされました。ただ、曇鸞は本願力回向を「増上縁」という言葉でも受け止めています。増上縁は、「弘誓の強縁」という言葉で善導や宗祖によっていただかれたように、強力なはたらきを表しますが、宗祖は、如来によって回向成就したまえるものという言葉でそれを表されました。まさに如来のはたらきが我が身のうえに念仏の信心として結実し、成就し、私自身に、私の根源的主体にまでなってくださったものです。それを宗祖は、「回向成就」という言葉で表されました。

このごろ、金子大榮先生は晩年いよいよ曽我量深先生とひとつの世界に生きられたことが、先生の『聞思室日記』（コマ文庫、一九七五年）をお夕事のときに読ませていただくことを通して強く感じています。そのなかで、よく先生が言われていることに、「「如来我となって我を救いたまう」とは、法蔵菩薩誕生のことなり」という、曽我先生が感得された根本命題がありますが、それが回向成就ということでしょう。如来でいえば法蔵菩薩となって現れたもう、その法蔵菩薩とは、如来に帰命、浄土を願生する私の主体となってはたらいてくださってあるのです。もうひとつ言えば、称名念仏そのものが、たとえそれが自力の称名念仏であろうとも、自力の称名念仏でしかありえないものが、実は法蔵菩薩のはたらきであるということです。私どもがお念仏を称えるのは、もうどうにもならなくなった悲鳴のような念仏であるけれども、その念仏が実は仏さまのはたらきそのものなのであり、ありがたくて称える念仏とは限らない世界がないと、私どものようなものは救われないのでありましょう。

無因他因と還相回向釈

さきほど、行信について無因他因が言われ、「阿弥陀如来の清浄願心の回向成就したまうところ」と示されていました。

回向成就された行信が浄土往生の因となるので、無因ではありません。如来のものですから、他因ではないかと考えられるかもしれないけれども、そうでもありません。すでにこの身に成就し、私自身の信心にまでなってあるものである以上、無因ではないだけでなく他因でもないということです。この行信を因として往相の証果、往生浄土の証果をいただき、無上涅槃、大涅槃としての浄土に生まれ仏となることが説かれるわけです。

略本では、「もしは因、もしは果」だけでなく、証章の還相回向釈のあとに、「もしは往、もしは還」という言葉で言われています。

しかれば、もしは往・もしは還、一事として如来清浄の願心の回向成就したまうところにあらざることあることなきなり。知るべし。

（『聖典』四〇八頁）

『論』『論註』において、如来浄土の徳をほめ讃える道理を明らかにすることとして表されて、いま宗祖においては、回向成就された行信のはたらきの道理として表されて、そこに、無因他因が、なく他因でもない。それはもはや自因、私どものいのちとなっているものという意味がそこにあらわされていることです。

その道理と事実によって、私ども凡夫が阿弥陀の浄土に往生を遂げさせていただき、凡夫が仏に成らせていただくのです。その一切が如来のお仕事であります。ですから、それは無上妙果の成じ難きにはあらずと表される不可思議なるできごとが、私のうえに成就してくるのです。それを「難思議往生」というのです。我われの一切の思いを超えて、人間における苦難の一生の旅がそのまま浄土往生の旅へと転ぜられていくのです。それは私どもの思議を超えた、まったく如来の難思議なる仏智のはたらき、仏力によることです。

第七章　証章を読む

第一節　「証」と救いの「あかし」

「証」と言うは、すなわち利他円満の妙果なり。すなわち「必至滅度の願」より出でたり。また「証大涅槃の願」と名づく。また「往相証果の願」と名づくべし。すなわちこれ清浄真実・至極畢竟の無生なり。

無上涅槃の願成就の文、『経』（大経）に言わく、「それ衆生あって、かの国に生ずる者は、みなことごとく正定の聚に住す。ゆえいかにとなれば、かの仏国の中には、もろもろの邪聚および不定聚なければなり」。

また言わく、「ただ余方に因順するがゆえに、人・天の名あり。顔貌端正にして世に超えて希有なり。容色微妙にして天にあらず、人にあらず。みな自然虚無の身・無極の体を受けたり」と。

また言わく、「必ず超絶して去つることを得て、安養国に往生せよ。横に五悪趣を截り、悪趣自然に閉ず、道に昇るに窮極なし、往き易くして人なし、その国逆違せず、自然の牽くところなり。」已上

（『聖典』四〇六～四〇七頁）

『大経』は本願をもっていのちとし、名号をもって体とする教え、一切の群萌が救われていく道、大乗の、一乗としての法、そして一乗究竟の極説であると明らかにされ、そのはたらきである諸仏の称名がこの身に聞かれ、我われの口を通して称名念仏が行われていく。如来と衆生の呼応の道において、如来の真実であるまことが我われ衆生の目覚めとして開かれることが真実の信心です。その信心において、如来のまことは我われのうえに至り届き、と同時に、我われはその行信によって真実のさとりに至りつくのです。如来のはたらきが至り届き、我われがまたそのはたらきによってさとりの世界に至り届く意味を表すのが証ということの意味です。

金子大榮先生の『教行信証の研究』（『金子大榮著作集』第九巻、春秋社、一九七八年）というお書物があります。金子先生の直弟子であります寺田正勝先生（一九二二〜二〇一〇）は、金子先生はこの書物によって、金子教学と呼ばれる曽我教学に匹敵する教学を確立された大事な記念碑である、とおっしゃいました。そのなかの証のところを読んでいきたいと思います。

「証」は、普通は「あかし」と読みますが、仏教ではそれを「さとり」と独自な読み方をします。原語は「adhi-gama」（アディガマ）で、歴史を超えた真実なるものが我われのうえにはたらきかけ、来たりたもう法です。その場合は、我われを呼び覚ます真実の言葉として我われのうえに来たりたもう教え、真言でもあります。そのはたらきが私どもに至り届き、真実をさとれるものとなるということです。究極なるものに向かい、そこに至りつくという二つの意味を持ちます。ひとつは教えが我われに至り届いた、そのはたらきを表し、もうひとつは、それによって我われが教えの背後であるさとりの世界に至り届くという二つの意味を持つ言葉だと領解されます。

「証」とは救いの「あかし」です。ただ念仏の信心によって救われたあかしですが、それはどこにあるのかという問題です。そのあかしは、真実の行信によって正定聚不退転の身となることが救いのあかしです。仏の約束である本願の成就であり、まさしく人生の方向が彼岸の浄土へと決定され、魂の郷里である彼岸の浄土に帰るべく生きることは、浄土あるゆえに、我われはそれを依り処として、苦難の人生に耐えて生きる力と勇気を与えられていく。そのことが正定聚不退転で救いのあかしです。それによってさとりに至る、必ず無上涅槃に至るという、さとりへの方向が間違いなく約束され、必ず至らしめるという仏の約束として、成就されたことを表します。ですから、我われは如来の強い確かな約束のもとに生かされてある身であり、逃げも隠れもできない、如来の約束のもとにおかれている身をいただいて生きていることです。

「証」は「あかし」ですが、「さとり」と読むのが仏教の独自な読み方です。「さとり」を仏教で申しましたら、煩悩が寂滅せる涅槃のさとりですが、浄土教においては、私ども凡夫が仏となることです。そのさとり「アディガマ」については、二つの意味が考えられます。

ひとつは教えです。法が言葉として説かれ明らかにされたものが教法であり、法は、浄土真宗においては、阿弥陀の本願が名号という名告り、はたらきかけを通して衆生に呼びかけ、衆生を呼び覚まし、本願の世界である浄土に呼び戻すのが浄土真宗における法の内実です。阿弥陀のはたらきが無量無数の諸仏を生み出し、諸仏によって「阿弥陀」の名が称えられ、その徳の普遍的真実が証明されていくのです。諸仏による称揚、咨嗟、讃嘆という意味を持った称名行が大切で、その場合、称名とは、本願の名号のこころに称う、本願のこころに応えることです。それが称の意味で、秤と領解されます。諸仏の称名によって、阿弥陀の本願が私どものところに至るのです。我われの目に見え、耳に聞こえるところにかぎらず、至るところに遍満しておられる無量無数の諸仏が、三世十方にわたってはたらきたもうてあるのです。それが、さまざまなかたちやご縁を通して、我われのうえに聞こえてきます。

名号、お念仏が私どもに聞かれたことは、如来の呼び声がまさに招喚の勅命として聞こえ、受け取られたことで、それが、善導大師の教えによって宗祖がいただかれた、如来の名告りとしての名号、お念仏です。「汝、一心正念にして直ちに来れ、我れよく汝を護らん」（『聖典』四一八頁）という名告りが聞こえたところでは、それに応答して念仏道を生きていくような呼応の関係、切っても切れない関係性がそこに生まれてくるのです。そのことを通して聞名が呼びかけへの応答となっていくところに、聞名がそのまま衆生においては口称念仏というかたちをとって表されてくることです。

大行、教えのはたらきによって、仏の真実、如来のいのちである本願が、我われ衆生のうえに至り届けられてくるのです。無明煩悩によって無始時来流転輪廻を重ねてきた我われ衆生が、流転の身の事実、宿世の業を重ねてきた身であることを呼び覚まされ、凡夫こそが如来の本願によって正機、救いの目的とされている身であることを目覚めさせられるのが信と言われるものです。我が身に目覚め、あるがままに我が身を引き受け、その我が身を生きる身となるという行信の道を通して、我われのうえに如来の法が至り届くことがまさに証、「アディガマ」ということです。何が至り届くのかといえば法である本願の名号、仏のいのちの願い、あるいは、根源的ないのちといっていいものが行信の道を媒介としながら、私どもに至り届くのです。

如来のまことが私どもに至り届くということが、「証」の原語「アディガマ」の第一義的な意味と言われますが、それだけでなくて、それによって、我われが如来の世界に至り届くことです。それは、我われの自覚の深まり、信心の深まりを表します。「アディガマ」＝至り届くという意味を持った「証」とは、如来のはたらきが至り届き、それによって、我われは如来の境界、さとりの世界に至り届くという二重の意味を持っておると領解されます。

第二節　正定聚に住し必ず滅度に至るのは誰か

『教行信証』「証巻」と略本証章では、多少言葉の出入があります。「証巻」では、冒頭に「必至滅度の願、難思議往生」と標挙されまして、

> 謹んで真実証を顕さば、すなわちこれ利他円満の妙位、無上涅槃の極果なり。すなわちこれ必至滅度の願より出でたり。また証大涅槃の願と名づくるなり。（『聖典』二八〇頁）

と書き出され、そして、

> しかるに煩悩成就の凡夫、生死罪濁の群萌、往相回向の心行を獲れば、即の時に大乗正定聚の数に入るなり。正定聚に住するがゆえに、必ず滅度に至る。（『聖典』二八〇頁）

と説かれます。

正定聚に住し必ず滅度に至るのは誰なのでしょうか。それは、「煩悩成就の凡夫」であり「生死罪濁の群萌」であることが明言されてあります。私どもは欲界内存在です。欲のなかに浮き沈みして、そこから少しも出ることを知らない、また、出られない欲界内存在としての凡夫ですが、それを表すのに「煩悩成

就」と言われ、煩悩によってできあがった身ということです。

玉城康四郎先生（一九一五～一九九九）が注目された原始経典によりますと、「業熟体」という言葉で出てきます（『ダンマの顕現――仏道に学ぶ――』大蔵出版、一九九五年）。自らの行為、業によって、それが熟してできあがったものです。別の言葉で言えば、宿世の業を抱えて生きる宿業の凡夫です。唯識の理論的な体系においては阿頼耶識と言われた、煩悩による業の結果としてできあがっているこの身の煩悩を因として、引き起こされてくる果が生死罪濁です。それは、深くして重い罪業によって穢された存在であり、煩悩と生死は因果の関係にありますが、そこに生きる凡夫人、群萌である者が、如来の利他円満のはたらきによって、正定聚に住して必ず涅槃のさとりに至ることが最初に挙げられています。

そのような凡夫において究極の目的とされる滅度とは、どういう世界なのでしょうか。さきほどの「証巻」の文に続いて、滅度の転釈が示されています。

必ず滅度に至るは、すなわちこれ常楽なり。常楽はすなわちこれ畢竟寂滅なり。寂滅はすなわちこれ無上涅槃なり。無上涅槃はすなわちこれ無為法身なり。無為法身はすなわちこれ実相なり。実相はすなわちこれ法性なり。法性はすなわちこれ真如なり。真如はすなわちこれ一如なり。しかれば弥陀如来は如より来生して、報・応・化種種の身を示し現わしたまうなり。（『聖典』二八〇頁）

「証巻」のここのところは、大体、略本とほぼ同じと言ってよいでしょう。証章では、『大経』から三文を引用したあとに、「聖言、明らかに知りぬ」と言って、次のようにあります。

聖言、明らかに知りぬ。煩悩成就の凡夫、生死罪濁の群萌、往相の心行を獲れば、すなわち大乗正定の聚に住せん。正定聚に住すれば、必ず滅度に至る。必ず滅度に至れば、すなわちこれ常楽なり、常楽はすなわちこれ大涅槃なり、すなわちこれ利他教化地の果なり。この身すなわちこれ無為法身なり、無為法身すなわちこれ畢竟平等身なり、畢竟平等身はすなわちこれ寂滅なり、寂滅すなわちこれ実相なり、実相すなわちこれ法性なり、法性すなわちこれ真如なり、真如すなわちこれ一如なり。しかれば、もしは因・もしは果、一事として阿弥陀如来の清浄願心の回向成就したまうところにあらざることあることなし。因、浄なるがゆえに、果、また浄なり。知るべし。

（『聖典』四〇七頁）

「証巻」と略本証章で違うのは、滅度の転釈のあとの「しかれば弥陀如来は如より来生して、報・応・化種種の身を示し現わしたまうなり」という文の存在で、両方とも滅度の転釈の最後は「如」におさまっています。「真如」あるいは「一如」、原語では「tathā」（タター）で、「ありのまま」と訳されます。我われの浅はかな考え、思慮分別、あるいは未熟で有限不充分な考えや言葉が一切間に合わない、届かないところの、心行処滅・言語道断である真理を表すときに、仏教はそれを「タター」、「如」という語で表します。すべてを超えて、しかもすべてに遍満し内在している真実です。

ありのままなる絶対的な真実が、その如の世界から如そのものが来たりたもう、まさに如来する「tathā āgata」（タターアーガタ）です。「āgata」（アーガタ）は「来たる」（到る）ことです。如が如という本質、世界を失うことなく、如のままに来たりたまうことです。ただ、来たりたまうことには、「gata」（ガタ）、「行く」（去る）ということがあります。具体的に申しますと、釈尊は菩提樹下において座禅を組まれて禅定に入られ、そして、すべての世界について内観されました。その内容は、一切の迷いは自己における無明による執われから生まれ、したがって、無明にさめてその執着から解脱するならばさとりが得られる、ということでした。そこに、如に至られた釈尊のお姿があります。それは、「如来」に対して、「如去」「如に去けるもの」です。

『大経』には、法蔵菩薩が最初に出遇われました世自在王仏という師の仏のすぐれているお姿や、仏の深いおこころに感動して、「如来・応供・等正覚・明行足・善逝・世間解・無上士・調御丈夫・天人師・仏・世尊」（『聖典』一〇頁）という十号、仏世尊を合わせて十の名前でもって、師の世自在王仏を讃嘆されたことが説かれています。そこに、「善逝」「善く逝けるもの」という言葉があり、さとりの世界、一切の対立差別の世界を超えて、平等一如なるさとりの境界に至り深い沈黙に入られたもうことです。一切の語を絶した言語道断の世界、あるいは心の行が滅したところ、「心行処滅」と説かれる境地に至られたのです。一切の言語が間に合わない、むしろ、言葉というものは空しいと知らされ、言葉を必要としない、さとりの世界です。それは、我われのさまざまな自力の分別の計らいが完全に滅したものですから、仏陀を「牟尼」（muni：ムニ）、沈黙のという意味の言葉で表されます。言葉を超えた、真実の言葉の生まれてくる根源としての沈黙の世界、その境地に至られたのです。

しかし、「如来」は、その沈黙の座を破って、一切衆生を呼び覚ますために、言葉となって来たりたまうことが、「タターアーガタ」、如が如として如のままに、我われのうえに来たりたまうことです。「証巻」で滅度について転釈されたあと、「しかれば」という接続詞をおいて、絶対なる真実が我われのうえに来たり、我われにはたらきかけ、我われを呼び覚まし、迷いを超えた世界に連れもどしてくれるはたらきを、「しかれば弥陀如来は如より来生して、報・応・化種種の身を示し現わしたまうなり」と説かれていることです。さまざまな仏のかたちは必ずしも仏というかたちに限定されない。人間や動物といったさまざまなかたちを通し、山や川、草や木といったさまざまな自然、生物のかたちを通して、衆生のうえにはたらきたもうことが大乗の経論には説かれてあります。

第三節　『教行信証』二部作

「如来」は、一方では、「教・行・信・証」の教えとなって現れます。教えとは教説、言葉ですが、名号という真言に集約され、「南無阿弥陀仏」という名号として、我われのうえに無量無数の真実が回向表現され、必ず滅度、さとりに至るという確信が与えられることです。「教・行・信・証」は、その如来のはたらきとして私どもに与えられた仏道、仏となる道です。

さらに『教行信証』の構成から見ていくとき、「教・行・信・証」について、『教行信証』の前三巻、そして、第四巻で明らかにされるすべてが、如来の具体的なはたらき、すべては如から現れ来たったものであることが示されますが、それとともに、如来についての名義釈は、「証巻」の後半以下にも対することです。次に展開される、仏と一体である浄土の菩薩のはたらき、還相利他で私どものところまでも如来したもう、その如来の本願力とひとつとしてはたらきたもう菩薩のはたらきのすべてが、究極にして根源なる如から現れ来るものであることとです。

如来のはたらきによってさとりの世界に至った者は、阿弥陀如来のはたらきに乗托し、一体となって、この娑婆世界に還り来たるのです。そして、すべての人びとに人間であることに目覚めるよう呼びかける仏事に参加し、仏とともにその仏事を成し遂げていくのです。これが「証巻」の後半の内容です。

しかし、そこでは終わりません。『教行信証』六巻を読みますと、滅度を明らかにされた「証巻」から、さらに「真仏土巻」「化身土巻」がそこから開かれてきます。無量光明土であり、大涅槃界である真実報土について説かれた「真仏土巻」、そして、それがさらに凡夫の要求に応じて、身を現し、ありとあらゆる手立てをもって衆生を導いて真実の世界に迎え入れてくださる、善巧方便のはたらきを表された「化身土巻」が開かれていきます。

「証巻」の後半の第二十二願、還相回向の願について明らかにされたところから、巻をあらためて、第五巻「真仏土巻」が開かれます。真実の浄土は、宗祖の領解で言えば「無量光明土」です。光り輝く世界、それが阿弥陀のましますす世界、お浄土です。阿弥陀の本願によって開かれた真実の報土としてのお浄土は、そのまま大涅槃をさとる境界としての涅槃界であります。そのことを、『涅槃経』『華厳経』などの大乗経典を引用して明らかにされていきます。

その真仏土というものは、我われにとって、容易に領解できるものではありません。仏は我われの目には見えませんし、仏のましますす浄土は我われの知ることのできない、我われを超えた世界です。しかし、そこに我われは自分の立場から、仏を憶い仏を考え、仏を念ずることにおいて仏を立て、そして、お浄土を考えていくことが化身土で、第六巻「化身土巻」に説かれています。

「証巻」の後半の部分と、それから第五巻、第六巻の関係につきましては、先哲によっていろいろと説かれています。金子大榮先生は、『教行信証』を通して浄土真宗の教学を明らかにすることに、その全生命を捧げてくださったことでありますが、晩年に至って、「教行信証二部作」という独自な領解を提示してくださいました。

六巻ある、前の教・行・信・証という四巻は「絶対真宗」を明らかにされたもので、唯一絶対の真実の教えを明らかにされたものが前四巻であり、いかなるものといえども、本願のはたらきを信ずることにおいて、平等に仏となるのが絶対真宗です。それを受けて、後の二巻は開かれた。それは、絶対なるものが具体的にはたらく、その「相対真宗」を明らかにされたものであるということです。絶対真宗は、ただ超越的、普遍的な教えとしてあるわけではなく、問題の充満せる歴史的社会のうえに具体的な態をとってはたらくものでなければならず、具体的にはたらくとは、彼岸の浄土を根拠として教団というかたちをとって現実世界にはたらく、とされたのが「化身土巻」であることで、金子先生は『教行信証』は二部作であることを提案されました。

今ひとつ挙げておきますと、『教行信証』は「教巻」の始めに、

謹んで浄土真宗を案ずるに、二種の回向あり。一つには往相、二つには還相なり。（『聖典』一五二頁）

と、真宗の大綱、根本を表されてあります。『文類聚鈔』の方では教章のところになく、行章における本願力回向の内容として、その二種回向があげられています。その点においては、略本の方がより具体的であり、『教行信証』の方はより根本的であると言っていいと思いますが、往相、還相が浄土真宗の要であり、浄土に往生し仏と成って衆生を救う仏道こそが大乗の仏道である。この大乗の仏道こそが浄土真宗の要であると言っていることです。

それについて、稲葉秀賢先生、あるいは西本願寺の神子上恵龍先生（一九〇二〜一九八九）という二人の先生は、宗学的にも共通したところが多かったように思いますが、両先生は『教行信証』六巻全体が往相回向と還相回向に分けられると言われました。それによりますと、『教行信証』の前四巻、厳密には「証巻」の前半までは往相の仏道を明らかにされたものであり、「証巻」の後半から「真仏土巻」「化身土巻」

は往生から必然に展開する還相について明らかにされたものである、という見方を提示されています。

第四巻の「証巻」は前半と後半に二分され、前半は「必至滅度」が中心であり、後半は、その滅度、涅槃から生死界に還って利他行を行ずる還相が中心になっています。それを受けて展開するのが「真仏土巻」と「化身土巻」で、「証巻」の後半は還相回向とは何かということを直接的に解明されたものであり、そこから展開してくる「真仏土巻」は還相回向が生まれてくる根源的な世界を明らかにされたものです。阿弥陀のさとりの境界である無上涅槃から還相のはたらきが展開するという、還相の根源を明らかにされたものです。

それでは、最後の第六巻「化身土巻」は何かというと、その還相回向が具体的にどういうかたちをとってはたらくのか、その具体性を表されたもの、という表現をされました。還相は、衆生の迷いに身を同じながら、衆生の目覚めを待ち、その衆生を目覚めさせずにはおかないはたらき、衆生を一切の迷信から解放し、そして、人間の自力の疑心からも開放する大悲の方便のはたらきとして具体的にはたらくことを示されたのが「化身土巻」である。ですから、「証巻」の後半からあとの二巻は還相を直接的、根源的、具体的にされたものと領解される、と稲葉先生は言われました。

これはお二人の先生が初めておっしゃったのではなくて、すでに存覚上人の『六要鈔』の教学を批判された蓮如教学、『相伝義書』として蓮如上人の直系でありますお寺に伝統されてきた蓮如教学があり、そこに見られることです。『相伝義書』に見られる蓮如教学は、「略本をもって『教行信証』を読む」ことが基本であると言われ、略本は、本願成就文に立つこと、つまり、救いの成就に立脚して本願を尋ねることが蓮如教学のすわりだと言われます。『相伝義書』に、今の『教行信証』六巻を往相と還相に分ける見方が示されていると聞いていています。蓮如上人においてそのような着目がされていることです。

「証巻」と略本の証章を対応しますとき、ことに違いの際立ったものとして、滅度の転釈のあとの如来の名義釈、如というさとりの世界から無数の仏が来たることは、『教行信証』六巻の柱となるものと言えるもので、そこから、教・行・信・証という四法も出てきます。そして、「証巻」の後半の還相、さらに真仏土、化身土も、そこから出てきますので『教行信証』六巻の柱の言葉なのです。しかも、「証巻」にはあり略本証章にはないことが両本の違いのひとつです。

もうひとつ、真実証について証明される引文について、「証巻」にかぎりませんが、『教行信証』では、『大経』それから異訳の『如来会』と続き、それも最初に本願文、あとに成就文と引いておられます。経文を引かれるのは略本も同じですが、ただ略本の場合は成就文だけを引かれるという違いがあります。

それだけでなく、「証巻」では、曇鸞大師の『浄土論註』、道綽禅師の『安楽集』、それから善導大師の『観経疏』という論釈の文を引いて真実証を証明されてあります。しかし、略本では経のみで、それからの論釈は引用されていません。それは、浄土真宗の教えを一代仏教において明確に位置づけ、世に広く問うという高邁な使命をもった『教行信証』と、その『教行信証』の要をあかしとして表す『文類聚鈔』との違いである、と言わなくてはならないでしょう。しかし、両者がどちらが先に成立したかということについて、私は断定しきれないのですが、そこに、『教行信証』六巻と『文類聚鈔』との果たした役割は違う、ということを思います。

蓬茨祖運先生（一九〇八〜一九八八）は大谷派の同朋会運動の柱となって活躍してくださいましたが、先生は『文類聚鈔』の方があとだと言われておりました。それは、『文類聚鈔』は念仏の教えのうえに立った人びとに対して、その念仏の教えがどういうことであるのか、その要を明らかにされたものだと言っておられました。

第四節　涅槃のさとりと往生浄土の関係

金子大榮先生の『教行信証の研究』（岩波書店、一九五六年）に、

この親鸞の領解に顕わるるものは、第一に涅槃を証するものは、煩悩成就の凡夫、生死罪濁の群萌であることである。原則としては賢聖も容易に身証しがたき涅槃が群萌なる凡夫に感得せらるるのである。そういう不思議のことが何うして有り得るのであろうか。それを顕わすものは第二に「往相回向の心行をうれば」ということである。即ち「本願を信じ念仏まうす」ことに依るのである。さればいかにして回向の心行が凡夫を涅槃に入らしむるのであろうか。それは普遍の法である本願念仏が我等に信受せらるる、その即時に必然の道が開けるからである。

（『金子大榮著作集』第九巻、春秋社、一九七八年、七二頁）

と、けっして賢い人、学問のある人、あるいは立派な修行を積まれた方が涅槃のさとりを開くことではなく、学問もなければ修行もできない凡夫こそが涅槃のさとりを開き仏とならせていただくのです。そして、二つには、「往相回向の心行をうれば」で、本願を信じ念仏もうすことに依るのです。けっして私の力で仏のさとりを開くことはあり得ず、その力で生きるかぎりは、永劫に迷いを重ね無有出離之縁の世界を生きるほかはないことが「証巻」の大事な問題であるということです。

もうひとつ、先生は大事な問題を出しておられます。証章にしましても主題になるのは、必至滅度という本願を信じ念仏して生きる人、念仏の行者、信心の行者です。安田理深先生の言葉では、「本願の生活者」です。そういう念仏者は、必ず生死の迷い、三界を超えて涅槃に至るけれども、我われが至るのではなくて、至らしめられることです。必至滅度を約束された本願力によって至らしめられることで本願の力、住持力によるのです。そのことを果遂すべく、我われを根源から支え生かしてくださる住持力、別な言葉で言えば摂取不捨の力です。我われのような信心に徹しきれない者にとっては、摂取不捨ということも、「果遂の誓い、良に由あるかな」(『聖典』三五六頁)と宗祖がおっしゃった力によって、真実の報土、そして、滅度に至らしめられていくのです。

それは釈尊の教え以来、一貫して明らかにしてきた問題でありました。滅度、涅槃に至ることは、『教行信証』をはじめとしまして、宗祖がお書きになったものを読みますと、我われは本願の行信によって無上涅槃に立つという仏道のうえに安立せしめられ、その道を歩むことを強調されていると言えます。ところが、問題があるのは、その滅度、涅槃と言われることと、往生浄土がどう関わるのかです。

涅槃を目指して生きることは、仏教であるかぎり、究極の目的としないことはあり得ませんが、浄土教においてはそれだけでなく、浄土に生まれて往くことが説かれているわけです。

歴史的に申しますと、釈尊がお浄土についてお説きになったことは、原始経典のうえには見られません。浄土の教えはやはり大乗仏教に来たって、在家の人を中心として浄土の教えが広開されてきたことがあります。

それでは、なぜ、大乗に来たって、仏教における涅槃への道が浄土への往生の道として説かれなければならなかったのか、その必然性はどこにあるのでしょうか。また、涅槃と浄土はどう違うのかが問題になります。そのことを説いたのが天親であり、それを論理的に明らかにしてくださったのが曇鸞で、『浄土論註』はその課題に応えられたものであったと私はいただきます。

それについて、金子先生はこういう問いを出していらっしゃいます。

されば涅槃界への帰入を何故往生浄土として説かれたのであろうか。それは煩悩成就の凡夫、生死罪濁の群萠の道として開かれたものである。涅槃を願うは聖賢の心であり、浄土を欣うは凡夫の情である。それ故に知識人を以て自任するものは浄土を願わざれども、自身の凡夫なることを痛感せる祖師は群萠と共に涅槃を浄土に期せられたのであった。されど更に浄土を願う心を推求すれば、そこには業縁の悩みというものがあるようである。涅槃を願う聖賢には、兎もすれば人間の業縁から超然たる立場を取るということがあるようである。その限り、それは小涅槃といわざるを得ぬであろう。大涅槃とは一切の群萠の道として求めらるるものでなくてはならぬ。その限り、それは浄土に於てということでなくてはならぬであろう。ここに浄土の証を特に大涅槃といわるる所以があり、またその往生を難思議といわるる意味もあるのである。難思議とは群萠の帰すべき世界へと往き、そこに生るることは即ち個身に於て普遍の道を行証することの不思議である。

それ故に親鸞が真実証として顕わせるものには、念仏者の同証ということを思い知らしむるものが多い。「同一に念仏して別の道なし」ということは「行巻」と共に「証巻」にも挙示せられた。

（『金子大榮著作集』第九巻、春秋社、一九七八年、七三〜七四頁）

ここに、なぜ仏教が目指してきた涅槃に対して浄土への往生を説くのか、という問題に対する金子先生の明確な教示があります。涅槃への道とは、賢聖の道、優れた聖者の道ですが、愛憎違順ということで具体的に表される、はてしなき業縁差別の世界を生きていく凡夫において、共なるいのちの世界として願われていくものが「倶会一処」として開かれたお浄土です。

しかも、その浄土は、『論註』が明らかにせるところによりますと、涅槃そのものから土を浄めるというはたらきとして性起し、修起し来たれるもの、現れ来たるものです。それを、勝義諦と世俗諦、入一法句と清浄句、真実智慧と無為法身、法性法身と方便法身、超越的なものと内在的なもの、という二つの真理の深い関わり、その相即性において明らかにするのが曇鸞の『論註』であって、曇鸞によって、浄土は涅槃というさとりがもっとも具体的に凡夫にうなずけ、凡夫にいただけるように、我われのうえに明らかにされた境界であることがあらわされました。

ですから、我われは、その浄土に往生を遂げていくことを通して、涅槃のさとりを開いていくことが成り立っていくのです。しかし、それはただ個人ではなくて、普く業縁世界を生きる共なる凡夫の救われる倶会一処なる世界として、そのことが願われ求められていくことです。そこに、「証巻」から「真仏土巻」が開かれ、そして「真仏土巻」からさらに「化身土巻」が開かれてこなくてはならなかった意味があります。ここには、土を浄める如来のはたらきが、無量光明土、さらには、辺地、懈慢、疑城胎宮という化身土までをも通しながら、我われのうえにはたらいてくださることが表されていることです。

第五節　第十一願

四十八願の展開

証章の初めに、

「証」と言うは、すなわち利他円満の妙果なり。すなわち「必至滅度の願」より出でたり。また「証大涅槃の願」と名づく。また「往相証果の願」と名づくべし。すなわちこれ清浄真実・至極畢竟の無生なり。（『聖典』四〇六頁）

と示しています。「利他円満の妙位」の利他とは如来の他力を表すお言葉ですが、行章では「利他円満の大行」（『聖典』四〇三頁）、浄信章では「利他深広の信心」（『聖典』四〇五頁）とあり、行・信・証のすべてが如来の利他、他力回向のはたらきに依るとおさえられています。ですから、「証」は如来の他力によって成就された境界であり、「証巻」で言いますと、「無上涅槃の極果」（『聖典』二八〇頁）と表されているさとりの境界です。

そして、その世界に我われを至らしめるのが如来の約束であり、法蔵菩薩が世自在王仏のみもとにあって、五劫の思惟を経て選択された四十八願ですが、その四十八願は一つの本願から展開されたものと言っていいと思います。私は、それについて、大きく四つの内容をもって展開していると考えています。

第一願から第十一願までは、第一願にそのもとがあります。「無三悪趣の願」ですから、地獄、餓鬼、畜生という三悪道を経回って流転を重ねている衆生をして、滅度、涅槃に至らしめたいと願うのが最初の願です。滅度、涅槃にいかにして至らしめるかに如来の思案の極まりがあります。如来は三悪趣にある衆生を滅度に至らしめるために、滅度そのものから如来が現れたまうのです。

その必然的な力用を表すのが、第十一願から第十七願までです。それは、滅度、如から如みずからが来たることによって、衆生を必ず一如の世界に至らしめるために、光明無量・寿命無量の徳が第十七願に誓われる名号となって衆生のうえに来たるのです。

そして、第十八願から第二十一願までは、その如来のはたらきによって、我われ衆生が浄土に往生を遂げさせていただく道が表されています。その内容としては、宗祖が三願転入で表されたように、無条件の救いを約束された第十八願の仏の本願が、さらに第十九願、第二十願を開くことによって、自力を尽くしその限界を知らされ、自力無効と知らされることにおいて、他力に乗托して生きるという道が示されていることです。

第二十二願から第四十八願までは、浄土に往生を遂げた浄土の菩薩、あるいは、国中人天のはたらきを表されたものです。それは、ことに第二十二願の還相利他によって代表されるようなはたらきです。

四十八願のなかに、如来のひとつの本願、根本の志願、如来の大悲の祈りが、清浄意欲として展開していく道筋があると思います。

第一願から第十一願をさらに細かく分けていく見方をなさる方もあります。第一願と第二願は「抜苦」、三悪道の苦を抜くことで、「慈」にあたります。そして、ふたたび三悪道にあと戻りさせることはしない（第二願）、第三願から第九願は、六神通のはたらきを与えることで、「与楽」「悲」にあたるというものです。「抜苦与楽」と「慈悲」の対応については、『論註』では逆になっており、必ずしも一定していません。

それを受けまして第十願、これは普通ならば、一切の煩悩を滅する漏尽通ですが、『大経』では第十願は少し変わっていて特殊なものです。

たとい我、仏を得んに、国の中の人天、もし想念を起こして、身を貪計せば、正覚を取らじ。

（『聖典』一七頁）

これが第十願ですが、六神通という六つの不思議な力が与えられるなかの第六番目にあたるので、普通ですと「漏尽通」と言われます。「漏」とは「有漏」、煩悩ということで、「漏尽通」とは煩悩による迷いや苦しみを一切断つ、離れることです。普通はそういう表現がとられるところですが、『大経』の第十願では「身を貪計」するという変わった表現で説かれてあります。その遠離によって得られるのが滅度になることで、初めの第一願から第十一願までが表されています。しかし、必ず至らしめられるものは仏のお約束でありますが、それをどのようにして成就するかに、仏のご苦労があります。そこに、如のままに如来したまい、姿かたちを示し、名号という名告りの言葉をもって、我われのうえに光明無量、寿命無量なる如来の徳が名号のはたらきとして来たりたまう展開の必然性が知られることです。

「証巻」の初め、第十一願について「必至滅度の願」（『聖典』二八〇頁）と「証大涅槃の願」（『聖典』二八〇頁）という願名が挙げられています。「必至滅度」は『大経』、「証大涅槃」は異訳の『如来会』に依ります。それに対して、略本の証章では、さらに「往相証果の願」という願名が挙げられています。「証巻」にはないもので、略本のみある願名です。それは、前の行章（「往相正業の願」）、浄信章（「往相信心の願」）に対して付けられた願名であります。

なぜ「証大涅槃の願と名づく」のか

第十一願に示された滅度は、衆生にとって究極の世界であって如来における根源の世界である、という二面性を持ちますが、問題は第十一願の因願と成就です。因願の方では「正定聚」と「滅度」という問題が示されてありますが、成就になりますと、「滅度」が消えまして、「入正定聚」だけが出てくるのです。ですから、第十一願について、存覚の『六要鈔』には、たとえば、新羅の義寂（生没年不明）とか法位（生没年不明）、玄一（生没年不明）という方は、みな、願文の語によりまして「入正定聚の願」と第十一願を言われ、日本においても、静照（?～一〇〇三）とか真源（一〇六四～一一三六）といった学者も同じく「入正定聚の願」と呼んでいることが指摘されています。そして、法然上人の場合、『大経釈』に「入正定聚之願」と「必至滅度之願」という二つの願名を挙げておられます。

略本は因願は引かずに成就文だけを引用するという構成ですから、成就ということを問題にするのであれば、正定聚だけになりますが、「必至滅度の願より出でたり」と言って、「証大涅槃の願と名づく」と願名を挙げてあることです。

親鸞聖人は、正定聚を「証巻」の問題でなくて、「信巻」の問題として見ておられます。『教行信証』では別序のあとに、「至心信楽の願　正定聚の機」（『聖典』二一〇頁）と、「信巻」の主題を標挙されています。つまり、「信巻」は第十八願によって生まれる入正定聚の機を明らかにされたものであることを示されてあるわけです。正定聚ということは、正しく浄土に往生し仏となることに決定した往生人の仲間入りすることで、別な言葉で言いますと「真仏弟子」です。

「信巻」の標挙に「至心信楽の願」とあるのは、第十八願の願名です。法然上人が善導の教えによって与えられた「念仏往生の願」を受けて、念仏往生とは如来の真実のおこころをこの身にいただいて生きることであることを明らかにされ、「至心信楽の願」として、第十八願を明らかにされました。金子先生は、それを明らかにされたものが、古くは「信巻」の本巻とみなされた前半であり、そして、後半の部分は、まさに仏の真実である至心を信心としていただくことによって生まれる真仏弟子を明らかにされたものである、とおっしゃいました。

つまり、親鸞聖人は、正定聚ということを信心の獲得、獲信の具体的な内実として主体的にいただかれたのですが、いろいろな問題がございます。

私どもを正定聚の機としてくださるものは、阿弥陀如来によって選択摂取された「正定業」としての念仏です。その「正定業」について法然上人は、如来によって正しく凡夫の救いの行として決定された行業、という意味で説明しておられるところがあります。親鸞聖人におきましては、それは同時に、我われがその約束通りに間違いなく浄土に生まれることに決定し、さらに仏となるべき身と決定する行、という二重の意味を持ちます。

『一念多念文意』に『大経』や『如来会』の第十一願とその成就文について詳細に説かれているところがありますが、そこに、「正定聚」という言葉などについて、左訓が施されています。「正定聚」について「往生すべき身とさだまるなり」(『定親全』三、和文篇、一二八頁)、「必ず仏になるべき身となれるなり」(『定親全』三、和文篇、一二九頁)とあり、「無上大涅槃」については「まことの仏なり」(『定親全』三、和文篇、一二九頁)、また、「等正覚」について「まことの仏になるべき身となれるなり」(『定親全』三、和文篇、一二九頁)、「仏になるべき身とさだまれるをいふなり」(『定親全』三、和文篇、一二九頁)と言っています。

「往生」という言葉をどう領解するか、いろいろな解釈が出ていますが、まさに往生人として、今生を通して往生を遂げていく、それが人間の一生である。しかも、往生を遂げることは私の力でなくて、全面的に如来の摂取不捨のはたらきによることです。宗祖が自力の執心の断ち難く捨て難い身の悲歎の自覚において、深いうなずきのもとで「果遂の誓い、良に由あるかな」(『聖典』三五六頁)と言わずにはおれなかった、その如来の強い願力によって往生を遂げていくのでありますから、それを自力の計らいの残る「難思往生」と厳密に区別して、如来の全面的なはからいによる「難思議往生」であるといただかれたわけです。

そのことについて、正親含英先生の安居の講本『浄土三経往生文類講讃』(安居事務所〈大谷大学内〉、一九五八年)に、

われらの凡夫の身に、何等かの善、何等かの功徳が認められるならば往生について思議することも出来るかも知れないが、その身に何等往生しうる所以のないもの、唯煩悩にあけくれするものが往生を疑い得ぬ身となったことは難思議である。念仏すら申せない身、信ずる力もなき身の往生である故、難思議である。凡夫の思議する往生に破れていく身に感ぜられる往生、臨終正念にも破れ、念仏を修してうる往生にも破れて、弥陀にはからわれていく往生である。死ぬる日まで凡夫は凡夫でありつつ、不断煩悩のままに浄土に生まれて大涅槃を開くのである。それは人間としての深い悲しみでありつつ、亦、深い喜びである。故にそれは、最も平凡な往生であり、唯死にたくない身のまま死ねる身にして頂いたという事である。

と、正親先生ならではのお言葉が記されています。正親先生は、私にとっては、父そのものでした。金子大榮先生が後継者として信頼をよせられた真宗学の先生でしたが、師の金子先生よりも先に亡くなられた

のです。金子先生は、お歳を召しておられて、葬式に参列できず、先生の弔辞を廣瀬杲先生が代読されました。それを今でも忘れることができないのですが、「あなたがよく言われたお言葉に、説く者は水に描き、聞く者は石に刻む、というお言葉があります。あなたはまさに石に刻むお方でありました」と金子先生は正親先生にお礼を言っておられました。先生の寺のまわりは田圃でしたが、正親先生は、田舎の大地に立って、ご門徒の方々や、深い悲しみをもって生きていかなくてはならない業縁に生きる有縁の方々と交わりながら、金子先生を通して、宗祖の教えの真髄をいただいていかれた先生でした。その深い領解の一端が、前述の文章にも語られています。そこには、まったく無理がありません。およそ、背のびするようなことがなくて、ただただ平凡な往生として、死にたくない身が死にたくないままに死なさせていただく喜び、それが難思議往生であるとおっしゃっています。

正定聚と滅度の分位を巡る問題

正定聚について重要なのは正定聚と滅度の関係です。正定聚はあくまでも現生の問題で滅度とは三界を超えた世界ですから、彼岸における超越的なさとりを表し、正定聚と滅度は現生と来生で、その分位をまったく異にしており、ひとつではありません。

ところが、「正定聚に住するがゆえに、必ず滅度に至る」とあります。この「住」と「必至」、正定聚に住するのはあくまで現生であり、信心の獲得のとき、この現身において必ず往生すべき身となり、必ず仏となる身となるのであり、その信心の喜びとして、必至滅度の確信をこの身にたまわって、その道を歩むのです。それは、如来の本願の約束に依るわけですから、それにしたがって生きるままが浄土に至ることとひとつであることから正定聚に固定してとどまっていることではなく、一念一念、正定聚不退転の歩みを遂げていくことです。一日一日、自分と出遇い、人生を引き受けながら、業縁に従って生きさせていただく歩みにおいて退転しない。退転せしめないのは、如来の本願力に依るということです。それによって必ず滅度に至ることです。

児玉暁洋氏（一九三二～二〇一八）が注意されたことですが「証巻」の冒頭を見ますと、「必ず滅度に至れば」ではなくて、「滅度に至るは」（『聖典』二八〇頁）と送り仮名をふっています。略本の方では「至れば」となっていますが、「証巻」では「至るは」です。「至るは」であれば、現生の方に力点を置いて、必ず滅度に至る過程が重視されていることでしょう。一歩一歩の過程のところに、涅槃の徳、真実功徳がこの身にはたらくことです。「至れば」とは、臨終一念の夕、この肉体の生の終わるとき、正しく浄土への誕生のときであり、そこにおいて仏と成らせていただくことでしょう。無量寿のなかにおさまっていき、無量寿の大悲心として生きる身となることが言われていると思います。

親鸞聖人においては、第十一願成就文の読み方が四通り見られます。「証巻」では、

かの国に生まるれば（『聖典』二八一頁）

と「生まるれば」ですから、素直に読めば「生まれたならば」でしょう。二番目は『文類聚鈔』で、

彼の国に生ずる者は（『聖典』四〇六頁）

とあり、「生ずる者は」は「生まるれば」とひとつだと思えますが、現に生まれていく者もそこに入る感じも残ります。三番目に『浄土三経往生文類』の読み方で、

彼の国に生まれんもの（『聖典』四六九頁）

とあります。この三通りの読み方がどこで区別できるかは微妙です。

しかし、それらとはっきり違いますのは、四番目の『一念多念文意』の読み方です。

　かのくににうまれんとするものは

（『聖典』五三六頁）

とあり、これは、はっきりと前の三つとは区別されます。明らかに現在に力点が置かれています。

『大経』にしましても『小経』にしましても、普通に読めば、「彼の国に生まれるならば」でしょう。浄土に往生した者の位として、みな正定聚であり、あるいは、一生補処となることが言われます。そうすると、浄土に生まれた者はどう決定するのでしょうか。一生補処として成仏が決定するというのは、この一生が終わったら仏となることに決定することですから、浄土のもうひとつ先に仏の世界があると考えられます。浄土において正定聚となり、一生補処になるのであれば、その仏の浄土はどこか別なところにあるとも考えられます。『大経』『小経』ではそうなのです。

ところが、宗祖は、正定聚はもちろん一生補処も現在化して、娑婆世界におけることとして受け取っていきました。もちろん、そう受け取られたのは宗祖がはじめてとは言えません。龍樹の易行品に端を発し、曇鸞の『論註』の冒頭にもそれが受け継がれ、浄土教の祖師の伝統を通してですが、明確に決定づけられたのは宗祖においてです。

一生補処の問題がそうで、一生補処とは等覚の弥勒菩薩のことであり、念仏する人は「弥勒に同じ」（『聖典』二四九頁）と言われ、重ねて「如来と等し」（『聖典』二三〇頁）とまで言われます。宗祖は、経典に説かれた教えを、浄土の祖師のご指南に拠りながら、その真意を尋ねられ、現在のこの身に与えられる信心の歓びとして明らかにしていかれたのです。

第六節　無　生

「無生」と「無生の生」

略本証章にあって「証巻」にはないのが、第十一願の願名を挙げたあと、

すなわちこれ清浄真実・至極畢竟の無生なり。

（『聖典』四〇六頁）

とある「無生」です。浄土は畢竟無生の世界であることが付け加えられています。『浄土論註』に「無生の生」という言葉が出てまいりますが、「無生」と「無生の生」とは直ちにひとつとは言えないと思います。「生」について、曇鸞は問答のかたちで説明しています。「生」は迷いをいうことで、「生ずる」かぎり迷いがあり、生死輪廻という迷いのもとです。浄土に生まれるのであれば、また死ぬことがあり、輪廻を繰り返すことになるのでないか、という問題を出して、「生」の真義を説明しています。

曇鸞によれば、今、浄土への往生というのは、その輪廻を超えることであって、この世の生と同じではなく、「生」といっても実は「無生」と言うべきものである、と説いてくるのです。そして、阿弥陀の浄土もまた本願無生の生の世界であると言って、浄土を実体的に固定化して、現実とまったくかけ離れた世界として捉える見方を批判し否定するものです。浄土は生死を超え、生滅を超えた「無生」の世界であり、しかも、その絶対なる「無生」の世界がそのまま「生」としてはたらくのです。はたらくとはかたちをとることで、方便法身あるいは、本願に報いて完成される真実の報土という世界としてはたらくことです。

しかし、そのはたらくのは、けっして「無生」という本質を失うことなく、その本質がそのまま等流して

くることであり、浄土はそのような世界として、本来、「無生の生」です。

浄土に往生する者についても、生滅を超えた世界に生まれるのであって、「生」であっても「無生」であり、「無生」であるけれども、願生の信心という自覚として与えられるので「無生の生」であるといいます。自覚として与えられることを、曇鸞は「得生の者の情ならくのみ」（『真聖全』一、三二七頁）と言っています。得生者とは、すでにそこに帰る世界を見出しに生まれて往く、究極にして根源なる世界を見出した者の自覚、感情です。金子大榮先生の言葉で言えば、「生死の帰依処」を見出すことのできた自覚をたまわった者の身にうなずかれることです。よって浄土への往生も「無生」であり、「無生」であるけれども単なる「無生」ではなくて、「無生の生」であることで表しています。

「無生の生」と横超釈に込められたもの

「至極畢竟の無生なり」と述べたあと、『文類聚鈔』では『大経』から三文引用されています。

無上涅槃の願成就の文、『経』（大経）に言わく、「それ衆生あって、かの国に生ずる者は、みなことごとく正定の聚に住す。ゆえいかにとなれば、かの仏国の中には、もろもろの邪聚および不定聚なければなり。」

また言わく、「ただ余方に因順するがゆえに、人・天の名あり。顔貌端正にして世に超えて希有なり。容色微妙にして天にあらず、人にあらず。みな自然虚無の身・無極の体を受けたり」と。

また言わく、「必ず超絶して去つることを得て、安養国に往生せよ。横に五悪趣を截り、悪趣自然に閉ず、道に昇るに窮極なし、往き易くして人なし、その国逆違せず、自然の牽くところなり。」已

上

（『聖典』四〇六～四〇七頁）

この三つの文を証文として、正定聚に住するが故に滅度に至ることを、宗祖は明らかにされています。一番最初の第十一願成就文については既に述べてきましたので、第二番目から確かめます。

この文は、浄土に往生した者は、三十二相八十随形好という姿をいただくことで、「具三十二相の願」と言われる第二十一願の成就を表します。常人には具わらない尊い妙なる姿をこの身にいただくことは、妙好人の姿のうえに見出されるものであり、次に自然虚無の身、無極の体を示しています。

三十二相八十随形好は、有相と言えます。不思議な如来の徳のすがたをいただきますが、その相はそのまま無相であり、相を超え、相を離れています。自然法爾章の言葉で言うと、

無上仏ともうすはかたちもなくましますかたちのましまさぬゆえに、自然とはもうすなり。かたちましますとしめすときには、無上涅槃とはもうさず。

（『聖典』六〇二頁）

という、色もないかたちもない、このうえなき無上仏という「自然虚無の身・無極の体」の徳を成就することです。そこには、相即無相、無相即相が表されていることで、相と無相のいずれかに執われるのは迷いであるといいます。

三番目は「横超」の釈で宗祖は、「信巻」に詳しく取り上げられて、『尊号真像銘文』に細かい註釈があります。

横さまに超えることが真宗の要で、『大経』に説かれた「横に五悪趣を截りて」（『聖典』五七頁）をもとにして、「横超」という言葉を最初に注意されたのは道綽禅師の『安楽集』ですが、それを「横超断四流」（『聖典』一四六頁）という言葉で、迷いの流れを超えるとおっしゃったのは善導大師です。そして、法然上

人は、その善導の教えにしたがって、東大寺における三部経講説である『大経釈』において、浄土宗は『大経』をもって所依の経典とすると断言していますが、なぜ『大経』をもって所依の経典とするかと言えば、そこに横超の道が説かれてあるからだ、と言っておられます。それを宗祖はさらに受け止められまして、真の仏弟子にたまわる徳として明らかにされました。

生老病死の四流、あるいは欲暴流、有暴流、見暴流、無明暴流の四暴流を横さまに超えていくことは、煩悩を断じ得ないままに、むしろ、煩悩を断じ得ないことにおいて、迷いを超えていくことです。超えることだけでなくて、さらに還相のために、あえて愛着の煩悩を残す、ということまで説かれています。浄影寺慧遠の『大乗義章』には、鳩摩羅什(三四四〜四一三)の説として、「法性生身の菩薩」のことが説かれています。この菩薩は、すべての煩悩を超えるけれども、ひとつ煩悩を残します。それは何かと言えば貪愛という煩悩で、その煩悩はもはや自分を迷わす煩悩ではなく衆生を救うことに愛着をもち続ける煩悩です。それだけを残すことによって、浄土の菩薩は無限に大悲の行を行ずる。『論註』で言えば、下巻の不虚作住持功徳に取りあげられており、そこに第二十二願が引用されています。超えるということは、ただ超えるだけではなく超えることにおいて、より深く内在し迷いのなかに生き続けて、穢土に立ち続けることです。それが無量寿をいただいた身に与えられた使命でありますし、力だと思います。

宗祖にとって、『大経』下巻、悲化段序説の横截五悪趣の文は本願成就を表す大事な言葉としていただかれたものです。

必ず超絶して去つることを得て、安養国に往生せよ。(『聖典』四〇七頁)

これはまさに釈尊の発遣です。必ずこの迷いを超え離れて、安養国である阿弥陀の浄土に往生せよ、と

いう命令を告げる言葉です。そして、次の、

横に五悪趣を截り、悪趣自然に閉ず　　（『聖典』四〇七頁）

は、往生の道に立った者に与えられる現生の利益を表します。そして、三番目に、

道に昇るに窮極なし　　（『聖典』四〇七頁）

とあります。これは、どこまでもさとりを極め尽くすことですから、現益が必ず果遂されていくこと、彼岸の浄土において円満される徳です。そこから、再度、

往き易くして人なし　　（『聖典』四〇七頁）

と誡められています。それは、釈尊の大悲の智見による悲歎で、すでに道あることを告げられたうえで、その道を我が道として歩む真実信心の人なしという深い悲しみでです。そこから転じて最後に、

その国逆違せず、自然の牽くところなり　　（『聖典』四〇七頁）

と教説されています。その道を歩む者はないけれども、如来の果たし遂げなければおかないという願力自然によって、易往の大道を生きる者とならしめられていくことがふたたび勧励されて、この短い横超釈のなかに込められていると先輩は指摘されています。

第七節　誰が仏の世界に生まれていくのか

「証」とは「あかし」、救いの証しですが、「さとり」を意味します。本願を信じ念仏申す行信の道は、真実の信心において念仏して生きていく人でありますが、ただそれは模範的なあり方で、私どもの現実に

あっては、真実の信心をもって念仏するとはかぎらず、むしろ、溜息まじりに念仏が称えられていくこと、苦しみのあまりに念仏が称えられていくこともあり、さまざまなすがたの念仏がありますが、しかし、その念仏は仏のはたらきです。念仏が私どもにはたらいてくださるには、無量無数のご縁がはたらいています。その仏ましますという救いの「あかし」は一体何なのかを結ばれていくのが次の文です。

聖言、明らかに知りぬ。煩悩成就の凡夫、生死罪濁の群萌、往相の心行を獲れば、すなわち大乗正定の聚に住せん。正定聚に住すれば、必ず滅度に至る。必ず滅度に至れば、すなわちこれ常楽なり、常楽はすなわちこれ大涅槃なり、すなわちこれ利他教化地の果なり。この身すなわちこれ無為法身なり、無為法身すなわちこれ畢竟平等身なり、畢竟平等身はすなわちこれ寂滅なり、寂滅すなわちこれ実相なり、実相すなわちこれ法性なり、法性すなわちこれ真如なり、真如すなわちこれ一如なり。（『聖典』四〇七頁）

このなかで、「すなわちこれ利他教化地の果なり」という言葉と「畢竟平等身」の転釈は、略本にあって「証巻」には出てきません。

ここでは、救われていく本願の正機、念仏によって救われていかなければならない人間、如来によって救われていく衆生とは一体だれなのでしょうか。そのまま浄土に生まれていく主体ですが、誰が仏の世界に生まれていくのかを説かれますときに、「煩悩成就の凡夫」と「生死罪濁の群萌」の二つの言葉を重ねて示しています。救われるのは、けっして賢い人や徳のある優れた人ではなく、愚であり徳なき者、救われざる者こそが本願の正機であり、如来の本願において問われている存在は、ほかならないこの身、私どもも衆生です。

この二つの言葉は、どちらも曇鸞の『論註』に出てきます。「煩悩成就の凡夫」は、『論註』下巻の国土荘厳の第一に、浄土とはどういう世界であるのかを明らかにするなか、その功徳が十七種挙げられ一番最初の清浄功徳に

凡夫人の煩悩成就せるありて、またかの浄土に生まるることを得れば、三界の繋業畢竟じて牽かず。すなわちこれ煩悩を断ぜずして涅槃分を得、いずくんぞ思議すべきや。

（『聖典』二八三頁）

と、出てきます。浄土は、欲界、色界、無色界という迷いの世界を絶対否定的に超えた世界ですが、そういう「勝過三界道」において凡夫が救われるとは、煩悩をなくして、ではなく、煩悩を断じ得ない身、煩悩を断じ尽くすことのできない煩悩具足の凡夫である者が、煩悩あるがゆえに煩悩を縁として、本願に出遇い仏に出遇うことができるといいます。ここに、「煩悩成就の凡夫」という言葉が出て、煩悩によってできあがったこの身、無限の過去の歴史を通して積み重ねてきた煩悩によってです。

前にも申しましたが、玉城康四郎先生が、最晩年古い原始経典を開いておられたら、「業熟体」（karma-vipaka：カルマビパーカ）という言葉に出遇いました。人間は、業によって業が熟してできあがった業熟体であり、仏陀もまたその業熟体を抱えていらっしゃった。その仏陀が菩提樹下において心を静めて坐禅を組み、そのときに、目に見えないはたらきが、深夜に、初夜、中夜、後夜と、三回にわたって、仏陀のうえに告げられ、聖なるものの声なき声が聞こえたということです。それは、まさに業熟体のうえに永遠なる真実そのものがはたらきかけ、呼びかけたということであり、それによって、仏陀は真実に目覚め、おさとりをお開きになったのです。けっして自分でさとられたのではないことを先生は強調されました。

その業熟体を仏教の歴史的展開のうえで追究していったのが唯識の阿頼耶識であり、実存的に究明した

のが親鸞における宿業である、と先生はおっしゃっていました。

「煩悩成就の凡夫」という言葉で私が直ちに連想しますのは、業熟体です。八万四千の煩悩の根底は、無明と渇愛、無知と果てしなき貪愛です。それを迷いの因として、生死の苦果が生まれ、生死流転という業果が結果してくるわけです。その生死の世界はそのまま五濁に汚れた世界であり、しかも、それが時代とともにいよいよ深く激しくなっていくのです。善導は、それを「五濁増のとき」（『聖典』四九六頁）と表されましたが、五濁の罪の垢にまみれきった世界、その罪濁の世界に流転して生きていく者、それが群萌としての我われです。

その我われが往相の心行を獲れば、すなわち大乗正定の聚に住するのです。往相の心行を獲るとは、本願を信じて念仏することで、この煩悩具足の身が救われるのです。救われるということはどういうことかといえば、正定聚不退転の身となることだと教えられているわけです。

第八節　正定聚と滅度の分位

本願のはたらきとしての念仏は、仏によって救いの行として決定されたものという意味があり、仏によって救いの行として、五劫の長きにわたって思惟し尽くして、選び捨て選び取られた本願による選択摂取の行です。仏の深い大悲の智見においては、凡夫はまったく自力無効なる者という透徹した智見があります。自力によっては救われざる者、一念の心の起滅すら自分の力によってどうすることもできない者、それが仏の大悲の智見によって、かねて見透かされてあったこの身の事実です。

そこに、仏は自力無効なる凡夫をいかにして救いとるか、五劫思惟と表現される仏の根源的思索が徹底的に尽くされたことです。それを聞きます我われにとりましては、「ようこそ、ようこそ、この身にお念仏の道を与えてくださいました」と、その御苦労をいただくほかはありません。浄土への救いの行として、思惟のかぎりを尽くして如来によって決定された、その正定業としての念仏が、この身の行、我われの行道、我われの生きて往く道として受け取られたときに、我われを浄土に生まれるべき身と決定してくださることです。そして、浄土に生まれるべき身と決定された仲間の一人に加えられ、浄土に往生することが決定して、この人生を生きていらっしゃる如来浄土の眷属の仲間入りをさせてくださる、同朋に加えていただくという喜びです。「同一に念仏して別の道無きが故に」(『真聖全』一、三二五頁)によって、「遠く通ずるに夫れ四海の内みな兄弟と為するなり」(『真聖全』一、三二五頁)というご縁の深さを喜ぶ御同朋の一人に加えていただくことが、念仏の信心をいただいた者に与えられる功徳で、「煩悩成就の凡夫」「生死罪濁の群萌」として、無始時来、今日今時に至るまで、流転に流転を重ねて来た者が、たまたまよき師、よき友に出遇いえたことを通して、思いもかけないさまざまな人生の業縁に出遇っていくことによって、苦しみのただ中にも念仏の教えをいただいて正定聚不退転の身とならせていただくのです。

曇鸞は「大乗正定聚」と言われます。「正定聚」が「大乗正定聚」と言われるところには、単に「正定聚」とは違った意味が込められているように思われます。「正定聚」は間違いなく仏と成らせていただくことですが、「大乗正定聚」には、仏になることで終わらないで、一生補処の菩薩となり、普賢の行を行ずる還相の菩薩となって生きることを込めて、曇鸞は「大乗正定聚」と表されたものといただきます。

正定聚に住した者が、曇鸞は大願業力とも表されましたが、往生人として生きることを果遂していけるのは、摂取不捨の力、大願業力、住持力によります。強力な増上縁として、この身にはたらいてくださる如来の願力によって、正定聚に住した者は、間違いなく必ず滅度に至るのです。迷いの因である煩悩を滅し、果である生死の海を渡る必至滅度の歩みが開けていくことで、必至滅度の身とならしめることが説かれます。「正定聚」と「滅度」とは、分位、その位が違います。「正定聚」はこの世における、この身の位ですが、「滅度」は彼岸のさとりですから、分位から言えば現生と来生ということで、明らかに違います。けれども、正定聚に住することは、そのまま必ず滅度に至りつつあることで、「住」と「必至」はひとつことです。そうでなければ、不退転にはなりません。

ですから、「必至」という言葉を、「証巻」では「至れば」と読まないで「至るは」(『聖典』二八〇頁)と読まれました。「至るは」と読まれたときには、正定聚に住して滅度に至っていくという意味が窺われます。それに対して、略本では「至れば」とあり、浄土に至りつくということで表されています。「至れば」は、「至るは」ということの完成を表すと言わなくてはならないでしょう。

第九節　死は生の完成である

私どもの生死流転の生涯が滅度に至っていく人生に転成していきます。マルティン・ルターに「死は人生の終末ではない生涯の完成である」という言葉がありますが、軽はずみに聞いたり受け取ったりしてはならない言葉と思います。そういうことが本当に言えるような人生を生きておるのだろうか。生の内実が問われます。完成していくということは、現在ただ今の生が、大切な内容、課題をもった生であるのかどうかが問われています。そういう内省を抜きにして、ただ「死は生の完成である」とオウム返しに言っても、それは意味を持たないと思います。「死は生の完成である」という場合、その生は願いをもった生、あるいは、いのちの歩みをもった生でないと、死が生の完成だとは言えないでしょう。

私があらためてそれを考えさせられたのは最近のことです。「死は生の完成である」という言葉は前から聞いておりました。『教行信証』で申しましたら、「臨終一念の夕、大般涅槃を超証す」(『聖典』二五〇頁)というお言葉があります。釈尊にとって、八十歳におけるクシナガラの入滅は、智慧の完成、まさしく般若波羅蜜の成就であります。しかし、それは釈尊に限らない。「煩悩成就の凡夫」「生死罪濁の群萌」である我われにおいても、「臨終一念の夕」は、釈尊と同じく大般涅槃のさとりを開かせていただくときであります。それを身近な言葉で表せば、「死は生の完成である」ということです。

それゆえに、「死は生の完成である」と言える道を生きることが大事な問題となることです。

第十節　滅　度

滅度の転釈が示すもの

滅度の転釈から読んでいきましょう。

「滅度」は「nirvāṇa」(ニルヴァーナ)の訳語のひとつで、一般的には「涅槃」という音写語が用いられます。「ニルヴァーナ」は「火が消える」ということですから、「寂滅」という方が意味としては近いわけです。それを『大経』の本願や経文では「滅度」と言われます。因である煩悩を滅し、そして、果である生死を超える、そのさとりを表す語ですが、「滅度」にはいろいろな表現、意味がありますから、それらを次々と並べていかれるわけです。それを古い言葉で、言葉を次々とあげて説明していく、「転釈」と言います。「証巻」や略本にかぎらず、『唯信鈔文意』や『一念多念文意』にも同じように滅度の転釈がございます。先学たちの書物によりますと、ただ無秩序に並べられたのでなくて、必然性があることを注意されてあります。その一例として、隈部慈明という方が先輩方のものを見たうえで、個人的にまとめられた見解を挙げておきます（『浄土文類聚鈔講義』、平楽寺書店、一九五七年、三二五頁）。

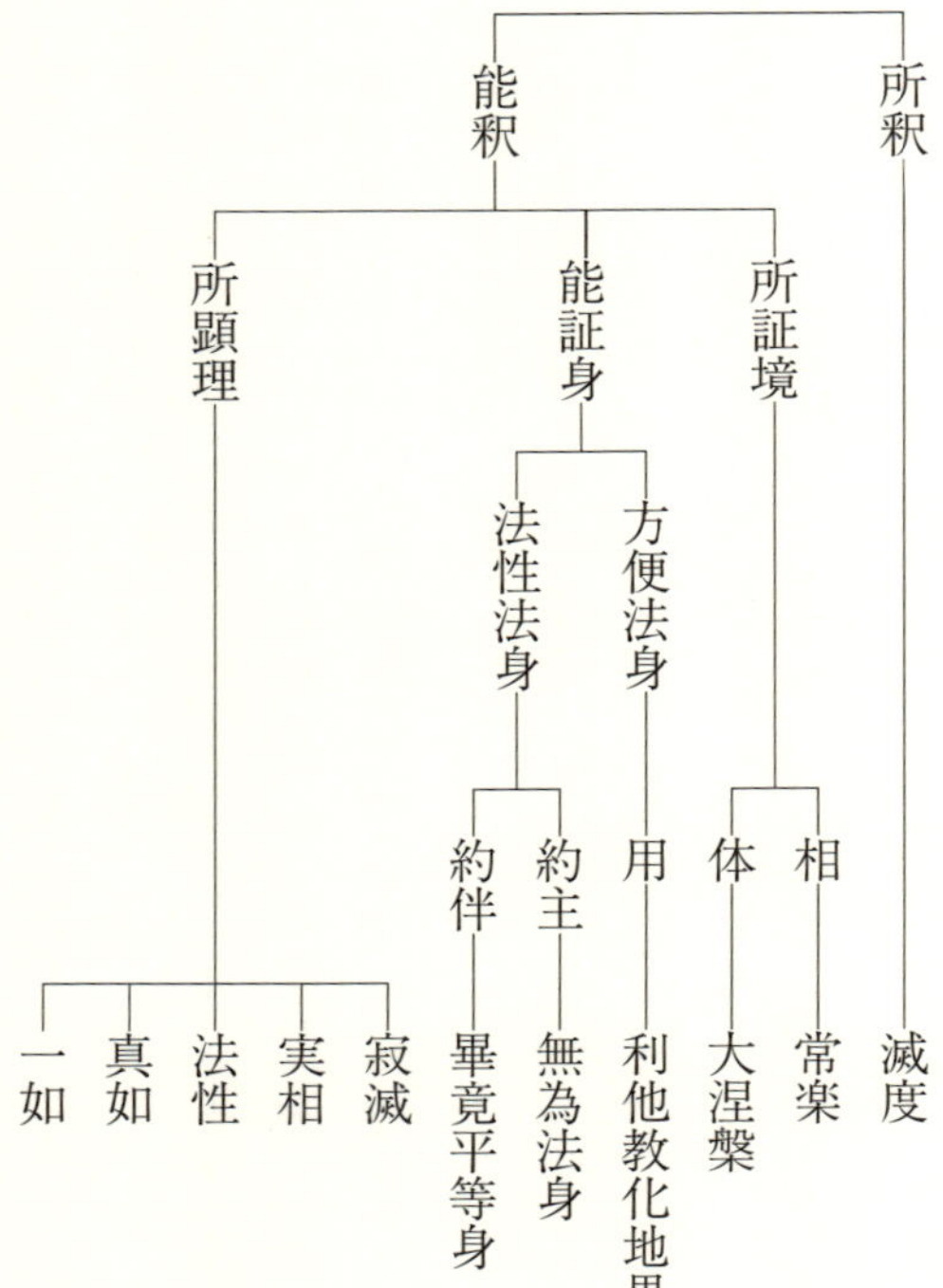

「所釈」、釈するところの「滅度」から始まりまして、「所証境」はさとられる境界ということで、「相」、さとりのすがたが「常楽」です。そして、「体」、さとりの境界そのものが「大涅槃」です。そして、「能証身」がさとりを開く身ということです。その法身を、曇鸞の『論註』の言葉によって、「方便法身」と「法性法身」の二つに分け、「利他教化地果」を「方便法身」と見て、さとりそのものとしての「法性法身」を「主」と「伴」に分けます。「主」が「無為法身」、「伴」が「畢竟平等身」となります。それから、それによって顕し出される真理ということで、「所顕理」として、「寂滅」「実相」「法性」「真如」「一如」が続くことになります。

「滅度」、「常楽」――永遠の楽、苦楽を超えた絶対の楽――、それが煩悩の滅せる完全なるさとりとしての「大涅槃」、その涅槃をさとる「方便法身」として「用」、はたらきを「利他教化地の果」と表されています。「法性法身」は、「主」が一切のかたちを超えた「無為法身」ですが、「伴」が「畢竟平等身」となります。仏のさとりを開いたならば平等の法身を得てはたらくということになります。そういう法身によって、顕し出される真理の意味が「寂滅」以下になります。

ここで大事なことは、「証巻」には見られなかった「利他教化地の果」(『聖典』四〇七頁)という言葉が付け加えられていることです。「利他教化地」には二つの意味があります。ひとつは言葉の基本的な意味で、阿弥陀仏が因位法蔵菩薩となって衆生を教化したまう、その力用によって成就されたということです。ところが、それだけではなく、略本に「利他教化地」という言葉が付け加えられたというのは、あとに還相回向が問題にされますように、これは、法蔵菩薩に限らないで、滅度のさとりを開かせていただき、仏と成らせていただいた一切の往生人のはたらきを表しています。

善導の『法事讃』に「極楽無為涅槃界」（『聖典』五五三頁）という語があります。これは、『唯信鈔文意』に宗祖が詳しく註釈しておられますが、『大経』で言いますと、「次於無為泥洹之道（無為泥洹の道に次し）」（『聖典』三九頁）という言葉で表してあります。略本の証章で、第十一願成就文の証文として引かれた「自然虚無の身・無極の体」の文の直前に出てまいります。

かの仏国土は清浄安穏にして微妙快楽なり。無為泥洹の道に次し。そのもろもろの声聞・菩薩・天・人、智慧高明にして、神通洞達せり。ことごとく同じく一類にして、形異状なし。但し余方に因順するがゆえに、天・人の名あり。顔貌端正にして、世に超えて希有なり。容色微妙にして、天にあらず人にあらず。みな、自然虚無の身、無極の体を受けたり。（『聖典』三九頁）

「無為泥洹の道に次し」、「ちかい」ということは、無為涅槃そのものとは違うということです。涅槃とは無為無漏、一切の計らいを超え、一切の煩悩を超絶したさとりそのものであり、かの清浄仏国土の浄土も無漏であることに変わりはない。煩悩のまったくない境界であることにかわりはないけれども、無為でなくて有為でもあります。「有為の奥山今日越えて」といういろは歌がありますが、迷いの世界にはたらく、はたらきの世界です。その関係を、「次し」という言葉で、涅槃と浄土の不一不異の相即関係を注意してあるわけです。極楽は「無為涅槃界」であり、大涅槃のさとりを開く場所が浄土であるということです。それがお浄土の徳です。

ですから、「利他教化地」とは、法蔵菩薩のはたらきだけでなくて、往生人に成就されるはたらきは、法蔵菩薩と一体となることでしょう。法蔵菩薩の分身としてはたらく、と言ってもいいことです。

「分身」という語につきましては、曽我量深先生が『教行信証』「信巻」の安居の講義のなかで、「法蔵魂を感得した者は、法蔵菩薩の分身となる」とおっしゃっていました。嘆仏偈の結びに「仮令身止　諸苦毒中　我行精進　忍終不悔（たとい、身をもろもろの苦毒の中に止るとも、我が行、精進にして忍びて終に悔いじ）」（『聖典』一三頁）と表されている「法蔵魂」です。地獄のただ中に身を置いて、一切の群生を荷負して、ともなる救いの道を願い求めて生き、その願いをけっして放棄することはないという法蔵魂を感得した者は法蔵菩薩の分身となると、先生はおっしゃっていることです。なお、「分身」という言葉は先生の造語ではなく、『観経』に出てまいりまして、第十一勢至観に「分身無量寿仏　分身観世音　大勢至　皆悉雲集極楽国土（分身の無量寿仏、分身の観世音・大勢至、みなことごとく極楽国土に雲集す）」（『聖典』一一〇頁）とあることです。

曽我先生が暁烏敏先生（一八七七〜一九五四）の一周忌のとき、先生のお寺である明達寺に行かれて、暁烏先生の徳を讃嘆されました。その法話のなかで、「清沢先生が自分の後継者と見ておられたのは暁烏先生であった。まさに信念の人として自分のあとを継いでくれる者は暁烏先生だと考えておられた」とおっしゃられ、「みなさんは暁烏先生の分身ですから、暁烏先生の願いに生きなくてはなりません。起ちあがっていかなくてはなりません」とおっしゃっており、曽我先生は分身ということを大事にされていたことを思いました。「法蔵魂に生きる者は、法蔵菩薩の分身となる」ことが、「利他教化地」という言葉には込められています。それは、根源なる因位法蔵菩薩のはたらきであって、さらに法蔵菩薩のはたらきによって目覚めしめられ、浄土に往生を遂げ、仏とならしめられた者が、法蔵の無量無数の分身としてはたらく二重の意味を持っていると領解されます。

仏を如来と表される意味

いくつか先学たちの講録を見ていて注意されますのは、滅度の転釈は「即」という接続詞で、「即ちこれ」「即ちこれ」となっていますけれども、「すなわちこれ利他教化地の果なり」（『聖典』四〇七頁）というところだけは、「則」が使ってあり、「則是利他教化地果」となっています。これは「レバ則」と言われ、「即」と「則」は同じ「ソク」でも区別されます。そこに、宗祖の深い配慮があることです。涅槃をさとることは、それで終わりでなくて、利他教化の益を得て、衆生を救済すべくはたらくダイナミックな意味をおさえて、そこにかぎって「レバ則」の「則」の字を使ったことを、講録で注意しています。

さらに、「証巻」と略本との違いですが、「証巻」では、滅度の転釈を受けて、

しかれば弥陀如来は如より来生して、報・応・化種種の身を示し現わしたまうなり。

（『聖典』二八〇頁）

と言ってあり、これは略本には見られない一文で、如来の名義釈と言ってもいい言葉であり、仏を「如来」と表される意味を明らかにしている文章です。

「しかれば」という接続詞ですが、根本の真理は、その内徳の必然性においてはたらくことで法の徳、まさに自然法爾のはたらきとして顕現し現行するのです。根本の真実は絶対的なものでありながら、絶対的なものとしてすべてから超絶しているだけではなくて、どこまでも相対的なもののうえに内在してくるのです。現在してくる自然法爾のはたらきとして、歴史のうえに具体的なかたちを現す言葉として表され、教えとして説かれてくるはたらきを「しかれば」という接続詞は表しているのです。

ですから、滅度は我われの往生の究極でしょう。人の一生は、滅度として表される涅槃に帰っていくこ

と、涅槃のさとりを開いていくことであります。けれども、その究極なる世界への道は、如来がそこから生まれてくる根源の世界なのです。究極なるものがただ終わりという意味だけでなく、如来の始源、もっとも深い根源を表すことです。

しかも、その如来とは、阿弥陀一仏に限らず、阿弥陀が無量無数の、「報・応・化種種の身」ですから、必ずしも仏や菩薩のかたちを取りません。菩薩は犬やチャンダーラにまでなって衆生を救う、とありました。菩薩は大悲あるが故に涅槃にとどまらずして、犬やチャンダーラの身となって現れたもうものです。それを我われ衆生の側からいただくならば、森羅万象をも含めて、一切のものはすべて如来の応化身であると拝まれ、すべてが如来の還相として仰がれいただかれるという広い世界観でしょう。あるいは、そういう深い人生観を与えてくださるのが「智慧の念仏」であり、これがこの身に開かれるのは「信心の智慧」としてある、と言っていいのではないでしょうか。それは、よきひとと仰がれる念仏者に限らず、自分にとっては敵と思えるような人すらも、如来の応化身の仮なる姿で還相のはたらきを行じておってくださるのでしょう。

略本において「利他教化地の果」が滅度の転釈のなかに付け加えられることは、とても大きな意味を持っていることです。涅槃はただ人生の究極に終わらず、そこから、すべての如来、如から来たる仏のはたらきの現れてくる根源の世界であり、この世におけるすべては、如来によって救われていく者にとって、如来の応化身という意味を持つものであることを、念仏者は見出すのです。

最後に、略本では「証巻」と違い、滅度の転釈のあとに

しかれば、もしは因・もしは果、一事として阿弥陀如来の清浄願心の回向成就したまうところにあら

ざることあることなし。因、浄なるがゆえに、果、また浄なり。知るべし。

（『聖典』四〇七頁）

と言ってあります。これと同じような文は、浄信章にも、

しかれば、もしは行、もしは信、一事として阿弥陀如来の清浄願心の回向成就したまうところにあらざることあることなし。

（『聖典』四〇六頁）

とありました。それが、証章では「もしは因・もしは果」と言ってあります。

それから、もうひとつ、還相の回向のところでは、「しかれば、もしは往・もしは還、一事として」（『聖典』四〇八頁）とありますが、これは「証巻」にはない文章です。「もしは因・もしは果」と「もしは行・もしは信」は『教行信証』にも同じようにあります。

「如来の清浄願心の回向成就」（『聖典』二二三頁）ということは、言葉は曇鸞の『論註』に出てきます。ただ、『論註』の場合は、如来の浄土について言われていることです。阿弥陀の浄土は、法蔵因位の清浄願心によって成就された、方便法身である報身如来の報土で、その本願に酬報して完成された報土であることを表すときに、「清浄願心の回向」と言われたものです。

ところが、宗祖になりますと、この言葉は如来についてでなくて、衆生の行信の道、衆生の往生の因果、あるいは往還について、それがすべて「如来の清浄願心の回向成就」によることに転用されます。そして、「回向したまう」というのではなくて、「回向成就」したすがたを表すのです。

その往相に行信の道があり、それが因であり、果である証大涅槃の果を得ることも、「如来の清浄願心の回向成就」によるのです。如来のはたらきのすべてが、そこに至り届いて成就するのです。

ここで証章が終わり、そこから、さらに「二つに還相回向というは」と説かれていきます。『教行信証』

では「証巻」のなかにありましたが、略本では独立して還相回向が説かれます。略本にかぎらず、宗祖が晩年お書きになった『往相回向還相回向文類』(如来二種回向文)、あるいは『浄土三経往生文類』、そういった書物のうえで還相回向が大きな課題となっていったという問題があることです。

第八章　還相回向について

第一節　あえて仏であることを放棄する存在

二に「還相回向」と言うは、すなわち利他教化地の益なり。（『聖典』四〇七頁）

「還相回向」とは、往生浄土の相「往相」に対します。往相は、穢土と呼ばれる生死流転の世界を超えて、如来の世界である彼岸の浄土に生まれかわっていくことで、大乗仏教の菩薩道で言えば、無上涅槃、このうえなき智慧の完成の境界であるさとりの世界に至るということです。それが浄土教になりますと、そこで終わらないで、無上涅槃である浄土からさらにこの世にふたたび還り来たって、この苦悩の世界にあって苦しみ悩める人びとに浄土への道を教え導いていくはたらきが与えられる。それが還相です。無上涅槃は仏教における究極のさとり、一切の煩悩の寂滅する境地を表しますが、そこにとどまらないで、「無住処涅槃」と言われるように、その涅槃を究極の住処としないで、生死の迷いの世界こそ自分の真に依って立つべき場所として、そこに生き続ける。そういうはたらきをこの身にいただいていくのです。それは、如来の本願力の回向によってなされていくのですが、その回向を具体的に言えば、「南無阿弥陀仏」という如来の名告りであり、呼びかけであり、はたらきかけです。その「南無阿弥陀仏」という如来のはたらきによって、涅槃をも住処としないで娑婆世界に生きる、往相と還相のはたらきをこの身にいただくのです。そのことがここでは「利他教化地の益」という語で教えられています。

天親の『浄土論』で言いますと、礼拝・讃嘆・作願・観察・回向の五念門という念仏行によって五功徳門を得る、その第五番目の園林遊戯地門のところに、「生死の園・煩悩の林に回入して、神通に遊戯し」(『聖典』一四四頁)とあって、衆生を救うことが自由自在であって遊びのごとくであるとあります。その園林遊戯地門において与えられるはたらきが利他教化ということです。「利他」の「他」は、一切の迷える衆生を表し、その衆生を利益するために教えを説き、そして、迷える人びとの心を開き、衆生を救うという位が与えられるのです。

それが、阿弥陀の本願で言いますと、第二十二願になるわけです。

たとい我、仏を得んに、他方の仏土のもろもろの菩薩衆、我が国に来生して、究竟して必ず一生補処に至らん。その本願の自在の所化、衆生のためのゆえに、弘誓の鎧を被て、徳本を積累し、一切を度脱し、諸仏の国に遊んで、菩薩の行を修し、十方の諸仏如来を供養し、恒沙無量の衆生を開化して、無上正真の道を立てしめんをば除かん。常倫に超出し、諸地の行現前し、普賢の徳を修習せん。もし爾らずんば、正覚を取らじ。(『聖典』一八～一九頁)

浄土に往生する者はすべて正定聚不退転の者であり、そして、釈尊を継いで仏となることに決定して、そこからもはや後退することがない、この道にとどまることのない者となることがより積極的な言葉で表されるとき、「一生補処」と言われます。この一生が終わったならば、釈尊に代って教えを説き、衆生を教化する仏となることに決定した仏の候補者となることですが、第二十二願はそこで終わらないで、仏となるという者もいるけれども、その方向を選ばないで、あえて娑婆世界に還相する者、仏となる方向でなくて、むしろ娑婆世界にあって、迷える者の方に向かって、普賢の行といわれる仏の慈悲行を実践していく者となる、と説かれるのです。浄土において仏になろうが、あるいは仏になることをあえて止めて普賢行を行ずる因位の菩薩となろうが、それは各自の自由によるという言い方で、第二十二願は説かれています。

それを本願の展開で見ると、第十二願、第十三願が先ずあります。

たとい我、仏を得んに、光明能く限量ありて、下、百千億那由他の諸仏の国を照らさざるに至らば、正覚を取らじ。

たとい我、仏を得んに、寿命能く限量ありて、下、百千億那由他の劫に至らば、正覚を取らじ。

（『聖典』一七頁）

光明と寿命、智慧と慈悲において無限であり、阿弥陀の名をもっておられる真実の如来ですが、その第十三願の寿命無量、慈悲のはたらきが寿命無量を表す場合、第十五願でそれを証明されています。第十五願は、眷属長寿という願です。

たとい我、仏を得んに、国の中の人天、寿命能く限量なけん。その本願、修短自在ならんをば除く。もし爾らずんば、正覚を取らじ。

（『聖典』一七頁）

仏の眷属ですから、阿弥陀の浄土に生まれた者は、阿弥陀と血を同じくする、阿弥陀の身内となり、その者は、主である阿弥陀と同じく無量寿をいただくことで表されています。

第十二願、光明無量に示された、智慧の光の場合には、照らす者と照らされる者、照らし出す者とその光によって破られる者、という緊密な関係性において、仏のはたらきが表されていますが、第十三願で誓われた、慈悲のはたらきである寿命無量の場合には、主である仏と眷属である菩薩とがまったく一体であるというかたちで説かれています。

その第十五願のところに、如来の眷属は阿弥陀と同じく無量寿を得るけれども、ただし、その眷属に本願があって、そのまま浄土にとどまるかとどまらないかは各自の自由にまかすというのです。「除く」という言葉で、「自由」が表されています。「この限りにあらず」ということです。浄土にとどまるかとどまらないか、浄土に仏としてあるか、あるいは、仏の位から下がって、衆生を救うために、衆生とともに悩み苦しむ者として生きるかは各自の自由に任されることが説かれます。その第十三願と第十五願を受けて、さらにそれを詳しく表されたのが第二十二願で、「一生補処」と普賢行ということで言われています。

ところが、宗祖になりますと、その二つのどちらかを選ぶのでなくて、一生補処の者が還相回向の菩薩になる、仏となった者はあえて仏であることを放棄して、菩薩となって普賢の行を行ずる、ということになります。それは、一生補処の菩薩の徹底した姿になります。その場合に、一生補処は仏の候補者になるだけでなくて、仏の方から菩薩の方に還ることです。伝統的な言葉で言えば、菩薩が「因から果へ」、「従因向果」という向上的な方向で言われるのでなくて、仏から菩薩に還る「果から因へ」、「従果向因」という向下的な方向で、一生補処が説かれていることになります。ですから、「一生補処」という言葉は同じでありましても、その意味のうえに転換があることが考えられます。

「従果向因」は、意味のうえでは充分領解できることですが、それを言葉のうえで、はっきりと指摘されているところがあるかないか、ということがございます。

以前、九州大学の滝沢克己（一九〇九〜一九八四）という哲学の先生が星野元豊先生（一九〇九〜二〇〇一）にお尋ねになられたそうです。言葉、文章のうえで「従果向因」ということの典拠があるかと聞かれたら、「ない」ということだった、と滝沢先生が書いておられました。

しかし、その典拠となるものが、「大経和讃」の第六首に見られます。

南無不可思議光仏
　饒王仏のみもとにて
十方浄土のなかよりぞ
　本願選択摂取する
（『聖典』四八三頁）

そして、次の七首には、

無碍光仏のひかりには
　清浄歓喜智慧光
その徳不可思議にして
　十方諸有を利益せり
（『聖典』四八四頁）

と言っています。第六首と第七首、「南無不可思議光仏」と「帰命尽十方無碍光如来」は対句のものです。阿弥陀の光を表しますのに、それが我われの思い、我われの一切の言葉を超えた不可思議なる、彼岸に仰がれる光の仏として「不可思議光如来」が言われ、その光がこの穢土を生きる我われのところに来たって、我われの無明の闇を破り、浄土への願いを満たしてくださるはたらきとして、「尽十方無碍光如来」と表されます。

第六首は、南無不可思議光仏は、世饒王仏、つまり世自在王仏の足元に平伏して、すべての人びとが一人残らず救われていく道を明らかにしていただきたいとお願いして、自ら五劫という永いときをかけて思惟し考え尽くして、救いに役立たないもの、不用なものを一切捨てさって、ただそれひとつあれば充分であるという唯一なる念仏の御法を選び取ってくださった、という御和讃です。この第六首は、「従果向因」を言葉のうえではっきりとお示しになっている大事な和讃です。

浄土に往生した者、大涅槃のさとりを開いて仏になった者が、仏の座を下りて衆生を教化したまうようなはたらきが、如来の利他教化の益として与えられるのです。ですから、「利他教化地」は、如来のはたらきを表すとともに、如来によって救われた、あるいは如来によって仏の智慧と慈悲をいただいた者に与えられる徳を表す、二重の意味でいただくべきことであろうと思います。

第二節　第二十二願とその成就

すなわちこれ「必至補処の願」より出でたり。また「一生補処の願」と名づく。また「還相回向の願」と名づくべし。

願成就の文、『経』に言えり、「かの国の菩薩は、みな当に一生補処を究竟すべし。その本願の、衆生のためのゆえに弘誓の功徳をもってして自ら荘厳し、あまねく一切衆生を度脱せんと欲わんをば除かんと。」已上

（『聖典』四〇七～四〇八頁）

『教行信証』「証巻」も同じ表現がとられてあります。

二つに還相の回向と言うは、すなわちこれ利他教化地の益なり。すなわちこれ「必至補処の願」より出でたり。また「一生補処の願」と名づく。また「還相回向の願」と名づくべきなり。『註論』に顕れたり。かるがゆえに願文を出ださず。『論の註』を披くべし。（『聖典』二八四頁）

宗祖は、曇鸞の『論註』を菩薩の論と同じ意義をもった聖教として、あえて『註論』と呼ばれ、還相回向のことは『論註』に表されているので、ここでは別に願文を出さない、とおっしゃっています。そして、『論註』を引用し還相回向を証明していかれます。具体的に言いますと、不虚作住持功徳という阿弥陀の本願のはたらきを証明するものとして、第二十二願文が引用されています。

不虚作住持功徳とは、『浄土論』に示された二十九種荘厳のひとつですが、国土荘厳十七種、仏荘厳八種、菩薩荘厳四種、合計二十九種で仏荘厳の主軸であるだけでなくて、二十九種荘厳をもって表される如来のはたらきの軸になるのが不虚作住持功徳です。

「不虚作」ですから、仏の救いにおいては一切虚しいことがなく、仏はその願力をもって、我われを根底から支え、我われをして空過せしめない。人生、あるいは仏道を求めていくうえで、それがけっして無駄でなく、必要にして充分である、そのような人生を生きる者として生かしめられ、そのはたらきにおいて満たされたものが阿弥陀の本願力であることを明らかにしておられます。そこに、今の第二十二願文が引いてあります。

もうひとつ言えば、未だ確かな信心が充分に得られていない者、自力の計らいがなお捨てきれないで残っている者も、仏の本願力に遇い、本願力を信じて、それを身にいただくならば、その者も浄心、清浄なる信心を得て、そして、仏に近い等正覚という上地の菩薩の位を得ることです。自力の作心を離れて、一切の努力を必要とせずして、衆生を救うことができるという自由な無功用のはたらきをいただくことが説かれています。未証浄心の者が、浄心、そして上地の菩薩になることを証明するものとして、第二十二願文を曇鸞が引いています。

ここに出てまいります「浄心」、「上地」の菩薩とは、浄土の菩薩であって、四つの修行を如実に行ずる者であり、行じて行ずることなき者と言われます。それは、仏の在します有仏の世界で修行されるだけでなくて、さらにはまったく仏法のない無仏の世界にあって、仏道を行ずる菩薩のはたらきを言うと、曇鸞は説明しています。

曇鸞が第二十二願を引かれたのはここだけでなくて、『論註』の結びの「覈求其本釈」の、「三願的証」に重ねて説いています。それが「行巻」の重釈要義である他力釈に引用されています。

「三願的証」(『聖典』一九五頁)とは、『大経』は阿弥陀の本願を説かれたものであり、名号の功徳を説かれた経典でありますが、その宗要は第十八、十一、二十二願という三願によって、すべての衆生が救われていく道筋とその意義を明らかにされたものであることを的確に証明されたところです。

第十八願は、曇鸞によれば十念仏することです。十念、すなわち仏を念じ無量寿仏の名を称えることによって、いかなる人も正定聚不退転の身となり必ず涅槃に至り、さらにそこにとどまらないで、第二十二願に約束された還相利他のはたらきを行っていく者となるのが『大経』に説かれた如来による救いの内実であることを、曇鸞が証明していくのです。

ですから、『論註』には第二十二願が二か所に引いてあり、『大経』の要がそこにあるのです。宗祖はそれを受けられて、『大経』において成り立つ浄土真宗、本願念仏の仏道はまさに往相、還相という道を明らかにされたものだからこそ、浄土真宗は大乗仏教の究極だとおっしゃられました。

さて、宗祖は、第二十二願の願名を挙げられたあと、その証文として第二十二願の成就文を引いていますが、その文は、『教行信証』には引用されていません。

『教行信証』は、四十八願の主たるものの因願・本願文と成就文を重ねて引用されています。それに対しまして、『文類聚鈔』では成就文の引用に限られて、因願の方は引かれないかたちを取っておられます。どこまでも我われの行信の道として如来の救いが成就する、その相を明らかにして、その功徳を明らかにするところに『文類聚鈔』があるわけでしょう。

第二十二願成就文は、本願文と比較しますと極めて簡潔ですが、譬喩的、象徴的表現も借りて、言葉を尽くして還相の徳を成就された浄土の菩薩をほめ讃えています。今そこで修行し阿弥陀の国に生まれてくる菩薩は、みな一生補処を究竟し、本願があって衆生のためのゆえに弘誓の功徳をもって自ら荘厳し、普く一切の衆生の度せんことを願う、というものです。それは、第二十二願文の半分にも満たない言葉で表されています。

第十五願もそうでしたし、第二十二願の成就文もそうですが、そこに「本願」という言葉があります。本願あって衆生を救う者は、浄土に仏としてとどまることに限らない、と説かれています。

仏教において究極のさとりは、「空」で表されます。一切の相対的な思慮分別、価値判断、あるいは言語表現というものが一切滅されたありのままなる世界が仏教が目指すさとりです。あるいは、本来なる世界ですが、一切を超えた「空」なるものが、どのようにして慈悲という人格的表現をとって衆生のうえにはたらいてくるのか、その慈悲はどこから生まれてくるのかは、大事な意味をもった問題でした。「空」

からどうして慈悲が生まれてくるのかは大変な問題なのです。
その問題について、梶山雄一先生の京都大学での最終講義「空と慈悲」というご講義で、どうして「空」から慈悲が出てくるのか。言葉のないところからどうして言葉が出てくるのか、という言葉の問題を詳細に検討されました。その論文によりますと、月称（チャンドラキールティ、六〇〇～六五〇頃）という人と並んで龍樹の学問思想の流れを汲む、中観哲学の二大巨匠であった清弁（バーヴィヴェーカ、五〇〇頃～五七〇頃）が、その問題を取り上げまして、それはかつて空のさとりを開く前の菩薩の段階にあって衆生を救う本願を発したが、その本願を発したことがあって、空をさとったあとも慈悲として展開すると語っていることです。
仏や菩薩の慈悲は、遠い昔からもたれてあった本願によっておこってくるはたらきで、第二十二願成就文も仏、菩薩にとって、六神通のひとつである宿命通を得ることが大事にされます。過去世のできごとを確かに記憶し決して忘れることがないことです。菩薩は宿世のことをすべて記憶し忘れることがないので「あのとき、ああしてあげればよかった」ということを常に念じ続けています。ですから、命終わっても忘れ捨てることなく、そのことを縁として衆生を救うことが行われるのです。宿命通は、大乗にとりましても、六神通のなかでも大事な神通として取り上げられ、その一番最初に挙げられることがあり、第二十二願成就文の後にも、
またかの菩薩、乃至成仏まで悪趣に更らず。神通自在にして常に宿命を識らん。他方の五濁悪世に生じて、示現して彼に同じ、我が国のごとくせんをば除く。（『聖典』五二頁）
と言っています。そのような「本願」をもてる者は浄土にとどまらないことが『文類聚鈔』の還相回向の

ところに説かれていました。

第三節　還相回向がなぜ違うところで説かれるのか

聖言、明らかに知んぬ。大慈大悲の弘誓、広大難思の利益なり、いまし煩悩の稠林に入って諸有を開導す、すなわち普賢の徳に遵うて群生を悲引す。（『聖典』四〇八頁）

第二十二願、利他教化地の益、園林遊戯地門といわれる普賢行の実践を重ねて説かれ、それを結ぶのに、しかれば、もしは往・もしは還、一事として如来清浄の願心の回向成就したまうところにあらざることあることなきなり。知るべし。（『聖典』四〇八頁）

と言っています。これは既に述べたように、『教行信証』にもありませんし、『文類聚鈔』のこの箇所にだけ説かれる言葉です。これに類する文章はほかのところでも出てきましたが、阿弥陀如来の清浄願心の回向成就が、「もしは往・もしは還」に関しても言われているのは、『文類聚鈔』にかぎります。往相も還相もすべてが如来の清浄願心の回向成就によることです。

還相回向の説かれる位置は、『文類聚鈔』と『教行信証』では違います。『教行信証』では、「教巻」に浄土真宗という教えは往相と還相という二種の仏道を明らかにするものである、と言われていますが、『文類聚鈔』では行章に、「本願力の回向に二種の相あり、一つには往相、二つには還相なり」と言います。往相と還相を説くことにおいて、『教行信証』と『文類聚鈔』は直ちに同じではありません。ただ、宗祖の数多くの著述において、『文類聚鈔』もそうですが、ことに晩年に至って、より一層、還相回向を強調されたことがあります。『往相回向還相回向文類』（如来二種回向文）というお書物もそうです。八十四歳の善鸞事件を境として、宗祖のうえに、還相回向に対する深い関心、そして、徹底的な表現『如来二種回向文』、あるいは、それを受けての『浄土三経往生文類』の広本での往相から還相への展開に明らかになることが見られます。善鸞を義絶し事件が解決したからと言って、ことは終らないのでしょう。義絶することによって、いよいよ、善鸞、我が子一人にすら念仏の教えを正しく伝えることができなかった負い目を、生涯背負って生きていかなければならなかった問題に深く関わっていると思います。

そのことが「もしは往・もしは還、一事として如来清浄の願心の回向成就したまうところにあらざることあることなきなり」という言葉に窺えるところで、阿弥陀のやるせない大慈大悲の本願の回向です。「大慈大悲」という表現が『浄土三経往生文類』の「大経往生」の還相回向をお説きになるところに、

大慈大悲の願、『大経』にのたまわく　（『聖典』四七〇頁）

と言って、第二十二願を引いています。まさに「悲願」で「大慈大悲の願」、大悲の願が第二十二願であることです。その大慈悲によって起され、大慈悲によって回向された広大無碍の信心を還相の利益である、と宗祖はいただいていかれました。それは、大慈大悲をこの身にいただき、大慈大悲を我がいのちとして生きる還相の菩薩です。

私は、『論註』で大事な言葉をいくつかいただきました。仏荘厳のなかの受用功徳の偈「仏法の味を愛楽し禅三昧を食と為す」（『真聖全』一、二九四頁）がありまして、それを『論註』下巻の註釈には、「仏願に乗ずるを我が命と為す」（『真聖全』一、三二五頁）という言葉で表されています。阿弥陀の本願に乗托して生きること、阿弥陀の本願が私のいのちであることが還相の菩薩に与えられる喜びであります。

『教行信証』の結びの文も、大慈大悲に生きる者の有り様や悲願を、端的に『華厳経』入法界品の文によって表されてあります。

『華厳経』（入法界品）の偈に云うがごとし。もし菩薩、種種の行を修行するを見て、善・不善の心を起こすことありとも、菩薩みな摂取せん、と。已上　（『聖典』四〇一頁）

これは、菩薩の大悲です。その菩薩は法蔵菩薩に違いないと思いますが、ただ法蔵菩薩に限定されるのではなく、法蔵魂に生きることでもあり、法蔵菩薩の純真の願いでもあるわけです。その願いを我が願いとして生きる、分身の願いでもあり、順縁、逆縁と、どのような業縁に出遇って生きようとも、それをみな、うちに摂取し、うちに引き受け、それに随って超えていく願いでもって、親鸞聖人は『教行信証』を著してくださったのです。ですから、『教行信証』のうえに、法蔵の分身としての宗祖が躍動しているのです。一字一句に宗祖のいのちがはたらいておってくださることを私どもは感じとることができるわけだと思います。

第四節　広略二本の還相回向

総序の文をなぜ二か所に置くのか

ここをもって、浄土縁熟して、調達、闍王、逆害を興ず、濁世の機を憫んで、釈迦、韋提（をして）安養を選ばしめたまうなり。つらつら彼を思い、静かに此を念うに、達多・闍世、博く仁慈を施し、弥陀・釈迦、深く素懐を顕せり。これに依って、論主、広大無碍の浄信を宣布し、あまねく雑染堪忍の群生を開化せしむ。宗師、往還大悲の回向を顕示して、慇懃に他利・利他の深義を弘宣せり。聖権の化益、ひとえに一切凡愚を利せんがため、広大の心行、ただ逆悪闡提を引せんと欲してなり。

いま庶わくは道俗等、大悲の願船は清浄信心をして順風とす、無明の闇夜には功徳の宝珠をして大炬とす。心昏くして識寡なきものは、敬んでこの道を勉めよ。悪重く障多きものは、深くこの信を崇めよ。ああ、弘誓の強縁、多生にも値い難く、真実の浄信、億劫にも獲叵し。遇信心を獲ば遠く宿縁を慶べ、もしまたこのたび疑網に覆蔽せられれば、更って必ず曠劫多生を径歴せん。摂取不捨の真理、超捷易往の教勅、聞思して遅慮することなかれ。慶ばしきかな、愚禿、仰いで惟いみれば、心を弘誓の仏地に樹て、情を難思の法海に流す。聞くところを嘆じ、獲るところを慶んで、真言を採り集め、師釈を鈔出して、専ら無上尊を念じて、特に広大の恩を報ず。（『聖典』四〇八～四〇九頁）

これは、証章を、ことに還相回向の釈文を結ばれる「総結勧信」、還相回向を結んで信心を勧めたまう文と古くから言われています。

内容がいくつかに分れますが、その最初の段落について、金子大榮先生はかつて「浄土教縁起」（金子大榮『浄土教縁起』全人社、一九四六年）ということを言われました。浄土教が凡夫救済の法としてこの世に出現した、そのできごとのもつ深い意味を表しますが、これは『教行信証』で言いますと、総序の文に対応します。

竊かに以みれば、難思の弘誓は難度海を度する大船、無碍の光明は無明の闇を破する恵日なり。しかればすなわち、浄邦縁熟して、調達、闍世をして逆害を興ぜしむ。浄業機彰れて、釈迦、韋提をして安養を選ばしめたまえり。これすなわち権化の仁、斉しく苦悩の群萌を救済し、世雄の悲、正しく逆謗闡提を恵まんと欲す。かるがゆえに知りぬ。円融至徳の嘉号は、悪を転じて徳を成す正智、難信金剛の信楽は、疑いを除き証を獲しむる真理なりと。しかれば、凡小修し易き真教、愚鈍往き易き捷径なり。大聖一代の教、この徳海にしくなし。穢を捨て浄を欣い、行に迷い信に惑い、心昏く識寡なく、悪重く障多きもの、特に如来の発遣を仰ぎ、必ず最勝の直道に帰して、専らこの行に奉え、ただこの信を崇めよ。ああ、弘誓の強縁、多生にも値いがたく、真実の浄信、億劫にも獲がたし。たまたま行信を獲ば、遠く宿縁を慶べ。もしまたこのたび疑網に覆蔽せられなば、かえってまた曠劫を径歴せん。誠なるかなや、摂取不捨の真言、超世希有の正法、聞思して遅慮することなかれ。ここに愚禿釈の親鸞、慶ばしいかな、西蕃・月支の聖典、東夏・日域の師釈、遇いがたくして今遇うことを得たり。聞きがたくしてすでに聞くことを得たり。真宗の教行証を敬信して、特に如来の恩徳の深きことを知りぬ。ここをもって、聞くところを慶び、獲るところを嘆ずるなりと。（『聖典』一四九～一五〇頁）

ところが、略本では、総序の文の一部を取り入れて、そのあと、『教行信証』「証巻」の結びの文が引かれ、それから、ふたたび総序の文を引いて結ばれていきます。

しかれば大聖の真言、誠に知りぬ。大涅槃を証することは、願力の回向に藉りてなり。還相の利益は、利他の正意を顕すなり。ここをもって論主（天親）は広大無碍の一心を宣布して、あまねく雑染堪忍の群萌を開化す。宗師（曇鸞）は大悲往還の回向を顕示して、ねんごろに他利利他の深義を弘宣したまえり。仰ぎて奉持すべし、特に頂戴すべしと。（『聖典』二九八頁）

この文は「証巻」全体の結びですが、「教」「行」「信」「証」の四巻全体を結ぶものでもあります。その場合、第四巻の真実証、そして、その後半に説かれた還相利他を結ばれたもので、それを略本では今の総結勧信の文に取り込んで、その前後に『教行信証』の総序の文が引かれています。

総序の文は、内容、その表現から言いまして、これほど完璧無比な文章はないと言っていいもので、同時代である中国の宋代の文章表現のレトリックを自家薬籠中のものとして表され、浄土真宗の教えを充分に咀嚼し、一言一句に深い意味を込めながら表された文です。

そこで、略本に示されているようなかたちのものであったものを、のちに総序の文のようにまとめられたと考えるのか、あるいは、もともと総序の文のようであったものを、あとで略本のように二つに分けられたのか、どちらの方が穏当と考えられるか、ということがあります。私は、総序の文を一気にお書きになったあとに、『文類聚鈔』を著されますとき、それを二つに分けて示されたと考えています。ことに、総序の文の最初の部分を還相の証文として置かれたということが非常に大事なことであると思います。ですから、今では、『文類聚鈔』の方が『教行信証』よりもあとにできたものかという感じが強いのです。

総序は「竊以（竊かに以みれば）」（『聖典』一四九頁）という語で始まります。「ひそかにおもんみれば」という言葉は善導の『観経疏』の一番最初の玄義分（『真聖全』一、四四二頁）に出てまいります。玄義分は、『観経』の諸問題をまとめて表されたもの、『観経』概論というべきもので、その初めは「勧衆偈」という偈文で、そのあと「竊かに以みれば」という語で始まります。善導の教えを深く学ばれた宗祖は、「竊かに以みれば」という言葉でもって仏の本願を尋ねていかれた善導の姿勢に随われました。

善導という方は、懺悔の人と言われますように、非常に謙虚な方で、「二河譬」でもそうですが、「敬って一切往生の知識等に白さく」（『聖典』四二二頁）という言い方をなされます。「一切の往生人等に敬って申し上げます」と、特別な人に対してだけではなく、すべての人に対して、善導は尊い人として合掌し拝んでいかれました。

「竊かに以みれば」という語は、総序の文だけではなく、後序におきましても、その「竊以」（『聖典』三九八頁）という語で始まります。総序の方は、歴史を超えた真実に対しての態度を表し、後序の方は、それが真実として具体的に生きてはたらく歴史的な現実に対する宗祖の態度を表しています。ですから、宗祖は、善導の『観経疏』と同じく、『教行信証』の冒頭と結びに、「竊以」という語を置いて、真宗の教えに生きる者、あるいは、教えを聞くことをもって人生を生きていく道として選んだ者の態度をお示しくださってある、と領解できます。

さきほど、レトリックのうえから言っても、一字一句、本当にこころを込めて表された文章であると言いましたが、その一例をあげますと、総序の冒頭、

難思の弘誓は難度海を度する大船　（『聖典』一四九頁）

とあります。そして、

無碍の光明は無明の闇を破する恵日なり　（『聖典』一四九頁）

とおっしゃっています。これで『大経』の要を表しているのです。「難思の弘誓」とは因位の本願、「無碍の光明」とは本願が成就して阿弥陀に成りたもうたすがた、帰命尽十方無碍光如来という如来となりたもうたことを表します。無碍光如来のはたらきは、人間の流転の因である無明を破る智慧の日であると言い、それに対して、如来因位の本願は、無明を因として生ずる渡りがたい生死海としての人生、流転の果である生死海にはたらいて、それを超えさしめることになるように、如来の因果のはたらきによって、衆生の迷いの因果が破られ超えられていく道を明らかにされたものが『大経』ということになります。

その言葉についても、「度難度海大船」は龍樹の易行品、「破無明闇恵日」は曇鸞の『論註』に拠りますから、『大経』上下二巻の要を表すのに、龍樹と曇鸞の言葉に拠りながら、『大経』の真実義を明らかにされるわけです。そして、その語句の字数の配分から言いましても、対句表現でその対応性が表されているのです。

そこから「しかればすなわち」という接続詞でもって、『観経』の王舎城の悲劇を通して、浄土教興起の必然性とその意義が説かれていくのです。

浄邦縁熟して、調達、闍世をして逆害を興ぜしむ。浄業機彰れて、釈迦、韋提をして安養を選ばしめたまえり。これすなわち権化の仁、斉しく苦悩の群萌を救済し、世雄の悲、正しく逆謗闡提を恵まんと欲す。（『聖典』一四九頁）

「浄邦縁熟して」、「浄業機彰れて」いくことによって、浄土教がこの世に凡夫救済の教えとして興起した、その必然性と宗教的意義がそこに表されています。それを受けまして、今度は「かるがゆえに知りぬ」といううなずきをもって、釈尊によって五濁悪世に開かれた教えによって、我われが真実の行信を得ることが、

円融至徳の嘉号は、悪を転じて徳を成す正智、難信金剛の信楽は、疑いを除き証を獲しむる真理なりと。（『聖典』一四九頁）

と説かれています。これは、これまでの『大経』『観経』に対して、『小経』の教えを行信でまとめられたと言われますが、曽我量深先生によれば、『大経』下巻の冒頭の本願成就文を見るべきであろう、とおっしゃいましたが一応、浄土の三部経によって真宗の要を明らかにされたもの、と領解されます。

「円融至徳の嘉号」と「難信金剛の信楽」、行と信については、「行巻」「信巻」において詳しく明らかにされるところですが、それを受けて、宗祖の感動、謝念にもとづく念仏の教えが勧められます。

しかれば、凡小修し易き真教、愚鈍往き易き捷径なり。大聖一代の教、この徳海にしくなし。

（『聖典』一四九頁）

すでに我われの救われていく道は開かれ、すでにして我われの歩んでいく易行の法が開かれてありますが、ただその道を我が道として一人ひとりが歩むか歩まないかだけが問われているのです。

穢を捨て浄を欣い、行に迷い信に惑い、心昏く識寡なく、悪重く障多きもの、特に如来の発遣を仰ぎ、必ず最勝の直道に帰して、専らこの行に奉え、ただこの信を崇めよ。

（『聖典』一四九頁）

ただ念仏して、本願を信じて生きる身になれ。どのような人生を歩むにせよ、心昏き者、重き病を抱えて生きるよりほかなき者、その者は念仏して本願のまことにうなずき、仏の真実をいただいて生きるほかに道のないものである、とおっしゃってあります。そして、それを受けられて、

ああ、弘誓の強縁、多生にも値いがたく、真実の浄信、億劫にも獲がたし。たまたま行信を獲ば、遠く宿縁を慶べ。

（『聖典』一四九頁）

と、教えに値い獲た者の感動が表されています。たまたま教えに出遇うことができた仏弟子の感動を、「遠く宿縁を慶べ」と結ばれています。

総序の文は、浄土の三部経の要を表しながら、そこに明らかにされた真実の行信については我われのために開かれた易行の大道であり、その道を我が道として生きる念仏者であれと勧め、教えに値い得た慶びを明らかにしています。

その感動のなかで、法蔵魂に生きる、法蔵菩薩の分身に課せられた使命感に立って、『教行信証』六巻が著されていったと領解できると思います。

総序と略本の還相回向結びの文とのかかわり

『教行信証』総序の文は内容、表現から言っても、そのすべてにわたって選び抜かれた文章ですが、その一部を略本の還相回向の結びのところに引いています。

そこで知られることとは、王舎城の悲劇に宗祖がいかに深い関心をお持ちであったかということです。釈尊の最晩年、七十三歳ごろ、マガダ国で起こった痛ましい悲劇であったと言われますが、それは遠いインドのある一部で起こっただけでなくてこの世が続くかぎり、さまざまなかたちをとって現れ起こってくる問題であることです。

ひとことで言えば、「我、宿《むかし》何の罪ありてか、この悪子を生ずる」(『聖典』九二頁)という、韋提希の愚痴の「宿」で表される自らの業の深さが我が身にとって受け取れない問いです。私の存在の深さ、業の深さが受け取り難いという人間の苦しみを表す悲劇です。

宗祖のお書きになったものを見ますと、讃阿弥陀仏偈和讃が終わりまして、大経和讃に移る前に、『観経』『涅槃経』に登場してくる十五人の聖者が列挙され、さらに観経和讃に重ねてその名前が挙げられていました。また、『教行信証』「信巻」にいきますと、唯除の問題をめぐって、救い難い三人の病人、五逆、謗法、闡提がいかにして救われるかという問題がございます。救うことができないという断言のもとにおいて、その救いがどうして成り立っていくのかを、『涅槃経』の梵行品、迦葉品を引いて、『観経』における韋提希の救いと『涅槃経』における阿闍世の救いを照らし合わせながら、説いていかれます。おそらく、宗祖におかれましては、これは王舎城の問題であるだけでなく、晩年の八十四歳のときに起こった、我が子善鸞の義絶の問題と重なり合うものであったと思います。

宗祖は、そのように主体的に受け止め、万人が平等に救われていく道はここに説かれた、ただ念仏のほかにはないことを明らかにしてくださったわけでしょう。

悲劇そのものが私における宿業の深さであり、「そくばくの業をもちける身」（『聖典』六四〇頁）という人間の身、無始時来性なる我が身の罪業の深さを照らし出し教えてくださり、私のうえにも救いの道がすでにして如来の側から用意されてあった、ということです。それは、悲劇を通して表し出されてくる如来の大悲のまことです。弥陀、釈迦二尊の大悲のまことが拝まれるときに、はじめてそれが善巧方便としていただけるわけです。悲劇そのものをそのまま引き受けるわけには、なかなかいきません。「なぜ、私だけが」としか受け取れないだろうと思います。ただ、そういうことを通して、我が身の罪業の深さ、そして、我が身にかけられた大悲の深さを思い知らされるときに、はじめて、思うようにいかない人生の逆縁でした、といただくことができるのではないでしょうか。逆縁に出遇うことがなければ、私が私に出遇うということもなかったことでしょう。

名古屋で聞法、教化に活躍している若い住職がいて、三日にあけず私に長い手紙を寄こしてくれます。その彼が、このごろよく口にする言葉は、「思うようにならないのがありがたい」ということです。何もかも思うように運んでいく人生であったなら、あること難いいのちに気づくこともないままに終わっていくであろうに、そのように事が運ばず、至るところ、行き詰まりだらけの人生であるけれども、思うようにならないことに出遇うからこそ、我が身を知らせていただくのです。あること難いいのちに気づかせていただく目覚めです。そこに、人生の悲劇が大事なご縁になってくることがあるわけでしょう。

宗祖は、総序の文で、王舎城の悲劇に登場する人びとを「権化の仁」といただかれました。提婆であるとか、阿闍世であるとか、あるいは雨行大臣であるとか、仮にそのようなさまざまなかたちを現して、私どもの救いの道を身にかけてお示しくださった、そのすべてが仏さまの仮のはたらきだといただくことは還相としていただかれることで容易ならないことです。それを還相として受け取る信心の智慧がありませんと、その現実から逃げるか、それに目をつぶって生きるしかありません。それを我が身にいただき受け止めることは、我が身のおよばざるところで南無の大地に平伏していくほかに、還相といただく道はないように思います。

しかし、その世界が開けないかぎりは、人間にとっての救いがないのです。救いとは往相で、娑婆生死の苦しみを超えて、という往相の道が開けていかない。曽我量深先生は、「私がいま救われているかどうか、そのことを証明してくださるのは、自分の周りに還相の世界が拝めるか、拝めないかにある」とおっしゃいました。私が今救われているかどうか、救われて往きつつあるかどうかがいただかれるのは、自分の周りにほかの人びとによる還相のはたらきが見えるか見えないか、そこで真実の言葉に出遇えるか出遇えないか、光に出遇えるか出遇えないかによることです。総序の文に示された文を、略本においては還相回向の証文として引かれたということは、宗祖の深い配慮によることといただかれます。

「つらつら彼を思い、静かに此を念う」は何を指しているのか

注意しておかなくてはならない文があります。提婆達多が阿闍世をそそのかして、父王を殺し、生母をも牢獄に入れしめるような悪逆を興させ縁が熟して、闍世の機が明らかになり、釈尊は「心想羸劣」（『聖典』九五頁）な凡夫である韋提希夫人をして、十方諸仏の世界から阿弥陀の浄土、安養を選ばしめられたことが示されたあと、

　つらつら彼を思い、静かに此を念うに　（『聖典』四〇八頁）

とありますが、「彼」「此」ということ、「彼此」は何を表すかです。これには、四通りの説があるようです。

	①	②	③	④
彼……	阿闍世	大経	観経の会座	観経
此……	韋提希	観経	弘願の法門	還相

一番目は、「彼」は阿闍世の反逆で、「此」は韋提希が十方諸仏の世界から阿弥陀の浄土を選ばれたことです。二番目は、「彼」は『大経』、「此」は『観経』です。三番目は、「彼」は観経の会座で、そのとき釈尊は、霊鷲山において『法華経』を説いていらっしゃったが、王舎城において悲劇が興起したので、説法を途中でやめて、阿難や富楼那とともに韋提希の前に現れて韋提希の救いの道を説かれましたが、多くのお弟子方は真意を分からないままで、阿難が、釈尊に随って王舎城から霊鷲山に帰り、その一部始終を復演したとあります。それに対して、「此」は、今の末代の時代において、弘願の法門、本願念仏の法が弘まることです。弘願の法門は、十方衆生を選びなく救いたまう法としての「南無阿弥陀仏」という名号が

今のときにあって弘まることです。四番目に、「彼」は『観経』、「此」は還相と見るようです。「彼を思い、此を念う」について、四説を出していますが、阿闍世が逆害を犯したことによって、韋提希夫人がただ漫然と釈尊の教えを聞くのでなくて、はっきりとした目的、はっきりした願いに立って教えを聞くなかから、阿弥陀の浄土こそ私の求めておった世界で、すべての人びとも同様、あの阿闍世すらも救われていき、ひとつになれるような世界としての浄土こそが私の求めていた世界であると考える方が素直であろうと思います。

つらつら彼を思い、静かに此を念うに、達多・闍世、博く仁慈を施し、弥陀・釈迦、深く素懐を顕せり。（『聖典』四〇八頁）

と続くのですから、阿闍世が悪逆を犯し、それによって韋提希は、王を苦しめ自分を苦しめた阿闍世をも、平等に救われていくような阿弥陀の世界を明らかに問われたことを指しているのではないかと思います。「仁慈」は仏の慈悲を示すことで、悲劇そのものが直接的に説かれたというよりも、悲劇を通して仏の深い大悲がはたらくことでしょう。「仁慈」という慈悲のはたらきとしての意味は、人生のできごとというのは、けっして平面的ではなくて深い奥行きがあり、いろいろな手立てを尽くし、手立てを借りて、直ちに呼びかけはたらきかけてくださることですが、そういう意味で「仁慈を施し、弥陀・釈迦、深く素懐を顕せり」とおっしゃったわけだろうと思います。

阿闍世は提婆にそそのかされて、王舎城の悲劇を起こした逆害の張本人ですが、あとに釈尊に帰依し、仏教教団の外護者になりました。釈尊滅後、迦葉を中心として、経典結集、経典編纂が行われたのは、阿闍世王の援助によってです。罪悪を犯した阿闍世が仏法弘通に大役を果たしてくださったのです。

それを受けて、

これに依って、論主、広大無碍の浄信を宣布し、あまねく雑染堪忍の群生を開化せしむ。

（『聖典』四〇八頁）

と言われてあります。「雑染堪忍の群生」とは、玄奘訳の『称讃浄土経』に出てくる言葉です。宗祖は『大経』を読むのに『如来会』によって読まれることがありますが、鳩摩羅什の『小経』を読まれる場合も、玄奘訳の『称讃浄土経』の言葉を注意して読んでいます。煩悩にまみれた雑染堪忍の娑婆世界の群生を開化せしめるのです。

宗師、往還大悲の回向を顕示して、慇懃に他利・利他の深義を弘宣せり。

（『聖典』四〇八頁）

ここまでが『論註』の結びの言葉です。そのあとの、

聖権の化益、ひとえに一切凡愚を利せんがため、広大の心行、ただ逆悪闡提を引せんと欲してなり。

（『聖典』四〇八頁）

という言葉は、前述の王舎城の悲劇と『論註』の言葉によって、宗祖がその意味を結ばれたものです。

ここに『論註』の「他利・利他の深義」とあります。「他利」は我われが他を救うこと、「利他」は如来が一切の衆生を救いたもうことです。如来の大悲によってすべての人びとを救いたまうはたらきによって、私が救われるという自利が成就し、私の救いがおのずから自他の救いを証明していきます。あるいは、他の救いとしてはたらいていく、その全体がどこまでも如来の利他のはたらきによるという構造です。根本はあくまでも如来の利他で、そのはたらきは、さまざまに現行してきます。王舎城の悲劇に出てくるような事柄も、その現行のひとつとしてあります。

そのことを通して、「論主、広大無碍の浄信を宣布し」と言われました。浄信（citta-prasāda：チッタ・プラサーダ）ですから、人間の分別、執われが一切否定され翻されたまこと心、無分別智です。そして、あまねく煩悩にまみれて苦しみに耐えて生きていかなければならない者を救いたまうのです。このために、天親は「世尊我一心　帰命尽十方　無碍光如来　願生安楽国」（『聖典』一三五頁）という、人間のいのちの願いを明らかにしてくださったのです。

それを受けて、「宗師」、曇鸞のお徳を讃仰されています。「宗師」という語はいくつかの用語例が見られます。「信巻」の別序には「近世の宗師」（『聖典』二一〇頁）とあるように聖道の人をも「宗師」と言われます。必ずしも真宗の宗師に限定していませんが、ここでは、曇鸞を、真宗を明らかにしてくださった大事なお方ということで、「宗師」とおっしゃっています。私どもが浄土に往生を遂げていく、迷いを超えていく往相、そして、さらにさとりの世界からこの迷いの世界に還って来る大悲のはたらき、そのすべてが如来利他の行によることを明らかにして、「他利・利他の深義」を明確にしてくださった、と言っています。それを受けたのが、「聖権の化益、ひとえに一切凡愚を利せんがため、広大の心行、ただ逆悪闡提を引せんと欲してなり」という文で、これは宗祖の深いうなずきを表されたものと思います。

そのあと、

いま庶わくは道俗等、大悲の願船は清浄信心をして順風とす。無明の闇夜には功徳の宝珠をして大炬とす。（『聖典』四〇九頁）

と言ってあります。これは、

無明長夜の燈炬なり

智眼くらしとかなしむな
生死大海の船筏なり
罪障重しとなげかざれ
（『聖典』五〇三頁）

という和讃です。これは、玄奘の『大唐西域記』、さらには馬鳴（一～二世紀頃）の『ブッダチャリタ（仏所行讃）』にまでさかのぼる伝統によって、聖覚が法然上人の御法事の表白文を書かれ、それを宗祖がさらに大切にいただかれたことで、現代の無明長夜を生きる私どもにとって、その言葉がどれほど生きる力になるかということを思います。

そのつぎに、

心昏くして識寡なきものは、敬んでこの道を勉めよ
（『聖典』四〇九頁）

と言ってあるのは、総序の文の結びの文に対応しますが、総序の、

かるがゆえに知りぬ。円融至徳の嘉号は、悪を転じて徳を成す正智、難信金剛の信楽は、疑いを除き証を獲しむる真理なりと。
（『聖典』一四九頁）

という箇所は、略本では直截的にはないけれども欠けてはいないと見るべきで、さきほどの、「いま庶わくは道俗等、大悲の願船は清浄信心をして順風とす、無明の闇夜には功徳の宝珠をして大炬とす」で、「宝珠」とは名号のことですから、行信をおさえて、そういう表現でもって表してあると思います。

「行巻」の結釈、明証の文の前ですが、

しかれば、大悲の願船に乗じて光明の広海に浮びぬれば、至徳の風静かに衆禍の波転ず。すなわち無明の闇を破し、速やかに無量光明土に到りて大般涅槃を証す、普賢の徳に遵うなり。知るべし、と。

（『聖典』一九二頁）

とあり、前半の文は「正定聚に住するがゆえに、必ず滅度に至る」（『聖典』二八〇頁）という第十一願を表されたものです。結びの「普賢の徳に遵うなり」という文は、その第十一願の究極態である第二十二願について示されたものです。この文と、略本の「いま庶わくは道俗等、大悲の願船は清浄信心をして順風とす。無明の闇夜には功徳の宝珠をして大炬とす」という文は対応します。

『教行信証』と『文類聚鈔』は、今のような構成の違いから見ていきますと、やはり『教行信証』が先にまとめられたうえで、さらに略本において、還相回向について重点的に明らかにしたい願いがあって、総序を分けて引用され、還相回向の証文にされたことであろうかと思います。

第五節　大行とは本願力回向である

『文類聚鈔』は、構成上三節に分かれ、はじめに序文があり、本論というべき正説は浄土の教えについての要を説かれたものです。それは、偈頌のように韻文ではなくて散文で説かれたもので、「散説」という言い方もされます。

『教行信証』は、二回向四法という真宗の大綱によって表されていますが、『文類聚鈔』は、もっぱら成就文に基づいて、本願力回向による安心について明らかにされたものと言われ、第十八願成就文が第十七願成就文とともに行章に連引され、念仏為本のままが信心為本であることを明らかにされていることに顕著であると指摘されています。

藤場俊基君は『教行信証』の「教巻」は浄土真宗の成立の根拠を明らかにする、と言っています（藤場俊基『親鸞の教行信証を読み解く』一、明石書店、一九九八年）。浄土真宗の成立根拠は本願にあり、本願海から五濁悪世を選んで出現して、本願を説くことをもって出世の本懐とされた釈尊の教説に、浄土真宗の依って成りたつ根拠があります。その教の宗体は、「本願為宗・名号為体」と表される本願の名号です。その本願は、法然上人が明らかにされたように、選択本願です。一切の雑行を選び捨て、万人の救いの法として念仏ひとつを選び取られたものです。そういう如来の廃立において選択摂取されたものが、本願のもっとも具体的な表現、はたらきである名号であり、そういう選択本願がまさしく『大経』のいのちであり、浄土真宗の要であります。その要が、衆生である私ども一人ひとりの現実のうえに、名号を通してはたらいてくださるのです。「行」というのは「はたらき」ですが、藤場君は「教」を成立根拠というならば、「大行」はそれによる救いの原理を明らかにしたものだ、と言っていたかと思います。

仏は、本願の名号、呼びかけ、はたらきかけをもって我われを救い、すべての衆生をして必ず無上涅槃に至らしめ無上の仏道に安立せしめてくださります。そういう如来のはたらきが、我われのうえにはたらきたまう真実の行としての大行で、彼岸からの呼びかけ、名告りです。仏自身が如来として名告りたもうのです。

金子大榮先生が『信心』（弥生書房、一九八一年）というお書物で、曇鸞と善導について、曇鸞は仏さまを素直に絵に画かれたお方で、善導は仏さまを深く彫り刻まれた方だ、とおっしゃっていました。その曇鸞が阿弥陀如来とは「実相の身」「為物の身」であるとおっしゃっています。「実相身」とは智慧そのもので「為物身」は衆生のための身でありますから、大悲の仏身です。如来を実相身と表されたのは、仏さまを我われが実体的に考えようとすることの過ちを否定されたもので、対象論的な考えを離れて、ただ「仏さま」、「親さま」とお呼びするところに出遇いがあり、我われの信心のうえに開かれた仏のはたらきがあることを素直に描かれたのが曇鸞である、と言われまして、それをさらに深く彫り刻んでいかれたのが善導であるとおっしゃっておられることです。

『文類聚鈔』正説の大行で注意されますのは、「行」が中心であることです。「教」が「大行」としてはたらく「行」が中心で、そこに二種回向もあげられており、ここに、『教行信証』との違いがあります。大行とは本願力回向であるとおさえられています。「本願力」という語は、龍樹の『十住論』易行品にも見られますが、「本願力回向」という語は、『浄土論』、そして『論註』における重要な言葉です。そして、曇鸞は、『浄土論』に説かれた五念門の回向門を解釈するにあたって、回向には往相と還相という二種の相があると言っておられます。往相と還相が本願力回向の二つの相だと言われます。問題は往相と還相の切っても切れない関係、表にあるものが往相であるならば、その裏にあるものが還相であることでもあり、往相が成就したところにおいて、それまで内に隠されてあった還相が表に現れるともいわれ、二種の相はいろいろな意味が込められていることです。

『文類聚鈔』の行章では、大行について、『論』『論註』によって、本願力の回向に二種の相があると言われて、往相、還相と言っておられます。その往相回向から行・信・証の三法が開かれてきたわけですから、それはすべて往相の内実を表すものであり、私どものうえに開かれる衆生往生の因果を表します。それを受けて、「二に還相回向と言うは」(『聖典』四〇七頁)と、あらためて還相回向について説かれてきます。

第六節　応答が呼びかけにかわっていくこと

宗祖の晩年は、八十四歳の善鸞事件を境として、『往相回向還相回向文類』（如来二種回向文）、あるいは『浄土三経往生文類』といった書物が次々と書かれていきますが、それらの書物において、還相回向が強調されてきたことは既に述べてきました。それとともに、稲葉秀賢先生や細川巌先生が言われるように、称名念仏も強調されています。還相回向は曇鸞の教学により、称名念仏は善導・法然の教えに基づきますが、この二つが晩年の書物において顕著であると言われます。

「南無阿弥陀仏」という大行、称名念仏は、名号と別なものではなく、宗祖は「名号」「念仏」、また「称名念仏」と言われて、それをひとつこととしておさえられています。「信巻」に「真実の信心は必ず名号を具す」（『聖典』二三六頁）とあることも、その「名号」とは「（称名）念仏」にほかなりません。名号は如来のはたらきそのものであり、名号が如来の名告り、如来のはたらきであるならば、そのはたらきが我われ衆生のうえに具体的に現れる、現行する相は称名念仏であり、別のものではありません。

大行は大いなる如来の真実行、最勝真実なる普遍の法のはたらきです。それは、曽我量深先生や金子大榮先生によって、公なるものとしての法のはたらきであると説かれます。如来の徳のすべてが集約されている最勝なる真実そのものとしてのはたらきであり、万人に公開された公なる法で、いかなる特殊な機も一人残さず摂め取っていく普遍の法であると領解されるところです。

その大行のはたらきとして、還相回向も説かれるわけです。真宗の要は大行にあり、往相で教えられる我われの救いの道は、阿弥陀仏に南無したてまつることです。阿弥陀仏の南無せよという呼びかけにしたがって、南無したてまつり阿弥陀仏の呼びかけに応えていく念仏における呼応の道において、我われの救いが開けていくことです。呼びかける者と、それに応えて生きる者、それが「南無阿弥陀仏」という名においてひとつであるのです。

呼応の道において、無量寿そのもののなかに帰一し、無量寿として生きる意味をもった事柄です。一度かぎりの人生であり、有限相対の人生を生きた者が、それを超えて、無量寿という根源のいのち、純粋生命と一体となって無量寿として生きるとは、無縁の慈悲の願いをもって生きることです。一切の衆生をして無量寿たらしめたいという慈悲のはたらきを持てる者として、無量寿仏となることです。

そこで呼応の関係が、呼びかけに応ずるという立場から呼びかける立場にかわっていくのです。南無したてまつるのが一生の道であるならば、それによって、無量寿仏になることを通して、南無せよという呼びかけのはたらきとして、永遠に生き続けることが無量寿の実質でなくてはならないのです。ですから、その全体は「南無阿弥陀仏」という名号における法、呼びかけへの応答、その応答が呼びかけにかわっていく念仏成仏における循環、それが果てしなく展開していく事柄であろうかと思います。

金子先生が注意された言葉で言えば、「南無阿弥陀仏」によって仏と我われ衆生が結びつくのではなくて、「南無阿弥陀仏」において衆生と如来とが対応しひとつとなる、喚ぶ者と応える者とがひとつで如来の南無せよが衆生の南無したてまつるとなる呼応の道があり、その展開が聞法、求道の歩みとなるのでしょう。

聞法の歩みは、内面的な呼応の世界のできごとだと思います。生涯を通じて、さまざまな業縁世界との出遇いがあります。思いがけないできごと、「まさか、まさか」と次々と当てが外れていくところで、縁に出遇って苦しみ悲しみ、試行錯誤を繰り返しながら生きていくことが助縁となって念仏が相続されていくのです。次々と聞法の促しをいただいて、念仏が相続されていくことが往生浄土の道です。

大行はさまざまな縁を通してはたらき、業縁をはなれて一方的にはたらくわけではありません。業縁には、順縁、逆縁があります。教えが聞かれる場所で育てられ、教えの聞こえる身になることの背景には、「遠く宿縁を慶べ」（『聖典』一四九頁）と教えられる過去世からの法との出遇いの歴史があり、それがただ今の聞法において内に深く感知される宿縁観であり、宿世の縁についての諦念です。

宿縁が開花し、開発していくところで、大きなはたらきとして意味を持つのが、「逆縁」です。宿縁を感知せしめるものが「難値」でしょう。「あること難い」と表現される、ありがたい真実に出値い得たという感動であり、その「難値」にはたらくのは、さまざまな逆縁をも通して、宿縁がようやくにして開けていくことです。もし逆縁がないならば、宿縁と歓ばれる順縁も開く縁を持たないのではないでしょうか。

逆縁という自分にとっては受け取り難いもの、人間関係で言えば、たとえ肉親という親子関係であっても、敵としていがみ合わなければ生きていけないような悲しい業縁という関係を通して、大行としての念仏がはたらき、如来の呼びかけは、複雑に絡み合う業縁のなかにこそ聞えてくることです。

二河譬に示された善導大師の言葉で言えば、「衆生の貪瞋煩悩の中に、よく清浄願往生の心を生ぜしむる」（『聖典』二二〇頁）ということで、念仏の教えによる信心の目覚めを表し、真宗における宗教的体験を表す言葉です。貪瞋煩悩のただ中とは、逆縁としか言いようのない現実で、それは自業自得ということであり、煩悩によって自ら苦を招き、その苦によって悩む人生のただ中にこそ清浄なる願心が開けてくる。

しかも、その願心が如来回向の願往生心として、信心それ自身に不断に自証しつつ展開していきます。展開していくのは、人生の貪瞋煩悩を縁とするけれども、煩悩をくぐってはたらきたまう如来の清浄願心の力によることです。

そこに開ける念仏は、如来の智慧が具象的に凝集されてある念仏です。すべてを見通す、闇の底まで見通す如来の深い智見が凝集されている念仏のはたらきによって、「信心の智慧」が回向されるのです。それは、我が身のありのままの事実に目覚める深い智慧です。

よしあしということの執われから解放され、「善悪のふたつ総じてもって存知せざるなり」（『聖典』六四〇頁）という、人間世界における相対性のすべてが、善悪という偏見、執われの世界であり、虚仮不実以外の何ものでもない、と知ることが、智慧の念仏によってこの身に開けてくる信心の智慧です。

「善悪のふたつ総じてもって存知せざるなり」の「存知」は、人間の善悪の分別です。しかし、何ものが善であるのか、何ものが悪であるのか、一切私の知るところではなく、私の善悪の判断が間に合わず、人間の分別の限界を思い知らされていくなかで、愚か以外に何ものでもないと「信知」せしめられる智慧をこの身にいただいていくことでしょう。人間の分別の限界をはっきりと「信知」します。善悪を分別するのは私の自我で知識ですが、その相対的な知識を破って、その底に智慧をいただくことが、「存知」の世界を離れて「信知」の世界に樹つことで、本当の意味での目覚めが開け、業縁の世界を通して、そのただ中に如来がはたらきたまう大行をいただいていくのです。それが逆縁を転じて順縁としていく転成の世界でしょう。

第七節　「総結勧信」

何を総結するのか

先に三経和讃の冒頭に十五人の聖者の名前を列挙していることに触れましたが、提婆についても「提婆尊者」という呼び方をしています。聖者が三経和讃の冒頭に説かれ、観経和讃で再度それを繰り返して明らかにしている点を見ましても、仏、菩薩が救われざる者のために、仮に善巧方便として、その姿を現じ、痛ましいできごとを起して、救いの道を身をもってお示しくださった応化身を、宗祖は還相の菩薩とあおがれていることです。

言葉の説明としては簡単にできても、事実として、人生のできごとを還相のはたらきとして受け止めることは容易でありません。すべてのものを「権化の仁」、あるいは還相のはたらきといただくことは、生死の厳頭に立たされないとできないほど難しいことでしょう。受け取るのは自己一人であるからです。自己一人がため、なににもましてこの私一人がため、というところに宗祖はいつも立っておられたので、そういう見方も出てくるわけでしょう。

一人がためという自覚は、聞法、法を聞くことにおいて育てられてきた自覚です。教えを聞くことにおいて大事なのは、一番厄介で困るのは自分であるけれども、その自身こそ救われなければならないものであるという自覚です。そういう自覚が、聞法において教えられてきたものであり、そこで娑婆世界、業縁の世界を見ていくときに、「権化の仁」による還相のはたらきがあるという人生の受け止め方が開けていくことでありましょう。

ですから、私は、先に稲葉秀賢先生の示された分科に同感し、二種回向、還相回向の結釈、「しかれば、もしは往・もしは還、一事として如来清浄の願心の回向成就したまうところにあらざることあることなきなり。知るべし」（『聖典』四〇八頁）という文を受けて、王舎城の悲劇の文を引かれていますから、還相回向を証明するものと考えてお話したことです。

しかし、それでいいのであろうかと思い、もう一度考え直してみたことで、「正説」を受けての「総結勧信」という見方について、あらためて検討していきます。

『文類聚鈔』の場合、教と行の二法が中心となり、ことに行が主要とされ大事なのは、本願の成就としての称名念仏です。そういう「正説」を「総結」するわけです。そして、総結すると同時に、すべての末法濁世を生きなければならない群萌に対して、信心を勧励されることです。

総結は、内容的に三つに分けられます。一つは、『観経』における浄土教、念仏の一門の興起です。


ここをもって、浄土縁熟して、調達、闍王、逆害を興ず、濁世の機を憫んで、釈迦、韋提（をして）安養を選ばしめたまうなり。つらつら彼を思い、静かに此を念うに、達多・闍世、博く仁慈を施し、弥陀・釈迦、深く素懐を顕せり。（『聖典』四〇八頁）

二には、それを受けて、天親、曇鸞という論主、宗師によって、如来の真実が信心として開かれ、我われが念仏し浄土に往生していく、そのすべてが、如来の全面的な利他のはたらきに依ることが明らかにされます。

これに依って、論主、広大無碍の浄信を宣布し、あまねく雑染堪忍の群生を開化せしむ。宗師、往還大悲の回向を顕示して、慇懃に他利・利他の深義を弘宣せり。

（『聖典』四〇八頁）

その利他のはたらきによって、自己一人の救いがあり、その私の救いがそのまま、万人の救いであることを証明していくのです。そういう他利のはたらきを表すということを、「証巻」の結びでは、

ここをもって論主（天親）は広大無碍の一心を宣布して、あまねく雑染堪忍の群萌を開化す。宗師（曇鸞）は大悲往還の回向を顕示して、ねんごろに他利利他の深義を弘宣したまえり。

（『聖典』二九八頁）

とおっしゃっているところが、略本では、「総結」に置かれるわけです。

これは、「教・行・信・証」の四法を結ばれたものですが、そこに、自利利他の成就、つまり、利他によって他利も成就され、自己自身の救いが万人の救いのあかしとなり、さらには万人を救うはたらきとなっていく、結びとしてあるのです。そうであるからこそ、いつの時代でも、自己を是とし、自己を正当化し、自己を正しいと認ずる、そういう人間が存在するかぎり、いつの世にあっても起こり得る悲劇であると受けて、「証巻」の結文がここに引かれているのです。

そして、三番目に、

聖権の化益、ひとえに一切凡愚を利せんがため、広大の心行、ただ逆悪闡提を引せんと欲してなり。

（『聖典』四〇八頁）

となります。「聖権の化益」ですから、弥陀、釈迦二尊を表します。そして、「権」というのは、王舎城の悲劇に出てくる提婆や阿闍世など、そういう「権化の仁」です。それらの人びとはすべて一切の凡愚を救うためで、その救いの道が、「広大の心行」、一心五念の行、信における念仏として表され、それはただ逆

悪闍提を救わんがためであるということです。

これを私は還相回向を証明するものと領解しました。と同時に、ここで一応切って、そこから全体をまとめ、還相回向に限定しないで、それまでの「正説」全体を「総結」されたものと見るべきであろうかと思っています。

総結勧信の後半「勧信教誡」

次の、「総結勧信」の後半、「勧信」について、これを「勧信教誡」という言葉で見てまいりたいと思います。信心の勧めと疑心の教誡です。

いま庶わくは道俗等、大悲の願船は清浄信心をして順風とす、無明の闇夜には功徳の宝珠をして大炬とす。心昏くして識寡なきものは、敬んでこの道を勉めよ。悪重く障多きものは、深くこの信を崇めよ。ああ、弘誓の強縁、多生にも値い難く、真実の浄信、億劫にも獲叵し。遇信心を獲ば遠く宿縁を慶べ、もしまたこのたび疑網に覆蔽せられれば、更って必ず曠劫多生を径歴せん。摂取不捨の真理、超捷易往の教勅、聞思して遅慮することなかれ。（『聖典』四〇九頁）

「教誡」というのは非常に厳しい語で、宗祖は『教行信証』「化身土巻」の本巻に、

しかるに正真の教意に拠って、古徳の伝説を披く。聖道・浄土の真仮を顕開して、邪偽・異執の外教を教誡す。（『聖典』三五八頁）

とございまして、聖道門仏教と浄土真宗の真実と方便を顕開して、邪偽・異執の外教を教誡すると言われ、そして、末巻のはじめに、

それ、もろもろの修多羅に拠って真偽を勘決して、外教邪偽の異執を教誡せば、（『聖典』三六八頁）

と、掲示して、偽の宗教、鬼神の宗教について厳しい批判を展開されたところにも、「教誡」という言葉が使われています。真なるものと偽なるものをはっきりと選び、そして、「邪偽・異執の外教」、「外教邪偽の異執」、間違った迷信の執われを「教誡」するのです。

『文類聚鈔』の場合、「疑心についての教誡」と見ていくことは、その語は不適当であるようにも思いますが、しかし、仏智に対する疑惑を深く悲歎し、厳しく疑心について教誡されているというべきと思います。

仏智の不思議のはたらきは、言葉を超え、人間の思いを超えており、平等にすべてを知り尽くし、因縁によってすべてのうえにはたらきますが、その仏の智慧を疑っていく。その内容は、罪福信です。罪をおそれ幸せを願って生きるということは、因果の道理、善因善果、悪因苦果を信ずるからですが、自力をたのむ心が因果の道理に執われることがあります。自力によって原因とされる善根が積まれ、そして、それによって楽果が得られると考え、自力作善をたのむ善人意識、自力心を離れることのできない心が、仏智不思議を疑うのです。その心がたとえどれほど真面目な心でありましても、疑いによって、我われを超え、我われを包んである仏の広い世界に出遇うこと、仏を知ることができないで自我関心の狭い領域に久しくとどまっているのです。

「とどまる」という言葉は注意すべきで、ひとところに停滞して、前に進まず聞法しても、聞いたことを自分の都合のいいように受け取るだけで、聞法しているという自意識、自己満足に停まっている閉鎖的な疎外状況です。これを、外から内から破って自己を開放していく。その道から退転することなく、かぎりなく前進を遂げていくことは、『論註』下巻に示された曇鸞の言葉で言えば「知進守退（進むを知て退を守る）」（『真聖全』一、三四〇頁）で、「智慧」の「智」の意味であるとされ正定聚不退転ということでもありましょう。一歩一歩着実に前進して、向涅槃道から後退しないのは、如来の摂取不捨の願力によるからです。あるいは、諸仏の証誠護念によるからです。よき師、よき友が、次々と自分の周囲に来てくださって、その諸仏・善知識が証誠護念してくださるはたらきによって、知進守退という如来の智慧をいただいて、不退転の身とならせていただくのです。そこに、真実報土への往生、閉ざされた世界から開かれた無量光明土、あるいは、無上涅槃である真実報土の世界への往生が不思議にも果たし遂げられていくことです。

念仏を信ずるほかに、凡夫の救いの道はない

少し戻りますが、「勧信教誡」のはじめ、

いま庶わくは道俗等、大悲の願船は清浄信心をして順風とす、無明の闇夜には功徳の宝珠をして大炬とす。（『聖典』四〇九頁）

という一文は『教行信証』の総序の文にはありません。ただ、『教行信証』と対応するならば、「行巻」に、

しかれば、大悲の願船に乗じて光明の広海に浮かびぬれば、至徳の風静かに衆禍の波転ず。すなわち無明の闇を破し、速やかに無量光明土に到りて大般涅槃を証す、普賢の徳に遵うなり。知るべし、と。（『聖典』一九二頁）

とある文が対応すると思います。

この文は「行の一念」を結ぶ釈ですから、一声の念仏のところに、大悲の願船に乗托し、念仏の力用に

よって無量光明土である浄土に至り、このうえなきさとりを開くのですが、そこにとどまることなく、この世に還り来たって普賢の行である大悲の行を行ずる者になるところに対応します。

『文類聚鈔』では、信心と名号について、「大悲の願船は清浄信心をして順風とす」とあり、名号については「無明の闇夜には功徳の宝珠をして大炬とす」とあります。それは、『論註』下巻の国土荘厳の解釈の結びに、浄土への往生は凡夫の分別を超絶した「無生の生」であることを問答によって説かれたところに、

若し人無量生死の罪濁に有りと雖も、彼の阿弥陀如来の至極無生清浄の宝珠の名号を聞きて之を濁心に投ぐれば、念々の中に罪滅し心浄くして即ち往生を得。（『真聖全』一、三二八頁）

とあることを思い起こします。宗祖は、この文を意識しておられるものと思います。

そして、『文類聚鈔』では、

心昏くして識寡なきものは、敬んでこの道を勉めよ。悪重く障多きものは、深くこの信を崇めよ。ああ、弘誓の強縁、多生にも値い難く、真実の浄信、億劫にも獲叵し。遇信心を獲ば遠く宿縁を慶べ、もしまたこのたび疑網に覆蔽せられれば、更って必ず曠劫多生を径歴せん。摂取不捨の真理、超捷易往の教勅、聞思して遅慮することなかれ。（『聖典』四〇九頁）

と続いていきます。この文は『教行信証』総序の文と同じです。

このように、宗祖は信心を勧められました。真実の教えである本願に出遇い、そして、本願のこころをこの身にいただく、その信心を獲ることは容易ならざることであり、我われにとってはまことに難信の法であると教えられて、

たまたま行信を獲ば、遠く宿縁を慶べ。もしまたこのたび疑網に覆蔽せられば、かえってまた曠劫を径歴せん。（『聖典』一四九〜一五〇頁）

と総序と同じ文によって表されています。本願の名号、念仏による救いを信ずるほかに、末法五濁の世を生きる凡夫の救いの道はどこにもないのです。

しかし、本願の信心、如来の大悲を、私一人がためと信受することは容易ではなく、「多生にも値い難く、真実の浄信、億劫にも獲叵し」というほかにない。遇わなければならないものに出遇いえたことは、二種深信をもたらし成就してくださる出遇いであって、無縁の大悲との出遇いにおける無有出離之縁なる己自身との出遇い、二種深信を内実とした出遇いで、それは「遇」というできごとです。値遇の偶然はたまたまですが、偶然の背後には、如来における五劫の思惟と永劫の修行における無限のはたらきがあり、如来の必然のはたらきが時熟して、我われのうえに、偶然の「今」という時を回向してくださるのです。もし、その出遇いがなければ、いたずらに過ぎ去りし過去をふり返り、あるいは、その裏返しに未来に当てのない期待をかけて生きるしかないのでしょう。過去と未来との間を往来するなかでいたずらに時が過ぎ去っていき、今の時を生きる私自身に出遇いえないままで終わっていく。仏との出遇いによる自身の発見を持たない、「空過」という言葉で表されていく人間としてもっとも痛ましい悲劇です。

その者に、「今」という時を与えてくださる背後にはたらく必然性を「遠慶宿縁」といただくのです。仏との出遇いが私どもに成就した、その背後には、如来における永劫の修行、まさしく法蔵因位のご苦労があった、ということでしょう。

宿縁開発については、『大経』下巻の「東方偈」の後半のところに、

もし人、善本なければ、この経を聞くことを得ず。清浄に戒をたもてる者、いまし正法を聞くことを獲。（『聖典』四九頁）

と、詠われています。遠い過去世において善根を積んだ人、諸仏に遇い教えを聞くような善根を積んだ人が、この世において『大経』の真実に出遇うのであると説かれています。もし過去世において善本を積むことがなかったら、清浄の戒を持つことがなかったら、この法を知ることはなかったであろうと、「東方偈」に言っています。

私どもの意識や記憶を超えた宿世における深いご縁が、今この身に開けたというのは、「ようやくにして」という感懐でしょう。値遇における深い感動が、「遠慶宿縁」という語でもって表されることです。「宿世」で思われるのは、『教行信証』「信巻」の三一問答のところに、我われの迷いを示す言葉として「無始よりこのかた」という言葉があり、大乗の論書、ことに唯識などで繰り返し出てくる常套語ですが、「無始よりこのかた乃至今日今時に至るまで」（『聖典』二二五頁他）生死流転を重ねてきた身、という宗祖のお言葉があります。それに対して、阿弥陀は、法蔵菩薩という因位の位、私ども凡夫の宿業の大地にあって、無始時来今日ただ今に至るまで、ご苦労くださったことです。衆生流転の歴史と如来のご修行の歴史とはひとつであることが、教えを聞くことの有り難さ、聞くことのできた法のまことにおいて、「今」という出遇いのときをいただくところに自覚されてきます。

「速やかに」――いのちの底から出てくる深い祈り――

続いて信心を勧められ、

摂取不捨の真理、超捷易往の教勅、聞思して遅慮することなかれ。

（『聖典』四〇九頁）

と教誡されています。少し言葉が違いますが、総序の文の結びにもあります。

摂取不捨の真言、超世希有の正法、聞思して遅慮することなかれ。

（『聖典』一五〇頁）

総序では「超世希有の正法」、世俗の常識を超えた奇特の法、とありましたが、略本では「超捷易往の教勅」です。浄土往生の速いことは超瞬間的である、と表されてあります。「速やか」ということは、『浄土論』の不虚作住持功徳に、「仏の本願力を観ずるに、遇うて空しく過ぐる者なし。よく速やかに功徳の大宝海を満足せしむ」（『聖典』一六七頁）とあり、また、「教巻」の結び、真実教の明証には「速疾円融の金言」（『聖典』一五四～一五五頁）と表されてありますが、これは自力による修行を積み重ねて、一歩一歩昇っていくこととは違い、直ちに現在の足下のところに、人生の空過を超えて、如来の真実功徳がこの身に満たされることです。「速やかに」という言葉が使われますのは、生死の危機感の深さを表しています。

『歎異抄』の第四条にも、

慈悲に聖道・浄土のかわりめあり。聖道の慈悲というは、ものをあわれみ、かなしみ、はぐくむなり。

（『聖典』六二八頁）

とあって、そのあと、それについて、

しかれども、おもうがごとくたすけとぐること、きわめてありがたし。

（『聖典』六二八頁）

と断定されています。聖道の慈悲は、もとに返せば人間の慈悲ですが、それを使命として背負っていくところに聖道という道があります。それは結局、「おもうがごとくたすけとぐること、きわめてありがたし」という限界、小慈小悲すら持つことのない身を思い知らされるほかにない、自力無効の信知、すえとおら

ない人間の慈悲の限界に直面することを通して、

浄土の慈悲というは、念仏して、いそぎ仏になりて、大慈大悲心をもって、おもうがごとく衆生を利益するをいうべきなり。
（『聖典』六二八頁）

という浄土の慈悲が願い求められていくのです。そこに、「いそぎ仏になりて」と言ってあります。この「いそぎ」ついて金子大榮先生は、『大経』下巻の悲化段に「然るに世人、薄俗にして共に不急の事を諍う」（『聖典』五八頁）と説かれてあることと照合して、「急ぐべきこと」という意味を指摘されたことがあります。「いそぎ仏になりて」ということは、自力無効であることを思い知らされる悲しみから出てくる言葉です。たすかって欲しいと願い祈るほかない切羽詰まったところに直面して、すべてお手あげとしか言いようのないところから、「いそぎ仏になりて」と出てくるのでしょう。人間のいのちの底から出てくる深い祈り、いのちそのものの願いの深さが、「いそぎ仏になりて」という言葉で表されていることです。

凡夫が本願の念仏によって、この迷いを速やかに超えさせていただく横超の直道は、自力による修行を積み重ねていくような「不可能の道」ではありません。一歩一歩竪さまに向上的にさとりの方向に向かっていくこととは違い、それが一切不可能なこととして断念されることです。この断絶のなかで、横さまに、直ちに、今現在の自身の脚下のところ生死を超えていく道に立つのです。現在ただ今のところにおいて、速やかに急いで救われて往く道に立つのです。しかも、釈尊の教えとして、先に示された「超捷易往の教勅」（『聖典』四〇九頁）と言われています。

その前の「摂取不捨の真理」（『聖典』四〇九頁）の真理（真言）とは、如来の本願によって、すべての衆生が選びなく平等に救われていく、「まこと」です。どんな逆謗の者であろうとも、むしろ逆謗の人であればこそ、いよいよ救わずにはおかない如来の大悲のまことがはたらいて、すべての人が救われていく。それは、煩悩をなくしてという条件を伴った救いではなく、煩悩のなくならない身のままに救いとられ、煩悩を転じかえなしてくださるという「まこと」が、阿弥陀のはたらきで「汝、一心正念にして直ちに来れ」（『聖典』四一八頁）と呼びかけ、「私を信じて、私に随って生きよ、私にすべてを任せよ」と仰せられるのです。

ところが、私どもは、「任せよ」と言われるのですから、任せた方がいいはずですが、任せておけないと我慢を張るのです。それが、さきほどの「懐疑」です。そういう人間の身勝手な根性に対して、「一心正念にして直ちに来れ」と、無条件の救いを約束された阿弥陀の本願に対して、釈尊も「易往の道あり」という「教勅」として、我われのうえにはたらいてくださるのです。

聞思

宗祖は、「易往の道あり」という釈尊の「教勅」（『聖典』四〇九頁）に応えて「聞思して遅慮することなかれ」（『聖典』四〇九頁）と告げられていました。

「聴聞」という述語があります。広島県の奥部の郡部の方では、寺でのご法座を「聴聞がある」と言い習わされています。「聴」は足を運び耳で聞くこと、「聞」はそれによってこの身に響き聞えることと教えられます。教えの言葉の響きが、我われの身に応え、我われの身に響くのです。『嘆仏偈』に「響流十方（響き十方に流る）」（『聖典』一一頁）とありますが、私どもを超えた法が響流し、それが身にこたえ、耳の底にとどまる。たとえ、聴聞の刹那には感動しながら、次の瞬間には、それが消えていくようであっても、耳の底、深層意識に到り届いた真実の言葉、法の道理にうなずいた心はなくならないのです。

曽我量深先生が「如来がましますから信ずるのか、我われが信ずるから如来ましますのか、それは私が学生時分に学長の清沢先生から講義の中で聞いたことである。それを何十年という間忘れていた。けれども、私は忘れておったようであるけれども、私の内なる阿頼耶識がそれを憶えておって忘れてくれなかった。そのおかげで、それから何十年経った今、その先生の言葉が思い出されてきた。如来がましますから信ずるのでなくて、信ずるゆえに如来ましますのである。それが自覚としての信心の内実である。そのことに気付いたのは阿頼耶識のおかげである」とおっしゃったことです。

耳の底の響き、この身に応えたこと、それは耳の底にとどまるのです。忘れたようであっても、阿頼耶識が記憶にちゃんと蔵めておってくださる。そして、縁があればそれが何遍も憶い起こされてきます。ただ、我われの阿頼耶識にとどまるのは真実の教言のみとは言えません。むしろ、愚かしいことが耳の底にとどまるのが多いのではないでしょうか。曽我先生がおっしゃるように、阿頼耶識のなかに清沢先生の教えのお言葉が残っているのであればいいのですけれども、そうでなくて、そらごとたわごとのみが残っていて、しかも縁があればそれがいつでも愚痴として憶い出されてくることにならないように念ずることです。

金子大榮先生は聞思の教学者と仰がれます。「聞思の教学者」という語は、講談社の『浄土仏教の思想』第一五巻で、私が金子先生について担当しましたとき、編集者から求められて、創案した言葉で、金治勇先生（一九〇八～一九九七）は深く共鳴してくださいました。

金子先生は、晩年の一九五六年、七十六歳のとき、岩波書店から『教行信証の研究』を出版されました。

この本は、先生の『教行信証』研究の集大成であり、先生の直弟子である寺田正勝先生は、この書物によって金子教学は真に確立されたと言われました。

その冒頭の序、表白文の最初に「大悲の智慧」と言ってあり驚きました。仏教の立場から言えば、根本は智慧で、その根本無分別智から展開してくる大悲は後得清浄世間智です。世間を浄化する智慧、大悲ですから、「智慧の大悲」というのが普通一般です。それを金子先生は、『教行信証の研究』で「大悲の智慧」といわれたのです。晩年の曽我先生や鈴木先生にもその言葉が用いられていました。

それは、仏教の教義というよりも、先生の出遇われた浄土真宗の教えを表されたもので、教え、教言です。金子先生はそのお書物のなかで、七祖の教学の伝統を表されますのに、「信解」「行証」「聞思」という言葉をお使いになっておられます。

「信解」とは、上三祖、龍樹・天親・曇鸞に共通の真宗学、真宗を学ぶ姿勢を表します。先ず仏説であることを深く信じ、その教えの道理をどこまでも説き明かす智慧を徹底して究めるという学問が上三祖の学問です。

それに対して、それを受けられた下四祖の教学は、「行証」の学びです。「行証」とは善導のお言葉で教えを行ずる、生活することによって、さとりを開いていくことです。それは、智慧に対するならば、鋭い時代の洞察と深い人間の内省を通して仏道の実践を重んずるものであり、本願を生活していく行道仏教と言っていいものです。

上三祖の方は、智慧によって本願の道理を究める智慧の教学です。それに対して、下四祖の教学は、普遍の道理よりも、末法の時代、己の凡愚の自覚において、何が私どもにとっての救いの道であるのか、と問い、明らかにされたもので、上三祖の「信解の教学」と下四祖による「行証の教学」の伝統を受けて、それをさらに深くいただかれたのが宗祖の「聞思の教学」であると、金子先生は言われました。

そこで大事なのは、「思」で思索し推求することです。教えのおこころを我が身の生きざまを通して、生活を通して、その意味を主体的に問い確かめ、どこまでも推求して尋ねていく、よくよく案じ見ていく。それが「思」ということです。もし、「思」ということがなければ、聞くことが聞きっぱなしで、それで終わっていくならば聞が聞とならず、聞が聞とならないかぎり信心として成就することもないということです。

親鸞聖人は、『教行信証』「化身土巻」の本巻で、「信不具足」「聞不具足」を論じています。そこで、

『涅槃経』（迦葉品）に言わく、経の中に説くがごとし、「一切梵行の因は善知識なり。一切梵行の因、無量なりといえども、善知識を説けばすなわちすでに摂尽しぬ。」

（『聖典』三五二頁）

とあり、ここで「経」というのは原始経典である阿含経を指しますが、次に、

一切悪行の因、無量なりといえども、もし邪見を説けばすなわちすでに摂尽しぬ。

（『聖典』三五二頁）

と示されています。金子先生も、信心を碍げるのは貪瞋の煩悩でなく邪見であると言っておられました。

そのあとに、

また言わく、善男子、信に二種あり。一つには信、二つには求なり。かくのごときの人、また信ありといえども、推求にあたわざる、このゆえに名づけて「信不具足」とす。信にまた二種あり、一つには聞より生ず、二つには思より生ず。この人の信心、聞よりして生じて、思より生ぜず、このゆえ

に名づけて「信不具足」とす。また二種あり。一つには道あることを信ず、二つには得者を信ず。この人の信心、ただ道あることを信じて、すべて得道の人あることを信ぜず、これを名づけて「信不具足」とす。

（『聖典』三五二頁）

と説かれます。聞なくして信は生じないが、思が大切で思とは推求する、身の事実、人生の現実を通して真実の道理をよくよく思案することで、如来の五劫の思惟を我われがこの身をもって思案するのです。蓮如上人のお言葉にも「思案の頂上と申すべきは、弥陀如来の五劫思惟の本願にすぎたることは、なし」（『聖典』九〇一頁）とありますが、この身においてたすけんとおぼしめしたちける大悲の本願の源にさかのぼって尋ねるのです。私一人を救うために起ちあがってくださったご本願、それを立ちあがらせたこの身において尋ねて生き、如来を起ちあがらせたこの身の業の深さを問い開いていくことが推求していくということです。聞思し推求していくのでないと、聞不具足、あるいは信不具足に終わって、聞が聞として、信が信として成就しないのです。それでは我が身が成就しないことです。

心を弘誓の仏地に樹て、情を難思の法海に流す

次に、総結勧信の文を結んで、

慶ばしきかな、愚禿、仰いで惟いみれば、心を弘誓の仏地に樹て、情を難思の法海に流す。聞くところを嘆じ、獲るところを慶んで、真言を採り集め、師釈を鈔出して、専ら無上尊を念じて、特に広大の恩を報ず。

（『聖典』四〇九頁）

と知恩報徳という撰述意趣が表されていますが、この文は、『教行信証』後序の結びの撰述の意趣の文と

対応しています。

慶ばしいかな、心を弘誓の仏地に樹て、念を難思の法海に流す。深く如来の矜哀を知りて、良に師教の恩厚を仰ぐ。慶喜いよいよ至り、至孝いよいよ重し。これに因って、真宗の詮を鈔し、浄土の要を摭う。ただ仏恩の深きことを念じて、人倫の嘲を恥じず。もしこの書を見聞せん者、信順を因として疑謗を縁として、信楽を願力に彰し、妙果を安養に顕さんと。

（『聖典』四〇〇頁）

先ず冒頭に、愚禿の信心の喜びを掲げられ、「心を弘誓の仏地に樹て、情を難思の法海に流す」と表されています。この言葉は宗祖の造語ではなくて、『大唐西域記』第三巻の文に拠られたものと思われます。人生、何を立脚地として生きるかは、清沢先生の自己とは何か、これが人生の根本的問題だと言われたことです。すべての人間のもっとも深い問いに対して、本願の仏地、本願の大地こそ樹つべき場所であると言われ、そこに立脚しえた報謝の情を、「情を難思の法海に流す」と表されました。身はこの娑婆世界にありながら心はすでにして浄土に居すと、善導は歓ばれ、宗祖もそれを「超世の悲願ききしより、有漏の穢身はかわらねど、心は浄土にあそぶなり」と『帖外和讃』に詠われたことです。娑婆のまんなかにこの身を置いて生きているけれども、如来によって開かれた信心のこころは常に浄土にあって、自在に遊ぶのです。帰るべき世界としての浄土を憶い、そして、浄土への道を、今日、ただ今、一歩一歩、歩ませていただく。そこに、如来のご恩徳に応えて生きる称名憶念の道が開けていくのです。

そこに報恩のために、この『浄土文類聚鈔』を著すということです。知恩報徳は、仏弟子に与えられる如来の功徳で、正定聚不退転の仏弟子の身に与えられる如来の利益、功徳です。

『教行信証』「信巻」の現生十種の益で言いますと、報恩の行が「常行大悲の益」（『聖典』二四一頁）として表されています。常行大悲の益とは、大悲のほかにはない如来が南無阿弥陀仏という名号として我われのうえにはたらいて、私どもの称名念仏となってくださる。その称名念仏を自他ともにあい勤める常行大悲であり、如来のご恩徳に応えることであると表されてあります。

如来は常に我われの称名念仏となってはたらきたまい、その念仏の法に生き、同一念仏に生きる同朋として浄土を願生していくのであり、その大悲を行じて生きていくことが、おのずから報恩行となっていくのです。

宗祖は、『尊号真像銘文』において、善導と同時代の人と言われる智栄（生没年不明）の善導に対する讃文「智栄讃善導別徳云　善導　阿弥陀仏化身　称仏六字　即嘆仏　即懺悔　即発願回向　一切善根荘厳浄土」文（『聖典』五二〇頁）を引いて、次のように解釈されています。

「智栄」ともうすは震旦の聖人なり。善導の別徳をほめたもうていわく、「善導は阿弥陀仏の化身なり」とのたまえり。「称仏六字」というは、南無阿弥陀仏の六字をとなうるとなり。「即嘆仏」というは、すなわち南無阿弥陀仏をとなうるは、仏をほめたてまつるになるとなり。また「即懺悔」というは、南無阿弥陀仏をとなうるはすなわち無始よりこのかたの罪業を懺悔するになるともうすなり。「即発願回向」というは、南無阿弥陀仏をとなうるはすなわち安楽浄土に往生せんとおもうになるなり。また一切衆生にこの功徳をあたうるになるとなり。「一切善根荘厳浄土」というは、阿弥陀の三字に一切善根をおさめたまえるゆえに、名号をとなうるはすなわち浄土を荘厳するになるとしるべしとなりと。（『聖典』五二〇頁）

と、念仏することは仏をほめ讃え懺悔すること、功徳を一切の人に回向すること、そして浄土を荘厳することになっていく、と言われますが、宗祖がそこで「仏をほめたてまつるになるとなり」と表されていることは重要な意味をもっています。それは、如来の願力自然のはたらきを表す言葉で、私の思いを超えて念仏することが報恩行に参加していくことになるのです。ただそれは、「なるとなり」であるとともに「報ずべし」と「べし」と言われる無上命令で、弥陀・釈迦二尊の命令であり、それをお聞きになった宗祖が我われに対して呼びかけられた告命である、というべきでありましょう。「べし」という言葉は、その存在の深いところから告げられる無上命令であり、それによって我われは生きていくことです。

略本は、そのあと、「念仏正信偈」が説かれます。「行巻」では『論註』の文を引いて「正信念仏偈」が説かれ、略本ではそれが「念仏正信偈」として表されています。

稲葉秀賢先生は、安居で二回にわたって『文類聚鈔』の講義をなさって、はじめに「文類偈」を講義されたあとで、本文の講義をされました。私もそれに倣って、「文類偈」を略して、そのあとの問答釈、三一問答のところに入ることといたします。

第九章　問答要義

第一節　『文類聚鈔』の基本

問答要義の位置

『文類聚鈔』の内容は、初めの「散説」、二番目の「偈頌」、それから三番目の「問答要義」に分けられ、初めの「散説」の部分では、教と行、ことに大行がまさしく如来の本願力回向であり、それによって、私どものうえに、浄土に往生を遂げていく往相と、さらには、この娑婆世界に還り来たって衆生を教化済度する還相の徳のはたらきをいただくことが明らかにされます。それを受けて、信と証について述べられていました。「教・行・信・証」の四法を、大行を中心の要として、コンパクトにまとめられたものがはじめの「散説」の部分です。

それに続きまして「偈頌」となります。うたでもって、仏徳・祖徳を表されたのを、略本では「念仏正信偈」と呼ばれています。「正信偈」は「帰命無量寿如来　南無不可思議光」と始まりますが、「念仏正信偈」では、それが「西方不可思議尊」という一句で示されて、そこから「法蔵菩薩因位中」と詠われているという違いがあり、細部にわたって両方を綿密に比べましたら、違いがあるように思います。しかし、基本的には構成や内容から言って、ほぼ同じものと言えます。初めに『大無量寿経』を中心として、浄土三部経のおこころ、教えを讃嘆され、そして、そこに説かれた選択本願の念仏の徳を、三国にわたって七高僧が受け継がれ明らかにされてきた、その本願念仏の歴史をほめ讃えられてあります。

稲葉秀賢先生は、大谷派の伝統的な宗学を大成された住田智見先生の学問を、近代教学に立脚して継承された学者でありました。住田先生のお言葉に、「お聖教は句面のごとくいただくべきである」というご持言がありますが、住田先生も稲葉先生も、お聖教の一字一句をないがしろにせずにいただくことを大切にされました。そして、真宗の教えをきっちりと整え、明らかにされたのです。

稲葉先生には『浄土文類聚鈔の研究』（文栄堂書店、一九八一年）という書物があり、「正信念仏偈」の講義と「念仏正信偈」の講義があります。毎年夏一か月にわたって、お聖教を通して、真宗、仏教の教えを学ぶ宗門の伝統的な教学の場である安居においては、『文類聚鈔』はわずか一巻の短いお書物であるけれども、偈頌は偈頌として単独に講義するのが習わしとなっている、と言っておられます。

『教行信証』では、「正信念仏偈」は「行巻」の結びに置かれていますが、『文類聚鈔』では、本論の「散説」で、教・行、ことに行を中心に、二回向を明らかにされた「偈頌讃嘆」が説かれています。偈頌とは、「正信念仏偈」ではなくて「念仏正信偈」です。

念仏が正信であることを稲葉先生が問題にされました。我われが「南無阿弥陀仏」と念仏を称える。如来からの呼びかけを聞き、如来からの呼びかけに応えて念仏して生きる。その念仏をはなれて別に信心があるわけでなくて、念仏申すままが信心であることを偈頌でもって詠われたのです。宗祖が『尊号真像銘文』に「正信念仏偈」を「正信偈」と言われたことに対すれば、「念仏正信偈」は「念仏偈」と言っていいのでないかとおっしゃっています。それほど、念仏を大事にされたことで、それが略本の基本であり、宗祖の晩年の特色です。

「伝承と己証」と「歴史と自証」

略本では「念仏偈」を受けて、三番目に「問答要義」が出てきます。何についての問答かというと、念仏の行に離れない信心、念仏こそが信心ということ、行に離れない正信は真実の信心、我われ一人ひとりの信心の自覚として、この身にいただかれるという真実信心の獲得について問答された部分です。

曽我量深先生は、「信巻」以下の四巻は、「伝承の巻」に対する「己証の巻」と言われていました。「己証」とは、別な言葉で言えば「自証」です。普遍の法を特殊の機である自身のうえに証しするとは、法をこの身に受け止め、生活を通して証していくことです。それは、本願念仏の歴史観に対すれば、人生観、世界観です。曽我先生は『教行信証』六巻を、「伝承と己証」と「歴史と自証」とに大別されました。

歴史的伝統は、私たち一人ひとりのところまで、多くの人びと、無量無数の諸仏、善知識によって大切に届けられてきたのです。そういう本願念仏の教えを身にいただいていくのですが、私のいのちになるようにいただいていくことが問われるわけです。歴史的伝統に対して、「信巻」の冒頭のところに「別序」を置いて、「信巻」以下四巻において明らかにされる浄土真宗における信心のあかし――それは救いのあかしといって言ってもいいのでしょうが――、信心の自覚内容を明らかにしていかれるわけです。

「信巻」の別序は「夫以（それおもんみれば）」という発端の辞、書き出しの言葉は、総序と後序の書き出しが「竊以（ひそかにおもんみれば）」という言葉で始まっているのと違っています。そこには、宗祖の深い自証、深い領解が表されています。

それ以みれば、信楽を獲得することは、如来選択の願心より発起す、真心を開闡することは、大聖矜哀の善巧より顕彰せり。

しかるに末代の道俗・近世の宗師、自性唯心に沈みて浄土の真証を貶す、定散の自心に迷いて金剛の真信に昏し。ここに愚禿釈の親鸞、諸仏如来の真説に信順して、論家・釈家の宗義を披閲す。広く三経の光沢を蒙りて、特に一心の華文を開く。しばらく疑問を至してついに明証を出だす。誠に仏恩の深重なるを念じて、人倫の哢言を恥じず。浄邦を欣う徒衆、穢域を厭う庶類、取捨を加うといえども、毀謗を生ずることなかれ、と。

（『聖典』二一〇頁）

至心信楽の願　正定聚の機

別序は、構成から言えば、内容は三つに分かれます。はじめの一段は、「それ以みれば」から「顕彰せり」までで、信心獲得の真相です。信心を「獲得」する。曽我先生が「かくとくする」と発音しなさい、とおっしゃったことがありました。信心を勝ちとるのです。悪戦苦闘して、自力無効の極みに思い知らされ、いただかれた信心を獲得する、と教えられたことでした。諸仏如来、そして、大聖矜哀の善巧方便によってのみ信心は獲得されることで、それ以外に信心の獲得される道はどこにもないということです。

次に厳しい迷執の悲歎が示されています。「しかるに」から「金剛の真信に昏し」までとなります。それは、真実の信心に目覚めることなくして、疑いに沈み道に迷っている。その迷執の悲歎についての深い宗祖の悲しみ痛みを表されたものです。信心を獲得しえない迷いの内容について、「自性唯心に沈む」という観念のさとりと、「定散の自心に迷う」という自力への執われが、代表して挙げられています。それを「沈迷の二機」と言われます。迷いに沈み、迷いを深め、迷いを重ねていくものです。

曽我先生は、『「信の巻」聴記』において、「法然上人は、私が仏であり、この娑婆が浄土であると主張する、そういう自性唯心に沈む聖道の観念の立場に対しては明確な批判をされた。しかし、定散の自心に迷うという問題、聖道を離れて浄土の教えに帰しながら、なお自力の思いを捨て難い者に対する明確な批判を徹底して明らかにするということは、法然上人の場合はなお残されていた。その問題を法然上人から受け継ぎ、自他についての悲歎を通して、真に自力への執われから解放される道を明らかにされたのが宗祖である」と教えられました。

問答ということの意義

最後の一段は、教行の二巻を受けて「信巻」以下を別撰された、「信巻」別撰の意趣と、その願いを明らかにしています。宗祖が法然上人からいただかれた教えを、ことに「信巻」を開かなければならないという大きな課題があります。その課題を解いていくにあたって、「諸仏如来の真説に信順して、論家・釈家の宗義を披閲す。広く三経の光沢を蒙りて、特に一心の華文を開く」（『聖典』二一〇頁）とおっしゃって、「しばらく疑問を至してついに明証を出だす」（『聖典』二一〇頁）とあります。ここに、「信巻」が問答の巻であるといわれる大事な意味があります。信心についての問答です。

三部経の教えは光の言葉ですから、人間の深い闇を照らし出してくださる。その真実なる光の言葉、教えによって、「一心の華文」とまで讃仰された天親菩薩の『浄土論』に表された、本願成就の信心について明らかにする、と言われています。

「華文」とは、最上級の称賛の言葉です。宗祖が「華文」という言葉遣いをなさっていますのは、別序の「一心の華文」と後序に法然上人の『選択集』を「希有最勝の華文、無上甚深の宝典なり」（『聖典』四〇〇頁）というところです。このように、『浄土論』と『選択集』について、ことに「華文」という語を用いて、その重要なこと、大切なことをほめ讃えておられることです。それが大切なのは何かと言いますと、三部経は如来の本願を説かれたもの、特に如来の真実を選択本願の名号として説かれたものが浄土の三部経です。それを天親菩薩はいただかれて、「世尊我一心　帰命尽十方　無碍光如来　願生安楽国」（『聖典』一三五頁）と表されました。その「一心」は、『大経』で言えば本願の三信です。普通はこの「信」の字で表されますが、「心」の字が使われてある場合もあります。それを一心、唯一純粋なる信心として明らかにされました。「一心」とはただひとつの心ということではなく、「建言我一心（建めに「我一心」と言えり）」（『聖典』一三六頁）ということを注意されています。

「我一心」の「我」は、如来から開かれた信心を離れてある「我」ではありません。如来の一心を離れた「我」は自我です。自我が砕けた「我」、自我が砕けたところに与えられたまわる「我」、それは「一心」のほかにはありません。たまわった一心において、真の宗教的主体である「我」に目覚めていくのです。それをおっしゃるときに、宗祖は「建言我一心」と表されるのです。

どうして、天親菩薩は、三部経をいただかれて本願のおこころを明らかにされるのに、「一心」という語でもって表されたのかを問いとして尋ね、ついに明確な答えを見出すことができ、その問いを解いていかれた内容が「信巻」であるということです。

それは、いかにして我われは信心を獲るのかの問いで、問答とは、浄土の三部経そのものにもあります。

『大経』で申しましたら、上巻の序分では、阿難が釈尊の五徳現瑞を通して「仏仏相念」の世界を問うていますし、下巻の「東方偈」では、諸仏の世界から無数の菩薩が阿弥陀の浄土に集まってこられたのを見て、阿弥陀が微笑まれた。そのお姿に触れて、観音菩薩が、なぜ微笑まれたのかとお尋ねするということがあります。

『観経』でも、釈尊が牢獄に閉じ込められた韋提希夫人の前に、空中に住立され現れますが、その釈尊に対して韋提希は、憂悩のない世界、さらには仏の清浄な業によって、この救い難い、度し難い業が浄められていく道を教えていただきたいとお願いします。そのときに、釈尊がやはり「即便微笑」されました。釈尊と韋提希との出遇いのときです。

それらの箇所に窺える、師と弟子との値遇、その値遇において、『大経』においても、『観経』においても、微笑というかたちを通して、深い内面的な感応道交、呼応の世界が象徴されています。清沢満之先生のお言葉で言えば「対応」で、絶対無限なるものと相対有限なるものとの「対応」です。曽我先生のお言葉では、真実なるものと真実ならざるものとの「感応」ですし、金子大榮先生の言葉に依れば、念仏における「呼応」で問答ということの大切な意義が表されています。

宗教とは問いを持つということで、清沢先生の有名なお言葉に、「自己とは何ぞや、これ人生の根本的問題なり」とありますが、「自己とは何ぞや」がすべての問いに優先する問い、すべての問いの根源にあるもので問いを学ぶことでしょう。

「自己とは何ぞや」、これは清沢先生四十一年の生涯をかけての問いですが、宗教というのはその問いを持って生きることのほかにはありません。私どもは答えだけを探してばかりいますが、何を問わなくてはならないのか、問うべきことは一体何なのかを問うことが人間のいのちの問題です。そうでなくて、聞法したら有り難くなれるのではないかと、答えだけを探して右往左往して、聞法し求道したはずのその全体が、自分の意志や努力に反して空過に終わっていくことになっていくのです。

西田幾多郎先生のお弟子の高坂正顕博士（一九〇〇～一九六九）の『西田幾多郎と和辻哲郎』（新潮社、一九六四年）に西田先生と門弟は、真夜中になるまで烈しい議論を交わすことがあったとあります。金子先生も若い人にどんどん尋ねてきなさい、そのときには必ず問いをもって来なさい、と言われたことです。問いがあるかないか、それがまさに人生の根本問題であります。その問いはほかでもない、「自己とは何ぞや」という問いです。ここに生きている私とは一体誰なのか、その問いです。

これは釈尊の時代からの問いです。こういう話があります。多くの人びとが集まって騒いでいる。釈尊がどうしたのだと言われたら、物を盗まれて、今、盗人を追っかけているのだ、と言った。そうしたら釈尊が、泥棒を追っかけるよりも自分を探すことの方が大事ではないか、とおっしゃったということです。「自灯明、自帰依」という遺教もそうですが、「自己とは何ぞや」ということを、仏教では単なる自己ではなく、自我という問題を通して、本当の自己を問うところに自我が崩れて、無我という本来に目覚めることです。あるいは、すべては常ならざるものであり、常ならざるものは無我である。そこに立って生きることです。蓮如上人は「仏法には無我」（『聖典』八七〇頁）と、一言でそれをおっしゃったわけです。

親鸞聖人は、「広く三経の光沢を蒙りて、特に一心の華文を開く。しばらく疑問を至してついに明証を出だす」（『聖典』二一〇頁）と表されました。ただ念仏ひとつと、ただ信ずるということは、信知し信受することです。その自覚の信としての一心が、どのようにして開けるのかをいのちの問いとして、生活をもってそれを問い、答えていかれた。それが宗祖の九十年のご生涯の聞法の歴程であったといただくべきであろうと思います。

「信巻」ではその問題について、本願の三信と、この身のうえに成就した一心の関わりを問う三一問答として展開され、「回向成就」ということによって明らかにされます。『歎異抄』の言葉で言えば、「たまわりたる信心」（『聖典』六二九頁）です。ただ受動的にではなく、「親鸞一人がため」（『聖典』六四〇頁）といわれるように、徹底的に受動的であるけれども、しかも、それがもっとも能動的である。曽我先生が「信心を獲得する」と読みなさいと言われたのは、そういうことです。それは、清沢先生の絶筆「我が信念」のなかにもあります。

私の信念には、私が一切のことに就いて私の自力の無効なることを信ずると云う点があります。（中略）此が甚だ骨の折れた仕事でありました。

（『清沢満之全集』第六巻、岩波書店、二〇〇三年、一六一～一六二頁）

私の信念には自力無効ということがあります。その自力無効ということを知ることは大変骨の折れたことでした、と。しかしそれがなければ私は他力の信心を獲ることができなかったと告白されています。それが清沢先生の悪戦苦闘の信心獲得の歴程です。

「疑問」と「明証」

別序の「広く三経の光沢を蒙りて、特に一心の華文を開く」（『聖典』二一〇頁）ですが、宗祖におきましては、純粋な信心としての「一心」を明らかにすることが課題であり、そのために、「自性唯心に沈む」

あるいは「定散自心に迷う」という沈迷の二機、聖道門、あるいは浄土異流という立場を厳しく批判されるのですが、ただ他に対する批判でなくて、自己を通しての批判というかたちをとって明らかにしていかれるものです。そして、「しばらく疑問を至してついに明証を出だす」(『聖典』二一〇頁)と言っています。

そこに、「疑問」と「明証」が出てまいります。この問いこそ、宗祖の聞法求道の歩みであり、信心成就ということの具体的内容であると言っていいと思います。そのことが、『浄土論』では「我一心」という語でおさえられたことです。一心にたまわる我、一心において見出される我、一心において開けていく我、で表されるわけです。

「信巻」の冒頭、別序の最後に標挙があります。『教行信証』六巻は、各巻にそれぞれの主題とされる問題が最初に掲げられていますが、「信巻」では、「至心信楽の願　正定聚の機」(『聖典』二一〇頁)と表され、「信巻」はこの標挙の文を明らかにするものです。

第十八願は、法然上人によりますと「念仏往生の願」で、「至心信楽　欲生我国　乃至十念」とある「乃至十念」について、『観経』の下下品のおこころを明らかにされた善導大師の教えによって、十声念仏して浄土に生まれていくことを約束された願といただかれました。宗祖は、その法然上人の教えを我が浄土に生まれんと欲えと勅命された、その如来の呼びかけを信じ、その呼びかけに応えて往生を遂げていくことである、といただかれました。

「信巻」の標挙に「至心信楽の願」とあるのは、信心の本質は何かといえば真実心であり、真実心とは、宗祖にとっては、如来の心のほかに真実はどこにもなく、我われにあるのは、虚仮不実以外の何ものでもありません。それに対して、仏さまとは真実そのものであります。金子先生は、それを明らかにされたのが「信巻」の前半であると言われ、そして、標挙の「正定聚の機」について明らかにされたのが「信巻」の後半である、といわれました。

では、正定聚の機とは何でしょうか。真実信心の本質を見きわめ、その徳を身にいただいた者であり、正しく浄土に往生すべき身と決定した仲間、僧伽に加えられた者、必ず仏となるべき身となれる身、が正定聚の機といわれる真の仏弟子です。その念仏の行者の生活を念仏の信心に生きるとはどのように生きることかを明らかにするのです。『同朋新聞』の編集委員だった亀井鑛さんは「信心というのは生き方を学ぶ」ということだと言っていました。浩々洞の三羽烏の一人高光大船先生は、「本願の生活者」と言われ、念仏の信心に生きる者は、どのような生活をし、どのように生き、どのようにいのちを生かす道を歩むのか、が課題となるのです。仏教には「活命」ということがありますが、与えられたこのいのちをどのように生かしきっていくか、ということで、金子先生はいかに無上涅槃に向けて完全燃焼していくか、といっていました。

虚仮不実以外のなにものでもない我われにとって、清浄真実なる如来は、絶対否定的に私どもを超えた真実そのものです。その如来が、真如法界から法界を背景として、法界のままに、この娑婆世界、この衆生界に現れ来たるのです。衆生界とは、時間と空間に制限をもっています。時間的に言えば末法五濁、空間的に言えば無明煩悩が果てしなく広がる業縁的世界を生きる者の世界です。そこに如そのものが、その如性を失うことなく我われのうえに来たりたもうのです。「今現在説法」とありますけれども、今現在のところに、今という自覚のときを成就しながらはたらきたもうのです。

それに対して、金子先生は、行者の生活の方を「衆生の帰入」と言われました。我われの存在とは、自分で選んだとは言えない、気づいたら生まれていた、という事実があります。そこから出発して、生まれるべくして生まれたという意味を見出せるか、見出せないかを解くべく生きていくということがあります。

字訓釈と仏意釈

「信巻」において展開される三心一心の問答が、『文類聚鈔』では最後の「問答要義」と言われるところに対応することですが、そこは本願の第十八願の三信と成就の一心について問答されたもので、二つあります。

第一番の問答は字訓釈と言われ、本願の三信の言葉の意味を確認されたものです。辞典や仏書によられていますが、ただ言葉を引いて説明しているのではなく、言葉のいのちの響きを明らかにされたものですから、この字訓釈について、曽我先生は、宗祖の身を通しての深い実践、自分の身に響いてきた、その響きを深く確かめていかれた聞思の展開の記録だとおっしゃっています。

第二問答は、字訓釈を通して、開けてきた甚深の仏意を明らかにされたもので、仏意とは、無縁の大悲のほかに仏はありません。その大悲の智慧はどこに関わるかと言えば、この私どもの宿業の身、「さるべき業縁のもよおせば、いかなるふるまいもすべし」(『聖典』六三四頁)、煩悩成就、煩悩具足の宿業の身が、仏の大悲を憶念し、仏の大悲を信受していくのです。これは、善導によって注意されたもので、宗祖の仏意釈の根底には『観経』によって仏の意を明らかにした、善導大師の三心釈が基本にあります。

宿業の身と大悲の智慧との呼応を、西田哲学の言葉で言えば、「絶対矛盾的自己同一」の世界です。衆生の流転、輪廻の歴史がそのまま如来永劫の修行の歴史であり、衆生の流転と如来の修行とが即一的であることです。即一性の内容は、衆生の流転が転じかえされていくことであり、衆生の我慢が砕かれ、衆生の煩悩が転じられていく、「転成」というはたらきを内実とします。如来と衆生との即一性がそこにあるのです。それが個人の一生であり、そのまま人類の歴史でもあり、その転成において開かれていく信心こそが浄土の菩提心であります。

菩提心とは、大乗至極、究極なるものを表現した言葉です。大乗は自利利他において、人間の存在の課題に応えていくもので、私ども衆生の生活、人生において、愛憎善悪という関わりにおいて矛盾するものがひとつところで共生していく場所、世界を課題として明らかにするのが大乗の自利利他一如です。大乗の究極なるものは、念仏することにおいて、如来の本願を我がいのちとして生きる浄土の菩提心を抜きにしてはありえないことです。その仏の大悲を根幹として生きること以外に、人間に自利利他が成就する道はない。自損損他、自害害彼というかたちでしか生きれない人間のうえに、平等が開ける道があるとすれば、人間業についての懺悔を通して、如来の大悲の心に生きるほかはない、如来の大悲をいただくということのほかにはないのです。

では、「いただく」とはどういうことなのでしょうか。それは、懺悔するほかにはないことです。自害害彼、自損損他から一歩も離れることのできぬ身であると徹底して我が身を信知し、懺悔し深信することのほかにはなく、そこに拝まれ仰がれていく仏の世界が見えてくることをくぐって初めて自利利他という課題が解けていくことです。

その浄土の菩提心については、横さまに生死を超えていく、横超の直道として明らかにされます。横超とは生死に随って生死を超える道であり、浄土はこの世を捨ててではなく、この世を超えながらこの世にはたらくはたらきであり、この世にはたらくなかで、この世を包み衆生を浄土に帰らしめるはたらきです。ですから、その横超の直道を歩む者は、煩悩具足の凡夫と信知して自力無効と徹底して自覚する者です。煩悩をなくしてとは、竪の道、聖道です。自力の聖道は、末法五濁のときを生きる凡夫にとって、もはや不可能で、自分の力によっては自分の煩悩の始末のできない者が、徹底的に自力無効と地獄必定の身に落在していき、自力無効、煩悩具足の身のままに救われていくことでなければ、その救いの道は万人の道にはなりえないし、真に普遍の道とはなりえないことです。横超の直道を生きる者がまさに正定聚の機と言われるものです。

そこに、私の立場、居場所がはっきりと徹底するのです。いたずらに煩悩がなくなって苦しみから逃れるようなことを夢みたり、期待したりせず、煩悩具足の凡夫と、はっきりと、あるがままの身の事実を引き受けて、この娑婆世界を生きる。この身のままが如来の摂取不捨の大悲のなかに包まれ、どう転び、逃げようとも、摂取不捨のなかに包まれ、如来の大悲の掌の外に一歩も出ることができないと知って、あるがままをあるがままに引き受けて生きることです。そこに、あるがままが光を放ってくる意味をもってくるのです。自分にとっては躓きになるようなもの、苦しみになるようなものはできれば排除したいことですが、それではどこに行っても落ち着く場所は見出せません。逃げたことが逃げたことにならず、逃げても逃げられないことを思い知らされることです。だとすれば、如来のはたらきである念仏にこの身を任せて生きるのです。任せるとは、存在の大地に落在し、自力の計らいを放下することで、そこに、如来の摂取不捨のただ中にあって、自分は自分のままで、自分の分限を知って、分限を尽くして生きる道が開けてくるわけではないでしょうか。

金子先生が晩年よくおっしゃった言葉に、「無用のものが無用のままに用にたつ」ということがあります。また、「自分の分限を知って分限を尽くす」とも言われました。この言葉は、清沢先生が最初に言われた言葉のように思いますが、それを生涯の銘文として大事にいただかれたのが金子先生だったように思っています。

あなたのいのちとは何ですか

「信巻」の三心一心の問答は、親鸞その人の根本問題であり、『教行信証』の根本問題でありますから、「信巻」だけに限らず、「化身土巻」において、真実に至る道が明らかにされているところにさらに問われています。真実が我われのところに来たりたもう道、その手だてが「善巧方便」と言われるものですが、方便を通して我われは真実に至りつくわけで、方便なくしては真実に至りえない人間のあり方が問われるわけです。直接的に、ストレートに真実に至りえない、真実に背いて生きる我われ凡夫ですが、そのありようを取り上げられたのが「化身土巻」です。

「化身土巻」本巻の『観経』と『小経』により、方便の意味を明らかにしながら真実に至る道を説かれるところに、信心をめぐっての問答が出てきますが、それは、『大経』と照らし合わせることを通して、『観経』と『小経』が方便の経であること、真実がこの世に現れるための大事な方便の教えであり、そして、我われが真実に至る道となってくださる教えを説かれた教えとして、明らかにされています。

それに対しまして、略本では、『教行信証』のように真実と方便をきっちりと分けませんが、『教行信証』において「信巻」と「化身土巻」の二か所にわたって取り上げられ問題にされた真実の信心の確認が、それとの関連において問われています。それが略本の結びの「問答要義」であり、浄土真宗の要、ただ念仏して本願を信ずるほかにはないわけで、念仏こそは正しい信心であり、念仏ひとつですべて事足りていくことが浄土真宗の教えで、その要を信心として明らかにしていかれるわけです。

『教行信証』では、信を巡る問答が「信巻」と「化身土巻」の二巻にわたりますが、略本の方では、ひとまとめにして明らかにされています。それは、おのれのいのちの主体を問うことです。あなたのいのちとは何ですか、あなたとは誰ですかの問いほど厳しい問いはないでしょう。禅で言えば、まさしく「己事究明」といわれることです。

鈴木大拙先生は、問題にしているあなたは誰なのかを徹底的に問うことから、どこまでも第三者、傍観者としてあろうとする人間の愚かさ、過ちを明らかにしていかれました。

第二節　始まりの字訓釈

念仏がそのまま正信であること

「信巻」では、始まりの問答である字訓釈では、

問う。如来の本願、すでに至心・信楽・欲生の誓いを発したまえり。何をもってのゆえに論主「一心」と言うや。

（『聖典』二二三頁）

と言ってあります。それに対応する『文類聚鈔』では、

問う。念仏往生の願、すでに「三心」を発したまえり、論主、何をもってのゆえに「一心」と言う

や。

（『聖典』四一四頁）

とあって、ほとんど違いがありません。ただ、「信巻」では「至心・信楽・欲生の誓い」と言ってあるのに対して、『文類聚鈔』では「念仏往生の願」とおっしゃっています。これは、極めて細かな違いのように見えますが、考えなくてはならない問題をはらんでいます。

『文類聚鈔』は『教行信証』のように、真実と方便とを分けることがありません。真実と方便とを分け、真実に立って、真実でないもの、あるいは真実に背くもの、その仮偽の二つを批判し、批判を通して、真実を開顕するかたちをとっておらず、もっぱら真実を明らかにすることに尽くされています。『文類聚鈔』の方では、「真実」とは「念仏の真実」で、「称名念仏」でそれを明らかにすることを主題として著されています。「南無阿弥陀仏」と口に仏の御名を称えることが凡夫に与えられる仏の真実である、ということを説かれるのが略本です。信心というのも、称名念仏を離れて、目覚めた心、真実に呼び覚まされた心があるわけではないのですから、偈文の方では「念仏正信偈」となって、念仏がそのまま正信である、と言われ、稲葉先生はそれを「念仏偈」と呼んでいいだろう、とおっしゃったことです。

さて、「信巻」の「問う。如来の本願、すでに至心・信楽・欲生の誓いを発したまえり。何をもってのゆえに論主「一心」と言うや」ですが、天親菩薩がその著『無量寿経優婆提舎願生偈』（『浄土論』）の冒頭に、「世尊よ、いま私は釈尊の教えに順って尽十方無碍光なる如来をいただき、そして、如来の呼びたもう。その如来のましますの阿弥陀の浄土に、すべての人びとと一緒に生まれて往きたいと願います」とおっしゃった、その「一心」です。どうして、第十八願をいただかれた信心を「一心」として表されたのかという問いです。それに対して、答う。愚鈍の衆生、解了易からしめんがために、弥陀如来、三心を発したまうといえども、涅槃の真因はただ信心をもってす。このゆえに論主、三を合して一と為るか。

（『聖典』二二三頁）

と答えています。この文から、信心をめぐる「三心一心」の問答は始まります。

ここで見ておかなくてはならないことは、第十八願「至心信楽の願」をどう表すか、第十八願の願名の問題です。

法然上人の場合は、「念仏往生の願」と名づけられました。念仏して、この生死の迷いを超えて、彼岸の浄土に生まれることを誓われたものでこの場合の念仏とは、善導の教え、『観経』の下下品、一生造悪の凡夫が善知識に出遇って十声念仏せよと勧められて、その教えに随って念仏し一切の罪が転ぜられ除かれたと説かれます。この称名念仏、心に仏を深く念ずる念仏が口に仏の名を称えることにならざるをえないのであり、念仏が称名となることをお示しくださったのが善導で、その善導に依る、と言われたのが法然上人です。そこから、法然上人は、第十八願を「念仏往生の願」と決定され、これこそがまさに「浄土の真宗」であると顕開されました。その第十八願こそが本願の要、中心であって、ほかの四十七願はすべてこの王本願に導く、王本願の徳を表すことによって、それに導き入れる「欣慕の願」であると法然上人は決定されたことです。

親鸞聖人は、法然上人から受けられながら、称名念仏を第十八願に先行する第十七願のうえに見出していかれました。第十八願に先立つ第十七願は、「諸仏称名の願」と呼ばれています。三世十方にわたる歴史的空間的——三世は無限の時間、歴史、十方は無限の空間、社会です——に遍満したまう無数の諸仏によって称えられてきて、現に称えられている阿弥陀の御名、あるいは、未来永劫、諸仏を通して称えられていく念仏に、宗祖は、念仏の根源、あるいは具体性を見出していかれるわけです。

かつて作家の高史明氏（一九三二～二〇二三）は十二歳の一人息子、真史君を自死で失い、そのあと、奥さんともども、息子さんの行先を求め、二人三脚の遍歴の旅を続けてこられました。そして、その求道の旅において、真史君は仏となったことに出遇われたのです。そして、その仏から念ぜられ、呼びかけられているものが、これまで息子のことのみを念じ続けてきたこの身であったと、それまでの立場が根底から転換したと言われます。「こちら」から「向こう」でなく、「向こう」から「こちら」に、という、まさに逆対応と言っていいものです。「お父さん、お母さん」と、向こうの方から我われに仏と成った息子が呼びかけてくれる。息子はどこに行ったのかと、いつまでも人間として考えていたものが、もはや仏になったものであって、残された我われこそが凡夫である、という立場の転換を語られます。

高さんにすれば、自分の子どもも仏である。それだけではなく、一生涯、在日朝鮮人として苦労のなかに死んでいった親父も仏にならせていただいている。みんな無量無数の仏さまとして、ここに聴聞に来ていてくださる。だから、我われはその仏のなかに取り囲まれて生きているから、小難しい話を辛抱して聞いてくださっているみなさんも、お浄土から私のために還って来てくださってある仏さまだといただくということです。

私は、そのことを何か見忘れてきたのではなかったかと考えさせられました。高さんは、仏ということが亡くなられたすべての人のこととして語られていて、口癖になっていることに気づきました。このことは、私の思いや考えとは齟齬があるように思っていましたが、私にひとつの観念があって、はっきり言わしめなかったのであろうかと気づいたことです。ですから、みんな私のところまでご苦労くださってある仏さまであるという、広やかな世界がいただけるかいただけないか、ということでしょうか。

第十七願のおこころとして、三世十方に無量無数の仏がましますことについて、宗祖の『阿弥陀経』の領解の言葉で言えば、諸仏が証人として念仏してくださってあることです。念仏の証人である諸仏は、我われを証誠護念するために、我われにここに真実ありと教えてくださり、それにうなずいて生きようとする者を、他人事とするのでなくて、我が身のこととして念じ続けてくださることです。

我われは、その諸仏によって称えられてきた念仏の声を聞き、聴くことを通して聞こえる、ということです。それは、「聴聞」と言いますが、聴くことを通して聞こえてくる。聴くことを通して、声のいのち、声の響きがこの身に響いてくる。聴くためには努力しなくてはなりません。ただ聴くというわけにはいきません。この身に聞く耳が開けるためには、努力がいるのでしょう。「ありがとう」という言葉でも、初めからすらすらと出てくることでは決してありません。「ありがとう」という言葉が、口に何心なく、どんな人に対しても、にこやかな顔でもって出てくるには、修行を重ねていかなくてはならない。「ありがとう」という言葉が身に着いていくと、「ありがとう」という五文字の言葉が、どれほど甚深無量の徳を発揮してくださることか、どれほど人を喜ばせ、我が身をも喜ばせるありがたい言葉であるかに気づいていくことがあるわけでしょう。聴くことを通して、聞こえてくださる。我われの計らいを超えたはたらきに出遇っていくことです。

親鸞聖人は、第十八願成就文の冒頭の「聞其名号　信心歓喜　乃至一念（その名号を聞きて、信心歓喜せんこと、乃至一念せん）」（『聖典』四四頁）という文について、次のように解釈しておられます。

しかるに『経』に「聞」と言うは、衆生、仏願の生起・本末を聞きて疑心あることなし。これを

「聞」と曰うなり。「信心」と言うは、すなわち本願力回向の信心なり。
（『聖典』二四〇頁）

「仏願の生起・本末を聞く」、仏が我われ衆生を救うために起ちあがってくださった。『歎異抄』の言葉で言えば、「たすけんとおぼしめしたちける本願」（『聖典』六四〇頁）です。そのことを問題にされたのは、『観経』の「華座観」です。それまで釈尊の教えを深く聞いてきた韋提希に対して、「汝のために苦悩を除く法を説こう」と釈尊がおっしゃったその声に応じて、空中に阿弥陀が住立されたことが説かれています。そのことについて、善導は『観経疏』において、赤ちゃんが囲炉裏のそばまで這っているのを見ていたお母さんが、自分がしていた仕事を放り出して、赤ちゃんに飛びつき抱きしめたように、まさに三悪の火杭のなかに沈みつつある者を、仏が遠くから見ているわけにいかず、空中に住立したまい、そして、沈みゆく者を即座に撮りあげられたと、「立撮即行（立ちながら撮りてすなわち行く）」（『真聖全』一、五一四頁）という語で表しています。起ちあがって摑みとっていかれることを『歎異抄』に「たすけんとおぼしめしたちける本願」とおっしゃっているわけです。『歎異抄』の第一条では、「念仏もうさんとおもいたつこころ」（『聖典』六二六頁）として表されます。おもいたつ心として我が身の底から発起し、我が身のうえに現れてくださるのです。「たすけんとおぼしめしたちける」心が、「おもいたつ」心となってはたらいてくださり、現れてくださるということでしょう。この身で聴くことを通して、心の底に聞こえてくることです。

「疑蓋無雑」という「信心」

「信巻」も『文類聚鈔』も、信心を表されますのに、「疑蓋無雑」ということで表されています。

明らかに知りぬ、「至心」はすなわちこれ真実誠種の心なるがゆえに、疑蓋雑わることなきなり。

「信楽」はすなわちこれ真実誠満の心なり、極成用重の心なり、審験宣忠の心なり、欲願愛悦の心なり、歓喜賀慶の心なるがゆえに、疑蓋雑わることなきなり。「欲生」はすなわちこれ願楽覚知の心なり、成作為興の心なり、大悲回向の心なるがゆえに、疑蓋雑わることなきなり。

（「信巻」、『聖典』二二四頁）

二つには「信楽」、すなわちこれ、真実心をもって信楽の体とす。しかるに具縛の群萌・穢濁の凡愚、清浄の信心なし、真実の信心なし。このゆえに真実の功徳値いがたく、清浄の信楽獲得しがたし。これに依って釈の意を闚うに、愛心常に起こりてよく善心を汚す、瞋嫌の心よく法財を焼く。身心を苦励して、日夜十二時に急に走め急に作して頭燃を炙うがごとくすれども、すべて雑毒の善と名づく、また虚仮の行と名づく、真実の業と名づけざるなり。この雑毒の善をもってかの浄土に回向する、これ必ず不可なり。何をもってのゆえに、正しくかの如来、菩薩の行を行じたまう時、乃至一念一刹那も、三業の所修、みなこれ真実心の中に作したまうに由るがゆえに、疑蓋雑わることなし。如来、清浄真実の信楽をもって、諸有の衆生に回向したまえり。

（『文類聚鈔』、『聖典』四一六～四一七頁）

「蓋」とは真実に蓋をする煩悩のことです。貪欲蓋・瞋恚蓋・惛眠蓋《こんみんがい》（身心が重苦しく心が眠っている）・掉《しょう》悔《げ》蓋《がい》（心のざわつきと心を悩ます後悔）・疑蓋という「五蓋」が言われます。そのひとつが疑蓋、疑いです。マンホールの蓋のような役目をして、下から水が吹き上がろうとしているのを押さえ込んでしまうもので、宗祖は、「信心」を表すのに「疑蓋無雑」とおっしゃいます。「信」に対するのは「不信」ですが、「疑」は信のなかにもあり、善心の生起を障げるものと言われます。

「疑蓋無雑」について、「無疑」と「不疑」とは違うと言われてきました。「疑いなし」ということと

「疑わない」こととは違うのです。一口で言いますと、「疑わない」ということは自力の計らいです。自力の計らいにおいて、「もう、私は仏法を信じて疑わない」と言っているだけなのです。そうではなくて、疑いの世界から一歩も出られない我が身においても、仏のまことをお聞かせいただき、お示しいただければ、もはや我が身にかけられた如来のまことを疑うことができないということです。疑いはないのではない、疑えないのです。疑うことができないのです。

親鸞聖人は、『教行信証』の総序で、「疑網に覆蔽せられば」(『聖典』一四九～一五〇頁)と教誡されています。真理の前でウロチョロするな、とおっしゃる。疑うなと言われても疑い続けるのが我われ凡夫なのですが、そうであればこそ、真実がはたらき呼びかけ続けてくださるのです。真実をお示しくださる方がましますのです。そのような方に触れて、真実のはたらきに出遇うときに、もはや真実の生きてあることを疑うことができなくなるのです。それは、私の力ではなくて、如来の真実そのものの力によることです。「私は疑わない」と力み、「もう、私は念仏ひとつでいきます」と頑張り、自分を固めて、押し通していくことによって安心しようとすることは、頑張り通すことができると思っているわけで、その全体が我が身知らずということに気づかない。それが人間における疑いの深さです。けれども、聴くことを通して聞こえてくるという世界が開けていくことがあります。ですから、「疑わない」のでない。「疑わない」ことそのままが疑いそのものであります。その疑い心そのものの身に、もはや疑うことのできない真実がはたらいてくださることがあります。

ですから、第十七願に約束された諸仏の称名を通して、阿弥陀仏の本願の名告りがこの身に聞こえてくるのです。そこに「聞名」という事実が成り立ちます。「聞名」とは名を聞くことですが、名告りとしての名は、「たすけんとおぼしめしたちける」本願の名告りです。

「仏かねてしろしめして」

問題は、本願をどういただくかです。真実である根本の願いを「宿願」（pūrva-praṇidhāna：プールヴァ・プラニダーナ）と言います。「宿世、かねてからの願い」というのが本来の意味で、宿世の願いとは、私の一切の思いや願いに先立って、「仏かねてしろしめして」で、私がこちらから仏さまに頼んではありません。人から頼まれなくても、じっと黙って見通し、しかも放っておくことができない。自分をはたらき動かして、相手とひとつになろうとする。願う主体それ自身のもっとも深いところから、その存在を動かしてはたらいてくださるもの、そうせずにはおれないもの。おれないというのは、考えてというのではなくて、その存在、真実そのもののいのちがその存在をはたらき動かしてくる根源的なはたらきそのもの、それを自然法爾と言います。

金子先生は、「願」について、『摂大乗論釈』に出てまいります六波羅蜜の「願波羅蜜」の説明のところに、「清浄意欲」（『大正蔵』三一、二二八頁）とあることについて注意され、「如来の清浄意欲」と言われたことがあります。意欲、根源的な意志です。そうせずにはおれない。思いつきではなくて、どうしても迷える者、悩める人の救いを果し遂げねばおかない。仏と衆生との深い約束として、はたらいてくださってあるということがあるわけでしょう。それが、このたび、ただ今はじめてこの身にいただけたわけです。そこに開けてくる清浄意欲としての本願が、まさしくこの身にうなずけた、それが信心です。

信心とは、仏のまことに「ああ、そうであったか」と、この身が頷く心です。安田理深先生がよく、

「信心とは膝をたたいて、「ああ、そうだった」と頷くことだ」と言っていました。仏さまはなにか遠いところにあるように思っていたが、そうではなかった。仏さまは私と一緒になって、私のためにご苦労してくださってあった。今、こうして、私の念仏となって、ここまで来てくださってあった。「ああ、そうであったか」と頷くことです。

そして、信心とは、名に込められた仏の真実のすべてです。文字どおり、「名は単に名にあらず」です。選択本願の御名です。

先日、大河内了義先生（一九三〇〜二〇一六）の「名は単に名にあらず――真宗の「名号」とキリスト教の"Gott"（神）――」（『哲学論集』五一、大谷大学哲学会、二〇〇四年）という論文に対して、私は「名は単に名にあらず」と言うには、どうしても選択本願ということが欠かせないと考えるが、なぜそれが一言も触れていないのでしょうか、という質問を出し、先生から「選択本願」ということを、誰にでも分かる日本語にどう直しますか、という問いをもらいました。

宗祖は、「選択本願は浄土真宗なり」（『聖典』六〇一頁）と、『末燈鈔』の第一通などでおっしゃっています。「選択本願」ということが浄土真宗のまさにキーワードです。それを誰にでも分かる日本語に直せばどうなりますか。私は、「万人を選びなく救う道として、念仏の法を選び抜かれた阿弥陀仏のまことの力」と領解しました。

「選び抜かれた」こととしての「選択本願」

略本では、第十八願について「念仏往生の願」という法然上人が与えられた伝統の願名を挙げているのに対して、「信巻」の第一問答では「至心信楽の願」と、第十八願の願文内容に則して、その名を明らかにされています。

万人、善人悪人のすべてが一人も選びなく無条件に救われていく道を、五劫の間にわたって思惟を尽くし選び抜かれた阿弥陀のまことなる願いの表現語として表したものが、「南無阿弥陀仏」という名号です。その「万人」について、本願には「十方衆生」、本願成就文には「諸有衆生」とありますが、『選択集』本願章には、なぜ念仏のみを正定の業として選び取られたのかを問題にしておられます。学問があり、禅定を修し戒律を守り、塔寺を建てるという善根を積み、あるいは、教えを多く見聞する者、倫理的、宗教的実践のできる人でなくてはならないというのが聖道門仏教の立場です。そうであるならば、学問もなく智慧もない、戒律も守れない、教えを聞くこともたまさかでしかない大勢の者は一体どうなるのか。法然上人は、そのような具体的な問題を出しながら、阿弥陀は、それらすべての人が選びなく救われていく道、それこそ女性として差別され、唯除の機として批判される者も、選びなく救われていく道を選び抜かれたことを明らかにされています。

「「選択本願」ということを、誰にでも分かる日本語にどう直しますか」という大河内先生の問いに対して、私自身「選び抜かれた」と申していることです。そこには五劫の思惟があり、「選択」には「選び捨て、選び取る」こと、自力の雑行を選び捨て他力真実を選び取ることがあり、それによってすべての者を摂取されることがあるとあれこれ思案したうえで、私は「選び抜かれた」と表してみました。宗祖は、『末燈鈔』第一通の結びに、

真というは、選択本願なり。仮というは、定散二善なり。選択本願は浄土真宗なり。定散二善は方便

仮門なり。浄土真宗は大乗のなかの至極なり。

（『聖典』六〇一頁）

と、はっきりおっしゃっています。私が申したような表現だけに執われる必要はなく、そのときそのときの領解、深まり、展開があって然るべきで、基本的なことを踏まえていただくことが大切だと思います。

略本で第十八願の願名として「念仏往生の願」と言われたのは、細川巖先生などが言われるように、略本は元祖法然上人の教え――それは善導によって称名念仏ということが説かれた、その系譜を受け継ぐことが考えられます。「至心信楽の願」と言わずに「念仏往生の願」と書かれたのは、法然上人の教えがあるわけで、細川先生がいわれるように、宗祖は晩年いよいよ信心から称名念仏への深まり、展開を強調していかれたことがあります。

たとえば、略本では、三心について二河白道のたとえを引かれていますが、そこに「能生清浄願心」の解釈で、「一心正念」ということに注意して、

しかれば、「一心正念」というは、正念はすなわちこれ称名なり、称名はすなわちこれ念仏なり。

（『聖典』四一八頁）

と言われています。ここにも「念仏往生の願」と呼応する立場が窺われます。正念というのは正しい信念ですが、それを称名とおさえていかれます。

「愚鈍の衆生」とは

「問答要義」のはじめに「愚鈍の衆生」とあります。

問う。念仏往生の願、すでに「三心」を発したまえり、論主、何をもってのゆえに「一心」と言う

や。答う。愚鈍の衆生、覚知易からしめんがためのゆえに、論主、三を合して一としたまうか。（『聖典』四一四頁）

愚鈍の衆生を代表して、天親菩薩は「我一心」と自己の信念を表白されたことを受けて、「正信偈」では「群生」、「群生を度せんがために、一心を彰す」（『聖典』二〇六頁）とあり、「教巻」では「群萌、凡小」とありました。

この経の大意は、弥陀、誓いを超発して、広く法蔵を開きて、凡小を哀れみて、選びて功徳の宝を施することをいたす。釈迦、世に出興して、道教を光闡して、群萌を拯い、恵むに真実の利をもってせんと欲してなり。（『聖典』一五二頁）

群萌、凡小のために本願の真実を説き証しされたのが『大経』で、「文類偈」では「具縛を度せんがために一心を彰す」（『聖典』四一二頁）となっています。「具縛」とは、煩悩にがんじがらめに締めつけられたもので、煩悩具足の愚鈍の衆生を代表して、天親菩薩は「我一心」と言われたのです。

『一念多念文意』の奥書につぎのようにあります。

いなかのひとびとの、文字のこころもしらず、あさましき、愚痴きわまりなきゆえに、やすくこころえさせんとて、おなじことを、とりかえしとりかえしかきつけたり。こころあらんひとは、おかしくおもうべし。あざけりをなすべし。しかれども、ひとのそしりをかえりみず、ひとすじにおろかなるひとびとを、こころえやすからんとてしるせるなり。（『聖典』五四六頁）

これは、『唯信鈔文意』の奥書にも同じことが書かれてあり、親鸞聖人のつねの仰せ、教化の基本、宗祖の生き方の基本にあるものです。宗祖は、とも同朋にねんごろにかしずいて生きていかれました。ひたすら、愚かな人びとにわかって欲しいという願いのもとに、このように書かれました。賢い人から見れば、親鸞という人は何という人間だと、批判され笑われるかもしれない。けれども、それは一向にかまわない。私が願うのは、賢い人に誉められたいことではなくて、私と同じ愚かな人、文字すら知らない人びとにこそ分かっていただきたい、それだけの思いでこれを書きました、とおっしゃっています。それを、私どもの立場から言えば、宗祖がこの私のためにお書きくださったもの、といただくべきことなのです。選択本願についても、それほど真実の教え、言葉が身についていない愚かなこの私のために、といただくべきでしょう。

曽我先生は、宗祖は第十八願について、愚鈍の衆生のためにと言われる。それは、天親がそうおっしゃっているというだけでなくて、仏の本願そのものが愚鈍の衆生に分かってもらうためにという願いのなかで、「至心に信楽して我が国に生まれんと欲え」といわれているので、その愚鈍の衆生を代表して我が身にいただかれたのが天親である、とおっしゃっています。仏の本願そのものが愚鈍の衆生を目的としてということをもっというならば、唯除の機を救うことです。そこに、本願の目的があるわけです。

「世尊我一心」の「我」について、この「我」は本願成就の「我」で「一心」という信心において成り立つ「我」ですから、自我の砕かれたところにおいて誕生し成り立つ「我」であり、金子先生の言葉で言えば、「念仏は自我崩壊の音であり、新しい自己誕生の産声である」、ということでしょう。先生は自我が崩壊していく音であると同時に、本当の自己が生まれくる産声であると言われますが、そこに誕生する一心という信心においてたまわる「我」です。

安田先生によりますと、この「我」は、第十八願に「設我得仏（中略）若不生者不取正覚」と誓われた

――たとえ、私が仏となったとしても、衆生が浄土に往って仏にならなければ、私は仏にならない、不取正覚を誓われた――その如来の「我」が、衆生であるこの私のうえに、法蔵菩薩となってはたらき、それによって、一切の自我、無明の闇が破られ一切の志願が満たされる、「破闇満願」というはたらきを通して、「我一心」として誕生した、本当に宗教的な主体実存としての「我」の誕生を表す、ということです。大事なことは、「我」を成り立たせる信心、本当の「我」を誕生せしめる信心こそが涅槃をさとる真因となるべきものである。これが宗祖の教えのキーワードです。

法然上人から委託された課題

曽我先生が『教行信証』といえば何時でも「無上妙果の成じがたきにあらず、真実の信楽実に獲ること難し」（『聖典』二一一頁）というお言葉が憶念されるとおっしゃった。仏教がさとりの世界として究極的に目指す涅槃は、解脱の境地として煩悩を断滅して得られるものとされてきたのが伝統的仏教である聖道の教えですが、その教えでは煩悩を断滅できない凡夫においては、ただ他力真実の本願のはたらきを信ずることによって、はじめて涅槃のさとりが我われ凡夫のうえに成就してくるという立場の転換が開かれることです。

聖道は向上的方向を目指すもの、竪さまに迷いを断ち切っていく方向です。その道が不可能であると知らされるとき、横さまに、煩悩があるがままに、念仏が称えられていくのです。念仏がこの煩悩の身から出てくださり、仏の御名がこの口で称えられ、自力の計らいを超え離れた他力の念仏によって、煩悩による生死輪廻が超えしめられていくのが横超の直道、「不断煩悩得涅槃」（『聖典』二〇四頁）で教えられるわけです。それは、向上的な竪の立場に対すれば、まったく逆の向下的な方向として、純粋未来の方から今現在に向かって開けてくる道です。

横超他力の信心が「涅槃の真因」であることは、宗祖が法然上人から委託された課題でした。吉水時代、親鸞聖人三十三歳のときに、法然上人は迫り来る教団の危機を目の前にして、浄土宗独立の宣言書である『選択集』をわずか五、六人のお弟子の方に付属されたのですが、その一人に宗祖が加えられたことに深く感動され、それこそ往生浄土の確かな証であるとまで言い切っていかれたことです。

付属とは委託ということで、何を託されたのかと言えば、末法のときにこそ浄土真宗を唯一無上の仏道として、一乗究竟の真実教として興隆するという仏事です。浄土真宗を末法五濁の世のただ中に興隆する願いが託されたことです。法然上人の志願をより深くいうなら釈尊の志願でもあり、さらに深くいうならば、もっとも根源的には弥陀の志願それ自体でもあり、それを委託されたことです。

そのなかで、行については、すでに『選択集』の二行章、本願章において明らかにされていることですが、問題は三心章のところにです。

生死輪転の家に還来ることは、決するに疑情をもって所止とす。

速やかに寂静無為の楽に入ることは、必ず信心をもって能入とす、といえり。（『聖典』二〇七頁）

という言葉で「正信偈」には書かれています。これが、法然上人が『選択集』三心章でおっしゃった浄土宗の要ですが、それをさらに徹底して明らかにして欲しい、ということです。念仏についてはすでに明らかにしたところですが、問題はそれを私一人、あるいは、末法五濁の世を生きるこの身において生きるかどうか、信心について明らかにして欲しいという委託でしょう。「すでにこの道あり」（『聖典』二二〇頁）

ですが、なお疑いを差し挟むものがある。その疑いを超えて、念仏の信心に生きよという仰せです。それが『教行信証』「信巻」の別序をもって教えられたことです。念仏の歴史に応えて、別序をおいて「信巻」を開くことですから、『教行信証』は『選択集』付属に対する応答という意味をもった書物である、と言わなくてはならないものです。

師に出遇うことは、師の願いをいただくことであって、その願いを受け継いでいくことであり、そして、生涯、願いに生きるという意味をもった事柄であると言っていいのでしょう。

第三節　字訓釈

いのちの響きとしての字訓釈

具縛の衆生にわからしめんがために、という阿弥陀の本願、そして、釈尊の教えの真実を、天親は群生を代表して我が身一人のうえにいただかれました。そして、法然上人から『選択集』の付属というできごとを通して委託された真実信心の開顕という師の願いに、親鸞聖人は応答していかれたのが「信巻」です。

第一の問答は伝統的には「字訓釈」と呼び、第二番目の問答を「仏意釈」と呼びます。前の「字訓釈」は香月院深励師（一七四九〜一八一七）などは「約機釈」と言われて、「仏意釈」は「約法釈」という言い方をなされています。曽我先生はそれは宜しくないとおっしゃっています。

私に三心の字訓を闚うに、三はすなわち一なるべし。その意何んとなれば、「至心」と言うは、「至」はすなわちこれ真なり、実なり、誠なり。「心」はすなわちこれ種なり、実なり。「信楽」と言うは、

「信」はすなわちこれ真なり、実なり、誠なり、満なり、極なり、成なり、用なり、重なり、審なり、験なり、宣なり、忠なり。「楽」はすなわちこれ欲なり、願なり、愛なり、悦なり、歓なり、喜なり、賀なり、慶なり。「欲生」と言うは、「欲」はすなわちこれ願なり、楽なり、覚なり、知なり。「生」はすなわちこれ成なり、作なり、為なり、興なり。

明らかに知りぬ、「至心」はすなわちこれ真実誠種の心なるがゆえに、疑蓋雑わることなきなり。「信楽」はすなわちこれ真実誠満の心なり、極成用重の心なり、審験宣忠の心なり、欲願愛悦の心なり、歓喜賀慶の心なるがゆえに、疑蓋雑わることなきなり。「欲生」はすなわちこれ願楽覚知の心なり、成作為興の心なり、大悲回向の心なるがゆえに、疑蓋雑わることなきなり。今三心の字訓を案ずるに、真実の心にして虚仮雑わることなし、正直の心にして邪偽雑わることなし。真に知りぬ、疑蓋間雑なきがゆえに、これを「信楽」と名づく。「信楽」はすなわちこれ一心なり。一心はすなわちこれ真実信心なり。このゆえに論主建めに「一心」と言えるなり、と。知るべし。

（「信巻」、『聖典』二二三～二二四頁）

「三心」と言うは、一つには至心、二つには信楽、三つには欲生なり。私に字訓をもって『論』の意を闚うに、三を合して一とすべし。その意何んとなれば、一つには至心。「至」というは真なり、誠なり。「心」というは種なり、実なり。二つには信楽。「信」とは、真なり、実なり、誠なり、満なり、極なり、成なり、用なり、重なり、審なり、験なり。「楽」というは、欲なり、願なり、慶なり、喜なり、楽なり。三つには欲生。「欲」というは、願なり、楽なり、覚なり、知なり。「生」というは、成なり、興なり。しかれば、「至心」はすなわちこれ誠種真実の心なり、かるがゆえに疑心あることなし。「信楽」はすなわちこれ真実誠満の心なり、極成用重の心なり、欲願審験の心なり、慶喜楽の心なり、かるがゆえに疑心あることなし。「欲生」はすなわちこれ願楽の心なり、覚知成興の心なり。かるがゆえに三心みな共に真実にして疑心なし。疑心なきがゆえに三心すなわち一心なり。字訓かくのごとし、これを思択すべし。

（『文類聚鈔』、『聖典』四一四〜四一五頁）

第一番問答の三信についての字訓釈は、一つひとつの文字のいのちの響きです。それを確認して言われたのでしょう。仏はなぜ我われ凡夫に対して、「至心に信楽して我が国に生まれんと欲え」と言われたのか。はじめから到底不可能としか言えないようなことを、なぜ仏は私どもに命ぜられたのかという問いを持ちながら、仏の本願の言葉の意味、いのちの響きを確認していかれた。それが字訓釈です。そのために、宗祖は、多くの辞書や仏書に拠って言葉の意味を解く「本訓」「正訓」だけでなく、辞書によらなくて意味のうえから説明する「義訓」、さらに関連するものを「転訓」として挙げるような方法を用いながら字訓釈を施しています。これは、本願の言葉のいのちの響きを確かめていかれた実験の記録であり、曽我先生は、「字訓釈」は単なる言葉の説明といったものでなくて、象徴行であると言われました。

「象徴」とは、言葉を超え思いを超えたもの、心行処滅・言語道断であり、絶対的に二元的な相対性を超越したものです。一切のかたちを超えて言葉にならないものとは深い沈黙でしょう。「釈迦牟尼」と言いますけれども、「牟尼」とは深い沈黙です。その沈黙から発せられた言葉です。「言語道断」とは、日常語では「けしからん」という意味で言われますが、一切の言葉を超え、人間の思いを超えた、絶対を表す言葉です。言語道断の沈黙の世界から現されるはたらきとして象徴ということがあります。かたちを超えたものをかたちとして表すのが荘厳ですが、その荘厳とは象徴である、というのが曽我先生の説です。浄土の荘厳とは如来の本願の象徴で、いのちの響きを確認していく行だということですから、字訓とは実践行なのだと、先生はおっしゃっています。

そこには、一字一句について宗祖の耳に響いてきた仏の真実、言葉にならない言葉のいのちを確かめていくという行が表されていることを受け取らなくてはならないことです。それを第一問答で表され、そして集約されてあります。「明らかに知りぬ」というところから、

「至心」はすなわちこれ真実誠種の心なるがゆえに、疑蓋雑わることなきなり。「信楽」はすなわちこれ真実誠満の心なり、極成用重の心なり、審験宣忠の心なり、欲願愛悦の心なり、歓喜賀慶の心なるがゆえに、疑蓋雑わることなきなり。（『聖典』二二四頁）

とあります。「至心」が「真実誠種」であり、「信楽」は「真実誠満」と示されます。「種」と「満」という言葉のなかに、真実のはたらきが表されています。種が沈黙の世界から象徴行として、現在の我われのうえに現行しはたらいて、この身に満ち満ちてくださる。「今現在説法」という言葉が『阿弥陀経』にありますが、現在のこの身の今というところ、この私に今というときを成就しながらはたらいてくださることが、今の字訓釈に示されてあるわけで、「種」が「満」として表されてあるところに窺われます。そして、字訓釈は、

「欲生」はすなわちこれ願楽覚知の心なり、成作為興の心なり、大悲回向の心なるがゆえに、疑蓋雑わることなきなり。（『聖典』二二四頁）

と続きます。沈黙から発せられた阿弥陀のはたらき、象徴行が、我われのうえに現行し、この身のうえに今というときを開きながら、信心として実現してくる歩みで、まさに名告りであり、呼びかけであり、歩

みそのものです。それが字訓釈に表されていると領解すべきです。

至心釈の「真実誠種」の「種」ですが、金子先生は「もとの意」と訳されました。核になる原初的なものので、曽我先生は、常に信の初一念に立つとおっしゃいました。どれだけ聞いてきたかではなくて、今が初めてであるという信の初一念に立つことです。

「種」が「もとの意」であるというのは、善導の散善義の至誠心釈に依られています。凡夫の至誠心は人間のまことごころで『観経』においては「まことであれ」と呼びかけられてあるわけですが、そう呼びかけられることに、「まことなし」と答えるほかにない我が身が教えられていくのでしょう。もし、「まことであれ」という教えに出遇わなければ、自分で定めた「まこと」に立ち続け、「他人にまことなし、我にまことあり」と主張し、他人を裁いていくのが我われです。「まことであれ」という教えによって、「まことなし」という身の事実にふれるときに、かえって他人のうえに「まことあり」と言える世界が開け、拝み合う者同士の世界、念じ合う、仏仏相念という世界が開けてくるのでしょう。

そこに明らかになるのが、「まことなし」と凡夫の事実を教えて、しかも「まことであれ」と願い続け叫び続けてくださってあるものが如来のまこと、名号です。言葉を通して、象徴され、ただ「まことであれ」という内なる願いにとどまらないで、名号という言葉として万人に広開され、いつ、どこで、だれであろうと、条件を問うことなく、あまねく万人に平等に広開された普遍の法として告げられる言葉です。それによって、如来のまことがはたらくのです。その言葉のほかに如来はありません。ですから、『讃阿弥陀仏偈』に、

諸聞阿弥陀徳号　信心歓喜慶所聞　乃曁一念至心者

回向願生皆得往　唯除五逆謗正法　故我頂礼願往生

（『真聖全』一、三五七頁）

という偈文があります。これは曇鸞大師の本願成就文の領解ですが、「至心者回向」を宗祖は、

信心歓喜して聞くところを慶ばんこと、いまし一念におよぶまでせん。至心の者回向したまえり。生まれんと願ずれば、みな往くことを得しむ。ただ五逆と謗正法とをば除く。かるがゆえに我頂礼して往生を願ず、と。

（『聖典』二一四頁）

と、「至心の者回向したまえり」と読まれました。如来とは「至心の者」で、至徳の尊号としてはたらきたまう仏であると言われています。

二番目の信楽釈ですが、それは「信」と「楽」に大別され、「信」について三つ、「楽」について二つが挙げられています。「信」についての最初が「真実誠満の心」です。まことが満ち足りることです。如来のまことが、我われの自覚、目覚めとして、そこに満ち足りたことです。

それから「極成用重の心」で、「極成用重」とは「用重」は用い重ずるということ、敬うことで、「極成」は完全に成就することですから、如来の本願が完全に成就したその御名を大切に敬い用いることです。その仏の御名、仏のはたらきそのものである「南無阿弥陀仏」を大事に敬い用いることは、端的に言えば、「南無阿弥陀仏」によって生かされ生きていくことです。それを金子先生の言葉で言えば、信心における敬虔感情、絶対なるものに対する敬虔感情、その仏弟子のこころを表すことです。

そして、「審験宣忠の心」です。これは、審らかに仰せを受けるこころと金子先生はおっしゃっていました。「審」というのは、つまびらかに、徹底して詳しく、ということです。いい加減で中途半端なことではなく、「験」は、ためす、実験することですから、徹底的に如来の真実を実験し忠実にそれを受け入

れることが「宣忠」です。「審験」ということに窺われますように、先の敬虔感情に対すれば、宗教的叡智と言ってよいでしょうか。宗祖は、仏法の道理を「自然法爾」と表されました。あるいは、「本願力回向」として表されます。願のやむにやまれない自ずからなるはたらき、道理、道筋をはっきりと自覚する心、宗教的理性を表すところに、真の感性と理性が充足され、信心の徳がある、ということです。

それから、「楽」のところにある「欲願愛悦の心」と「歓喜賀慶の心」です。如来の本願に随い往生の願いを悦び、それによって、往生を得て、浄土に生まれさせていただくことを慶ぶことを表します。信心は慶びで歓喜を伴わない信心はなく、信心は内に深い歓びを与えてくださるものです。曽我先生は、「念仏して生きる人はひとりでいても淋しくなく、ひとりでいても賑やかであり、そして、たくさんいるからやかましいということでもない。そこに、念仏者に与えられた深い喜びがある」とおっしゃいました。

「信心」は「信心歓喜」と熟語されます。宗祖は、「歓喜」という語については極めて厳密で、『一念多念文意』には、「信心歓喜」について、

「歓喜」というは、「歓」は、みをよろこばしむるなり。「喜」は、こころによろこばしむるなり。うべきことをえてんずと、かねてさきよりよろこぶこころなり。

（『聖典』五三四～五三五頁）

と言われ、『唯信鈔文意』にも、「慶」と「喜」を区別されて、

この信心をうるを慶喜というなり。慶喜するひとは、諸仏とひとしきひととなづく。慶は、よろこぶという。信心をえてのちによろこぶなり。喜は、こころのうちに、よろこぶこころたえずして、つねなるをいう。うべきことをえてのちに、みにも、こころにも、よろこぶこころなり。

（『聖典』五五五～五五六頁）

と示されてあります。

最後が欲生釈です。「欲生」に三つあります。「願楽覚知の心」は、前の「信楽」の「楽」を受けて、「願楽覚知」、願いに目覚め、覚めて知ることです。信心とは自覚の心、自らに覚めたる心で、本願のかけられてある凡夫の身であることを正しく知るということです。そこに、必ず往生を得しめる如来の本願、約束がいただかれるのです。「願楽」は、自らに覚め自らの分限を知ることによって、必ず往生せしめるという仏の約束、誓いをいただく。親鸞聖人は、如来の誓いを約束ということで表されました。

金子先生は、誓いというのは血が通うということだ、とおっしゃいました。血が通いひとつになることで、必ず往生せしめるという約束を、きっちりと身の事実において知ることだと言われます。

次に「成作為興の心」ということが言われます。「成」「作」、どちらも「なる」ですが、何になるかと言えば、「成仏」「作仏」、仏となることです。それから、「為興」とは「おこす」で、何を興すのかと言えば、衆生のために大悲の心を興すことです。「成仏」「作仏」は智慧の究極、「為興」は慈悲の究極で、それが「成作為興の心」です。

「欲生」とは、如来の願いに目覚めて自らを知り、如来の本願に応えていくことです。それによって、衆生のために大悲を興してはたらくのです。智慧と慈悲の行証、「成作」の方は必ず滅度・涅槃に至る、「為興」の方は還相回向、あるいは「成作」は「願作仏心」、「為興」は「度衆生心」と言えますし、それが浄土の大菩提心ということです。

三信字訓釈のこころ「至心釈」

「問答要義」に入りまして、「信巻」の三一問答を参照しつつ、そのはじめの字訓釈、第十八願の「至心信楽欲生」の三信について、そこに籠められて表される言葉の響き、深い意味を、仏教の書物、あるいは辞書を駆使しながら確かめられているところを読んでまいりました。

第一の至心釈では、如来のまことごころが明らかにされるのに「真実誠種」とおさえられてあります。「種（たね）」という言葉が使ってあります。種ですから、因子、一番の元になるもの、如来のはたらきの元になるもの、ということです。その至心がはたらくときには、南無阿弥陀仏という名号、真実の言葉を通してはたらきます。真実の言葉が我われ衆生のところに来たりたまう、その如来の具体的なお姿です。

第二の信楽釈で、真言である名号を通して、如来の至心は我われにはたらきたまう、その種である真実のこころが、信心の獲得において誠満することになります。それが「真実誠満」、因であるものが果として満たされる、成就されるのです。成就されるとは、我われの自覚的意識として顕在化してくることです。一人ひとりが如来のまことごころにうなずき、呼び覚まされる。そういう目覚めの心として顕在化し、現行してくるのです。

私のうえに開かれた如来のまことを敬う。「極成用重」と言われ、心を尽くし、態度を尽くし極めて敬う心、それがまさに帰命、礼拝の心であり、敬虔感情としていただいていきます。宗教とは、絶対なるものの無限なるものに対する敬虔感情であることは、金子先生がよくいわれたことです。さらに「審験宣忠」と表されています。審かに仰せを受け取る心です。審験とあるように、正しく実験し確かめることで、前の「極成用重」が敬虔な宗教感情であるならば、これは宗教的叡智、真実の智慧、理性、感性との協調性によって成り立っているべきものです。

ただ、感情が細やかで深い方もあれば、理性の方がすぐれて賢い人もあって、特色、特性は人によって違いますが、理性と感性の調和が保たれていくことが大事なことのように思います。しかし、ある学者が現代の問題として、人間と自然との対立、人間相互の対立、人間における理性と感性の対立を指摘しているように、調和がずいぶん崩れてきているのが現代のようでもあります。そういう宗教的敬虔感情と宗教的叡智によって、如来のまことを正しく受け止め深く知るこころが開かれた者には、大いなる喜びが与えられるのです。それが「信楽」の「楽」で、「欲願愛悦」です。如来が彼岸の根源的世界から、極めて内面的な声のはたらきによって、我われを呼びたまうのです。呼びたもう真実なる世界、法性の世界に帰らしめられることを心底から喜びとすることです。これは、「真実誠種」のこころが我われのうえに満足し来たるところの姿を表されたもので、その満足されたこころが、曽我先生が「信に死し願に生きよ」と言われた、能動的積極的な願となって展開することです。

このお言葉は、宗祖の七百回忌のときに曽我先生が感得され表明された命題で、如来の呼びかけそのものであると同時に、感得された先生ご自身の深い志願を表明されたものと思います。それは如来の命令、呼びかけであると同時に、曽我先生を通しての万人に対する呼びかけの言葉として表されたものであろう、と領解いたします。

善導の『往生礼讃』に「前念命終後念即生」（『真聖全』一、六五二頁）という語があり、宗祖は、それを『愚禿鈔』の上巻に、

真実浄信心は、内因なり。摂取不捨は、外縁なり。

本願を信受するは、前念命終なり。「すなわち正定聚の数に入る」（論註）文「即の時必定に入る」（十住論）文「また必定の菩薩と名づくるなり」（十住論意）文

即得往生は、後念即生なり。

他力金剛心なり、知るべし。

（『聖典』四三〇頁）

と表されています。信心獲得のところに、流転の人生に死し迷いの終わりを告げて、浄土に生まれていく正定聚の身と決定して生きる者となる。ただ浄土に生まれていくだけでなくて、すべての人びとが一人残らず救われていく願いをもって生きる願に生きる者として生きることが「欲生」です。曽我先生は、「欲生我国」という欲生心こそ如来の本願の根源である、と言われました。「我が国に生まれんと欲え」、それが名号を生み出した本願の根源なるものであると、先生はおっしゃいました。

宗祖は、欲生について二つ表されました。「願楽覚知」と「成作為興」です。如来の本願を覚知する、はっきりと自覚的に受け止め、そこから展開するのが、欲生我国の呼びかけに応答し仏となることに決定する。その者が、一切衆生を救う大悲心の主体である菩薩として、永劫に菩薩道を歩むことが「為興」です。

以上の三信の字訓のまとめは、一字一字についての意味の解読をまとめられたものでありましたが、その最後に「大悲回向の心」（『聖典』二二四頁）が示されています。これは、それまでの三信の字訓釈には見られなかったもので、宗祖があらためてこれは大悲回向の心であると、三信を結ばれたものです。如来の第十八願に誓われた「至心信楽欲生我国」という三信は、如来の大悲心そのものであり、『観経』に照らせば、第九真身観に説かれた摂取不捨のはたらきである無縁の大悲のほかにありません。一切の分別を超

えた空性から発せられる絶対の大悲であり、曽我先生の実存的領解を通していえば、迷いの世界から超え離れる縁をまったく持ち合わせない、「無有出離之縁」の凡夫に注がれてある大悲に依って、我われ衆生にたまわる心です。その回向には、絶対なる如来自身がそれ自身を否定され、自己を限定されて現れたもう、無限なるものが有限なるものとなり、絶対なるものが相対なるものとして、自身を否定し限定されることによって衆生に関わってくださる。それが「大悲回向の心」であります。

第四節　仏意釈

仏意釈——何故我われは如来を愛し信ずることができるのか——

『教行信証』の「信巻」で、字訓釈が、「問う」「答う」という第一問答として明らかにされたのを受けて、仏意釈と言われる第二問答が明らかにされます。字訓釈、第一問答は、言葉のいのちの響きを表され、如来のまことが愚鈍の衆生に一心の信心として成就し来たることを明らかにされたものです。それを受ける第二問答は、字訓釈に対して仏意釈と言われます。字訓釈が『大経』の第十八願によって『浄土論』の一心を問うことに対し、仏意釈は『浄土論』の一心を通して、もう一度、第十八願に三信を表された如来の本願のこころを尋ねられたもので、「信巻」では、それが「大悲回向の心」を尋ねていくかたちをとっています。

ところが、略本では、「信巻」と同じく第一問答はありますが、そのあとに、「問う」「答う」という問答形式ではなく、

また「三心」と言うは、一つには「至心」、この心すなわちこれ
（『聖典』四一五頁）

という復説とで、三信が明らかにされていきます。

先哲の書物によりますと、略本ではなぜ「信巻」のように第二問答をとられなかったのか、について、略本では我われのうえに成就した安心、宗教的自覚を明らかにするものだから、引文についても、略本では成就文だけを引用されたということです。ですから、先学によれば、略本においては第一問答が主であって、それに次ぐ復説はそこから出て第一問答にかえるから、第二問答をとらなかったと説明しています。私は釈然としていません。

そこで言っておかなくてはならないのは、三一問答で鍵になるのが「無蓋無雑」という言葉であることです。「蓋」というのはフタをすることで、心を覆う煩悩のことです。貪欲、瞋恚、惛眠、掉悔、疑の五つを五蓋と言いますが、三信や一心にはそのような疑いの煩悩がまったく混じわらないことです。

それについて、曽我量深先生が「如来が我われ衆生を愛し信じておってくださるから、我われは如来を愛し信ずることができるのです」とおっしゃいました。我われが仏を信ずることは、なかなか容易でありません。けれども、仏さまが我われを愛し信じておってくださるから、我われが仏を愛し信ずることができるのだとおっしゃった。これは、曽我先生独特の表現だと思いますが、すでに香月院深励師も、疑蓋とは如来を疑わないのでなくて、如来が衆生を疑わないことであると解釈されています。ですから、疑蓋とは、ひとつには如来の我われ衆生に対する心、態度であり、そして、二番目には、その仏の心が我われに至り届いたときに、我われが如来を疑うことができない心となるということです。

「不疑」と「無疑」については、私が疑わないというのではなく、微塵の疑いもない如来のまことごこ

ろを疑えないことです。如来のまことを教えられ聞くならば、それを疑えないことで、その根拠は、もちろん如来の真実にありますが、我われの機の事実、私の身の事実から言えば、それはまったく自力無効なるものであり、地獄一定の身である機の事実が、如来の真実を疑えないことでありましょう。

三信といえども、如来の疑いなき心が我われのうえに真心徹倒してくることで、私どもにおける厚い疑心の壁を破ってくるとき、金子先生の言われる自我崩壊の音である念仏が出てくるのです。厚い疑心自力の壁が破られるとき、我われに開かれるのが南無という世界です。頭の上げようのない身であると知らされて頭が下がる。頭が下がるだけでなくて、頭が下がった消極的否定的な自己が、そのまま転じて南無したてまつるという能動的な自己として、自我でなくして真の自己がそこに誕生してくるのです。真の自己というのは、如来の我が我となってはたらく、その自己です。

安田先生の言葉で言えば、阿弥陀が十八願において「設我得仏」と言われた、その「我」です。如来の「我」が私のところに来たって、「世尊我一心」という帰命願生の「我」となるのです。それが本当の自己で、それが誕生する産声が念仏です。自我崩壊の音であったのが、自己誕生の産声として、その内面から起こってきます。南無したてまつると能動的に、如来の呼びかけに応えて生きていくはたらきが発動してくることがあるのです。

「真心徹倒」といわれるものが、字訓釈の最後の結びとして付けられた「大悲回向の心」と言われるものです。それは、如来の大悲を回向したもう心であり、その回向された心は、「成作為興」の心と言われるように、阿弥陀の浄土に往生して一切の衆生を救わなければおかない大悲心を行ずるとなるものが欲生心のはたらきであると言われます。

至心の復釈について

一つには「至心」、この心すなわちこれ、如来の至徳円修満足真実の心なり。阿弥陀如来、真実の功徳をもって一切に回施したまえり、すなわち名号をもって至心の体とせり。しかるに、十方衆生、穢悪汚染にして清浄の心なし、虚仮雑毒にして真実の心なし。ここをもって、如来因中に、菩薩の行を行じたまう時、三業の所修、乃至一念一刹那も、清浄真実の心にあらざることあることなし。如来清浄の真心をもって、諸有の衆生に回向したまえり。（『聖典』四一五頁）

復釈の最初の至心釈で注意されるのは、「信巻」には「至心信楽欲生」と願文のとおりであったのに対して、略本の方では「一者至心」「二者信楽」「三者欲生」という言い方をされています。「ひとつには」という言い方は、もちろん第十八願にはありません。このような言い方は、『観経』の上品上生段に三心を説かれる箇所に、「一者至誠心、二者深心、三者回向発願心」（『聖典』一一二頁）という説き方がされています。『観経』の「三心」は、「さんしん」と読まないで「さんじん」と発音します。『大経』は「さんしん」と読み、時に「信」の字を書かれる場合もありますが、大体、「心」と書かれます。『観経』では、浄土に生まれんとする者は必ず三心を発して行を勧めなくてはならないと教えられ、それを「一者至誠心、二者深心、三者回向発願心」という表現をもって示されています。

その場合、「一者」は、他の二、三と並べて、「一つには」と言われるのではなく、「一者」とは「先ず」という第一条件の意味において領解すべきことです。あとの二、三を予定したものでなくて、道を求める者に先ず要求されることは「真実であれ」ということで、それは絶対命令、絶対条件というべきもので、釈尊の教えの言葉として「誠を尽くせ」と説かれ、その教言に従って誠を尽くして生きようとするとき、そこに理想に反して、虚仮不実であることがいよいよ明らかにされてくるのです。それが教えの光に照らし出された我が身の事実です。そして、その照射された身の事実を通して、真実は如来のほかにないことが明らかに知らされてくることであります。ですから、「如来」と「真実」とは同一義であって、その如来の真実を「虚仮雑毒」なる我が身にいただくほかに、真実というべきものはどこにもありえない、ということです。

「虚仮雑毒」ということ自体、我われが反省して、そのままその通りに受け取れるものではないことです。照らし出され照射された虚仮不実は、我が身の真実としてうなずき受け取るべきもので、身の事実、実相と言ってもいいのでしょう。一点の誤魔化しもない我が身の姿であり、その信知を通して、如来の真実はたらき、そして如来の真実はこの身の中に深く浸透されることです。

『観経』で「一者至誠心、二者深心、三者回向発願心」（『聖典』一一二頁）と説かれ、何をおいてもまず徹底して真実であれという教言が、必然的に深心、さらには回向発願心へと展開してくるのであり、宗祖が略本において三心を説かれるにあたって「一つには」という表現をとったのは、信心の確かめがはたらいたのでありましょう。あるいは、善導の教えによる『観経』のこころが宗祖にしっかりと受け取られて、「一者至心」「二者信楽」「三者欲生」と表されたのではなかろうかと思います。

「信巻」の仏意釈、本願の三心の復釈は、それぞれ、仏のこころである如来の大悲回向心を明らかにされ、成就文によって証明し結ばれるという三段構えで明らかにされていきます。至心釈は次のようになっています。

一つには「至心」、この心すなわちこれ、如来の至徳円修満足真実の心なり。阿弥陀如来、真実の功徳をもって一切に回施したまえり、すなわち名号をもって至心の体とせり。しかるに、十方衆生、穢悪汚染にして清浄の心なし、虚仮雑毒にして真実の心なし。ここをもって、如来因中に、菩薩の行を行じたまう時、三業の所修、乃至一念一刹那も、清浄真実の心にあらざることあることなし。如来清浄の真心をもって、諸有の衆生に回向したまえり。『経』（大経）に言わく、「欲覚・瞋覚・害覚を生ぜず、欲想・瞋想・害想を起こさず、色・声・香・味の法に着せず、忍力成就して衆苦を計らず、少欲知足にして染・恚・痴なし、三昧常寂にして智慧無碍なり、虚偽諂曲の心あることなし、和顔愛語して意を先にして承問す、勇猛精進にして志願倦きことなし、専ら清白の法を求めてもって群生を恵利しき、三宝を恭敬し師長に奉持す、大荘厳をもって衆行を具足して、もろもろの衆生をして功徳成就せしめたまう」と。抄出

聖言、明らかに知りぬ。今この心はこれ、如来の清浄広大の至心なり、これを真実心と名づく。至心はすなわちこれ大悲心なるがゆえに、疑心あることなし。

（『聖典』四一五〜四一六頁）

それに対しまして、「信巻」では、先ず最初に、我われが生死界に沈み流されて生きている、この群生海の流転について深い悲しみをもって説かれていきます。

答う。仏意測り難し、しかりといえども竊かにこの心を推するに、一切の群生海、無始よりこのかた乃至今日今時に至るまで、穢悪汚染にして清浄の心なし。虚仮諂偽にして真実の心なし。

（『聖典』二二四〜二二五頁）

これは、次の信楽釈、欲生釈でもはじめ無きときから今日ただ今に至るまで迷いを重ねてきた身であることが、深い悲傷、悲しみと傷みの言葉をもって表されています。

それを受けて「ここをもって如来」と、大悲の智見による本願において、衆生の終わりなき流転を知ろしめす如来が、如来の座を降りて因位法蔵菩薩となり、凡夫の宿業の身に立って、流転を超えしめるためにご修行くださったご苦労、永劫の修行が尋ねられています。

ここをもって如来、一切苦悩の衆生海を悲憫して、不可思議兆載永劫において、菩薩の行を行じたまいし時、三業の所修、一念・一刹那も清浄ならざることなし、真心ならざることなし。如来、清浄の真心をもって、円融無碍・不可思議・不可称・不可説の至徳を成就したまえり。如来の至心をもって、諸有の一切煩悩・悪業・邪智の群生海に回施したまえり。すなわちこれ利他の真心を彰す。かるがゆえに、疑蓋雑わることなし。この至心はすなわちこれ至徳の尊号をその体とせるなり。

（『聖典』二二五頁）

前の衆生の流転も「無始時来」でした。それゆえに、それに対する如来のご苦労も、永劫をかけてのものといただかれています。迷いも永劫であれば、如来のご修行も永劫であると説かれ、次いで、それゆえに、永劫のご苦労によって成就された無上の真実功徳を如来は我われ衆生に回向したもうと結ばれています。

如来は、法蔵菩薩というご苦労の身をもって、我われに回向されます。その回向は、名号をもってされ、我われの側から言えば、そのご回向がいただかれるのは称名においてです。如来は、真実の言葉である「南無阿弥陀仏」をもって、私どもに如来の至心を回向したまうのであり、それが我われに受け取れるのは、私どもにおける称名念仏においてです。

そこで大事なのは、三心の根底であり本質である「疑蓋無雑」です。人間は疑いだらけで人を信ずることが出来ないだけでなく、我が身自身がなかなか信じ難いことがあります。それに対して、如来はその衆生を信じて疑わないのです。その仏のまことが衆生のうえに、疑うことなき信心として開けるのです。

略本では、三心のそれぞれの始めに如来のまことが端的にうち出され、それによって如来の回向が言われ、照射された群生海の流転が「信巻」の言葉を簡略して表されています。順序は少し異なっていますが、両者が別なものでないことは説明するまでもありません。

この本願の三信の真実について明らかにされた仏意釈の根底にあるのは、『観経疏』散善義に説かれた善導の三心釈です。三心釈はまず真実であれという教えです。そして、その教えを聞く身はまったく真実でありえない、という徹底した機の深信です。曽我先生は、『歎異抄』の後序に示された聖人のつねの仰せを受けての唯円の領解に、聖人の仰せが機の深信ひとつに収められていることについて、如来は本願に乗托する一切の衆生を救いたまうという法の深信が、そくばくの業をもちける我が身一人の救いとして開かれ、そこに収められていることを注意されました。機の深信を通して、法の深信を明らかにするのが善導の三心釈です。

至心釈において、「一切の群生海、無始よりこのかた乃至今日今時に至るまで、穢悪汚染にして清浄の心なし。虚仮諂偽にして真実の心なし」と表され、流転に流転を重ねて来た宿業の身の自覚を救いたもうのは、「ここをもって如来、一切苦悩の衆生海を悲憫して、不可思議兆載永劫において、菩薩の行を行じたまいし時」と表される無縁の大悲のほかにはありません。凡夫の宿業と如来の大悲との緊張関係がそこにあります。

「信巻」にしても略本にしても、その背景に善導の三心釈、ことに二種深信があり、それを抜きにしては、浄土真宗の信心は語りえないことです。宿業と大悲、機の深信と法の深信、懺悔と讃嘆といったことにつきましても、その関係を抜きにして語ることはできません。

「信巻」の第二問答の仏意釈は、

また問う。字訓のごとき、論主の意、三をもって一とせる義、その理しかるべしといえども、愚悪の衆生のために、阿弥陀如来すでに三心の願を発したまえり、云何が思念せんや。（『聖典』二二四頁）

という問いからはじまり、「云何が思念せんや」と言っています。「思念」とは、思索し、推量することですが、『歎異抄』の後序の言葉で言えば、「弥陀の五劫思惟の願をよくよく案ずれば」（『聖典』六四〇頁）ということで「たすけんとおぼしめしたちける本願」（『聖典』六四〇頁）を、この身によくよく案ずる、思案し憶念することが大事です。寝ても覚めても、おりにふれ縁にふれては、仏を憶え、大悲を憶えということが教えの言葉でしょう。

『浄土論』の不虚作住持功徳に「観仏本願力」とありますが、それについて、『尊号真像銘文』に、

「観仏本願力　遇無空過者」というは、如来の本願力をみそなわすに、願力を信ずるひとはむなしく、ここにとどまらずとなり。「能令速満足　功徳大宝海」というは、能はよしという、令はせしむという、速はすみやかにとしという、よく本願力を信楽する人は、すみやかにとく功徳の大宝海を信ずる人の、そのみに満足せしむるなり。如来の功徳のきわなくひろくおおきに、へだてなきことを大海のみずのへだてなくみちみてるがごとしと、たとえたてまつるなり。（『聖典』五一九頁）

とあり、「観」とは願力を信ずることであるとおっしゃっています。本願のはたらきがはっきりと観えるという明確な信心の智慧が開けることでもありましょう。そのためには、憶念執持が大事で思念にしても

憶念にしても、頭で考えるのではなく、どこまでも煩悩具足の身であることにおいて――そのままその身の生きる場所である生活において――、仏を憶念し思念していくところに、はじめて、至心に回向したまう本願のまこと、大悲心がいただかれるのです。そこにおいて、私どもの一生涯をして念仏相続せしめてくださり、そして、私どもの一生涯を浄土往生の道たらしめてくださる、広大な世界が開けていくわけです。

さきほど、二種深信が三心釈の根底、背景にあると言いましたが、私どもには至心も信楽も欲生心もないことが機の深信です。至心のまこともなければ、信ずることも浄土に生まれたという心もない。西本願寺の教学では、「機無」と言うようですが、そういう心がまったくなく、あるのは仏の修行によって与えられた三心のほかにはない、ということです。もし、信心が我われにあるとするならば、それは仏によって回向された、と言うことです。しかも、仏の回向とは、仏のご苦労、法蔵菩薩のご苦労によってたまわった信心がそれです。

その三心釈について、金子先生は『教行信証総説』（百華苑、一九六四年）で、「真実はあり。しかし、われらにはない。しかし、与えられれば我らにもあり」と言っておられます。聖徳太子も「世間虚仮、唯仏是真」とおっしゃられたように、この世はすべて「そらごとたわごと」、この娑婆である人生に真実はないとしか言いようがありません。しかし、「真実はあり。しかし、われらにはない」ことを受けて、「しかし、与えられれば我らにあり」と、それを結ばれ、それが本当の意味での真実であると、金子先生は表現されました。

法蔵菩薩の修行の場はどこにあるのか

『経』(大経)に言わく、「欲覚・瞋覚・害覚を生ぜず、欲想・瞋想・害想を起こさず、色・声・香・味の法に着せず、忍力成就して衆苦を計らず、少欲知足にして染・恚・痴なし、三昧常寂にして智慧無碍なり、虚偽諂曲の心あることなし、和顔愛語して意を先にして承問す、勇猛精進にして志願倦きことなし、専ら清白の法を求めてもって群生を恵利しき、三宝を恭敬し師長に奉事す、大荘厳をもって衆行を具足して、もろもろの衆生をして功徳成就せしめたまう」と。抄出(『聖典』四一五～四一六頁)

至心釈の証文として『大経』の勝行段を引かれています。「勝行段」という名称は、善導の言葉によります。善導は、『観経』を註釈されますのに、釈尊による光台現国、浄土を見せていただきたいという韋提希の願いに応えて、眉間から光を放ち浄土を現された箇所に、『大経』の科文、構成内容を挙げ、法蔵菩薩の因位における修行の箇所を「勝行段」と呼んでいます。この文につきましては、宗祖は『教行信証』「真仏土巻」に引用されています。

また云わく、「我今楽生弥陀」より已下は、正しく夫人別して所求を選ぶことを明かす。これは弥陀の本国四十八願なることを明かす。願願みな増上の勝因を発せり。因に依って勝行を起こせり。行に依って勝果を感ず。果に依って勝報を感成せり。報に依って極楽を感成せり。楽に依って悲化を顕通す。悲化に依って智慧の門を顕開せり。(『聖典』三二一頁)

法蔵比丘は、世自在王仏の教えのもとに、衆生の宿業流転の場を衆生救済の修行の道場と選んで、永劫の修行をする勝行段に説かれた法蔵因位のご苦労の文を、宗祖は、「信巻」と略本の両方の至心釈に引いているわけです。

そこに、「欲覚・瞋覚・害覚を生ぜず」とあり、次いで「欲想・瞋想・害想を起こさず」と続きます。「覚」と「想」とは、分別について「粗」と「細」とを分けられたものですが、金子先生は「意」と「情」と解してよいであろうと言われています。法蔵菩薩は智慧あるがゆえに、そのような迷い心が一切生じないということを表すわけです。それは、そのまま純粋であり清浄であるということで、それが「無有虚偽諂曲」と表されています。嘘、偽り、へつらいなどはまったくないのです。およそ、人間は「虚偽諂曲」以外の何ものでもない存在で仏にはそういうものがありません。

また、「先意承問（意を先にして承問す）」（『聖典』二七頁）という語があります。自分の思いを一切捨てて、如来の御教えを御教えのままにいただくことです。それから、「勇猛精進」とありますが、そのことにおいて「仮令身止　諸苦毒中　我行精進　忍終不悔（たとい、身をもろもろの苦毒の中に止るとも、我が行、精進にして忍びて終に悔いじ）」（『聖典』一三頁）と、法蔵菩薩は誓われたことで、いかなる苦悩も苦悩とせず、無間地獄に沈む衆生の世界を大事な修行の道場として精進されることが、如来における回向の相であり、回向心そのものです。鈴木大拙先生が紹介した妙好人栃平ふじ（一八九六〜一九六五）は、

ほーぞーとわ、
どこに、しぎやうの
ばしよあるか。
みんな私の、
むねのうち、
なむあみだぶつ

（鈴木大拙『妙好人』大谷出版社、一九四八年）

と謳っています。高いところではなくて、宿業の身の生活する場所、宿業の身のあるところに、法蔵のご苦労があります。法蔵菩薩のお姿は、「荷負群生、為之重担（群生を荷負してこれを重担とす）」（『聖典』六頁）と説かれています。まさに法蔵が宿業の身の根底のところ、私よりもっと低いところに、法蔵菩薩は在ってご苦労してくださってあるといただいていきます。遠くに仏を仰ぎみるというのでなく、仏とは私の立っている人生の底のところでご苦労をおかけしている法蔵菩薩としての如来に出遇うことです。

それからは、結釈、結びの言葉です。

聖言、明らかに知りぬ。今この心はこれ、如来の清浄広大の至心なり、これを真実心と名づく。至心はすなわちこれ大悲心なるがゆえに、疑心あることなし。（『聖典』四一六頁）

「信巻」と略本の至心釈は、文章の順序が少し相違していますが、基本的には同じで、至心とは「疑蓋無雑の心」であり、如来の「清浄真実なる心」です。如来は、名号として衆生の念仏となってはたらきたまう。それが大悲回向心であることが結釈として明らかにされています。

信楽釈

次に、信楽釈を読みます。

二つには「信楽」、すなわちこれ、真実心をもって信楽の体とす。しかるに具縛の群萌・穢濁の凡愚、清浄の信心なし、真実の信心なし。このゆえに真実の功徳値いがたく、清浄の信楽獲得しがたし。これに依って釈の意を闚うに、愛心常に起こりてよく善心を汚す、瞋嫌の心よく法財を焼く。身心を苦励して、日夜十二時に急に走め急に作して頭燃を炙うがごとくすれども、すべて雑毒の善と名づく、また虚仮の行と名づく、真実の業と名づけざるなり。この雑毒の善をもってかの浄土に回向する、これ必ず不可なり。何をもってのゆえに、正しくかの如来、菩薩の行を行じたまう時、乃至一念一刹那も、三業の所修、みなこれ真実心の中に作したまうに由るがゆえに、疑蓋雑わることなし。如来、清浄真実の信楽をもって、諸有の衆生に回向したまえり。（『文類聚鈔』、『聖典』四一六〜四一七頁）

次に「信楽」というは、すなわちこれ如来の満足大悲・円融無碍の信心海なり。このゆえに疑蓋間雑あることなし、かるがゆえに「信楽」と名づく。すなわち利他回向の至心をもって、信楽の体とするなり。しかるに無始より已来、一切群生海、無明海に流転し、諸有輪に沈迷し、衆苦輪に繋縛せられて、清浄の信楽なし。法爾として真実の信楽なし。ここをもって無上功徳、値遇しがたく、最勝の浄信、獲得しがたし。一切凡小、一切時の中に、貪愛の心常によく善心を汚し、瞋憎の心常によく法財を焼く。急作急修して頭燃を灸うがごとくすれども、すべて「雑毒・雑修の善」と名づく。また「虚仮・諂偽の行」と名づく。「真実の業」と名づけざるなり。この虚仮・雑毒の善をもって、無量光明土に生まれんと欲する、これ必ず不可なり。何をもってのゆえに、正しく如来、菩薩の行を行じたまいし時、三業の所修、乃至一念・一刹那も疑蓋雑わることなきに由ってなり。この心はすなわち如来の大悲心なるがゆえに、必ず報土の正定の因と成る。如来、苦悩の群生海を悲憐して、無碍広大の浄信をもって諸有海に回施したまえり。これを「利他真実の信心」と名づく。（「信巻」、『聖典』二二七〜二二八頁）

両者は、基本的にはほとんど変わりません。ただ文章において、「信巻」の方が少し詳しく、略本はそれを簡略になさっていると思われます。

はじめに「信巻」でいくつか注意されるところをみていきたいと思います。

まず、「次に「信楽」というは、すなわちこれ如来の満足大悲・円融無碍の信心海なり」とあり、この「満足大悲」をどう領解するかですが、「満足する大悲」と読まれるようです。その徹底した大悲について、「円融無碍の信心海なり」と表され、「満足大悲」は仏について言われるわけですが、「円融無碍」は、我われ衆生のうえで言われていることと領解されます。念仏をはなれて如来の至心があるわけではなく、称名念仏のうえに仏の大悲が円かに満ち足りて、障りが自らにして転ぜられていく。三心はすべて大悲回向の心であって、如来の大悲心の等流顕現したもうたものであり、それが我われのうえに円かに速やかに満ちたりたまうのです。

次に、「信巻」で注意されますのは、

しかるに無始より已来、一切群生海、無明海に流転し、諸有輪に沈迷し、衆苦輪に繋縛せられて、清浄の信楽なし。法爾として真実の信楽なし。（『聖典』二二七～二二八頁）

という言葉が見られることです。「清浄の信楽なし」「虚仮雑毒」という言葉は繰り返し出てくる言葉ですが、ここには「法爾として真実の信楽なし」という言葉遣いが見られます。「法爾」と言えばすぐ「自然法爾」が想起されますが、ここでの「法爾」とは、本来まったくということで、我われには本来まったく真実の心なしということです。それは、人間の愚かさ、人間の不実を言い尽くされたお言葉であると領解されます。そうであるがゆえに、

ここをもって無上功徳、値遇しがたく、最勝の浄信、獲得しがたし。（『聖典』二二八頁）

と説かれています。念仏に出遇うことはまことに容易ならないことであり、さらに念仏の信心をいただく

ことは得がたいことこのうえないことは、広本、略本ともに通ずることです。略本におきましては、

しかるに具縛の群萌・穢濁の凡愚、清浄の信心なし、真実の信心なし。このゆえに真実の功徳値いがたく、清浄の信楽獲得しがたし。（『聖典』四一六頁）

と示されるところです。

さて、「法爾として真実の信楽なし」と表されますのは、善導の二河譬の文に拠られています。

一切凡小、一切時の中に、貪愛の心常によく善心を汚し、瞋憎の心常によく法財を焼く。急作急修して頭燃を灸うがごとくすれども、すべて「雑毒・雑修の善」と名づく。また「虚仮・諂偽の行」と名づく。「真実の業」と名づけざるなり。この虚仮・雑毒の善をもって、無量光明土に生まれんと欲する、これ必ず不可なり。（『聖典』二二八頁）

このように、はっきりと自力による浄土往生は不可能であると断定しています。信楽釈だけでなくて、三心全体に共通するもので、凡夫の有漏雑毒の行をもって、さとりを求め浄土に生まれようとすることはまったく不可能であると、人間の側からする欲求が完全に断ち切られています。ここは、善導の二河白道のたとえによって、人間の有漏雑毒であることを明らかにしたことです。その理由を、

何をもってのゆえに、正しく如来、菩薩の行を行じたまいし時、三業の所修、乃至一念・一刹那も疑蓋雑わることなきに由ってなり。この心はすなわち如来の大悲心なるがゆえに、必ず報土の正定の因と成る。（『聖典』二二八頁）

と示されています。如来によって与えられた信心のみが浄土の正因となりうるもので、念仏において如来よりたまわりたる無上の信心こそは、本願によって開かれ、本願によって成就された報土に生まれる正因

であると明言されています。

「必ず報土の正定の因と成る」とありますが、字訓釈のところに「涅槃の真因はただ信心をもってす」（『聖典』二二三頁）とありました。「真因」という語は、宗祖のうえでは、「報土の真因」と言われる場合と、「涅槃の真因」と言われる場合があるように思います。

「報土」と「涅槃」について、報土というのは、本願によってはたらく世界、土を浄めるはたらきとしての世界ですから、無漏、清浄真実なるものですが、「無生の生」「無相の相」なる世界として「有為」です。『論註』で言えば、方便法身の世界です。色もない形もない真如法性、一如の世界から、衆生のために方便して生じた世界です。別な言葉で言えば、「無の有」で、まったく形相をもたない無相、生死を超えた無生の世界が、衆生の帰依、願生の対象として象徴的に現行されたもので、曇鸞は、その如来浄土について、「法性法身に由って方便法身を生ず。方便法身によって法性法身を出だす」（『聖典』二九〇頁）と言って、方便のところに法性の真実が全現しているとおさえられています。浄土はどこまでも真実本願によって建立され無限に開けていく世界であり、有為、はたらきのある世界です。よって、法性、色も形もない無相の世界から色や形という有的な相、荘厳をもって象徴的に現れ来たれるもので、それゆえに、法性真如のすべてが全現している世界なのです。

それに対して、涅槃は、無漏であって無為、一切の計らいを超えた世界ですから、我われにとって直接問題になりますのは、報土としての浄土です。我われは、初めから無漏無為という世界に直接する手がかりをもたないので、色と形をとって、さらに言えば、西方浄土という指方立相を示しながら、浄土が我われにとって帰るべき故郷であることを明らかにされるかたちで、将来される浄土、純粋未来の方から、現在ただ今の私どもに向かって来たりたまう世界によって、我われは、善悪、生死の彼岸に向けて人生を超えて往くわけです。

その浄土は、如来からたまわった信心の智慧によってのみ見出される世界であり、明らかに感知される世界ですから、念仏の信心を抜きにして、浄土があるかないかをどれだけ論じても、意味を持ちません。俗な言葉で言えば、そらごとたわごと、戯論でしかなく、たとえ、それが宗教論として理論的にどれだけ精緻に組み立てられようとも、念仏する心、「信心の智慧」を抜きにして、如来を語り浄土を語るならば、それはすべて戯論であって、人間の理性では推し量ることのできない世界が、信心によって明らかに感知されることです。

方便として明らかにされる指方立相としての西方浄土、帰るべき存在の故郷としての浄土は、人間の敬虔感情によっていただかれる世界です。恩愛がうずまき、愛憎違順し合って恩愛断ち難く捨て難い世界こそ、浄土を思慕する世界です。人間は、理性と感性の調和統一のなかに人間らしさがあり、それがどのように調和されていくかが問題でしょうが、なかなか、調和しないのが人間世界です。それが、智慧によって浄土は感知され、感情において感知されていく世界、そこに、知性と感性が両立し合っていく世界があるように思います。

二重の意味を持つ唯除の文

第三の欲生に入る前に言っておかなくてはならないのは、仏意釈において仏の永劫におけるご苦労、大悲回向心を尋ね明らかにされるうえでの引文、『大経』下巻の第十八願成就文についてです。

略本の信楽釈では、

正しくかの如来、菩薩の行を行じたまう時、乃至一念一刹那も、三業の所修、みなこれ真実心の中に作したまうに由るがゆえに、疑蓋雑わることなし。如来、清浄真実の信楽をもって、諸有の衆生に回向したまえり
（『聖典』四一六〜四一七頁）

と示されたあとに、

本願成就の文、『経』（大経）に言わく、「諸有の衆生、その名号を聞きて、信心歓喜せん」と。抄出聖言、明らかに知りぬ。いまこの心、すなわちこれ、本願円満清浄真実の信楽なり、これを信心と名づく。信心すなわちこれ大悲心なるがゆえに、疑蓋あることなし。
（『聖典』四一七頁）

と、本願成就文の前半「諸有衆生聞其名号信心歓喜」を引用され、次の一句、「乃至一念」は引用されることなく、欲生釈では、「至心回向願生彼国即得往生住不退転」という後半の文が引かれています。

本願成就の文、『経』（大経）に言わく、「至心回向したまえり、かの国に願生すれば、すなわち往生を得、不退転に住す」と。取要
（『聖典』四一七〜四一八頁）

つまり、『文類聚鈔』においては「唯除五逆誹謗正法」という唯除の文が引用されていません。これは、行章で引かれている第十七・十八願成就文の場合も同じです。それに対しまして、「信巻」の場合は、唯除の文まできっちり引用されております。そこに、「信巻」と略本の違いがあります。

第十八願の因願文に「唯除五逆誹謗正法」とあったとしても、本願成就ということは救いの成就ですから、もはや除かれる者はないことで、唯除の文がないのが理に適って、その方がよく領解できることでしょう。ところが、「信巻」では、唯除の文がそのまま引用されてあります。本願成就文に唯除の文がある

ことは、我われにおける救いが、どこまでも救われざる者という懺悔を通してのみ与えられることを表されてあるのでしょう。救われて当たり前ということは、どこにもありません。救われざる者という深い悲しみ、痛みとしてのみ救いは与えられることで、唯除の文があるのがその真実義を開顕されたものと言えます。

では、略本も「信巻」と同じように引用されてしかるべきですが、そうではありません。それは、略本が安心の書として本願による救いを強調していかれたことによるのであろうかと思いますが、それについて注意されますのは、『尊号真像銘文』です。そこに、第十八願文を引いて解説してあり、至心・信楽・欲生我国についても一つひとつ丁寧に説明されてありますが、

「唯除五逆　誹謗正法」というは、唯除というは、ただのぞくということばなり。五逆のつみびとをきらい、誹謗のおもきとがをしらせんとなり。このふたつのつみのおもきことをしめして、十方一切の衆生みなもれず往生すべし、としらせんとなり。（『聖典』五一三頁）

とあり、最初には、逆謗の者には救いなしとはっきりと断定され、救われざる者という自覚が求められているのですが、後半に、「このふたつのつみのおもきことをしめして、十方一切の衆生みなもれず往生すべし、としらせんとなり」とあります。

初めの「ただのぞく」という言葉は、徹底的に救われざる者であることを知って懺悔せよということで、救われる可能性をどこかで夢みたり、期待を持ったりするような幻想を捨てて、真の自己に目を開けということです。「知れ」ということを通して、一切衆生を救いたまう如来の摂取不捨のはたらきは信受されることを教えられたものです。

つまり、「唯除」とは二重の意味を持っていることです。唯除は、ただ除くというのではありません。第十八願は、阿弥陀によって「若不生者不取正覚」と誓われたもので、衆生が往生できなかったら正覚を取らないと言われるのですから、逆謗の者を除くことは、そのまま仏自身が仏になりえない、仏自身がさとりから除かれることを意味するのでしょう。そこに、自らのさとりをかけて救いを約束された誓願の深さがあります。「唯除」と呼びながら、如来は衆生の救いを果遂していかれることがあります。

今朝、ご仏前で曽我量深先生の法語集を読んでいましたら、第十九願、第二十願の問題について、「第十九願は如来が衆生にはっきりと言われた言葉であるが、第二十願は如来はただ待っておられるだけである」とおっしゃっていました。

第十九願は、まごころを持って善を尽くせ、こころを込めて人の道を歩め、ということでしょう。ところが、第二十願は、そうできずに念仏する者に対して、如来の呼びかけであり、はたらきである念仏を、自心の執着によって、自力念仏にすり替えていく人間の救われ難い執われの愚かさに気づき、ただ念仏して生きる身となることを、仏は待ちたもうてあることがあります。自力の無効を知らされながら、自力への執心の捨て難い愚かな者であることに目が覚めることを、じっと耐えて待っておられるのが第二十願である、という意味のことを、曽我先生はおっしゃっていました。

私は、これまで、第二十願の「果遂の誓い、良に由あるかな」（『聖典』三五六頁）という宗祖の三願転入におけるお言葉の意味を、もっと強い意志的なものとして領解してきました。方便化土における難思往生にとどまっている者を、一切の計らいを超えて真実報土に往生をとげていく、難思議往生に転じてくださる力が第二十願の力だと、領解してきたのですが、曽我先生の書物を読んで、第二十願は我われがやるせない大悲に目覚めるのを、如来がずっと待ち続けておってくださることである、ということを初めて知りました。

本願の元としての欲生釈

最後に欲生釈です。

三つには「欲生」、すなわち清浄真実の信心をもって欲生の体とす。しかるに、流転輪回の凡夫、曠劫多生の群生、清浄の回向心なし、また真実の回向心なし。これをもって、如来因中に菩薩の行を行じたまう時、三業の所修、乃至一念一刹那も、回向を首として、大悲心を成就することを得たまうにあらざることあることなし。かるがゆえに、如来、清浄真実の欲生心をもって、諸有の衆生に回向したまえり。

本願成就の文、『経』（大経）に言わく、「至心回向したまえり、かの国に願生すれば、すなわち往生を得、不退転に住す」と。取要

聖言、明らかに知りぬ。今この心これ如来の大悲、諸有の衆生を招喚したまうの教勅なり。すなわち大悲の欲生心をもって、これを回向と名づく。

次に「欲生」と言うは、すなわちこれ如来、諸有の群生を招喚したまうの勅命なり。すなわち真実の信楽をもって欲生の体とするなり。誠にこれ、大小・凡聖・定散・自力の回向にあらず。かるがゆえに「不回向」と名づくるなり。しかるに微塵界の有情、煩悩海に流転し、生死海に漂没して、真実の回向心なし、清浄の回向心なし。このゆえに如来、一切苦悩の群生海を矜哀して、菩薩の行を行じ

（『文類聚鈔』、『聖典』四一七～四一八頁）

たまいし時、三業の所修、乃至一念一刹那も、回向心を首として、大悲心を成就することを得たまえるがゆえに。利他真実の欲生心をもって諸有海に回施したまえり。欲生はすなわちこれ回向心なり。これすなわち大悲心なるがゆえに、疑蓋雑わることなし。

ここをもって本願の欲生心成就の文、

『経』（大経）に言わく、至心回向したまえり。かの国に生まれんと願ずれば、すなわち往生を得、不退転に住せんと。唯五逆と誹謗正法とを除く、と。已上　（「信巻」、『聖典』二三二～二三三頁）

欲生というのは、曽我先生がおっしゃったように「本願のもと」で、欲生について、「信巻」で注意されますのは、「大小・凡聖・定散・自力の回向にあらず。かるがゆえに「不回向」と名づくるなり」ということです。欲生は、生死の流転を超えて浄土に生まれんと欲えということですから、そのためには、我われの幸せを願ってやったことを仏の浄土の方にふり向けていく、「回向」が必要とされてきたわけです。それに対して、宗祖は「不回向」と言っています。「不回向」とは、「不用回向」で、自力による回向を用いない、必要としないことです。略本では「不回向」という言葉はなく、「しかるに、流転輪回の凡夫、曠劫多生の群生、清浄の回向心なし、また真実の回向心なし」とだけあります。回向心がないわけではないのです。少しでも楽になりたい、幸せになりたいという回向心、頼む心は、だれしも持ちあまるほど持っています。ただ、清浄真実なる回向心がない、と断定されているのです。人間は、幸せを願って、ありとあらゆるものを利用する貪欲きわまりなき者です。けれども、清浄真実なる回向心なしというのが人間の実相です。

如来は「回向心を首として、大悲心を成就することを得たまえるがゆえに」（『聖典』二三三頁）と、宗祖は言われます。これは、『浄土論』に出てまいります。『浄土論』に説かれた五念門の、第五回向門の説明として出てくる言葉で、前四門を受けて、その門を浄土往生の行たらしめるものが第五回向門です。そこに、「回向を首として大悲心を成就す」（『聖典』一三九頁）とあり、『浄土論』の当面においては、願生者のあるべき課題を示されたものですが、宗祖の場合には、「得たまえる」と如来のはたらきとしていただかれています。

『浄土論』においては、願生の行者が自ら修した入出二門の功徳を他の人びとにふり向けることによって、菩薩の課題、願いである大悲心を成就することでした。ところが、宗祖の場合は回向とは如来の回向であり、『入出二門偈』に詠われたように、如来が法蔵菩薩として永劫の間、五念門を修してご苦労くださり、その功徳を私どもにふり向け与えてくださることです。それは、至心、信楽、欲生の三心のところにも示されてありました。一念一刹那も清浄真実ならざることなく、疑蓋雑わることなくご苦労くださった。その功徳をあますところなく衆生に回向されることによって、如来は大悲心を成就したまう、と言っていました。それが欲生心ですから、欲生心というのは如来の根源のこころ、如来の本願の元にある心です。その欲生心が、信心を通して我われのうえに開けてくるとき、それは清浄なる願生心として開けてくることです。

第五節　一心正念

疑蓋無雑の一心

略本では、三心釈を結ぶにあたって、

三心みなこれ大悲回向の心なるがゆえに、清浄真実にして疑蓋雑わることなきがゆえに、一心なり。

（『聖典』四一八頁）

と言って、「疑蓋無雑」がずっと一貫しています。そして、「これに依って師釈を抜きたるに言わく」と言って、善導の散善義の二河白道のたとえが出されます。

これに依って師釈を抜きたるに云わく、「西岸の上に人あって喚ぼうて言わく、汝、一心正念にして直ちに来れ、我よく汝を護らん、すべて水火の難に堕ちんことを畏れざれ」（散善義）、と。また言わく、「中間の白道というは、すなわち貪瞋煩悩の中に、よく清浄願往生の心を生ずるに喩うるなり。仰いで釈迦の発遣を蒙り、また弥陀の招喚に藉って、水火二河を顧みず、かの願力の道に乗る」（同）と。略出

（『聖典』四一八頁）

この二河譬の文によって、「汝、一心正念にして直ちに来れ、我よく汝を護らん」という招喚の勅命としての如来の欲生心と、「貪瞋煩悩の中に、よく清浄願往生の心を生ずるに喩う」という欲生心の衆生における成就を示されています。招喚の勅命が如来の欲生心であり、欲生心がかたちをとったのが如来のはたらきとしての名号、名告りです。

ですから、『教行信証』におきましては、「行巻」の名号釈に、

　しかれば、「南無」の言は帰命なり。「帰」の言は、至なり。また帰説［よりたのむなり］なり、説の字、悦の音、また帰説［よりかかるなり］なり、説の字は、税の音、悦税二つの音は告ぐるなり、述なり、人の意を宣述るなり。「命」の言は、業なり、招引なり、使なり、教なり、道なり、信なり、計なり、召なり。ここをもって、「帰命」は本願招喚の勅命なり。（『聖典』一七七頁）

とあり、「南無」は「帰命」とおさえられ、「本願招喚の勅命」と表されていますが、「信巻」の欲生釈には、「如来、諸有の群生を招喚したまうの勅命なり」（『聖典』二三二頁）とあって、欲生心と名号との密接な即一性が示されています。

　このように、大行と不可分な欲生に、本願の成就が示されていますが、略本では、善導の二河譬を引用されたあと、

　ここに知りぬ。能生清浄願心はこれ、凡夫自力の心にあらず、大悲回向の心なり、かるがゆえに清浄願心と言えり。（『聖典』四一八頁）

とおさえたうえで、二河譬に示された「一心正念」の語の転釈がなされます。

　しかれば、「一心正念」というは、正念はすなわちこれ称名なり、称名はすなわちこれ念仏なり。一心はすなわちこれ深心なり、深心はすなわちこれ堅固深信なり、堅固深信はすなわちこれ真心なり、真心はすなわちこれ金剛心なり、金剛心はすなわちこれ無上心なり、無上心はすなわちこれ淳一相続心なり、淳一相続心はすなわち大慶喜心なり。大慶喜心を獲れば、この心三不に違す、この心三信に順ず。この心すなわちこれ大菩提心なり、大菩提心はすなわちこれ真実の信心なり、真実の信心はす

なわちこれ願作仏心なり、願作仏心はすなわちこれ度衆生心なり、度衆生心はすなわちこれ衆生を摂取して安楽浄土に生ぜしむる心なり。この心すなわちこれ畢竟平等心なり、この心すなわちこれ大悲心なり、この心作仏す、この心これ仏なり。これを「如実修行相応」と名づくるなり。知るべし。「三心すなわち一心」の義、答え竟りぬ、と。

（『聖典』四一八～四一九頁）

「信巻」では、現生十種の益の次に説かれた本願成就文の一念の転釈がここに対応します。

しかれば、願成就の一念は、すなわちこれ専心なり。専心すなわちこれ深心なり。深心すなわちこれ深信なり。深信すなわちこれ堅固深信なり。堅固深信すなわちこれ決定心なり。決定心すなわちこれ無上上心なり。無上上心すなわちこれ真心なり。真心すなわちこれ相続心なり。相続心すなわちこれ淳心なり。淳心すなわちこれ憶念なり。憶念すなわちこれ真実一心なり。真実一心すなわちこれ大慶喜心なり。大慶喜心すなわちこれ真実信心なり。真実信心すなわちこれ金剛心なり。金剛心すなわちこれ願作仏心なり。願作仏心すなわちこれ度衆生心なり。度衆生心すなわちこれ衆生を摂取して安楽浄土に生ぜしむる心なり。この心すなわちこれ大菩提心なり。この心すなわちこれ大慈悲心なり。この心すなわちこれ無量光明慧に由って生ずるがゆえに。願海平等なるがゆえに発心等し、発心等しきがゆえに道等し、道等しきがゆえに大慈悲等し、大慈悲はこれ仏道の正因なるがゆえに。

（中略）

かるがゆえに知りぬ。一心、これを「如実修行相応」と名づく。すなわちこれ正教なり、これ正義なり、これ正行なり、これ正解なり、これ正業なり、これ正智なり。三心すなわち一心なり、一心すなわち金剛真心の義、答え竟りぬ。知るべしと。

（『聖典』二四一～二四二頁）

あわせて注意しておきたいのは、「信巻」の三心の総結をしているところです。

信に知りぬ。「至心」・「信楽」・「欲生」、その言異なりといえども、その意惟一なり。何をもってのゆえに、三心すでに疑蓋雑わることなし。かるがゆえに真実の一心なり、これを「金剛の真心」と名づく。金剛の真心、これを「真実の信心」と名づく。真実の信心は必ず名号を具す。名号は必ずしも願力の信心を具せざるなり。このゆえに論主建めに「我一心」と言えり。また「如彼名義欲如実修行相応故」と言えり。

（『聖典』二三五〜二三六頁）

宗祖が三心釈において強調されているのは、「疑蓋無雑」であり、疑いの煩悩が雑わらないことが真実の一心であり、その一心が金剛不壊の真心であると言われています。「金剛の真心」とは、いかなるものによっても破壊動乱されない、異学、異見、別解、別行によって妨げられ迷わされることがないことです。そして、信心と名号の関係について「真実の信心は必ず名号を具す。名号は必ずしも願力の信心を具せざるなり」という文が出てきます。ここでの「名号」とは「念仏」です。真実の信心は自ら念仏となって現れます。真実の信心とは、如来の名号のはたらきによって呼び覚まされ開かれた心で、我われにあっては、「若存若亡」の心であっても、底のところに仏の願力がはたらいて、不断に相続されていくことです。それは、念仏となって等流相続されていくのです。私どもにあっては、常に信心歓喜とは到底いかないけれども、信心の根っこの深いところにあって、法蔵の願力が念仏となって不断に信心を等流相続してくださっています。

真実の信心は必ず称名念仏となって現れます。蓮如上人の言葉で言えば、「信心正因、称名報恩」で信心正因が救いのもとであり、それが称名念仏となって、その念仏が自ずから報恩行となっていくことです。

宗祖は、それに対して名号は必ずしも願力の信心を具しない、と言われています。念仏しているからといって、信じているといえない、大事なのは、「必ずしも信心を具さない」と言われてあることです。なぜ、「必ずしも」という言葉遣いを宗祖はなさっているのでしょうか。それについて、金子先生は「必ず信心を成就させなくてはおかないというのが如来の願力である」とおっしゃった。そこに、如来の願力、大悲回向心があります。住岡夜晃先生の言葉では「信心決定して念仏申す」身となることがどれほど容易ならないことであるか、です。たとえ念仏しているようであっても、唯念仏、このことひとつと決定することは容易ならないことで、不可能とも思われることを成就してくださるのが如来の大悲回向の願力であります。そのような信心が開けた姿こそ、『浄土論』のはじめに「我一心」とおっしゃっているところで、宗祖はそれを「建言我一心（建めに「我一心」と言えり）」（『聖典』二三六頁）と表されました。一心において真の我が成り立つ、二尊の教えに随って念仏して生きるところに、はじめて自己が成り立つと言われます。その念仏こそは如来の本願に随った如実修行と言われるものであります。

すべてを救いとる本願のまこと

「問答要義」の至心信楽欲生の三心の釈が終わって、

三心みなこれ大悲回向の心なるがゆえに、清浄真実にして疑蓋雑わることなきがゆえに、一心なり。
（『聖典』四一八頁）

とあります。第十八願に誓われた「至心信楽欲生我国」という本願は如来の誓願であり、清浄意欲であり、如来の真実のすべてであります。その内実は、一切の条件を必要としない、ありのままの凡夫をありのままに、そのすべてを救いとるという本願のまことです。それが我われ凡夫のうえに、諸仏・善知識の教え――その体は「南無阿弥陀仏」という名号ですが、諸仏とは名号を称揚讃嘆される方であり、それは言葉を通してあるいは身にかけてということです――、その諸仏・善知識、善友との出遇いを通して、本願の三信のまことが私どものうえに、一心の信心の喜びとして成就することを本願成就文と言います。

それを仏弟子の立場においていただかれたのが、天親菩薩の『浄土論』、願生偈で冒頭の帰敬偈に、「世尊、我一心に尽十方無碍光如来に帰命して、安楽国に生まれんと願ず」（『聖典』一三五頁）と、ご自身の自督の信心、安心を表白されたことは、私ども群萌を代表しての「一人」でありますし、すべての群萌、雑草のごとく大地にひれ伏し、這いつくばるようなかたちで生きていかなければならない者のためにかけられた本願でありましたと、「一人のために」と受け取られたことでした。

その本願の三信と一心との深い関わり、呼応性、即一性、三信の言葉のいのちの確かめ、響きの確かめを先ず明らかにされたあと、言葉を超えて言葉のいのち、言葉の響き、言葉を通して伝わるいのちを尋ねて明らかにされたのが、「信巻」におきましては「字訓釈」「仏意釈」という呼び方で呼ばれてきたことです。

その最後が欲生釈で、「至心に信楽して我が国に生まれん」とおっしゃる、その欲生釈は、三心では最後に出てくる言葉ですが、実は、それこそが三心の根本なるものです。仏の本願は、生死の世界にあって輪廻を繰り返し、苦しみ悩み続けて救いの道が容易に見出せない人びとに対して、この生死の苦しみ、悲しみを超えた仏の世界に生まれよ、一切の善悪愛憎という差別、対立を超えた平等の世界に生きよ、と叫ばれているのが本願の根源で、仏を浄土から起ちあがらせた根本の願いであるわけですから、順序はたとえ最後に置かれていても、本願の根源なるものです。欲生は、如来の大悲回向心、大悲の欲生心であって、如来の真実功徳のすべてを名号、お念仏にこめて、衆生に至り届けようとされる意志なのです。欲生釈の結びに、

聖言、明らかに知りぬ。今この心これ如来の大悲、諸有の衆生を招喚したまうの教勅なり。すなわち大悲の欲生心をもって、これを回向と名づく。（『聖典』四一八頁）

とあります。これは、前項でふれました「行巻」の帰命釈、「南無阿弥陀仏」について善導の解釈に随って、そのお意を解明していかれた箇所、そして言うまでもなく、「信巻」の欲生釈に対応していました。「南無」とは「帰命」であり、「帰命」とは命令に服すること、あるいは、いのちの根源に帰る、とも言われます。如来の発遣と招喚の命令に信順し、服膺することによって、いのちの根源に悦んで連れ戻されることである、と言っていいのでしょう。宗祖は、「帰命」の「帰」という語について、「よりたのむなり、よりかかるなり」（『聖典』一七七頁）と説明されていました。存在のすべてを如来のはたらきに任せきっていくことであるとお示しになっています。その如来のはたらきとは本願招喚の勅命のほかにありません。

細川巌先生は、マルティン・ブーバー（一八七八〜一九六五）の『我と汝』（一九二三年）に共感して、よくお話されました。如来自身が「我」と名告って、我われ衆生の一人ひとりに「汝」と呼びかけて、「根源なるいのちの世界である浄土に帰れ、狭い世界から開かれた世界に帰れ」と呼びかけてくださってあるということです。その教勅が二河譬の引用をもって具体的に示されています。

これに依って師釈を披きたるに云わく、「西岸の上に人あって喚ぼうて言わく、汝、一心正念にして直ちに来れ、我よく汝を護らん、すべて水火の難に堕ちんことを畏れざれ」（散善義）と。また言わ

く、「中間の白道というは、すなわち貪瞋煩悩の中に、よく清浄願往生の心を生ずるに喩うるなり。仰いで釈迦の発遣を蒙り、また弥陀の招喚に藉って、水火二河を顧みず、かの願力の道に乗る」(同)と。略出

（『聖典』四一八頁）

宗祖は、如来の教勅、本願招喚の勅命として、「汝、一心正念にして直ちに来れ」と呼びかけられた「一心正念」について、「正念」としてはたらく「一心」の意味を釈されていかれます。その一心は、本願の呼びかけ語りかけはたらきかけが、この身に受け取られいただかれた心で、「ただこのことひとつ」という純粋な信心として花開くことです。二番目に、水火二河の真ん中に開かれる幅四五寸の白道が清浄願往生心であるという釈のところです。第三番目に、釈迦、諸仏、善知識の発遣と弥陀の招喚に随って、その願力、本願念仏の道に生きること、という三つの内容を表されたご文を引いておられます。

善導の『散善義』の二河白道のたとえは、至誠心、深心、回向発願心の三心釈の回向発願心釈に説かれます。善導のお意、解釈を通して言えば、たとえ心を静めて仏の世界と一体となろうと欲する人であろうと、あるいは、それが不可能であって、善いことをし悪いことをしないように心がけて救いの資格を得ようと励む人であろうと、およそ、迷いを超えてさとりの世界を求める者であるならば、必ず三つの心を発さなくてはならない。その一つが至誠心、誠を尽くすことです。二つには深心、深い心をもって仏のはたらきを信じ何ら疑いをさし挟むことがないことで、三つには回向発願心、仏が呼びたもう、その声に随って、仏の世界に目を向け、浄土に生まれていこうと願うことです。

二河譬と愚禿の名告り

二河譬につきましては、『愚禿鈔』下巻が注意されます。ご存知のように、親鸞聖人が「愚禿」と名告られたのは三十五歳のころ、越後への流罪に遇われたときを縁として、自ら名告っていかれたと言われます。ちなみに、「親鸞」という名告りについては、今日では、それよりも早く、元久二年（一二〇五）、三十三歳のとき、師の法然上人の許しを得て、吉水入門のときに与えられた「綽空」の名を返上して「親鸞」と改名されたと見る説も有力になっています。

「愚禿」について、『愚禿鈔』の上下二巻それぞれの冒頭に、「愚禿」の「愚」の字についての釈明が示されてあります。

賢者の信を聞きて、愚禿が心を顕す。
賢者の信は、内は賢にして外は愚なり。
愚禿が心は、内は愚にして外は賢なり。（『聖典』四二三頁）

「愚禿」に対して「賢者」という言葉があって、よきひと法然上人を言いますが、上人は、内は賢でありながら外はいかにも愚かで「十悪愚痴の法然房」と自身を懺悔していかれたお方でした。そのよきひとの教えの言葉を聞き、教えの光に照らし出されてみると、我が身は愚禿というほかはない身であって、賢者法然上人とはまったく逆で、内は愚かでありながら賢そうな真面目そうな姿をひけらかしていく、愚かな身であると言っています。懺悔の名である「愚禿」の名において、「念仏成仏これ真宗」（『聖典』一九一頁）という真実の教えを明らかにしてくださった記録が『愚禿鈔』です。

『愚禿鈔』上巻は浄土真宗の教相を明らかにする巻と言われ、真宗の教えとは一代仏教のなかにあってどういう教えなのか、その位相を表されたもので、問題になるのは、二双四重の教判です。聖道門と浄土門に分けられる一代仏教のなかにあって、浄土真宗はどのような位置を占めているものか。結論的に明らかにされましたのは、浄土真宗とは横超の直道であるということです。横超の直道を別の言葉で言えば、迷いのなくならないままに、迷いを抱えたままに、どうにもならない身のままに、救われていく道ということです。それをよく表されているのが、「煩悩を断ぜずして涅槃を得る（不断煩悩得涅槃）」（『聖典』二〇四頁）ということです。煩悩を縁として、そこに仏のさとりをいただいていきその涅槃のさとりを完全に得るのは浄土に往生し終わってである、といいます。

それに対して、下巻の方は安心の巻と言われ「安心立命」と述語されますが、我われの心は絶えず動揺しており、それは猿の如き者であるとも言われ、しばらくもじっとしていない者が、本当に安んじて立つことのできる大地に立脚して生きるようになることです。人生がたとえどのように転んでいこうとも、それはすべて私の力のおよぶところでないと信知して、そのままに如来の大悲のはたらき、摂取不捨のはたらきのなかに摂め取られているのだ、という安らかな心です。そこで大切な意味をもっているのが、善導の三心釈です。善導は、『観経』の上品上生の冒頭に説かれた至誠心、深心、回向発願心の三心について、『散善義』一巻の大半を費やし、ご自身の深い領解を通して、三心の意を詳しく明らかにされました。その善導の三心についての宗祖の領解を表されたものが下巻の内容です。

宗祖は、第十八願の三信の結びである欲生が大悲回向心だといただかれ、仏の大悲のすべてが我われに回向されるのである、と表されました。そのことを、宗祖は、二河譬の三つの文を引用されることによって証明していかれます。本願招喚の勅命、水火二河のなかに開かれる清浄なる願往生心、そして、釈迦・

弥陀二尊の発遣・招喚の声。それによって、我われは二河白道を歩んでいけることを示されました。その解釈を『愚禿鈔』に註釈しています。

「白道四五寸」と言うは、

白道とは、白の言は黒に対す、道の言は路に対す、白はすなわちこれ六度万行、定散なり。これすなわち自力小善の路なり。黒はすなわちこれ六趣・四生・二十五有・十二類生の黒悪道なり。

四五寸とは、四の言は四大毒蛇に喩うるなり。五の言は五陰悪獣に喩うるなり。

「能生清浄願往生心」と言うは、無上の信心・金剛の真心を発起するなり、これは如来回向の信楽なり。（『聖典』四五四頁）

「白道四五寸」ですが、普通、「道路」と言いますが、「路」とは小路、小さな狭い道、自分一人しか歩いていけない路です。それに対して、「道」は、「大道」と言われるように、みんなで一緒に手を繋いで歩んでいける広い道で念仏の道ですが、「白道四五寸」につきまして、能く清浄願往生心を生ずると言ってあり、「「能生清浄願往生心」と言うは、無上の信心・金剛の真心を発起するなり、これは如来回向の信楽なり」と言います。

ただ、そこで私はよく分らないことがあるのです。善導の二河譬には「能生清浄願往生心」とありますが、「信巻」に宗祖がご自身の領解を述べておられるところがあります。

真に知りぬ。二河の譬喩の中に、「白道四五寸」と言うは、「白道」とは、「白」の言は黒に対するなり。「白」は、すなわちこれ選択摂取の白業、往相回向の浄業なり。「黒」は、すなわちこれ無明煩悩の黒業、二乗・人天の雑善なり。「道」の言は、路に対せるなり。「道」は、すなわちこれ本願一実の直道、大般涅槃無上の大道なり。「路」は、すなわちこれ二乗・三乗・万善諸行の小路なり。「四五寸」と言うは、衆生の四大・五陰に喩うるなり。「能生清浄願心」と言うは、金剛の真心を獲得するなり。本願力回向の大信心海なるがゆえに、破壊すべからず。これを「金剛のごとし」と喩うるなり。

（『聖典』二三四〜二三五頁）

貪欲、瞋恚、火の河、水の河を生きるよりほかにない我われ衆生が、釈迦・諸仏、善知識の勧めにおしだされ、阿弥陀の本願に呼び出されて、水火のなかを生きる金剛心の行人、信心の行者となるのですが、そこで善導がおっしゃっているのは、「願往生心」です。「能く清浄なる願往生心を生ぜしむ」、この「能生」ということで『愚禿鈔』に「能」の語の説明がしてあります。

「能」の言は、不堪に対するなり、疑心の人なり。

（『聖典』四五六頁）

「疑心の人」、疑い心を離れることができない、仏に対して念仏に対して疑い心をはなれることができない者です。その者に対して仏ははたらきかけて、清浄なる心、純粋なる心を発してくださる。端的に言えば、念仏して生きようという心にふるい立たせていただくとおっしゃっているのです。

ところが、「信巻」を見ましても、宗祖がその説明をなさるときには、「能生清浄願心」と言って、「往生」という語をなぜかカットされています。それは、なぜなのでしょうか。『教行信証』「信巻」にしても『文類聚鈔』にしても、宗祖は「能生清浄願心」と述語されています。

ここに知りぬ。能生清浄願心はこれ、凡夫自力の心にあらず、大悲回向の心なり、かるがゆえに清浄願心と言えり。

（『聖典』四一八頁）

伝統的には、「能」とは如来の仏力が強力であることを表す言葉で、信心、願生心を起しえない者に、それを呼び起す強い仏力を表す一字です。経論に「能」という字が使っていましたら、そこには不可能を可能にするという意味が込められてあるとお考えになって、ほぼ間違いでないと思います。

「能く生ぜしむ」、如来の仏力は何を生ぜしむるのかと言えば、煩悩の汚れのない純粋無垢なる願心を生ぜしめ発起せしめることですから、往生の二字をカットして「能生清浄願心」ということで説明されるときには、あくまでも仏力によって如来の純粋にして清浄真実なる心が衆生に発起する、衆生のうえに回向成就されることを強調するためと解釈されてきたことです。

しかし、如来から私どもに回向された心は、清浄なる往生心なのではありませんか。如来のはたらきは、「汝、一心正念にして直ちに来れ」という招喚の勅命としてはたらきます。それは、念仏を通して呼びかけられ、その仏の声のみが真実の声であり、私が生きていくうえで、光となりいのちとなり力となってくださるものであると、釈迦・諸仏、善知識が証明し、我をその道に押し出してくださるのです。それによって、我われのなかに信心は願往生心として成就し、呼びかけはたらきかけに応えていく心となり、生死の迷いを超えて真実に生きたいと願う心として起こることです。ですから、清浄願心が生ずると言われますが、如来の願心、真実なる救済の願い、根源的意志が私どもに回向され信心として発起するならば、それは願往生心として発起するのが本当でありましょう。信心をいただいたならば、いただいたところにとどまらないで、道を求め念仏して生き、この苦しみ悩み多き人生を超えて仏の世界に生まれていこうという往生心として回向されるわけでしょう。だから、「往生」という語を外されない方が如来のはたらきを表すのに極めて相応しいと領解されるように思うのです。

二河譬について、『愚禿鈔』で注意すべきことだけ申しておきますと、また「西岸上に人ありて喚ぼうて言わく汝一心正念にして直ちに来れ、我よく護らん」というは、「西岸の上に人ありて喚ぼうて言わく」というは、阿弥陀如来の誓願なり。「汝」の言は行者なり、これすなわち必定の菩薩と名づく、龍樹大士の『十住毘婆沙論』に曰わく「即時入必定」となり。曇鸞菩薩の『論』には「入正定聚之数」と曰えり。善導和尚は「希有人なり・最勝人なり・妙好人なり・好人なり・上上人なり」・「真の仏弟子なり」と言えり。（『聖典』四五五頁）

とあります。念仏の行者、念仏してこの人生を生きる人を『歎異抄』などでも、「行者」という言葉を大事に使われたことで知られます。たとえば、第七条でいえば、

念仏者は、無碍の一道なり。そのいわれいかんとならば、信心の行者には、天神地祇も敬伏し、魔界外道も障碍することなし。罪悪も業報を感ずることあたわず、諸善もおよぶことなきゆえに、無碍の一道なりと云々（『聖典』六二九頁）

と、「信心の行者」とあります。碍りだらけの人生にあって、碍りなき道を生きる無碍人であると言われます。『教行信証』になりますと、信心というのは「金剛不壊の真心」（『聖典』二一一頁）と言われます。弥勒菩薩、仏の一歩手前にあって、間違いなく仏になることの証明を与えられた弥勒にたまわる心が金剛心です。金剛不壊の心は、どのような誘惑がこようとも迷わされず、迷信邪教に一切関わりをもたない心で、「門徒もの知らず」と言われるほどに、方位や吉日といった外的なことへの一切の執われを持たないのが金剛心です。それは、ただ壊れないだけでなく、同時に、その不壊の心こそは、人間にとってもっとも貴重な、このうえなき宝とすべき心だという二重の意味を持った言葉です。

信心の行者は「金剛心の行人」（『聖典』二四五頁）であると言いますが、宗祖には「信者」という言葉遣

いは少なく「信心の行者」「信心の行人」と「本願の生活者」「念仏の生活者」であることを表しているように思います。安田理深先生は、「本願の生活者」と表されました。仏の願いを自分の願いとし、願いに生きる生活者、本当に与えられたいのちを十全に生かしきって、今、「汝」と仏によって喚ばれているその「汝」というのは「行者」、念仏して生きる本願の生活者をいうのだという表現です。それが「必定の菩薩」です。「行者」とは間違いなく浄土に往生し終わり仏になることに決定した菩薩でありますが、自分で決めたのではありません。自分が決めたのであれば、あてにならず堅固ではありえません。私どもが自分で決めるのでなく、決められたのです。誰によってかといえば、仏によって、仏の本願によって、間違いなく浄土に迎えとる、間違いなく浄土に生まれて仏にならせていただくと、釈迦・諸仏によって証明されるのです。それを仏教では、「授記」と言われます。「記を授ける」とは、あなたは間違いなく仏になられますという証明をいただくことです。

それを、龍樹と曇鸞の言葉によって説明され、さらに善導によって、その人は「妙好人」と呼ばれる者であることを説明されて、真の仏弟子であるとおさえます。「真の仏弟子」とは、宗祖によれば「釈迦・諸仏の弟子」（『聖典』二四五頁）として、生涯教えを聞いて生きる分限が与えられる者です。生涯教えを聞いて、自らがいただいた教えを、有縁、無縁の人びとに伝えていく身とならせていただいたというのが宗祖の喜びでありました。

如来が「我」と名告って「汝」と喚びかけられる。「我」というのは、「尽十方無碍光如来」あるいは「不可思議光如来」と讃嘆される光の仏です。『正像末和讃』に、

無明長夜の燈炬なり

智眼くらしとかなしむな
生死大海の船筏なり
罪障おもしとなげかざれ

（『聖典』五〇三頁）

という御和讃がありまして、曽我量深先生が若いころに書かれた随筆をまとめられた『暴風駛雨』（丁子屋書店、一九五一年）という本に、この御和讃について浩々洞の機関誌『精神界』に、仏はただ光をもって無明長夜である我われの闇を照らされますが、それだけで終わるものでなく、現に我われが生きているのは生死の大海で、流されて生きている者を船に乗せて渡らせてくださる船が大事なのだ、と言っていました。私はそのことを並列に解釈していました。無明長夜を照らしてくださる光の大切さ、光が教えであり言葉であることはうなずけましたが、それ以上に大事なのは、生死の大海のただ中に流され常没常流転している者を船に乗せてくださることなのです。その船となってくださる、その船筏が法蔵菩薩であることを曽我先生は教えてくださりました。

「我」としての「尽十方無碍光如来」が、疑い心の捨てきれない我われ衆生を「汝」と呼んで、必ず護ると約束されました。それは、阿弥陀如来の果上の聖意である摂取不捨のはたらきを表します。一人といえども見逃さない、すべてを摂め取らなくてはおれない、という願力を表します。

『愚禿鈔』では、そのあと、

「仰ぎて釈迦発遣して指えて西方に向かえたまうことを蒙る」というは、順なり。
「また弥陀の悲心招喚したまうに藉る」というは、信なり。
「いま二尊の意に信順して水火二河を顧みず、念念に遺るることなく、かの願力の道に乗ず」とい

えり。（『聖典』四五六～四五七頁）

とあります。これまでは、西方の弥陀が招喚したまうことについての領解でしたが、今度は、東の方から釈迦が発遣されることです。よき師、よき友が我われにともに聞法しようという呼びかけが大切です。

言葉に厳密であった親鸞聖人は、「順」と「信」に分けて説明しています。よき師よき友の声を聞くのは「順」であり、本願の呼びかけ、招喚の勅命と表されるような、如来の強いはたらきかけの言葉を聞くのは「信」です。

釈迦・弥陀二尊のこのうえなき絶対命令である勅命に信順して生きることは、「急げ」「直ちに」と我われにおっしゃる、その勅命に随って生きることです。『大経』下巻の五悪段のところに、我われは「不急の事を諍う」（『聖典』五八頁）と説かれています。我われは「忙しい、忙しい」と口癖のように言っているけれども、何が忙しいのか、急がなくていいものを急いで、急ぐべきことが何であるかということが分からないのが我われ人間です。それに対して、仏は本当に急がなくてはならないのは何なのかを教えてくださるのでしょう。

「一心正念」の転釈

しかれば、「一心正念」というは、正念はすなわちこれ称名なり、称名はすなわちこれ念仏なり。一心はすなわちこれ深心なり、深心はすなわちこれ堅固深信なり、堅固深信はすなわちこれ真心なり、真心はすなわちこれ金剛心なり、金剛心はすなわちこれ無上心なり、無上心はすなわちこれ淳一相続心なり、淳一相続心はすなわち大慶喜心なり。大慶喜心を獲れば、この心三不に違す、この心三信に順ず。この心すなわちこれ大菩提心なり、大菩提心はすなわちこれ真実の信心なり、真実の信心はすなわちこれ願作仏心なり、願作仏心はすなわちこれ度衆生心なり、度衆生心はすなわちこれ衆生を摂取して安楽浄土に生ぜしむる心なり。この心すなわちこれ畢竟平等心なり、この心すなわちこれ大悲心なり、この心作仏す、この心これ仏なり。これを「如実修行相応」と名づくるなり。知るべし。「三心すなわち一心」の義、答え竟りぬ、と。（『聖典』四一八～四一九頁）

二河譬の「汝、一心正念にして直ちに来れ、我よく汝を護らん」（『聖典』四一八頁）という呼びかけ、如来の大悲の回向心が成就した、その「一心正念」の転釈です。ここで注意されますことは、『教行信証』「信巻」においても三一問答が終わったあと、「一念」の転釈です。

しかれば、願成就の一念は、すなわちこれ専心なり。専心すなわちこれ深心なり。深心すなわちこれ深信なり。深信すなわちこれ堅固深信なり。堅固深信すなわちこれ決定心なり。決定心すなわちこれ無上上心なり。無上上心すなわちこれ真心なり。真心すなわちこれ相続心なり。相続心すなわちこれ淳心なり。淳心すなわちこれ憶念なり。憶念すなわちこれ真実一心なり。真実一心すなわちこれ大慶喜心なり。大慶喜心すなわちこれ真実信心なり。真実信心すなわちこれ金剛心なり。金剛心すなわちこれ願作仏心なり。願作仏心すなわちこれ度衆生心なり。度衆生心すなわちこれ衆生を摂取して安楽浄土に生ぜしむる心なり。この心すなわちこれ大菩提心なり。この心すなわちこれ大慈悲心なり。この心すなわちこれ無量光明慧に由って生ずるがゆえに。願海平等なるがゆえに発心等し、発心等しきがゆえに道等し、道等しきがゆえに大慈悲等し、大慈悲はこれ仏道の正因なるがゆえに。

（中略）

かるがゆえに知りぬ。一心、これを「如実修行相応」と名づく。すなわちこれ正教なり、これ正義なり、これ正行なり、これ正解なり、これ正業なり、これ正智なり。三心すなわち一心なり、一心すなわち金剛真心の義、答え竟りぬ。知るべしと。

（『聖典』二四一～二四二頁）

「一心」にはいろいろな意味や、はたらきがあることを、転釈によって表されています。その転釈の冒頭が「信巻」の方では「願成就の一念」と言っています。『大経』下巻の冒頭に説かれた本願成就の「聞其名号、信心歓喜、乃至一念」（『聖典』四四頁）の「一念」について転釈していきますが、『文類聚鈔』では「一心正念」と「信巻」との違いが見られます。

「一心正念」という語は、二河譬の招喚の勅命のなかで「汝、一心正念にして直ちに来れ」と我われに喚びかけられた言葉です。その場合、「一心正念」とは、第十八願では「一心」は「至心信楽欲生」の三信に、「正念」は「乃至十念」にあたるもので、その「十念」は、善導によれば称名念仏ですから、略本に「一心正念」というのは、宗祖が「信巻」で「信心は必ず名号を具す」（『聖典』二三六頁）とおっしゃったことを意味します。信ずることは、必ず名号、称名念仏となって表れますが、称名念仏は必ずしも信心を具さないと言われます。念仏しているからその人に信心があるとは、必ずしも言えないとおっしゃっています。

金子先生は、その「必ずしも」という言葉について、そこには「必ず」という如来のはたらきが込められてあるとおっしゃっています。必ず念仏させなければおかないという深いはたらきがあるのですが、なかなか我が身一人のためご苦労くださってあるのだと受け取れないのです。「念仏してどうなるのだろう」という疑心暗鬼が取れないわけでしょう。そうであればこそ、いよいよ必ず如来によって救われなければならない。それが果遂の誓いで、どうしても救い取らなければおかないと、約束としてはたらいてくださるのです。宿善開発することによって、遠い昔、はじめなきときからのご縁がようやくにして今のこの身に開発したときに、はじめて「果遂の誓い、良に由あるかな」という世界が開かれるのです。果遂の誓いがあったればこそ、疑い心の離れ難い私のうえに、今、ようやくにして手が合わされ、一声の念仏として表れてくださった。仏の果遂の誓いに込められた永劫のご苦労の一端をいただいていくことが出てくることです。

略本では「信巻」のように「願成就の一念」と言わずに、「一心正念」とあり、その「一心」について、称名のはたらきを離れない信、称名となってはたらく信と転釈していかれるわけです。

転釈は、初めの方は善導によられ、あとの方は曇鸞によられています。ことに信心による称名念仏を大事にされたのは善導でその信心は二種深信として明らかにされます。深心釈は、「深」とありますように、人間の底の浅い反省、私が信じているとか信じていないとか、詮索してことが明らかになることではけっしてなく、如来によって呼び覚まされた心です。

仏の心としての「疑蓋無雑」

「疑蓋無雑（疑蓋雑わることなきなり）」（『聖典』二二四頁）について、信心には疑いの煩悩がまったくまじわらないと教えられます。伝統的に香月院深励師もそうでしたし、曽我量深先生もそうですが、如来を疑う心から離れられない我われを、疑うことなく愛し信じておってくださる仏の心です。だから、我われは仏を信ずることができるのです。これは、曽我先生が明らかにされた根本命題です。

深い心とは、衆生の救いを信じて疑わない如来の心がこの身に至り届き、我が身自身のありのままを「地獄必定」「無有出離之縁」の救いの手掛かりがどこにもない身と信ずることです。『観経』においても、第九真身観に阿弥陀のおこころとは何かを問題にされて、「無縁の慈」(『聖典』一〇六頁)という言葉が出てきます。「無縁の慈悲」は『観経』に説かれるだけでなくて、大乗仏教において広く説かれるところです。そのなかに「三縁の慈悲」があり、そのひとつが「無縁の慈悲」で、仏の慈悲を表します。一切空無我に立って、度する仏もなければ救われなければならない衆生も存在しないところに、はたらかれる仏の慈悲を「無縁の大悲」と言い、『大智度論』を始めとする一般的解釈です。

ただ、曽我先生は、無縁の大悲とは「無有出離之縁」の大悲だ、とおっしゃっています。これまで、「無有出離之縁」とはどこにも救いが見出せない、私どもにかけられた仏の慈悲を無縁の大悲というのだと領解してきましたが果たしてそうだったのだろうかと、あらためて考えさせられています。先生の指摘は、この私にかけられた大悲でなくて、「無縁の大悲」である仏は自ら「無有出離之縁」の身となりたもうたのが阿弥陀仏であり法蔵菩薩なのだ、と教えられたのでないかと考えさせられています。

私どもは、遠い昔からの業を一切背負っています。まさに業の熟せる者として、過去の業の総体としてある宿業の身ですが、私は、これまで、どうにもならないこの宿業の身において法蔵菩薩を見出し、ご苦労を感ずることでしか受け取れなかったのです。しかし曽我先生の法蔵菩薩阿頼耶識論は、そこにとどまらないように思えるようになりました。そうではなくて、法蔵菩薩が宿業の身となって生きておってくださる、法蔵菩薩のご苦労をそういただくべきだと思います。

「是心作仏」「是心是仏」ということ

「一心正念」を先ず善導の二種深信の語を中心に、その意味を明らかにし、そして、曇鸞の『浄土論註』によって、さらに転釈されています。

そこには二つあります。一つは五念門の讃嘆門釈です。讃嘆門とは、仏の名を称えて仏をほめ讃えることですが、仏の名を称えるところには、名となってはたらいてくださる仏のおこころ、一切のかたちを超えた真理そのものが、私のために如来となってはたらきたもうてあることを受け取れなくてはならない、と言われています。大悲が受け取られたとき、信心は「淳心」、すなおな心、そして、ひたむきな「一心」そして、その場かぎりで消えていくものでなくて「相続」していく心となります。私の意識においては、忘れているようであっても、寝ても覚めてもこの身において持続されていく法蔵菩薩の心としてはたらくことが念仏する信心のはたらきである、という「淳一相続心」についてはじめに示されています。

第二に、『論註』下巻の善巧摂化章、如来の教えを聞いて仏のおこころを憶念しながら生きていく者について説かれた箇所で転釈されています。自ら凡夫である悲しみを超えて仏になりたいと願う「願作仏心」、そして、すべての人びととひとつところで生きていきたいと願う「度衆生心」となっていくことが説かれ、一心の転釈をしています。それは、浄土の大菩提心と言われるものです。大いなるさとりを求め願って生きる心、その菩提心は仏教の基本にある心で自力の心を一切否定し断ち切って、さとりを求めることです。しかし、私ども凡夫にあっては、自力の心はなくそうとしてどんなに努力を尽くしても、それ自体が有漏ですから、まったく不可能です。有漏とは煩悩のまざりけがあることで、どんなに力を尽くしても、0を重ねても1にはならないのと同様、有漏を積み重ねても無漏にはなりえません。けれども、私たちは、煩悩がなくなったら無漏になるように思い込んでいるのです。

しかし、そういう努力が一切無効になることがあります。人生でいろいろなことに直面し、我が身を思い知らされ、自力無効ということが見えてくるわけで、はじめて他力という如来のはたらきに出遇うのです。出遇うならば、捨てられるべき自力もまた、自力の分限を尽くして生きることが開けていくこともあることでしょう。自分にこだわって、自分のことしか考えようとしない者にも、私を超えた公なる広大なる心、菩提心が開けてくるのです。

ひとつ注意したいと思いますのは、転釈の最後で、

この心作仏す、この心これ仏なり。これを「如実修行相応」と名づくるなり。知るべし。「三心すなわち一心」の義、答え竟りぬ、と。（『聖典』四一九頁）

との、「この心作仏す、この心これ仏なり（是心作仏是心是仏）」という言葉です。これは、『観経』の第八像観に出る言葉で、善導の『観経疏』定善義にも解釈され、仏像を観ずることが方便となって、真実の仏に出遇っていくとあります。そこで、善導は曇鸞の言葉を引用しています。曇鸞の『論註』では、仏さまはどういうお方かを八種の荘厳をもって説かれ、最初の身業功徳で仏はその身から光を放って衆生を救いたもうが、その光の至らないところはないことを説明されるところに、「是心作仏是心是仏」という言葉で説明しておられます。

問題は、「是心作仏是心是仏」がどういう意味かです。「この心」とはただの自分の心ではありません。「この心」というのは、仏によって呼び覚まされた心、念仏によって呼び覚まされた心です。その心が仏を見出していくのです。ですから、この身に開かれた信心を離れて、仏や浄土を遠いところに考え「仏さ

んはどういう方か」「浄土はどういうところか」と、遠いところに考えるのは誤りです。そうではなくて、今、この身に与えられ開かれた信心が、仏を見出し浄土を見出していくのです。その信心を離れて、仏や浄土があるわけではないことです。「信巻」別序の「自性唯心に沈みて浄土の真証を貶す、定散の自心に迷いて金剛の真信に昏し」(『聖典』二一〇頁)ということが思い合わされます。親鸞聖人は、仏教を受け取るうえでも、仏教を自己流に受け取ることであってはならないと、「信巻」の別序でおっしゃっています。

「自性唯心」の「自性」とは、私は本来清浄無垢であり、仏と同じであるということで、聖道門の人の大方はみんなそのように考えた。禅などは「仏何ものぞや」と問うと、「殺仏殺祖」と言い、そういう観念を壊して、無そのものとなることが禅の立場です。私が仏であり、この娑婆がそのまま浄土であると全面的に肯定し、ありのままをありのままに、すべてを認めるところに禅の立場があるわけです。

私自身が本来清浄で、私を離れて仏があるわけではなく、私そのものが仏である、という自性清浄心は、古い阿含以来、仏教の基本にある思想と言っていいものです。宗祖は、それを問題にされたのです。私が仏であることは、煩悩具足の凡夫がどう転んでも口に出して言えないことです。ただ、曇鸞や善導が言っておられる「是心作仏是心是仏」とは、自性をいうのではなく、如来からいただいた念仏に覚まされた心です。その心が仏を見出し、念仏の心がまわりの世界、娑婆の背後、根底に彼岸の浄土を見出していく。心を離れて、仏や浄土がどこかにあるのではありません。

曽我量深先生が阿頼耶識は法蔵菩薩だとおっしゃるのも、この「是心作仏是心是仏」と別なものではないと思います。宿業の身が法蔵菩薩である、という先生の阿頼耶識論は、宿業本能において感得せられた言葉、教えで自証された世界の言葉です。しかし、それはけっして独断ではなく、そこには、はっきりした背景、仏教の教えの背景があり、そのひとつが、「是心作仏是心是仏」でないかと思っています。

宗祖は「一心」の転釈によって、一心とは念仏となってはたらいてくださる信心であり、念仏申すという生活行としてはたらいてくださる信心として深い意味がある、と言ってこられまして、それを菩提心に収めていかれます。

ここに、親鸞聖人の言葉遣いでは珍しい「一心の仏因」という言葉が出てまいります。『文類聚鈔』の最後のほうで、

明らかに知りぬ。二尊の大悲に縁りて、一心の仏因を獲たり。当に知るべし、この人は希有人なり、最勝人なり。しかるに流転の愚夫、輪回の群生、信心起こることなし、真心起こることなし。

（『聖典』四一二頁）

とあります。「証大涅槃の真因」（『聖典』二一二頁）という言葉は、『教行信証』をはじめ多くの書物に見られますが、「仏因」という言葉はほとんど使われていないように思います。「念仏成仏是真宗」（『聖典』一九一頁）と説かれることで、仏とは涅槃をさとれる者のことですから、「証大涅槃の真因」と「一心の仏因」が別なものでないことは言うまでもありませんが、用語としては珍しい部類に属するでしょう。

曽我先生の言葉にこういう命題があります。「往生」について、「往いて生まれる」というのが思想的に言っても原語的に言っても、本来の意味ですが、先生は、「生」とは「生まれる」というだけでなくて、「生きる」という意味があるのでしょう、と言われます。「生きる」にしても、娑婆を生き切った果てに浄土に「生まれる」わけで、それは「臨終一念の夕」（『聖典』二五〇頁）ですが、この人生が終わるときが浄土に生まれるときです。

曽我先生の「往生は心にあり、成仏は身にあり」という命題はそのひとつであります。先生によりますと、「往生」とは、我われが仏によって「汝」と呼ばれて、その喚びかけに応じて彼岸の浄土を目指して生きていく、心の問題だと言われます。仏になるというのは、聖道門、禅宗で言えば、本来仏であり仏とならなくてはならない、それがさとりだと言われる。けれども、曽我先生は成仏は身の問題で、この身は有漏の穢身で、臨終一念の夕に至るまで、貪瞋二河のなかを生きる者です。『一念多念文意』に、

　凡夫というは、無明煩悩われらがみにみちみちて、欲もおおく、いかり、はらだち、そねみ、ねたむこころおおく、ひまなくして臨終の一念にいたるまでとどまらず、きえず、たえずと、水火二河のたとえにあらわれたり。（『聖典』五四五頁）

という凡夫の定義があります。いのち尽き果てるところまで水火のなかに生きる、愛憎善悪の業縁のしがらみのなかを生きるほかはない有漏雑毒の身、泥にまみれた凡夫が成仏するのは、お浄土に往生を遂げる、それは身の問題としてあると、曽我先生はおっしゃったことです。

なぜ浄土に往生するのかについて、曽我先生は成仏するためであると、はっきり言われたことがあります。さらになぜ成仏を目的とするのかは菩薩になるためだと言われます。この場合の菩薩は還相の菩薩で還って来るためです。さきほど、「一心の仏因」と申しましたが、一心とは成仏の仏因であると、宗祖がおっしゃった。私どもがお念仏申す心とは、まったく仏の心のたまもので、我われが仏にならせていただく心であり、さらに言えば、この世に還って来ることを願っていく心であります。

第六節　『教行信証』と『文類聚鈔』の隠顕説

隠顕釈とは

「一心」の転釈は、「信巻」では二十の転釈がありましたが、略本では少なくて十六です。そのあとの引文にも違いがありますが大体「信巻」と相応しており、「信巻」を抄略されたものと言えます。さらに本願の三心と一心の関係を問題にしていかれるとき、二番の問答で取り上げておられます。これは、『教行信証』「化身土巻」の本巻に対応し、それを大きく略抄されたものと言えます。そこで問題になりますのは二つあります。

『大経』の第十八願に「至心信楽欲生我国」と、三信が誓われてあります。『観経』の上品上生のところには、衆生が浄土を求めるには至誠心、深心、回向発願心の三つの心を発さなければならないことについて、一つには、『観経』の三心と『大経』の三信との一異、そして、二つには、その『大経』『観経』の二経と『小経』の「一心不乱執持名号」とある、その「一心」との一異を問うことです。略本では、後者については、「執持名号」、心を乱すことなく名号を持つことを中心に問われています。

また問う。『大経』の三心と『観経』の三心と、一異云何ぞ、と。答う。両経の三心すなわちこれ一つなり。何をもってか知ることを得る。

宗師（善導）の釈に云わく、至誠心の中に云わく、「至というは真なり、誠というは実なり」（散善義）と。人に就き行に就きて信を立つる中に云わく、「一心に弥陀の名号を専念する、これを「正定の業」と名づく」（散善義意）と。また云わく、「深心すなわちこれ真実の信心なり」（往生礼讃）と。回向発願心の中に云わく、「この心深信せること金剛のごとくなるに由る」（散善義）と。

明らかに知りぬ、一心はこれ信心なり、専念はすなわち正業なりと。一心の中に至誠・回向の二心を摂在せり。向の問の中に答え竟りぬ、と。

（『聖典』四一九〜四二〇頁）

宗祖は、一心として表される純粋な信心について、問題となるのが、「化身土巻」本巻で取りあげられた「隠顕」です。これは、浄土三部経についての宗祖の独自な経典解釈であり「隠顕」というのは略称で、詳しく言えば「顕彰隠密」、「顕」と「彰隠密」です。

「隠顕」という語のもとは、善導の『観経疏』に見える語です。それを窺うに先立って、法然上人の廃立釈に注意しておきたいと思います。「廃」とは「廃捨する」ことで、一切の雑行を廃して正行としての正定業である念仏を立てることであり、それを徹底して行われたのが法然上人で、『観経』そしてそれにもとづく善導の教えによられたものです。

善導の「釈相廃立」「釈意隠顕」説

古来より、善導の説き方に「釈相廃立」「釈意隠顕」の二通りあると言われており、教えの表面に明確に説かれているのは、修すべき行についての選び、「廃立」ですが、経典を解釈していくこころにおいては、内に深く「隠顕」が示されていることです。何かと言えば、行についての選びは、定善、散善で表される自力の諸行を廃して、他力の念仏ひとつに帰することですが、念仏ひとつに帰していくうえで、救いの行を修するについての、信の純・不純が問われるわけで、それが隠顕です。

何が私にとっての救いの道なのか。生きるうえでは修行がなくてはならず、それを修めることによって自己を完成、成就していくわけですが、そこで、自己にとって可能な行は何かという選びが出てくる、それが廃立です。およそ、「わがみをたのみ、わがはからいのこころをもって、身・口・意のみだれごころをつくろい、めでとうしなして」(『聖典』五九四頁)、心の乱れを整えていくことが果たしてできるかどうかは、繕っても繕っても破れていく煩悩具足の凡夫にとって、もはや不可能と言わなくてはならないのです。不可能であると知りながら、可能であるかのように執われ続けていくところに、人間の迷いの深さ、愚かさがあります。そういう者が、縁があって、正行としての他力の念仏に出遇うことになります。そこには、人生のさまざまな業縁また仏縁がはたらいてくださることです。よき師、よき友に出遇うこと、あるいは、先立っていった大切な人との悲しい辛い別れが法縁となっていく順逆、さまざまな縁がはたらいて、正行に出遇うことをしめしていかれたのが法然上人であり、もとは善導、そして『観経』流通分にあります。

『観経』の本論では、王舎城の悲劇における韋提希、阿闍世に対して、死と直面して生きねばならない地獄の世界である牢獄から出て、憂悩なき世界、一切の業の浄化されていく浄土を求めて生きる道を示される。そして、息慮凝心という定善、廃悪修善という散善、定散二善を説いてこられました。ところが教えの末代への弘通を求められる流通分に来たって、仏陀世尊は、阿難に対して、定善散善の行とは言われず、ただ「南無阿弥陀仏」という仏名を持てと付属させました。間違いなく身につけていけよ、とおっしゃったから、善導は、それを受けられまして、

上来定散両門の益を説くと雖も、仏の本願の意を望まんには、衆生をして一向に専ら弥陀仏の名を称

するに在り。（『真聖全』一、五五八頁）

と言っています。ここに、定散二善を廃し念仏ひとつを立てる「廃立」があり、それは仏の本願によることで、仏の本願を明らかにされたのが『観経』の教主としての釈尊です。法然上人は、それを受けて、「廃立」を浄土宗独立の基本的立場として明らかにされました。ですから、大事なのは一向専念です。称名念仏ひとつを選び取ることには、その背後、根底に、それ自体が如来によって選ばしめられたことです。そこには、さまざまな業縁によって、仏縁に出遇うことがあるわけでしょう。

問題は、「唯」という一句にあります。念仏は、それまで比叡山でも唱えられてきました。それを唯一なるものとして、他の一切の諸行を選び捨て、念仏ひとつを正行として選び取ることを我が道として生きていくことに問題があるのです。

法然の「廃立」をさらに内面的に掘り当てられたのが、宗祖の「隠顕」で、なぜ廃せられるべきものを説かれたのか、はじめから大事なものだけ説かれたらいいではないか、なぜ廃すべきものを正宗分に説かれたのかが問題になってきます。そこにあるのが、「方便」です。廃せられるべきものを説かれなくてはならなかったところに、実はもっとも深い仏の大悲がある。衆生にとって捨てられるべきものが、現実には人間にとって容易に捨て切れないわけです。仏の眼からすれば、捨てられるべきものでありながら、人間にとっては、あたかも後生の一大事としてこだわり続けているわけです。そこに、仏は大悲をもって究極の真実に帰入せしめるための善巧方便として、説かなければならなかったのが『観経』の表に説かれたものであり、また、『小経』にも説かれたものでした。経典の文字面を見ているだけでは分からない、言葉のいのち、言葉の響きを聞きとることがなければならないと分からないと思います。

善導の言葉で「化身土巻」の隠顕釈のところに、

しかれば光明寺の和尚の云わく、しかるに娑婆の化主、その請に因るがゆえに、すなわち広く浄土の要門を開く。安楽の能人、別意の弘願を顕彰す。それ要門とは、すなわちこの『観経』の定散二門これなり。定はすなわち慮りを息めて、もって心を凝らす。散はすなわち悪を廃して、もって善を修す。この二行を回して、往生を求願せよとなり。弘願というは『大経』の説のごとし、といえり。

また云わく、今この『観経』はすなわち観仏三昧をもって宗とす、また念仏三昧をもって宗とす、一心に回願して浄土に往生するを体とす、と。「教之大小」と言うは、問うて曰わく、この経は二蔵の中にはいずれの蔵にか摂する、二教の中にはいずれの教にか収むるや。答えて曰わく、今この『観経』は、菩薩蔵に収む、頓教の摂なり、と。（『聖典』三三三頁）

とあります。釈尊は、韋提希の求めに応じて要門を説かれました。自力に立つ方便を要門と言われますのは、私どもが真実を知り真実に帰入するには、自力無効を知ることが必要なのです。

清沢満之先生の「我が信念」（『精神界』三巻六号、一九〇三年）の絶筆のなかにもあることで、私が真実を知るためには、何遍もこれこそが真実だと思ったことがあったが、次の瞬間、それが崩れるということを繰り返してきたことである。人はそれを見て、何という遠回りのことをやってきたことかと笑い、批判するであろうけれども、私にとってはそうではなかった。私にとっては、その自力無効ということを知ることが必要だった。それがはなはだ骨の折れたことであった。私の信念には自力無効ということがあります。これが清沢先生の絶筆です。

自力無効を通らないと、いくら他力であり真実であると言われても、私たちには無縁です。自力の間に合わないことを通してはじめて、念仏が私にとってなくてはならないものとして、私に絶対的な意味をもってくるのです。

要門とは、自力によって種々さまざまな行を修して救いを求めることで、あくまでも個々人の問題です。これを通して、弘願に入るのです。弘願とは、「十方衆生」、あるいは「諸有の衆生」「いのちあるものよ」と、広く呼びかけられてある大悲の本願です。そこに、仏の大悲の深い慶びがあります。だから、それを「別意の弘願」、特別の隠された深いおこころと言っています。『観経』で言うならば、仏の浄土を観る、観仏の行を通して念仏の道に入ることで、その念仏とは称名念仏であると善導は決択されました。それによって、「一心回願往生」が与えられるのです。回心懺悔して浄土に往生していくことが『観経』の体である、具体的なあり方である、と言っています。

宗祖は、観経和讃の第九首に、

定散諸機各別の
自力の三心ひるがえし
如来利他の信心に
通入せんとねがうべし
（『聖典』四八六頁）

と要門から弘願門にひるがえるというのです。自分が絶対的なもので、自力で何もかも事足り、自力で人生のすべてがやっていけるように思い込んでいたが、なんという愚かなことであったか、本当に我が身知らずのことであったかと思い知らされることで、そこに根底から翻る、回心、転依があるのです。

『唯信鈔文意』に『観経』の「具三心者」についての説明があります。三心を具えなければ浄土に生まれることができない、浄土に生まれたいと思うなら、至誠心、深心、回向発願心を発せとおっしゃっている説明のところです。

「具三心者　必生彼国」（観経）というは、三心を具すれば、かならずかのくににうまるとなり。しかれば善導は、「具此三心　必得往生也　若少一心　即不得生」（往生礼讃）とのたまえり。「具此三心」というは、みつの心を具すべしとなり。「必得往生」というは、「必」は、かならずという。「得」は、うるという。うるというは、往生をうるとなり。「若少一心」というは、「若」は、もしという、ごとしという。「少」は、かくるという、すくなしという。一心かけぬればうまれずというなり。一心かくるというは、信心のかくるなり。信心かくというは、本願真実の三信のかくるなり。『観経』の三心をえてのちに、『大経』の三信心をうるを、一心をうるとはもうすなり。このゆえに『大経』の三信心をえざるをば、一心かくるともうすなり。この一心かけぬれば、真の報土にうまれずというなり。『観経』の三心は、定散二機の心なり。定散二善を回して、『大経』の三信をえんとねがう方便の深心と至誠心としるべし。真実の三信心をえざれば「即不得生」というなり。「即」は、すなわちという。「不得生」というは、うまるることをえずというなり。三信かけぬるゆえに、すなわち報土にうまれずとなり。雑行雑修して定機散機の人、他力の信心かけたるゆえに、多生曠劫をへて、他力の一心をえてのちにうまるべきゆえに、すなわちうまれずというなり。もし胎生辺地にうまれても、五百歳をへ、あるいは億千万衆の中に、ときにまれに一人、真の報土にはすすむとみえたり。三信をえんことを、よくよくこころえねがうべきなり。（『聖典』五五六～五五七頁）

ここの「『観経』の三心をえてのちに、『大経』の三信心をうるを、一心をうるとはもうすなり」という言葉が非常に重いわけです。「『観経』の三心は自力を尽くして」ということで、自力無効であることを知ることによって、はじめて本願の三信を得ることであり、それを真実の信心を得るというのだと言ってあります。これは『愚禿鈔』の下巻の結びのところにも、そのことが安心の総結として示されています。

おおよそ心について二種の三心あり。

一には自利の三心、二には利他の三信なり。

また二種の往生あり。

一は即往生、二は便往生なり。

ひそかに『観経』の三心往生を案ずれば、これすなわち諸機自力各別の三心なり、『大経』の三信に帰せしめんがためなり、諸機を勧誘して三信に通入せしめんと欲うなり。

三信とは、これすなわち金剛の真心・不可思議の信心海なり。また即往生とは、これすなわち難思議往生、真の報土なり。

便往生とは、すなわちこれ諸機各別の業因果成の土なり、胎宮・辺地・懈慢界・双樹林下往生なり、また難思往生なりと、知るべしと。（『聖典』四五八〜四五九頁）

自力無効を知って他力に入る以外に、我われが念仏に出遇い、真実に出遇う道はどこにもないのです。刀折れ矢尽きて、そして、如来の本願の軍門に降《くだ》る、念仏の軍門に降ることで、それが隠顕釈で、仏はあえて自力を尽くせと、真実弘願への要門を説かれるわけです。『小経』で言えば、「執持名号一心不乱」、常に心を乱すことなく念仏を称えることです。

せん。

「安心の書」としての略本の立場

『教行信証』「化身土巻」では隠顕釈は詳細に説かれていますが、略本ではまったく取り上げられていません。

『教行信証』では、三経はみな真実を開顕されたもので、その根本は『大経』で釈尊の出世の本懐を明らかにされたものですが、弥陀の本願を聞く衆生一人ひとりが、それによって、自らの出世本懐を見出し成就していくことが『大経』の真実です。それに対して、『観経』『小経』は方便の教えで、方便とは真実に導き入れるためにあえて説かれたもので、むしろ仏の善巧方便、このうえなき手立てがあることが『教行信証』の真実と方便の巻において詳しく論じられています。

ところが、略本の場合は、「顕」の面については取り上げられずに、『大経』の真実を表す、「隠」の面だけを問題にされています。そこに、本願成就による真宗の立場を開顕された「安心の書」としての略本の立場があります。

また問う。『大経』の三心と『観経』の三心と、一異云何ぞ、と。答う。両経の三心すなわちこれ一つなり。何をもってか知ることを得る。

宗師（善導）の釈に云わく、至誠心の中に云わく、「至というは真なり、誠というは実なり」（散善義）と。人に就き行に就きて信を立つる中に云わく、「一心に弥陀の名号を専念する、これを「正定の業」と名づく」（散善義意）と。また云わく、「深心すなわちこれ真実の信心なり」（往生礼讃）と。回向発願心の中に云わく、「この心深信せること金剛のごとくなるに由る」（散善義）と。

明らかに知りぬ、一心はこれ信心なり、専念はすなわち正業なりと。一心の中に至誠・回向の二心を摂在せり。向の問の中に答え竟りぬ、と。

（『聖典』四一九～四二〇頁）

『大経』の三心とは、欲生を根源として、そのはたらきが至心となり、「至心回向」したまえるのです。具体的には、「南無阿弥陀仏」という名号を通して至心に回向したまうことが、我われのうえに信楽として成就するのです。

曽我量深先生は、信楽は信楽自身にとどまらないで、欲生成就としての願生として展開していくことを強調され、「信に死し願に生きよ」と表されました。そこには、本願成就文についての曽我先生の主体的領解がありますが、『愚禿鈔』上巻に示された「前念命終後念即生」（『真聖全』一、六五二頁）という文も重要な契機となったようです。この言葉は、善導の『往生礼讃』の語で、善導の場合は、臨終の一念における浄土への即時的な往生を表されたものですが、それを引用された宗祖は、前の「前念命終」について、本願がこの身にいただかれたとき、我われの迷いは終わると解釈され、あとの「後念即生」の語によって、新しいいのちをいただいて生きていくこととして解釈されています。宗祖は、善導の臨終における意味を、現生の一念における迷いの終わりの問題としていただかれたわけです。その現生の一念、臨終における浄土の徳が現在の信心の徳として回向成就されることを積極的に、曽我先生は「信に死し願に生きよ」という命題で表されました。

ところが、『観経』の至誠心、深心、回向発願心の三心の第一の至誠心は人間の誠を尽くすことであり、具体的には、内外相応していくこととされます。内に虚仮不実を抱えて、外に賢善精進の相を現すような虚偽を排して誠実に生きることで、けっして内外不相応であってはならず、どこまでも内と外が相応するように、真実のかぎりを力のかぎり尽くして生きることです。

実は、そこに虚仮不実以外の何ものでもない自己を信ぜしめられる深心、深い心が至誠心の徹底として必然的に開かれてくるのです。その内容を、善導は「機の深信」、自身についての深心と、「法の深信」、如来の願力に乗托して摂取されていくことへの深信、として受け取られました。『愚禿鈔』の説明では、前者を「深信自身」、後者を「深信乗彼願力」と言われています。「深信自身」の「自身」とは、善導によって「無有出離之縁」と説かれ、『歎異抄』の第二条に「地獄一定の身」と言われたものです。「法の深信」は、「自身」が「乗彼願力」と願力に摂取されてあること、願力に乗托して生きることは本願を信じて念仏して生きることが深心だということで、まさに隠された経典のおこころであり、仏のおこころであることが、第二問答の意味です。

第三問答　一心ではなく何故執持名号と問うのか

第三番の問答です。

また問う。已前二経の三心と『小経』の執持と、一異云何ぞや。答う。『経』に言わく、「名号を執持すべし」と。「執」は心堅牢にして移らず、「持」というは不散不失に名づく。かるがゆえに不乱と曰えり。執持はすなわち一心なり、一心はすなわち信心なりと。しかればすなわち、執持名号の真説、一心不乱の誠言、必ずこれに帰すべし。特にこれを仰ぐべし。論家・宗師、浄土真宗を開きたるに、濁世の邪偽を導かんとなり。三経の大綱、隠顕ありといえども、一心を能入とす。かるがゆえに、経の始めに「如是」と称す。論主建めに「一心」と言えり。すなわちこれ如是の義を彰すなり。

（『聖典』四二〇頁）

ここは、「化身土巻」と違うところで『小経』の「執持」をとり上げています。前の問答では、『大経』『観経』の三心について、『観経』の深心と『大経』の信楽とは信心において一つと言われましたが、『小経』では「一心不乱」と言っているのですから、普通であれば、『大経』『観経』の信心と『小経』の「一心」とは同じかどうか、という問いであるべきです。「化身土巻」では、そういう問いの立て方がしてあるわけですが、略本では「一心」ではなくて、「執持名号」で問われています。一心による名号執持によって二つの経典の一異を問うというかたちです。「執持」は、心は堅牢にして移らず、そして「不散不失」ですから、身に持つことです。そうであるから、執持はすなわち一心であり、一心はすなわち信心であるというのです。

「化身土巻」では、懐感（生没年不明）の『釈浄土群疑論』を源信の『往生要集』に引かれてあるのが引用されています。執心牢固でない人は懈慢界に至り、「ただこのことひとつ」と、念仏に出遇い、念仏ひとつに生きる人は執心牢固の人であって間違いなく浄土に往生するという文を、宗祖は引いています。そこに、「憶念執持」とあります。

今、曽我先生のご本を読んでおりまして、人生を生きるうえで憶念執持することがどれほど大きなことかということをしきりと教えられています。「あなたは、何を念じて生きておられますか」「あなたは、本当に念じているものがおありですか」、そういう問いを出されたときに、どういう返事が出てきますでしょうか。キリスト教のマルタの言葉ですが、「なくてはならぬもの」という言葉があります。「このことひとつ」と、憶念執持して生きる。曽我先生は、六十年前の学生時分に聞かれた清沢満之先生の言葉が、ずっと阿頼耶識のなかで憶念執持されていて、それがある日旅先で話をしておられるときに、忽然として思い出されてきて、「これは一日として忘れることのない、清沢先生から学生時分に問われた問題であった」とおっしゃられました。「我われが信ずるから如来が在しますのか、如来ましますから信ずるのか」の問題を、曽我先生はずっと憶念執持してこられたことです。

このことひとつを憶念執持していかれたのが曽我先生で、先生はいろいろな根本語を見出されてきました。ひとつは「宿業本能」があります。人間は、理性の分別というところでは、相互に虚心に話し合うことが出来ないのでありまして、そこには差別、対立しかありえないけれども、宿業本能のところに立ったときに、人間は他と感応し合い、仏とも感応道交すると言われました。聖徳太子制定の十七条憲法の第十条にも、

我必ず聖に非ず。彼必ず愚かに非ず。共に是れ凡夫ならくのみ。（『聖典』九六五頁）

とありますが、凡夫としての共感、共生ということがそこにあるということです。

それから、「回向表現」ということがあります。如来のはたらきが回向です。それは、言葉となって現れたまうのですが、そのひとつとして、「南無阿弥陀仏は生ける法身のお姿である」という曽我先生の明快な言葉も出てきます。先生が感得された根本語には、何十年という憶念執持があることです。

「執持名号一心不乱」、それは堅牢、不散不失であると言ってあります。『小経』で「一心不乱」というのは、表面的にそのままで言えば、自力の心です。ところが、いま言われるのはそうではなくて、他力の力、他力の信心のはたらきとしておっしゃっているのです。

我われは「若存若亡」以外のなにものでもありません。たとえ、刹那的に喜べたとしても、それは一瞬のことで、すぐに消えてしまって続きません。信心の歓びが続かないままに、しかも続いていくのは、も

はや私の力ではなくて、私となって私を動かしておってくださる如来のお力のおかげでしょう。そのはたらきがなかったら、信心の喜びも束の間です。元の木阿弥で、一進一退どころでない。後ろに退く一方です。

そのあとに、

しかればすなわち、執持名号の真説、一心不乱の誠言、必ずこれに帰すべし。特にこれを仰ぐべし。（『聖典』四二〇頁）

とあります。『小経』は三部経の結びであると言われます。しかも、そこに釈尊の出世本懐、そして、我われ一人ひとりの出世本懐が答えられています。ただ念仏して弥陀にたすけられまいらすべしということには、生も死も私の力ではないことが根底にあります。そして、

論家・宗師、浄土真宗を開きたるに、濁世の邪偽を導かんとなり。三経の大綱、隠顕ありといえども、一心を能入とす。かるがゆえに、経の始めに「如是」と称す。論主建めに「一心」と言えり。すなわちこれ如是の義を彰すなり。（『聖典』四二〇頁）

とあります。『教行信証』の最後の結びのところで、法然上人を浄土真宗の宗祖とおっしゃっておられ、自分はその門徒の一人であると言われています。けれども、浄土真宗は法然上人お一人だけでなくて、釈尊、龍樹以来、三国七高僧によって浄土真宗は開かれてきたのだ、と言われています。それは、まさに本願の念仏を宗体とするものです。その本願念仏によって、長い間、継承されてきたものが、浄土真宗です。その浄土真宗は、一心を開顕していく教えである真実信心、純粋無垢なる真実信心を開顕するものであります。

真実の一心を彰わすことにおいて、三経ともに同じですが、ただ、『小経』の場合は「一心」そのもの

よりも、「執持名号」が前面に出ている点、略本の特徴ではあります。

『大経』下巻冒頭の第十八願成就文に、「聞其名号、信心歓喜、乃至一念」（『聖典』四四頁）とあり、「乃至一念」は「信の一念」を表すと決着されたことです。「信の一念」に対して「行の一念」については、「信巻」において、『大経』流通分を挙げられ、行の一念、一声の念仏に、如来の永劫のご修行による真実心の成就が、その姿のうえに円満していることで、その元は法然上人が「王本願」と示された、根本本願である第十八願にあることとですし、第十八願は衆生の救いを無条件に明らかにされました。曽我量深先生の言葉で言えば、「如来が我われ衆生を愛し信じておってくださるから、我われは如来を愛し信ずることができる」ということです。その無条件の絶対的な救いを明らかにされたものが、第十八願とその成就でした。

それを受け『大経』の真実教であることを明らかにされたものが、天親の『無量寿経優婆提舎願生偈』（『浄土論』）というお書物です。釈尊滅後約八百年、すでに正法が隠滅し、像法も終わりに近づいた時代にあって、教えを聞きいただく願い、あるいは、能力資質が欠けてしまった時代にあって、『大経』の教えを明らかにする願いをもって、天親が『大経』の要を『浄土論』としておまとめくださったことが「優婆提舎」ということの意味です。人びとに近づけて分かりやすいように明らかにしてくださいました。

『浄土論』のはじめに、「世尊、我一心に、尽十方無碍光如来に帰命して、安楽国に生まれんと願ず」（『聖典』一三五頁）とあります。教えをいただくときには、先ず手を合わせていただくことがありますが、それは教えにかぎらず一食一飯に対しても、手を合わせていただきます。礼拝合掌から人間生活ははじまることを書物の冒頭に帰敬偈として掲げられたことは、真実なる如来のお言葉、如来のはたらきに対して、頭を下げて、「いただきます」という絶対信順の心を表明されたものです。

シュライエルマハー（一七六八～一八三四）という近世ヨーロッパの神学者、宗教哲学者に、「宗教とは絶対依憑の感情である」（『キリスト教信仰』一八二一～一八二二年）という概念規定があります。「依憑」とは、宗祖の言葉に返せば、「よりたのみ、よりかかる」ことです。存在のすべてをあげて絶対に「よりたのみ、よりかかる」は、いのち懸けで乗托すること、自己の生死のすべてをおまかせとして生きる意味をもっています。

帰敬偈に示された二尊の教勅、釈迦牟尼世尊の教命と阿弥陀如来の勅命に対して、「世尊、我、一心に、尽十方無碍光如来に帰命し、安楽国に願生したてまつる」と表白されました。「願生」とは、偈文の最後の言葉に照らせば、「普くもろもろの衆生と共に、安楽国に往生せん」（『聖典』一三八頁）ということで、ただ私一人ではなく、普くもろもろの衆生とともに浄土に願生していくことですから、願生していく浄土は、倶会一処として明らかにされる世界であり、すべてがそこに包み込まれていく世界で、「我一心」と言われていることです。

「我」とは、如来の本願における「設我得仏」という如来の「我」が回向成就されたもので、釈尊をはじめ、よき人の教え、釈迦・諸仏、善友の教えを通して、我が身のうえに如来のまことが成就した心、回向成就の信、如来よりたまわりたる信心、と表されるものです。すべての衆生が浄土に往生して仏にならぬかぎりは私も仏にならないと誓われた、その「設我得仏」の「我」は、煩悩にまみれた有漏の穢身である「我が身」、煩悩成就の凡夫のうえに、「我」という名告りとして成就したものという意味を持ちます。そこに開かれる心が「一心帰命願生」と言われるもので、その「一心」は、まさに仏のまことの結晶体です。仏の真実のすべてが私のうえに成就して、信心として結晶し結実したものです。

「一心」とは「ひとつごころ」で、「あれもこれも」ではなく、無二の心です。『唯信鈔文意』の冒頭にありますように、「ただこのことひとつ」(『聖典』五四七頁)です。「このことひとつ」とは、本願の念仏、本願の回向表現としての念仏で、それのみが私をして私たらしめてくださる行であり、私を私に呼び戻し、私として目覚ましてくださるはたらきです。しかも、唯一とは、「このことひとつ」だけでなくて、「ただひとり」です。私「一人」の目覚め、一人ひとりの目覚め、絶対に他と代わることを許されない、絶対の「一人」のうえに成就する如来の心という意味を持ちます。

その「一人」がどれほど大事なことか。実存哲学の祖キェルケゴールも、宗教とは神の前に人間が単独者として立つことだと規定していますが、宗祖は、神ならざる阿弥陀の本願を、「親鸞一人がため」(『聖典』六四〇頁)「親鸞におきては、ただ念仏して」(『聖典』六二七頁)といただかれました。阿弥陀の本願は、十方衆生にかけられた選びなき呼びかけですが、それはすべての衆生にまんべんなく呼びかけるだけでなく、あくまでも一人ひとりに呼びかけてくださってあるわけで、それを我が身一人のうえにいただいたことが信心の自覚です。

信心の自覚は、ほかならぬ「われ一人」における自覚ですが、もとは十方衆生に呼びかけられたる本願ですから、一人の自覚の成立において、そこに万人が共感し合える世界とともに感応道交し合える世界が開けてくるわけで、「われ」とにおいて「われら」と呼び合いうなずき合える「広大会」が開かれていくことだと思います。

「一心」というものが持っている意味を、『文類聚鈔』を『教行信証』と照らし合せながら読み進むなかで、宗祖にとって「一心」という言葉はこれほどまでに重い言葉であったのかを知らされた思いです。

一口で言えば、『教行信証』も『文類聚鈔』も一心を明らかにするものであり、『教行信証』においては一心を四番の問答で明らかにされています。「信巻」の字訓釈と仏意釈の二番問答、「化身土巻」においては、『大経』と『観経』との一異、そして、それを受けて、『大経』『観経』二経と『小経』の一異、その四番の問答をもって表されていましたが、『文類聚鈔』ではそれを受け止めながら、要だけを取り上げられていました。

「一心の仏因」ということ

『教行信証』「化身土巻」には「隠顕」「顕彰隠密」が説かれます。「隠」とは隠れている、隠されている部分で、「顕」とは表にはっきりと明確に説かれていることです。「密」とは「隠」で、経典の背後に深く隠されてある如来のまこと、本音というべきものですが、それは表に説かれていることを学ぶことを通して知れることです。表に説かれてあるのは、真実を真実としてストレートに直接的に説かれたものでなくて、人間の要求に応ずるかたちで、方便として説かれたものです。方便とは真実のはたらきです。真実が私どもの心にまで入り来たって、応えてくださるお姿ですから、それを通して、我われは隠されてある真実そのものに直接していく構造です。

真実教と言えば『大経』、『大経』と言えば真実教です。これはもう決定したことです。もちろん、『大経』は初めから全部真実かと言えば、なかには部分的には方便と言われるものもないわけではありませんが、その全体は、あくまでも真実を明らかにすることにあり、その一点にすべてが賭けられ尽くされてあるのです。

それに対して、『観経』と『小経』の二経は、真実教である『大経』に我われが導かれていく道筋としての方便を明らかにされたもので、『大経』に説かれた真実の教えを、浄土真宗として、末法五濁の世に広開することを課題として説かれたわけでしょう。そのためには、方便を簡別していくことを通して真実に導き入れる、いわば二重の手間をかけて『観経』『小経』が説かれていると言ってもいいわけです。『教行信証』六巻の構造から申しましたならば、『大経』については前五巻、『観経』『小経』は第六巻という二部構造から成り立っているところに、はっきりと隠顕ということが明らかにされています。表に顕れている如来の方便の教えと、その内面、内側にある仏の真実を明確にし、すべての者を真実に導き入れることが『教行信証』においては大事な問題でありました。

ところが、『文類聚鈔』においては、「三経の大綱、隠顕ありといえども、一心を能入とす」（『聖典』四二〇頁）とあり、隠顕を否定するわけではありませんが、『教行信証』ほどには問題にされていません。三経すべて真実を表すことでまとめられていますから、三経については一応、隠顕が基本にあるけれども、それを通して説かれるのは、「一心」です。「明らかに知りぬ。二尊の大悲に縁りて、一心の仏因を獲たり」（『聖典』四二一頁）という言葉で説かれています。『教行信証』には「涅槃の真因」ということはありますが、「一心の仏因」という言葉遣いは『教行信証』には見当たりません。「論家・宗師、浄土真宗を開きたるに、濁世の邪偽を導かんとなり」（『聖典』四二〇頁）の「論家・宗師」については、はっきり定められない感じがします。「論家」とはインドの菩薩方、「宗師」とは中国・日本の高僧ですが、宗祖は曇鸞の『論註』に対しては論としてのあつかいをしていますので、分け方から言えば、曇鸞は中国の方に入るけれども、『論註』を論と言われたときには、龍樹、天親と同格視されています。ですから、略本の場合も、「論家」を龍樹、天親の上二祖とし、「宗師」を曇鸞以降の下四祖と見るか、あるいは、「論家」を龍樹、天親、曇鸞を上三祖と見て、「宗師」は道綽以降と見るか、学者によって一致しません。しかし、大切なのは、「論家・宗師、浄土真宗を開きたるに」ですから、浄土の七高僧すべてが浄土真宗を開きたもうたことです。

我われは、親鸞聖人が『教行信証』の後序に「真宗興隆の大祖」（『聖典』三九八頁）と法然上人を呼んでいますから、浄土宗を開かれた上人ですが、しかし、宗祖の領解によれば、上人が浄土真宗を開かれたという領解があります。そして、我われ真宗門徒とすれば、浄土真宗を開かれた宗祖は、親鸞その人であるという領解があります。

しかし、「論家・宗師、浄土真宗を開きたる」とは、それが拡大されて論家・宗師の七祖全体がそれぞれに浄土真宗を開かれたという領解で明確な仏教史観です。「浄土真宗」は、インド以来、それぞれに、世々に七高僧が出現されてお開きくださり「浄土真宗」と名告られたのは親鸞聖人でありますが、その背後には七高僧に依る伝統があることです。

そして、「浄土真宗を開きたるに、濁世の邪偽を導かんとなり」と、「濁世」、末法五濁の世が確かめられています。善導は「五濁増時」（『真聖全』一、六〇五頁）といい、ただ五濁というだけでなく、五濁がいよいよ増え濁り切っていく時代、時代が経つにしたがい濁っていくことで教えられることです。七祖が浄土真宗を開顕されたのは、末法五濁の世、仏ましまさない無仏の時代に生きる虚仮邪偽の凡夫を導かれるためであったとおっしゃっているわけです。「化身土巻」にも、ここをもって、四依弘経の大士、三朝浄土の宗師、真宗念仏を開きて濁世の邪偽を導く。

（『聖典』三四五頁）


と、まったく今の略本と同じことをおっしゃっています。そのあとに、

三経の大綱、顕彰隠密の義ありといえども、信心を彰して能入とす。かるがゆえに『経』の始めに「如是」と称す。「如是」の義はすなわち善く信ずる相なり。いま三経を案ずるに、みなもって金剛の真心を最要とせり。真心すなわちこれ大信心なり。大信心は希有・最勝・真妙・清浄なり。何をもってのゆえに、大信心海ははなはだもって入りがたし、仏力より発起するがゆえに。真実の楽邦はなはだもって往き易し、願力に藉ってすなわち生ずるがゆえなり。いま将に一心一異の義を談ぜんとす。当にこの意なるべしとなり。三経一心の義、答え竟りぬ。

（『聖典』三四五〜三四六頁）


と言っています。略本でも、「論家・宗師・浄土真宗を開きたるに、濁世の邪偽を導かんとなり」と言ったあとに、

三経の大綱、隠顕ありといえども、一心を能入とす。かるがゆえに、経の始めに「如是」と称す。論主建めに「一心」と言えり。すなわちこれ如是の義を彰すなり。

（『聖典』四二〇頁）


とありますことも「化身土巻」の文と対応いたしますし、これを受けて、

いま宗師の解を披きたるに云わく、「「如意」と言うは二種あり。一つには衆生の意のごとし、かの心念に随うてみなこれを度すべし。二つには弥陀の意のごとし、五眼円に照らし、六通自在にして、機の度すべき者を観そなわして、一念の中に前なく後なく、身心等しく赴き、三輪開悟して、おのおの益したまうこと同じからずとなり」（散善義）。

（『聖典』四二〇〜四二一頁）

という「如意」の釈が引かれてくるのでしょう。ここで、「いま宗師の解を拔きたるに云わく」と言っている場合の「宗師」は明らかに善導で、引かれているのは、『観経疏』の『観経』の定善十三観の雑想観の解釈の結びです。

阿弥陀仏、神通如意にして、十方の国において変現自在なり。あるいは大身を現じて虚空の中に満ち、あるいは小身を現じて丈六八尺なり。所現の形、みな真金色なり。（『聖典』一一一頁）

阿弥陀仏は神通如意であることで、「神通」とは六神通、六種の不思議なはたらきです。『大経』の四十八願で言いましたら、第五願から第十願までに六神通が説かれています。ついでに言えば、六神通のなかで大事にされるのが宿命通です。一切の過去世を知ることで一例を挙げますと、『大経』下巻の第五願成就文に、

またかの菩薩、乃至成仏まで悪趣に更らず。神通自在にして常に宿命を識らん。他方の五濁悪世に生じて、示現して彼に同じ、我が国のごとくせんをば除く。（『聖典』五二頁）

と説かれています。「神通自在にして常に宿命を識らん」とあります。どういうことかと言いますと、五濁悪世に還ることで、宿命を知るがゆえに、あえてふたたび五濁悪世に還るのです。五濁悪世とは、我われが生きているこの娑婆世界で、我われのあとに多くの人びとが生きなければならない世界です。そこに、宿命を知るがゆえに還るのです。

宿命とは自分の過去世、人びとの過去世を知ることで、過去世を知るということが大事なご縁ではあります。自他の過去世を知ることが大事なご縁となって、五濁悪世にはたらいて衆生の化益をする。縁に随って衆生を救うはたらきをすることです。

「如意」の釈の引用のところに戻りますと、これは「信巻」にも引用されています。

光明寺の『観経義』（定善義）に云わく、「如意」と言うは二種あり。一つには衆生の意のごとし、かの心念に随いてみなこれを度すべし。二つには弥陀の意のごとし、五眼円に照らし六通自在にして、機の度すべき者を観そなわして、一念の中に前なく後なく、身心等しく赴き、三輪開悟して、おのおの益すること同じからざるなり、と。已上

（『聖典』二一四頁）

「五眼円に照らし」とは、「五眼」は肉眼、天眼、法眼、慧眼、仏眼の五つで、肉眼は我われのこの眼です。この私の眼はどういうはたらきをするかと言えば、世界の苦しみ、世界の人びとの苦しみを見る眼です。次の天眼は六道に迷う人びとの苦しみを見る眼です。法眼とは、衆生を仏法のなかに入らしめること、慧眼、智慧の眼とは、衆生の心の同じくないこと、同床異夢という言葉もありますが、めいめいばらばらである、その衆生の心の同じからざることを知ることです。仏眼とは、それらの四つの眼を養うことを通して、菩薩の十地のプロセスを経て仏眼を得て仏となること、智慧と慈悲において円満なる仏となることです。

五眼とは人間の迷える苦しみの相、人間の一人ひとりの心の内面を知り、そして、衆生を仏法に入らしめ、そして、衆生を仏たらしめるはたらきで、あとさきなく衆生のうえに赴いて、身口意の三業――三輪というのは身口意の三業です――をもって、衆生をそれぞれに救うことです。十把一絡げに救うのではなくて、衆生それぞれに救うのです。人間それぞれに別の問題を抱えているのですから、その問いに応えていくことで一人ひとりの問題なのでしょう。

「如意」の釈に続いて引かれるのが、『般舟讃』です。

また言わく、「敬って一切往生の知識等に白さく、大きに須らく慚愧すべし、釈迦如来は実にこれ慈悲の父母なり、種種に方便して、我等が無上の信心を発起したまう」（般舟讃）と。已上

（『聖典』四二一頁）

冒頭の「敬って一切往生の知識等に白さく」という言葉遣いは善導の常套語です。善導は、このように、仏道を求める人、あるいは、仏道を求める人にかぎらず、すべての人びとに、敬虔な態度でもって勧められておられます。一切の生死を超えて生きる、往生の道を求める人に、ということです。「知識」とは、この場合は善知識にかぎらず、御同朋・御同行、同じ道を歩む者、仲間に申しあげますということです。「大きに須らく慚愧すべし」の場合の「慚愧」は、講録を見ますと、中国の俗語で「かたじけない」とお礼をいうこと、と説明がしてあります。

「慚愧」とは『涅槃経』に「二つの白法あり、よく衆生を救く。一つには慚、二つには愧なり。「慚」は自ら罪を作らず、「愧」は他を教えて作さしめず。「慚」は内に自ら羞恥す、「愧」は発露して人に向かう。「慚」は人に羞ず、「愧」は天に羞ず」（『聖典』二五七頁）というような慚愧の意味をすぐ思い起こしますが、この場合の「慚愧」とは、それほどまでのものでなくて、「かたじけない、もったいない」ということと言われます。

また、善導の場合、『般舟讃』では「釈迦如来」とのみ言ってありますが、宗祖がこの『般舟讃』を和讃されますとき、

釈迦弥陀は慈悲の父母
種種に善巧方便し

われらが無上の信心を
発起せしめたまいけり
（『聖典』四九六頁）

と、釈迦・弥陀二尊で言われますが、「釈迦如来」というときには、「如来」ということ、さとりの世界、如から来たれる者、ということがあります。それは、慈悲をもって来たる、その二尊が、大悲による種種の善巧方便をもって、我われの信心を発起せしめてくださることであると言っています。

「一心の仏因」獲るとは

「いま宗師の解を披きたるに云わく」として引かれた善導大師の文の後に、

明らかに知りぬ。二尊の大悲に縁りて、一心の仏因を獲たり。当に知るべし、この人は希有人なり、最勝人なり。しかるに流転の愚夫、輪回の群生、信心起こることなし、真心起こることなし。
（『聖典』四二一頁）

釈迦・弥陀二尊の大悲によって、成仏の正因である一心を獲るとあります。一心が仏因、成仏の因であるということです。

注意されるのは、『涅槃経』の言葉です。

また言わく、あるいは阿耨多羅三藐三菩提を説くに、信心を因とす。これ菩提の因、また無量なりといえども、もし信心を説けば、すなわちすでに摂尽しぬ、と。已上
（『聖典』二二九頁）

信心を説けば、そこに仏道はすべて摂まるということです。迷いの世界から一歩も抜け出られず、迷いに迷いを重ねて生きるよりほかにない我われがさとりを開くには、いろいろな道がありそうで、また、そ

のように説かれるけれども、正しい信心を明らかにすれば、それでことが終わると言われています。関連して、「行巻」に説かれる光号因縁が考えられます。両重因縁とも言われますが、七祖の釈文の引用を終わられたあと、宗祖の領解が示されてあります。

良に知りぬ。徳号の慈父ましまさずは能生の因闕けなん。光明の悲母ましまさずは所生の縁乖きなん。能所の因縁、和合すべしといえども、信心の業識にあらずは光明土に到ることなし。真実信の業識、これすなわち内因とす。光明名の父母、これすなわち外縁とす。内外の因縁和合して、報土の真身を得証す。かるがゆえに宗師は、「光明名号をもって十方を摂化したまう。ただ信心をして求念せしむ」（礼讃）と言えり。また「念仏成仏これ真宗」（五会法事讃）と云えり。また「真宗遇いがたし」（散善義）と云えるをや、知るべし、と。（『聖典』一九〇～一九一頁）

名号を父とし光明を母として、その外縁によって信心の内因を獲る、といただくことができますし、弥陀・釈迦を外縁として信心の業識を獲る、光明・名号のはたらき、あるいは弥陀・釈迦二尊のはたらきによって、我われは信心の業識を獲ることでありましょう。「業識」とは、はたらき、信心のはたらきです。曽我量深先生は、「宿業の自覚」、信心とは宿業の自覚よりほかにないと教えられました。信心の業識が内因となるのに対して、光明・名号あるいは弥陀・釈迦は外縁であります。縁とは、曇鸞の『論註』の語でいえば「増上縁」、善導の五種増上縁の宗祖の領解でいえば「強縁」です。強力で絶対的な力を縁として、内因としての信心の業識を獲、その信心の業識によって、「報土の真身を得証す」とあります。「報土」とは真実の浄土で、信心が仏のさとりを得るもとであることが光号因縁釈で大事なことです。

「一心の仏因」という表現が略本で用いられていることから関連して、「信巻」や「化身土巻」に引かれた『涅槃経』の文、あるいは、「行巻」に説かれた光号両重因縁の釈が考え合わされるわけです。

それを結ぶのに、「当に知るべし、この人は希有人なり、最勝人なり」（『聖典』四二一頁）とあります。「分陀利華」とは、『観経』の終わりに出てくる語でしょう。

もし念仏する者は、当に知るべし、この人はこれ人中の分陀利華なり。

（『聖典』一二二頁）

と説かれてあります。これをもとにして、善導はそれに五つの名前で挙げておられるわけです。

「分陀利」と言うは、「人中の好華」と名づく、また「希有華」と名づく、また「人中の上上華」と名づく、また「人中の妙好華」と名づく。この華あい伝えて「蔡華」と名づくる、これなり。もし念仏の者は、すなわちこれ人中の好人なり、人中の妙好人なり、人中の上上人なり、人中の希有人なり、人中の最勝人なり。

（『聖典』二四八～二四九頁）

「一心の仏因」を獲た信心の行人に対して、「希有人」「最勝人」とほめ讃えておられます。これは「妙好人」ということで、妙好人とは名も無き念仏者です。『獲得名号自然法爾法語』の結びの二首の和讃で言えば、

よしあしの文字をもしらぬひとはみな
まことのこころなりけるを
善悪の字しりがおは
おおそらごとのかたちなり

是非しらず邪正もわかぬ

このみなり
小慈小悲もなけれども
名利に人師をこのむなり
（『聖典』五一一頁）

文字も知らぬ愚痴きわまりなき人びとです。その人びとこそ妙好人と讃えられる人であることが、宗祖の領解です。「御同朋、御同行」と言っておられる方がたは、必ずしも殊勝に念仏しておられる方だとはかぎらず、むしろ、宗祖は、念仏とは疎縁と思える人、ただ現実にあえぎながら苦しんでいる人びとのなかに、大悲がそそがれてあることを見る「信心の智慧」をいただいていかれ、その智慧を通して、人びとのうえに拝むべきものを見出していかれたのです。愚痴きわまりなき文字も知らない人びとのうえにこそ念仏が光輝いていることを、喜び尊んでいかれたのが宗祖です。

一心の仏因を獲る難しさ

二尊の大悲によって、我われは一心の仏因を獲、有漏雑毒の身であるけれども、その身が如来によって「分陀利華」と呼ばれる存在とならしめられていくことで、自分が分陀利華であるというのでは決してありません。『観経』で釈尊が念仏者は尊い人とおっしゃっていますが、自分はただお恥かしいという以外にないことです。

一心の仏因を獲る、信心を獲ることはいかに容易ではないかです。信ずることは大変なことです。仏さまを信ずること、あるいは、教えを聞くことのほかに、人は果たして自分を信ずること、そして、まわりの人を信ずることができるかという問題があるのではないでしょうか。

そういうことを通さずして、仏さまを信ずるということが別にあるわけではないのでしょう。自らを信じられない、信ずべき自分がわからないところで右往左往している現実があるわけです。そこに、教えが求められていくことが大事です。自分が信じられない、人さまも信じられない人間が、おおよそ、我われをかけ離れた仏さまを信じられるはずがありません。「難中の難」と言われるわけで、本当にその通りとしか言えない。お恥ずかしいことです。

そうであるからこそ、二尊の大悲によって一心の仏因を獲て、「希有人」「最勝人」とほめ讃えられる者となるのですけれども、

しかるに流転の愚夫、輪回の群生、信心起こることなし、真心起こることなし。（『聖典』四二一頁）

と、おさえられるのでしょう。「真心起こることなし」とは、我われの身の事実ですから、説明を要しない。ただその通りでありますと頷くほかありません。そして、

これをもって『経』（大経）に言わく、「もしこの経を聞きて、信楽受持せること難中の難なり、これに過ぎたる難なし」と。また「一切世間極難信法」（称讃浄土経）と説きたまえり。（『聖典』四二一頁）

と言われていくのです。『大経』、真実の教、弥陀の本願を出世の本懐として釈尊がお説きくださった『大経』を聞き信じて、この身に持ち、そして憶念執持していくことは難中の難であり、「これに過ぎたる難なし」と言われ、また、玄奘訳の『称讃浄土経』を引いて、「一切世間極難信法」と確かめておられます。信ずることがいかに容易ではないかという、宗祖はそのことにご苦労をなさった方です。

信楽受持すること、教えを聞き抜くということは、けっして当たり前のことではありません。と同時に、教えが聞こえる身にまで育てられることが、はなはだ容易ならないことであります。教えを聞くことは、

縁があればあることでしょう。けれども、聞いたことが聞こえてくると、身に響き、身に聞こえてくるまで教えに育てられていくことは、まさに難中の難でしょう。本当に一人で生きて、『歎異抄』で言えば、「耳の底に留まるところ（所留耳底）」（『聖典』六二六頁）の言葉、これが一体何か、ということを確かめなくてはならないことがあります。

親鸞聖人は真実信心の人であり、真実信心を讃仰されたお方であると、我われはすぐ思いますが、宗祖はそのことに悪戦苦闘なさった方ではないでしょうか。

金子大榮先生のご長男で、金子宏先生という方がおられます。私より五歳くらい上です。広島文理大学を出られ、永年、高校の数学の教師を勤めておられましたが、定年退職されてから、「父がいのちをかけた真実の教えを学ぶことが遅かった。なぜ、もっと早く真宗の勉強をしなかったのか」と思われ、大谷大学の真宗学の聴講生となられ、縁あって私のところに来て、一緒に勉強いたしました。それで、「遅かった」と言われましたものですから、私は「間に合ったではないですか」と申し上げたら、大変喜ばれました。「ああ、そうであった。間に合いました」と言って喜んでくださった。

その先生が『教行信証』の講義のときに、私が「念仏の法は信じ難い、信じられないのです」と言ったのだそうです。それは私の実感ですから、講義のなかで出たのだと思いますが、そうしたら、宏先生が「なかなか素直に信じられないで苦しんでいた私にとって、先生がそう言ってくれたことがとても嬉しかった」と言ってくださいました。「信じなくては駄目だと言われそうなのに、なかなか信じられないと言われたことが、私には深く同感できたし、嬉しかった」と言ってくださった。これは、宏先生と私の二人の話ですが、信ずるということは本当に容易ではないと思います。

第十章　浄土真宗のすべてをおさめられた略本の結び

第一節　凡夫即生

誠に知りぬ。大聖世尊、世に出興したまう大事の因縁、悲願の真利を顕し、如来の直説としたまえり。凡夫即生を示すを大悲の宗致とすとなり。これに因りて諸仏の教意を闚うに、三世のもろもろの如来出世の正しき本意、ただ阿弥陀不可思議の願を説かんとなり。常没の凡夫人、願力の回向に縁って真実の功徳を聞き、無上信心を獲。すなわち大慶喜を得、不退転地を獲。煩悩を断ぜしめずして、速やかに大涅槃を証すとなり。（『聖典』四二一頁）

『文類聚鈔』の結釈です。

釈尊がこの世に如来として、弥陀の本願海から出現された究極の願い、目的はどこにあるのでしょうか。それは『教行信証』「教巻」に対応します。

謹んで浄土真宗を案ずるに、二種の回向あり。一つには往相、二つには還相なり。往相の回向について、真実の教行信証あり。

それ、真実の教を顕さば、すなわち『大無量寿経』これなり。

この経の大意は、弥陀、誓いを超発して、広く法蔵を開きて、凡小を哀れみて、選びて功徳の宝を施することをいたす。釈迦、世に出興して、道教を光闡して、群萌を拯い、恵むに真実の利をもってせんと欲してなり。ここをもって、如来の本願を説きて、経の宗致とす。すなわち、仏の名号をもって、経の体とするなり。（『聖典』一五二頁）

浄土真宗とはいかなる教えかを提起され、往相と還相として浄土真宗を説き、なぜ、念仏が真実の宗教たりえるのかは、我われに往還道、生死を超えて生死に還る無上仏道をこの人生に与えるからであり、そのような真実を表されたものこそ真実教としての『大経』である、ということです。その『大経』はどういう経典であるのかという大意について、二尊の慈悲が示されます。弥陀が彼岸に影現し、釈尊がこの世に応現したまう、その二尊の慈悲が示され、それを踏まえて、経典の説かれたいのちとしての宗体が、本願を宗とし名号を体とする教の宗体が示されるのです。まさしく釈尊の出世本懐を明らかにしたものであります。

『文類聚鈔』においても、「誠に知りぬ」と示されまして、人類の偉大なる聖者釈迦牟尼世尊がこの世に出現した大事の因縁を明らかにして、悲願の真利を顕すとおさえられます。

「悲願」とは、「智願」に対応します。智慧の願いと大悲の願いです。『摂大乗論』で「十波羅蜜」を説明されるところで、「願波羅蜜」について「清浄の意欲」（『摂大乗論釈』、『大正蔵』三一、二三八頁）と言ってあり、それを金子大榮先生は大事にされました。如来の根本的な意志、あるいは、鈴木大拙先生の言葉で言えば、根源的な祈りです。宗祖はそれを「誓願」と述語され、如来の約束であるとも示されました。金子先生は、誓いは血が通うこと、如来と我われの血が通い合うことだと言われました。如来の願いとは大悲にあるのであり、悲願は、一切衆生を如来の智見をもって見そなわして、いかなる凡夫をも大悲したまうのです。そこに、阿弥陀のはたらきがあることです。「悲願の真利」、悲願によってすべての衆生が選びなく平等に救われていくはたらきを表したもうことが如来の直説です。一大事因縁を説かれた真実の教えである『大経』は如来の直説、それは真実の説法ですが、如来が直に説かれた教えという意味もあります。直に説かれたとは、説かずにおれずして説かれた教え、緊急の教え、急ぐべき、急がずにおれない教えです。急がなくてもよいというものであれば、間接にということもありますが、急がなくてはならないものは間接では間に合わない、直接に急いでというニュアンスを含んだお言葉であると思います。如来の直説に出遇うのは、如来の出世の本意を正しく知ることでありますが、それは、我われ一人ひとり、衆生の一人ひとりがこの世に人として生を受けたその本懐を明らかにすることです。何のためにこの世に生まれてきたのか。そして、二度とやり直しのきかないこの人生をどう生きていくのか。そして、生きることはいかに死ぬべくして生きていくのかが答えられなくてはならないという問題を抱えているのです。その問題に答えるべく、釈尊はこの世に出現されたことです。

真実の利としての本願の名号、「南無阿弥陀仏」という名号を、如来のいのちのすべてとして、我われに回向されたことによって我われのうえに開けてくるものが、「凡夫即生」です。救われざる凡夫、流転輪廻を重ねていくほかはない常没常流転の凡夫が、直ちに浄土に生まれる、即生すること。「即生」という言葉の意味は、原語的には「生まれる」、生死を超えてさとりの世界に生まれるのですが、「生まれる」ことには、生まれるところまで生きていく、生まれるべく生きる、ということがあります。曽我量深先生は、「生きる」こと「現生」、現在における往生を強調されました。金子先生は、それを踏まえられたうえで、生まれるべく生きることが完成するのは、人間にとって一番大事なときである臨終、それが往生の完成するときであり、往生はそのまま仏となることとひとつであることを強調されました。

「凡夫即生」の「即生」は、『大経』の本願成就文における「即得往生」の略語です。その「即」という語に宗祖は非常に強い関心を寄せて、深い領解を表されました。一例を挙げますと、『一念多念文意』によると「即」には二つの意味があり、ひとつは、

「即」は、すなわちという、ときをへず、日をもへだてぬなり。（『聖典』五三五頁）

とあります。いつかということではなく、「直ちに」です。蓮如上人の『御文』に「やがて」と繰り返し出てきますが、「念仏すればやがて救われる」の「やがて」も現代でいったら「そのうち」という言葉ですが、蓮如上人の生きられた室町時代の「やがて」は「直ちに」です。もうひとつが、

また即は、つくという。そのくらいにさだまりつくということばなり。（『聖典』五三五頁）

とあります。どういうことかと言えば、正定聚不退転の身となることです。ただ決まるだけでなくて、決まった者の往生の歩みにおいて退転することがないことです。

正定聚について、『一念多念文意』では左訓が多く示されています。「往生すべき身とさだまるなり」（『定親全』三、和文篇、一二八頁）、「かならず仏になるべき身となれるなり」（『定親全』三、和文篇、一二九頁）とあります。正定聚とは、浄土に間違いなく往生すべき身、そして、仏となるべき身とならしめられたことで、それは仏によって決定されたことです。曽我先生がおっしゃったように、「我われが自分で決定したものは当てになりません。いつでも壊れます。それはまさに不定、邪定でしかない。そういう我われをして、正しく間違いなく浄土に往生する正定聚の身として決定してくださるのは、如来さまのはたらきで

ありますというこことです。宗祖は、「即」はそういう位に就くことであることを注意されました。

あるいは、浄土に生まれ仏となるべき身となる位に就くことを「東宮のごとし」とも言ってあります。

「即」は、すなわちという。ときをへず、日をへだてず、正定聚のくらいにさだまるを即生というなり。「生」は、うまるという。これを「念即生」ともうすなり。また「即」は、つくという。つくというは、くらいにかならずのぼるべきみというなり。世俗のならいにも、くにの王のくらいにのぼるをば、即位という。位というは、くらいという。これを東宮のくらいにいるひとは、かならず王のくらいにつくがごとく、正定聚のくらいにつくは、東宮のくらいのごとし。王にのぼるは、即位という。これはすなわち、無上大涅槃にいたるをもうすなり。信心のひとは、正定聚にいたりて、かならず滅度にいたると、ちかいたまえるなり。（『聖典』五四四頁）

そして、それが「便同弥勒（すなわち弥勒に同じ）」（『聖典』二四九頁）、一生補処の弥勒と同じと言われることです。「一生補処」とは、間違いなく仏の候補者として仏となることに決定した者、それが弥勒ですが、便同弥勒という思想まで展開していきます。弥勒は釈尊にかわって、釈尊の滅後に教えを説いて、人びとを救うはたらきを身に備えた者で、弥勒と同じとは、そのような弥勒と同じく人びとに教えを伝える仏事をなす者となることです。

さらに、

「得」は、うべきことをえたりという。（『聖典』五三五頁）

と註釈をしています。得なければならないことを得たことですが、その得べきこととは何かという問題です。それを考えなくてはならないでしょう。何をあなたは求めて、この世に人として生を受けてきたのか、本当に良かったと言いきれるものにお遇いすることができましたかと。裏を返せば、「おかげで死んでいけます」と言えるような、私を超えた世界にふれることができましたか、という問題です。生まれたという事実を抱えている根源的な問いに対して、得べきことを得たという者にならなければならないと宗祖はおっしゃっておられると思います。

第二節　諸仏出世本懐の本意

最後に、釈迦がこの世に出現された、出世本懐だけでなくて、釈尊に同感し、出現に感応して、無数の諸仏世尊がこの世に出現されたことが説かれます。

これに因りて諸仏の教意を閲うに、三世のもろもろの如来出世の正しき本意、ただ阿弥陀不可思議の願を説かんとなり。（『聖典』四二一頁）

第十七願のおこころで、前段が第十八願の解説であったというならば、今は第十七願として成し遂げられていくことです。諸仏が称名讃嘆したまう、その諸仏の誕生に究竟され果し遂げられていくことです。

『一念多念文意』に、

しかれば、『大経』には、「如来所以興出於世　欲拯群萌恵以真実之利」とのべたまえり。この文のこころは、「如来」ともうすは、諸仏をもうすなり。「所以」は、ゆえ、ということばなり。「興出於世」というは、仏のよにいでたまうともうすなり。「欲」は、おぼしめすともうすなり。「拯」は、すくうという。「群萌」は、よろずの衆生という。「恵」は、めぐむともうす。「真実之利」ともうすは、弥陀の誓願をもうすなり。しかれば、諸仏のよよにいでたまうゆえは、弥陀の願力をときて、よろずの衆生をめぐみすくわんとおぼしめすを、本懐とせんとしたまうがゆえに、真実之利とはもうすなり。しかればこれを、諸仏出世の直説ともうすなり。（『聖典』五四二頁）

とあります。諸仏は応化身であり変化身ですから、必ずしも仏というかたちをとらなくて、無量無数のかたちを現じて衆生をすくいたまうのです。それは、順縁逆縁といった縁を通し、さまざまな善巧方便を尽くして、我われにはたらきたまうのです。もし、そのはたらきがなければ、私のように愚か者は、仏法のご縁に遇うことはできなかったに違いありません。それが如来のはたらきによって果遂されていくことによって、自我心が崩壊していき、辺地懈慢、疑城胎宮という方便化土から救い出されて、真実報土への往生を遂げる身とならしめられていく。諸仏がこの世に出現されるのは、「ただ阿弥陀不可思議の願を説かんとなり」と言われるわけです。「正信偈」に「如来、世に興出したまうゆえは、ただ弥陀本願海を説かんとなり」（『聖典』二〇四頁）と詠われてある、この言葉は、諸仏の出世本懐とは、我われ衆生のごとく、生きていることの意味が何であるかわからないままでいるような人間に、その本懐を教え、本懐の満足していく道を教えてくださることにあります。

「唯説弥陀本願海」の、「唯説」に対して、我われ衆生は「ただそれを聞く」ことにおさまるのです。我われは、三世十方に満ち満ちたまう無量無数の諸仏が称えられるお念仏を聞き、その教えの言葉を聞き、如来の大悲の智見によって、かねて知ろしめたもうてあった我が身をお知らせいただくほかに、我われ凡夫の道はないことであろうと思います。

最後に、

常没の凡夫人、願力の回向に縁って真実の功徳を聞き、無上信心を獲。すなわち大慶喜を得、不退転地を獲。煩悩を断ぜしめずして、速やかに大涅槃を証すとなり。（『聖典』四二一頁）

とある略本の結びです。まさに『文類聚鈔』の全体、浄土真宗のすべてをおさめられた言葉で、常没の凡夫人が願力のはたらきによって真実功徳を聞くことで、『論註』に基づきます。『浄土論』願生偈の第二句の発起序に「我修多羅、真実功徳の相に依って　願偈を説いて総持して、仏教と相応す」（『聖典』一三五頁）と、浄土の経典に説かれた本願のこころ、真実功徳によって、「願生偈」を説き、仏教に応えたいという発起序が示されてあります。そこの真実功徳を説明されるところに、曇鸞の『論註』で真実功徳とは何かと言えば、我われ人間のすべてが虚偽であり不実であることを明らかにしてくださるはたらきであると言っておられます。「もしは因、もしは果」、因果のすべてにわたって虚偽顚倒なることを教えられることを通して、不実を真実に転じてくださるものが不顚倒、不虚偽なる真実功徳である、ということです。

では、その不顚倒、不虚偽とは何でしょうか。『論註』によれば、不顚倒とは、真如法性は色もないかたちもないさとりそのものが二諦に順ずることですから、世俗、迷いの世界に現れたまうことです。不虚偽とは、それによって衆生を摂取して究極の浄土に入らしめたまうはたらきに偽りがないことが真実功徳であると説かれています。具体的にそれを説かれたものが如来の浄土の相で象徴的な荘厳功徳である三厳二十九種の荘厳で、国土十七種、仏八種、菩薩四種という浄土荘厳です。

では、その二十九種の荘厳功徳は何かというと、それはすべて「南無阿弥陀仏」「帰命尽十方無碍光如来」という名号におさまるものです。名号を開けば、浄土となり如来となり菩薩となってはたらきたまうこととして説かれてあります。

そして、「無上の信心を獲。すなわち大慶喜を得、不退転地を獲」るのです。それによって、信心の大いなる喜びを獲て、ふたたび三界にあと戻りすることのない、確かな不退転地を得るとあります。「地」ですから、ただ不退転というのではありません。「不退転地」とは、「菩薩地」「仏地」と言われますように、仏道の大地で目的のはっきりした不動の軌道に乗ることです。そうでないと我われはしょっちゅう退転し、今喜んでいても、すぐ元の木阿弥です。そうならないために求められる不退転地というのは、けっしてあと戻りすることのない確かな大地です。

最後に「煩悩を断ぜしめずして、速やかに大涅槃を証すとなり」と示されます。これも『論註』の言葉にもとづきます。国土荘厳の第一は清浄功徳ですが、お浄土とは清浄なる世界であり、欲界、色界、無色界という迷いの三界を絶対否定的に超えた世界であることが表されてあることが、上巻と下巻にわたって説かれています。超えるとは迷いを超えるだけでなく、超えた迷いの世界に還り、人びとを超えしめるというはたらきを成就するのがお浄土であると、上巻で言っています。ただ三界の迷いを超えた世界であるだけでなくて、真に迷いを超えることにおいて迷いの世界に還るべくして還る徳を具えている世界が浄土であると言われています。

それに対して、下巻に出てくるのが「不断煩悩得涅槃分（煩悩を断ぜずして涅槃分を得）」（『聖典』二八三頁）という語で、浄土において得られる功徳であり、しかも、その一部はすでにこの現生の身に信心の喜びとして与えられるものですから、煩悩のあるがまま、なくならないまま救われていきます。煩悩をなくすることのできないままに、仏の徳をいただき、お浄土の徳をいただいて生きることになれば、それまで邪魔であった煩悩、荷物であったはずの煩悩が、邪魔でなくなり荷物ではなくなるような、柔らかな軽い世界、障りなき世界が不思議にも開けてくるのではないでしょうか。

自分の力では、自分の抱える人生の荷物が重くなり邪魔になる一方です。そこに如来の願力がはたらいてくださるときに、その重荷は軽くなり邪魔にならなくなるという不思議な世界が開けてくることを表すのが、『大経』下巻に説かれる「横截五悪趣（横に五悪趣を截）」（『聖典』五七頁）、善導の「勧衆偈」の「横超断四流（横に四流を超断せよ）」（『聖典』二三五頁）の「横超」です。煩悩のあるがままに救われていく、煩悩が邪魔にならない、むしろ、煩悩によって迷わされ狂わされていく人生が私を知らしめてくださるものとして、けっして無駄に終わらない世界です。「煩悩の氷解けて功徳の水と成る」（『聖典』一九八頁）と言われるような、不断の転成の世界が開けていく。それが往生浄土の人生であると言ってよいのでしょう。

ここまで、『文類聚鈔』を読んできましたが、『文類聚鈔』におきましては、本願成就のうえに立って、浄土の教えを明らかにすることがありました。真実の一心がこの煩悩成就の身のうえに成就することに浄土の真宗があり、それが親鸞聖人のおこころであったことだけはなんとかいただけたのではないかと思っています。

まことに不充分でしたが、これで一応、『文類聚鈔』の解読、聞思を終わらせていただきます。

最後に気づかされたことですが、『教行信証』の中心は『大経』の本願成就文の一念にあるのに対し、『文類聚鈔』の課題は『大経』流通分の「行の一念」の釈明に中心が置かれていると言えないであろうか、ということです。

あとがき

本書は、戦後つねに仏教学浄土学の最前線にたち真宗学を領導してきた幡谷明博士（一九二八～二〇二一）の講話集第一巻『浄土文類聚鈔講義』です。

『浄土文類聚鈔講義』は、巻頭言に記されたとおり「幡谷法座」において二〇〇三年九月から二〇〇五年一〇月まで、全二〇回に亘り開かれた聞法会の講義録になります。本山安居の先例に倣い、幡谷教授は本文と偈文とを分け講義されており、「念仏正信偈」は、本講話集でも第二巻に『文類偈講義』として輯録する予定です。

さて、曇鸞教学の泰斗幡谷教授の思想形成に多大な影響を与えたのは、一九四三年「佛教に於ける無と有との對論」で博士の学位を取得していた山口益博士（一八九五～一九七六）との出遇いで、浄土真宗の枢要である往還二廻向を大乗の極理として明証することを終生の課題とし歩みを続けられました。

厳密なまでの教学者の歩みは同時に、現実に苦悩してある人びととの共なる歩みでもありました。身を削るような学究への邁進も、身を搾るような自己への探求も、凡夫として生きる地平から一歩も遊離することも埋没することもない一人の念仏者となったのは、師をして「我が父」とまで言わしめた正親含英師を始め多くの先達との出遇いがあったからではないかと思います。師は本書で戦中戦後の学生時代、「大学に教師も学生もいない」という非常時に、「大谷大学にも教学研究所が設置された」ことを記しています。大谷派の年表を捲ると「昭和一九年一二月二日、大谷大学内に大谷教学研究所を設立し、日本教学部（部長金子大榮）・真宗教学部（部長曽我量深）・興亜教育部（部長鈴木大拙）・人文科学部（部長鈴木弘）などを置く」（『近代大谷派年表』教学研究所編、二〇〇四年）とあります。

師は当時のエピソードとして曽我量深・鈴木大拙の論争を紹介していますが、すでに大拙師は、西谷啓治氏（一九〇〇～一九九〇）により「妙好人」の存在を知りその研究に没頭され、その成果は一九四四年には『日本的霊性』として上梓されています。大拙と交流のあった栃平ふじさんの歌を師は引いていますが、「ねるもおきるも、なむあみだ」と謳うふじさんの詩は、そのまま幡谷先生の生活を物語っているかのようです。

もうひとつ大切な出遇いは、真宗の僧伽と言われる光明団の主幹住岡夜晃の謦咳に接したことでしょう。先生は学生時代夜晃の板書から多くのことを学び、その学びはやがて後年「幡谷法座」として結実しますが、法座名はただ幡谷教授の聞法会を意味するだけでは無く、本書にも言及される親鸞聖人面授口訣の弟子「幡谷の唯信」の衣鉢を継ぐものとしての応答の場を表すものでもありましょう。

多くの出遇いのもと、幡谷明師は親鸞聖人の教理史的研究に勤しみ、何人の追随を許さぬ幡谷教学を樹立しました。その教学は、厳密な訓詁・解釈学にもとづく宗学と、西欧思想を咀嚼し宗教主体を確立した近代教学、そして緻密な文献学により実証された近代仏教の粋を集大成し、混迷し閉塞した時代を生きる私たちにとってゆるぎない指針となるものです。

師の真骨頂は還相回向の研究ですが、広本といわれる『教行信証』では、還相回向は「証巻」に収められ、略本である『文類聚鈔』では証章とは別に章立てされ、広本には言及されなかった成就文が引かれています。また往還二廻向が語られる章にも広略に違いがありますが、先学の多くは、教相の差異に関心が集約しますが、幡谷師は、そこに生きて働く還相の菩薩の主体性をより積極的に解明しそこに参画していこうとしています。現代の教学者は、菩薩が目当てとしている自己の救いを問うことを重視し、還相のはたらき自体は不問とし、逆に還相をシステマティックにとらえ社会学としての他者論を展開するものは、内なる自己に沈潜し他者への通路をもたない前者のありようを批判していくという悪循環に陥っています。

幡谷師は、真仏土・化身土を語らない『文類聚鈔』と、それを語る『教行信証』を綿密に検証しながら、自己と他者の問題を解明していきます。特に私たちは総じて人間の根本無明を貪瞋痴三毒の「痴」無明で語りますが、師は「疑」無明を別して問題としていきます。胎生論を通して長く不了仏智、懈慢界、疑城胎宮等を現代を生きる自身の内外に問うてきた先生ならではの大切なお仕事です。

『文類聚鈔』は、その奥書から聖人晩年のおそらく善鸞義絶事件前後に著されたか書写されたものですが、どちらにせよ「父」としての親鸞聖人の悲傷に裏打ちされたものといっていいでしょう。残念なことに真蹟は散逸していますが、最古の古写本「滋賀光延寺本」（一二〇九年）は天明八年（一七八八）被災され一部欠損しているものの、原本の姿を今に伝える役目を果たしています。本年（二〇二三）の聖人生誕八五〇年の特別展（於京都国立博物館）で、天と小口の焼失箇所を直接確認することが出来ました。先生がもしおられたらどのような感想を懐いたのでしょうか。

『文類聚鈔』の教学上の関心は、広本といわれる『教行信証』との先後関係にありますが、慎重に論を重ねながら師は広前略後の立場をとっています。撰述の契機となった善鸞義絶事件は関東のご門弟に生じた造悪無碍が原因となっており、信仰のラディカリズムに陥いる同朋に親鸞聖人は今一度念仏の生活に帰ることを「行中摂信」としてお示しになったことです。

幡谷明師は晩年病床にありながら当講話集出版を強く願っておりました。四十年におよぶ膨大な講義録の中から、講本を厳選し、出典を博捜し安居の講録にも比肩するまで推敲を重ねる作業を完遂することは、聞法会に集うた同行や優秀な門下生であっても困難で、地方寺院の閑職にあるわたしにも助力の要請がかかりました。しかし新型コロナの蔓延で事業の中断を余儀なくされ、さらに追い打ちをかけるように編集を推進してこられた山本秀晃さんと幡谷明先生のご逝去という事態に見舞われ出版自体が困難な状況となりましたが、先生のご遺志を継ぐお弟子さん達が一念発起し編集委員会を立ち上げ、有縁の方々の賛同と支援をいただきながら、かつ法藏館編集部の強力なバックアップを賜り、再スタートを切ることとなりました。

最後に私事となりますが、学生時代の指導教授であった幡谷師の鴻恩は身に余るものですが、一介のゼミ卒業生に過ぎないわたしが、師に長く常随された同行や入室の門弟達と一緒に編集作業することには内心忸怩たるものがありました。幸い先生とともに歩まれた池浦裕哉氏をはじめ多くの方のご助力をいただきなんとか作業を終えることができました。ここに謝意を表すると共に、大方のご叱正を賜ることを願う次第です。

二〇二三年一〇月二六日

第一巻編集担当　江林智静

付　記

本巻のみならず講話集所々に見られる「チャンダーラ、犬」への言及ですが、幡谷教授は故意受生の文脈でその救いを述べています。「故意受生」は無住処涅槃（真諦訳『摂大乗論釈』）と同義で、菩薩思想の核心を語るものであり、聖道門においては華厳の普賢行願品を典拠として広く論じられています。詳細は先行研究の翻訳をされた内藤円亮師が第五巻『浄土論註講義』のあとがきで解説する予定です。「チャンダーラ、犬」が直接言及されるのは、弥勒菩薩説といわれる玄奘訳『瑜伽師地論』の次の文です。

第二句は謂く諸菩薩は、下劣の信解ある有情の甚深の處に於いて、心に怖畏を生ずるを見て、便ち正思択し、方便もて彼を化導せんと欲するが為の故に自ら己身共と法を同ずることを現ず、謂ゆる下旃陀羅の類、乃至狗類に於て、饒益を作さんと欲し、災患を除かんと欲し、調せんと欲し、化せんと欲して故思して彼の旃陀羅、狗の同分の中に於いて生ずるなり。

（『国訳一切経』印度撰述部一三八、瑜伽部、瑜伽師地論三、一三九頁）

幡谷　明（はたや　あきら）

1928年、島根県浜田市真宗大谷派顕正寺に生まれる。1951年、大谷大学文学部卒業。1955年、大谷大学研究科修了。1962年、大谷大学専任講師に就任。1972年、大谷大学教授に就任。1980年、安居次講を務める。1992年、文学博士。安居本講を務める。1994年、大谷大学名誉教授に就任。2012年、真宗大谷派講師・董理院董理に就任。2021年、逝去（満93歳）。

幡谷明講話集　第一巻
浄土文類聚鈔講義

二〇二三年一一月二六日　初版第一刷発行

著　者　幡谷　明
編　者　幡谷明講話集刊行会
発行者　西村明高
発行所　株式会社　法藏館
京都市下京区正面通烏丸東入
郵便番号　六〇〇-八一五三
電話　〇七五-三四三-〇〇三〇（編集）
〇七五-三四三-五六五六（営業）

装幀者　山崎　登
印刷・製本　中村印刷株式会社

ISBN 978-4-8318-3453-9 C3315

幡谷明講話集　全七巻

A5判・上製カバー装・各巻四、〇〇〇円＋税

第1巻　浄土文類聚鈔講義
第2巻　文類偈講義
第3巻　唯信鈔文意講義
第4巻　浄土三経往生文類講義
第5巻　浄土論註講義　上
第6巻　浄土論註講義　下
第7巻　講話集　帰るべき世界